RECHTSVERGLEICHENDE ABHANDLUNGEN
HERAUSGEGEBEN VON HEINRICH TITZE UND MARTIN WOLFF
I

DAS RECHT DER STAATSANGEHÖRIGKEIT IN DEUTSCHLAND UND IM AUSLAND SEIT 1914

VON

DR. JUR. GUSTAV SCHWARTZ

VERLAG VON JULIUS SPRINGER · BERLIN 1925

ISBN 978-3-642-93814-6 ISBN 978-3-642-94214-3 (eBook)
DOI 10.1007/978-3-642-94214-3

Vorwort.

Der Krieg stellt das Staatsangehörigkeitsrecht in ein helles Licht. Je mehr nach innen das Staatsangehörigkeitsverhältnis belastet und angespannt wird, indem der Staat Herzen, Blut und Gut seiner Untertanen fordert, je mehr auf der anderen Seite nach außen der Unterschied von Staatsbürger und Fremdem in jedem kriegführenden Land hervortritt, desto bedeutsamer wird für Staat und Angehörige die Frage der Staatszugehörigkeit. Für den Staat erfährt sein die Zugehörigkeit regelndes Gesetz durch den Krieg gleichsam eine Mobilmachung. Es muß sich zeigen, ob sich im Frieden gegebene Sätze den besonderen Bedürfnissen des Kriegs anpassen. Der Staat sieht seine Bewohner plötzlich mit anderen Augen an, und sie erscheinen ihm in verschiedenem Lichte, wenn er sie mit dem Späherblick des Kriegsministers oder durch die Brille des Präfekten auf ihre Tauglichkeit betrachtet. Beider Ansprüche wachsen, und getrieben teils von ihrer eigenen, teils von der öffentlichen Meinung setzen sich ihre Forderungen in Gesetze um. Diese Tätigkeit beschränkt sich nicht auf die Bedürfnisse der Kriegführung. Die Anregung wirkt fort, und in dem Maße, in dem der Weltkrieg vom Gedanken des Nationalstaats gespeist wird, erscheint die Überprüfung des derzeitigen und künftigen Volksbestands auf seine nationale Eignung geboten. Diese Erkenntnis ergreift auch die neutralen Staaten, soweit sie einer Bevölkerungsbewegung über ihre Grenzen ausgesetzt sind. Und durch das Kriegsende wird die Entwicklung nicht nur nicht aufgehalten, sondern gerade freigegeben.

Die Tätigkeit der Staaten — und in erster Linie gaben nach Lage der Sache die kriegführenden den Stoff ab — auf dem Gebiet des Staatsangehörigkeitsrechts zu betrachten, macht sich die vorliegende Arbeit zur Aufgabe. Im Vordergrund steht die Gesetzgebung des Auslands, die aus den schwer zugänglichen Quellen mit möglichster Vollständigkeit zusammenzustellen, das praktische Ziel darstellt. Zur Feststellung des Staatsangehörigkeitsrechts ist der deutsche Verwaltungsbeamte und Richter genötigt, fremdes Recht anzuwenden. Die Zusammenstellung der ausländischen Texte in den großen deutschen Kommentaren von Keller-Trautmann und Cahn aus dem Jahre 1914 ist veraltet, und selbst neuere Handausgaben geben für das Ausland noch den Rechtszustand vor dem Kriege wieder. Die neuen Gesetzestexte wurden in der Mehrzahl der Fälle als Anlagen im Originaltext oder in Übersetzung beigefügt bzw. im Texte wiedergegeben. Das Eingehen auf die Entstehungsgeschichte der Gesetze sowie des zu ihnen gehörigen Schrifttums wurde stellenweise ausführlicher gehalten, als die rechtliche Bedeutung gefordert hätte, wenn ein historisches und politisches Interesse vorlag. Die juristische Beurteilung konnte sich weniger an die Bestimmungen des einzelnen Gesetzes, das in das geltende nationale Recht einzuordnen war, als an die neuen Rechtserscheinungen im gesamten, und deren Einordnung vom Standpunkt des internationalen Rechtsverkehrs anschließen. Die Darstellung wurde notwendigerweise ergänzt durch Berichte über die Rechtsprechung, bei der die Anwendung des deutschen Staatsangehörigkeitsrechts auf die im Ausland lebenden Deutschen und angeblichen Deutschen in den Vordergrund gestellt wurde. Für die wichtigen Länder, namentlich Frankreich, sollte ein vollständiges Bild der Behandlung des Staatsangehörigkeitsrechts in Gesetzgebung, Rechtslehre und Rechtsprechung einschließlich der Verfahrensfragen gegeben und aus der Nebeneinanderstellung der Geist und die Richtung der Rechtsentwicklung aufgezeigt werden. Für die Entwicklung des Staatsangehörigkeitsrechts war es ebenso von Wichtigkeit, die Bestimmungen der Friedensverträge, allerdings unter Fortlassung aller Einzelfragen, kurz wiederzugeben und die gesetzlich festgelegten Rechtsgrundsätze der neuen Staaten zu verfolgen.

Die Anwendung des deutschen Rechtes eingehend darzustellen, dazu fehlte merkwürdigerweise das Material empfindlicher als zum Teil für das Ausland. So wurden auf das deutsche Gesetz mehr die gesamten Erscheinungen der fremden Rechte zurückgespiegelt und in diesem Lichte, aber auch mit Hilfe des erreichbaren deutschen Materials, ein Wort über seine Bewährung gewagt und der Einfluß der veränderten staatsrechtlichen Verhältnisse gewürdigt.

Die Beschränkung des Themas auf die Staatsangehörigkeit der physischen Personen rechtfertigt sich aus methodischen Gründen. Die Lehre von der Staatsangehörigkeit der juristischen Personen hat gleichfalls in und nach dem Krieg eine neue und große tatsächliche Bedeutung bekommen. Dem Staatsrecht gehört sie im strengen Sinne nicht an: juristische Personen haben keine Staatsangehörigkeit. Eine nicht lediglich registrierende Betrachtung dessen, was man als Staatsangehörigkeit der juristischen Personen bezeichnet, hätte ein breites Eingehen auf die bürgerlichrechtlichen Voraussetzungen und Wirkungen erfordert und den Rahmen der Arbeit gesprengt.

Die Arbeit hat der juristischen Fakultät der Universität München als Dissertation vorgelegen. Herrn Professor Neumeyer bin ich für seinen Rat zur Anordnung des Stoffs, außerdem den Herren Geheimrat Dyroff und Professor Rothenbücher für mancherlei Hinweise zu besonderem Danke verpflichtet.

Berlin, im Juni 1925. **Gustav Schwartz.**

Inhaltsverzeichnis.

Erster Abschnitt.

Die ausländischen kriegführenden Staaten.

I. Frankreich.

Seite

A. Der Rechtszustand bei Kriegsbeginn 1
B. Die Entwicklung während des Kriegs und nach dem Kriege 3
1. Gesetzgebung 3
a) Naturalisation, Gesetz vom 5. VIII. 1914 3
b) Ius soli und Option 7
c) Denaturalisation 18
α) Das Gesetz vom 7. IV. 1915 19
β) Das Gesetz vom 18. VI. 1917 26
γ) Anwendung und Rechtsprechung 31
d) Staatsangehörigkeit und Eheschließung 33
e) Die Staatsangehörigkeit in Algier und Tunis 36
f) Reformpläne 38
2. Rechtsprechung 46

II. Britisches Reich.

A. Das Staatsangehörigkeitsgesetz vom 7. VIII. 1914 53
B. Die Entwicklung während des Kriegs und nach dem Kriege 61
1. Die Gesetzgebung 61
a) Naturalisation und Denaturalisation 61
α) England 61
β) Die Dominions 69
b) Das ius sanguinis 70
2. Rechtsprechung 72

III. Belgien.

1. Einschränkung, Erweiterung und Rückgängigmachung der Option . 77
2. Das Staatsangehörigkeitsgesetz vom 15. V. 1922 79
3. Rechtsprechung 86

IV. Italien.

1. Option und Wiedererwerb 88
2. Denaturalisation 89
3. Naturalisation 91
4. Rechtsprechung 92

V. Die Vereinigten Staaten.

1. Naturalisation und Heeresdienst 92
2. Denaturalisation 95
3. Naturalisation und Rassenfrage 97
4. Staatsangehörigkeit und Eheschließung 98

VI. Portugal. Seite

Denationalisation 103

VII. Japan.

Verzicht auf die Staatsangehörigkeit 104

VIII. China.

Das Staatsangehörigkeitsgesetz vom 18. XI. 1912 und 30. XII. 1914 . . . 105

IX. Uruguay.

Die Verfassung vom 15. X. 1917 106

Zweiter Abschnitt.

Die neutralen Staaten.

I. Die Schweiz.

Die Fremdenfrage, Gesetz vom 26. VI. 1920 107

II. Spanien.

Staatsangehörigkeitserwerb durch Erlangung des Ortsbürgerrechts 112

III. Mexiko.

Die Verfassung vom 31. I. 1917 113

Dritter Abschnitt.

Die Friedensverträge.

Die Friedensverträge 114

Vierter Abschnitt.

Die Reststaaten und die neuen Staaten.

I. Österreich.

Das Gesetz vom 5. XII. 1918 und die Bundesverfassung vom 1. X. 1920 . . . 126

II. Türkei.

Das Gesetz vom 3. III. 1917. Die Verfassung vom 20. IV. 1924 130

III. Rumänien.

Das Staatsangehörigkeitsgesetz vom 23. II. 1924 131

IV. Polen.

Das Staatsangehörigkeitsgesetz vom 20. I. 1920 133

V. Danzig.

Das Staatsangehörigkeitsgesetz vom 30. V. 1922 135

VI. Tschechoslovakei.

Das Gesetz vom 9. IV. 1920 137

VII. Ägypten.

Ägypten 138

VIII. Rußland.

Seite

Reglement über die Bundesstaatsangehörigkeit vom 29. X. 1924 139

IX. Litauen und das Memelgebiet.

Litauen und das Memelgebiet 142

X. Lettland.

Lettland 143

XI. Estland.

Estland 144

XII. Finnland.

Finnland 144

Fünfter Abschnitt.

Deutschland.

Deutschland 145

Sechster Abschnitt.

Rückblick und Ausblick.

I. Charakteristik des Staatsangehörigkeitsrechts in den verschiedenen Staaten 175

II. Gruppierung der Vorgänge in der Staatsangehörigkeitsgesetzgebung, Kritik.

1. Staatsangehörigkeit und Heeresinteresse der Staaten 184
2. Staatsangehörigkeit und Volkszugehörigkeit 186
3. Staatsangehörigkeit und Eheschließung 187
4. Denaturalisation 191

III. Vereinheitlichung des Staatsangehörigkeitsrechts.

Vereinheitlichung des Staatsangehörigkeitsrechts 200

Anlagen.

Deutschland (Anlage 1) 206
Frankreich (Anlage 2—9) 214
Britisches Reich (Anlage 10—11) 227
Belgien (Anlage 12—13) 237
Italien (Anlage 14—16) 243
Vereinigte Staaten (Anlage 17) 246
Portugal (Anlage 18) 247
Japan (Anlage 19) 248
China (Anlage 20) 249
Uruguay (Anlage 21) 253
Schweiz (Anlage 22) 253
Spanien (Anlage 23) 254
Österreich (Anlage 24—29) 257
Rumänien (Anlage 30) 261
Polen (Anlage 31) 274
Danzig (Anlage 32) 276

Seite

Litauen (Anlage 33—36) 280
Lettland (Anlage 37) 285
Estland (Anlage 38) 287
Rußland (Anlage 39) 289
Sachverzeichnis 293
Verzeichnis der Entscheidungen nach dem Namen der Partei . 296

Verzeichnis oft gebrauchter Abkürzungen:

v. Keller-Trautmann = Dr. v. Keller und Dr. v. Trautmann: Kommentar zum Reichs- und Staatsangehörigkeitsgesetz vom 22. Juli 1913, München 1914.

Cahn = Dr. Cahn: Das Reichs- und Staatsangehörigkeitsgesetz vom 22. Juli 1913, erläutert usw., 4. Aufl., Berlin 1914.

JCl = Journal du droit international (Edouard Clunet), Paris.

Rev. = Revue de droit international privé et de droit pénal international (Darras-de Lapradelle), Paris.

L.T.R. = Law Times Reports, London.

T.L.R. = Times Law Reports, London.

Erster Abschnitt.

Die ausländischen kriegführenden Staaten.

I. Frankreich.

A. Der Rechtszustand bei Kriegsbeginn.

Was das in Frankreich bei Kriegsausbruch geltende materielle Staatsangehörigkeitsrecht anlangt, so genügt es, vorauszuschicken, daß Frankreich dem ius sanguinis huldigt, ohne daneben völlig auf Bevölkerungszuwachs mit Hilfe des ius soli zu verzichten, d. h. das Kind eines Franzosen ist stets Franzose, einerlei, ob es im In- oder Ausland geboren ist; das in Frankreich geborene Kind ausländischer Eltern ist je nach den gesetzlich festgelegten Vermutungen für längeren Wohnsitz der Familie und das Aufwachsen des Kindes in Frankreich bald endgültig Franzose, bald Franzose mit dem Recht, die französische Staatsangehörigkeit bei Volljährigkeit auszuschlagen (Optionsrecht), bald Ausländer mit dem Recht, die französische Staatsangehörigkeit für sich zu beanspruchen (Reklamationsrecht). Die Regelung im einzelnen sowie die Bestimmungen über den Verlust der französischen Staatsangehörigkeit, über die Naturalisation und über den Einfluß der Eheschließung auf die Staatsangehörigkeit werden uns in anderem Zusammenhang beschäftigen. Für das Verständnis der besonders vielfältigen Erscheinungen, denen wir in Frankreich auf dem Gebiet des Staatsangehörigkeitsrechts begegnen, ist jedoch in formeller Hinsicht zu beachten: Frankreich hat sein Staatsangehörigkeitsrecht im code civil, also im bürgerlichen Rechtsbuch, niedergelegt und, anders als andere Staaten des code civil, wie z. B. Belgien, bis heute darin festgehalten. In vielfachen Novellen hat es die alten Artikel des code civil immer wieder umgegossen. Der Meinungskampf über unsere Materie beginnt in Frankreich schon mit der Zuteilung des Gebiets an das öffentliche oder das private Recht. Die Lagerung des Stoffes im code civil hat ihm eine umfassendere Aufmerksamkeit von seiten der Rechtswissenschaft gesichert, als es bei uns je der Fall gewesen ist, und jene Zuteilungsfrage insoweit von jeher zugunsten des bürgerlichen Rechts entschieden, als sämtliche Lehrbücher und Kommentare des code civil sich mit dem Staatsangehörigkeitsrecht befassen, denen sich, gleichfalls im Gegensatz zu Deutschland, die Darstellungen des internationalen Privatrechts zugesellen[1]).

Was nun die Frage der gerichtlichen Zuständigkeit angeht, so überläßt das Gesetz grundsätzlich die Beurteilung der sog. status-Fragen, zu denen die Rechtslehre und Rechtsprechung die Staatsangehörigkeit als ein élément constitutif de l'état des personnes ebenso wie den Familienstand rechnet, den bürgerlichen Gerichten (c. de proc. Art. 59)[2]). Jedoch ist die Zuständigkeit im einzelnen positiv nicht geregelt und es ergibt sich ein eigenartig verworrenes Bild, das nur aus der historischen Entwicklung zu verstehen ist. Allgemein sind für die Frage des Besitzes oder Nichtbesitzes der Staatsangehörigkeit die bürgerlichen Gerichte zuständig. Jedoch — und das befremdet den deutschen Betrachter — gibt es eine Feststellung der Staatsangehörigkeit mit absoluter Wirkung erga omnes überhaupt nicht. Die Entscheidung gilt nur für den vorliegenden Fall. Die nicht ordentlichen Gerichte, wie z. B. die justice de paix, das tribunal de commerce, der conseil de guerre (ein Rekrutierungsgericht) oder die Verwaltungsgerichte, z. B. der conseil d'Etat, entscheiden auch nicht incidenter in Staatsangehörigkeitsdingen, sondern setzen bis zur Entscheidung der bürgerlichen Gerichte aus[3]). Eine Ausnahme gilt für die ordentlichen Strafgerichte, die incidenter über die Staatsangehörigkeit entscheiden können. Hier ist in stehender Rechtsprechung der Satz entwickelt: iudex actionis est iudex exceptionis. Der Strafrichter prüft selbst die Staatsangehörigkeit des Angeklagten, die ein élément constitutif du délit imputé au prévenu bildet.

Anders steht es mit der Zuständigkeit zur Entscheidung über Erwerb und Verlust der Staatsangehörigkeit. Die Naturalisation ist in Frankreich wie nahezu überall ein reiner Verwaltungsakt. Nicht nur

---

[1]) Text in der bei Kriegsausbruch geltenden Fassung des Gesetzes s. Anl. 2. — Lit.: namentlich WEISS: Traité théorique et prat. de droit internat. privé, 2. éd., 1. Bd., Paris 1907. — Manuel de droit intern. privé, 8. éd., Paris 1920. — COGORDAN: la nationalité, 2. éd., Paris 1890. — PILLET: Traité pratique de droit intern. privé, 1. Bd., Paris-Grenoble 1923. — PILLET et NIBOYET: Manuel de droit intern. privé, Paris 1924. — SURVILLE: Cours élémentaire de droit intern. privé, 7. éd., Paris 1925.

[2]) WEISS: Traité etc., S. 804. — DALLOZ: Nouveau code de proc. ann. art. 59 nr. 503.

[3]) Den Rechtszustand bis Kriegsende schildern JORDAN, C.: De la Jurisdiction compétente en France à l'effet de statuer sur les questions de Nationalité, Bull. de la Société de législ. comp. 1919, S. 355, sowie AUDINET: Du Contentieux et de la Compétence en matière de Nationalité, JCl. 1917, S. 1241. — Neuerdings PILLET et NIBOYET: a. a. O., Nr. 194ff.

ist materiell ihre Gewährung dem freien Ermessen der Verwaltungsbehörde überlassen; auch formell ist die Prüfung der Gesetzmäßigkeit, p. h. des Vorliegens der Voraussetzungen des Naturalisations- oder Reintegrationsdekrets als eines acte de souveraineté der Kontrolle der ordentlichen Gerichte entzogen. Das ist dicht vor Kriegsausbruch noch in der Entscheidung des Tribunal civil de la Seine i. S. Volpe ausgedrückt worden[1]). Wo dagegen die Verleihung der Staatsangehörigkeit nicht eine reine Gunst des Gesetzgebers darstellt, sondern beansprucht (reklamiert) werden kann (Art. 9 c. c.), oder wo umgekehrt ein Anspruch auf Ablehnung der französischen Staatsangehörigkeit gegeben ist (wie z. B. Art. 8, Ziff. 3 und 4), Ansprüche, die durch freie Willenserklärung ausgeübt werden, unterliegt das Verfahren hinsichtlich seiner Gesetzmäßigkeit der Überprüfung durch die bürgerlichen Gerichte, die als Appellinstanz über die Entscheidung des Ministeriums tätig werden (Art. 9, Abs. 2)[2]). Bei der Reklamation des Art. 9 kann hinzutreten eine materielle Prüfung der Würdigkeit des Betreffenden durch den in diesem Fall als conseil, nicht tribunal administratif auftretenden conseil d'Etat (Art. 9, Abs. 4). War schon dieses System im Frieden nicht sehr klar, und hatte auf der einen Seite der Grundsatz der Gewaltenteilung eine allgemeine Übertragung der Staatsangehörigkeitsfeststellung auf die Verwaltungsgerichte gehindert, ohne daß auf der anderen eine Zuständigkeit der bürgerlichen Gerichte zu absoluten Feststellungsklagen ein prinzipielles Prüfungsrecht der Verwaltungsakte zugelassen hätte, so konnte man sich, wie wir sehen werden, auch im Krieg, als das Problem lebendig wurde, trotz mancher Ansätze auf eine einheitliche Auffassung nicht besinnen.

B. Die Entwicklung während und nach dem Kriege.

1. Gesetzgebung.

a) Naturalisation. Gesetz vom 5. VIII. 1914.

Das Gesetz vom 5. VIII. 1914 betr. die Aufnahme der Elsaß-Lothringer in das französische Heer[3]) ist das erste Gesetz Frankreichs, das das geltende Staatsangehörigkeitsrecht berührte, und rechnet wohl zu den Mobilmachungsbestimmungen, die wie die rein militärischen dem im Frieden vorbereiteten Fach nur entnommen zu werden brauchten. Es handelt in erster Linie von Elsaß-Lothringern und gehört als solches einmal in das System der moralischen Eroberung der verlorenen Provinzen; gleichzeitig erleichtert es aus Gründen des Bevölkerungs- und Heeresersatzes dem Ausländer die Naturalisation und den Eintritt in

[1]) Rev., 1918, S. 95.
[2]) So JORDAN: a. a. O. S. 372. — Vgl. WEISS: Traité etc. S. 128, Note 2.
[3]) Anlage 3. Lit.: PILLET et NIBOYET: a. a. O., Nr. 86, 143ff.

das reguläre Heer. Da Frankreich in seine aktive Armee Nichtfranzosen nicht aufnahm[1]), diese vielmehr in eigenen Fremdenregimentern sammelte, erleichterte man für die Elsaß-Lothringer zunächst die Naturalisation, um sie in die Regimenter der eigenen Landeskinder einreihen zu können. Nach Art. 1 des Gesetzes erwerben die Elsaß-Lothringer, die sich während des Kriegs als Freiwillige für ein Fremdenregiment verpflichten[2]), auf Antrag und nach Unterzeichnung des Verpflichtungsscheins die französische Staatsangehörigkeit und können nach Erfüllung dieser Formvorschrift in einen beliebigen Truppenteil eingestellt werden. Wer unter einem Elsaß-Lothringer zu verstehen ist, ob nur die Abkömmlinge derer, die 1871 durch den Frankfurter Frieden die französische Staatsangehörigkeit verloren haben — also die nachmaligen Reintegrierten de plein droit i. S. des § 1 Anl. zu Teil III, Abschn. V, V. V. — oder jeder, der bis zum Kriegsausbruch in Elsaß-Lothringen wohnte, wird nicht gesagt[3]). Der bemerkenswerte Ausdruck „recouvrent" scheint für die erste Auffassung zu sprechen. Der französische Gesetzgeber hat es jedenfalls für nötig gehalten, Zweifel auszuschließen und spricht in einem späteren Gesetz v. 16. VIII. 1915 (s. S. 6) von den „Elsaß-Lothringern französischer Abstammung" unter Bezugnahme auf das Gesetz v. 5. VIII. 1914. Der Art. 2 dehnt die Erleichterung des Art. 1 auch auf die bei Kriegsausbruch in den Fremdenregimentern dienenden Elsaß-Lothringer aus. Von einer über die Elsaß-Lothringer hinausgehenden Bedeutung ist der Art. 3, in dem die Regierung ermächtigt wird, jeden Ausländer, der sich für Kriegsdauer zum Heeresdienst — natürlich in einem Fremdenregiment — verpflichtet, ohne Erfüllung der Wohnsitzbedingung zu naturalisieren. Nach Art. 8, Ziff. 5 code civ. ist nämlich die Naturalisation an einen vorhergegangenen zehnjährigen ununterbrochenen Aufenthalt (résidence) in Frankreich oder aber an einen dreijährigen vorgängig genehmigten Wohnsitz (domicile autorisé) oder aber an für Frankreich geleistete wichtige Dienste in Verbindung mit einjährigem Domizil geknüpft. Von dieser bisher für sämtliche Naturalisationsfälle geltenden Wohnsitzbedingung — auch der ausländische Ehegatte einer Französin kann erst nach einem Jahr genehmigten Domizils naturalisiert werden — ist der Gesetzgeber zum erstenmal abgewichen und hat die gesetzlichen

[1]) Rekrutierungsgesetz vom 21. III. 1905, Art. 3. Nach dem neuen Rekrutierungsgesetz vom 1. IV. 1923 sind Staatenlose zum Dienst in einem Fremdenregiment verpflichtet. Unter gewissen Umständen können sie in französische Regimenter eintreten (Art. 3). Vgl. Pillet et Niboyet: a. a. O., Nr. 33 bis.

[2]) Schon vorher hatte ein Dekret vom 3. VIII. 1914 (Rev. 1915/6, S. 137) bestimmt, daß Ausländer sich in der Fremdenlegion für Kriegsdauer und nicht wie bis dahin für mindestens 5 Jahre verpflichten konnten.

[3]) Triepel: Virtuelle Staatsangehörigkeit, S. 38, Berlin 1921, nimmt das zweite an.

Voraussetzungen der Naturalisation nicht unerheblich erleichtert. Die Art. 1 und 2 des Gesetzes sind in dem allgemeineren Art. 3 nicht etwa schon enthalten: Während in Art. 3 die Naturalisation der Ausländer in das Ermessen der Regierung gestellt wird, erwirbt der Elsaß-Lothringer die Staatsangehörigkeit automatisch nach Erfüllung der Formvorschriften. Das Gesetz bezeichnet den Vorgang auch nicht als Naturalisation, sondern als recouvrement de la nationalité[1]), spielt also mit dem Gedanken des Wiederauflebens einer latenten Staatsangehörigkeit, ein Gedanke, den Frankreich in letzter Zeit in veränderter Formulierung und aus anderen Beweggründen wieder fruchtbar zu machen sucht[2]). Später hat man den in Frankreich lebenden echten Elsaß-Lothringern die französische Staatsangehörigkeit bedingungslos schenken wollen. Sie sollten sie ipso iure wiedererwerben à moins de réclamation contraire, mit der Begründung, daß Deutschland den Frankfurter Frieden gebrochen habe. Ein dahin gehender Vorschlag GALLI wurde der Kammer im November 1915 vorgelegt, er ist jedoch nicht Gesetz geworden[3]).

Die Ausführungsverordnung, ein Zirkular des Justizministers vom 15. VIII. 1914[4]), ist offensichtlich bestrebt, die sehr weite Fassung des Art. 3 des Gesetzes auf dem Verwaltungswege einzuengen. Es betont den bereits erwähnten Unterschied der Behandlung der Elsaß-Lothringer von der der übrigen Ausländer: Dort Recht auf Erwerb der französischen Staatsangehörigkeit, hier freies Ermessen der Regierung. Dieses freie Ermessen soll aus einem im einzelnen geregelten Informationsverfahren der Präfekten erwachsen.

Auch die französische Kritik hat sich lebhaft mit dem Gesetz beschäftigt, namentlich mit dem Art. 3, bei dem man den Vorbehalt vermißte, daß die Ausländer, deren Naturalisation auf Grund des Heeresdienstes in Frage kommt, keine Angehörigen der Feindstaaten sein dürften. MALNOURY[5]) klagt, es sei hastig gemacht worden und Deutschen eine Möglichkeit gegeben, die nur Elsaß-Lothringern zugedacht gewesen sei. Ohnehin erregte der Umstand, daß die Fremdenlegion zahlreiche feindliche Staatsangehörige in ihren Reihen führte, die öffentliche Meinung; man drängte auf Beseitigung dieses Übelstands und der Möglichkeit seiner Erweiterung, obwohl nach einer Mitteilung des Justizministers schon seit dem 1. IX. 1914 vom Art. 3 kein Gebrauch mehr gemacht worden war[6]). Und mit dem Aufkommen dieser Einstellung zur Natu-

---

[1]) Da der Erwerb der Staatsangehörigkeit nur auf Antrag erfolgt, haben die Betr. die deutsche Staatsangehörigkeit verloren (RuStAG. v. 1913, § 25 Abs. 1).

[2]) Vgl. TRIEPEL: Virtuelle Staatsangehörigkeit. Berlin 1921.

[3]) Vgl. Revue trimestr. de droit civil 1916, S. 196; JCl. 1916, S. 570.

[4]) Rev. 1915/16, S. 136.

[5]) MALNOURY: Les dénaturalisations etc. Paris 1915, S. 41.

[6]) WAHL: La législation civile de la guerre, Rev. trim. d. dr. civ. 1915, S. 262.

ralisation und Ausländerfrage setzt in Frankreich die Gegenströmung zu jener stets nur schwachen extensiven Tendenz des Kriegsbeginns ein, eine sehr viel stärkere Bewegung, die auf Erschwerung der Naturalisation und sogar auf Denaturalisation hinzielt.

In Frankreich waren von Kriegsausbruch bis 1. I. 1915 noch 66 Deutsche, Oesterreicher und Türken naturalisiert worden[1]). Ein Rechtszustand, der derartiges zuließ, forderte sofortige Abhilfe. Durch Art. 6 des Denaturalisationsgesetzes vom 7. IV. 1915 (s. über dieses ausführlich unten S. 19) wurde die Naturalisation von feindlichen Ausländern ausgeschlossen, und zwar selbst dann, wenn sie Dienst im französischen Heere leisteten[2]). Damit wurde der Art. 3 unseres Gesetzes gegenstandslos[3]). Später scheint man jede Naturalisation von Ausländern auf dem Verwaltungswege ausgeschlossen zu haben. Einen dahin gehenden Beschluß des Ministerrats verzeichnet der Temps vom 28. VI. 1916[4]). In den Frieden reichen diese Bestimmungen jedoch nicht. Noch für das Jahr 1922 wird berichtet, daß auf Grund des Gesetzes vom 5. VIII. 1914 597 Freiwillige aus der Kriegszeit naturalisiert wurden[5]). Bei aller Schärfe der gegen Ausländer und ehemalige Ausländer gerichteten Angriffe ist es — ebenso wie in England — zu einer grundsätzlichen Änderung der gesetzlichen Naturalisationsvoraussetzungen nicht gekommen. Allerdings hat man nach dem Krieg die Gebühren für die Naturalisation erhöht, eine Maßnahme, an der wir vorübergehen würden, wenn sich nicht im Rundschreiben des Justizministers vom 4. VIII. 1920[6]) der

---

1) Rev. trim. de droit civ. 1916, S. 608.

2) Rev. 1919, S. 208.

3) Ein weiteres, nicht unmittelbar das Staatsangehörigkeitsrecht berührendes Gesetz vom 16. VIII. 1915 (Text und Note Rev. 1915/16, S. 136) sei der Vollständigkeit halber erwähnt: es verbietet die weitere Verpflichtung von feindlichen Ausländern in der Fremdenlegion und ermöglicht die Streichung der bisher Verpflichteten mit Ausnahme der Elsaß-Lothringer französischen Ursprungs. Über die dem Gesetz zugrunde liegenden Tatsachen gibt der Bericht des Abgeordneten Seydoux in der Kammer Auskunft. Nach den Feststellungen des Abgeordneten hatten sich bei Kriegsausbruch ca. 3400 Deutsche und Österreicher in der Fremdenlegion befunden. Von diesen verpflichteten sich ca. 2000 weiterhin für die Dauer des Kriegs. Merkwürdigerweise waren 735 ausländische Fremdenlegionäre in französische Regimenter versetzt worden, darunter 50 Deutsche und Österreicher „in irrtümlicher Anwendung des Gesetzes vom 5. VIII. 1914". Diese Tatsache ist dem Kriegsminister offenbar besonders peinlich und er verspricht die Rückversetzung. Nach dem Krieg hat Frankreich dieses Gesetz durch Gesetz vom 18. IV. 1919 aufgehoben (Text Rev. 1920, S. 280). Ein förmliches Hindernis für Ausländer, ihr Leben für Frankreich zu riskieren, besteht somit nicht mehr. — Über die Verpflichtung der Staatenlosen zum Heeresdienst durch das Ges. v. 1. IV. 1923 s. o. S. 4, Anm. 1.

4) Notiz der Rev. 1915/18, S. 439.

5) JCl. 1923, S. 1129.

6) JCl. 1921, S. 300.

hübsche Passus fände: die noch viel zu geringe Erhöhung werde vom Antragsteller gern getragen werden, da es sich um eine „nationalité victorieuse" handele, deren prestige moral in der Welt so groß sei.

Erwähnt sei noch, daß, wie das neue franz. Adoptionsgesetz ausdrücklich erklärt, die Adoption von Ausländern keinen Erwerbsgrund für die Staatsangehörigkeit darstellt: „l'adoption n'entraîne pas pour l'adopté un changement de sa nationalité" (Art. 345 Abs. 2 c.c. in der Fassung des Gesetzes vom 19. VI. 1923).

b) Ius soli und Option.

Gesetze vom 3. VII. 1917 und 18. X. 1915.

Frankreich hat, wie wir schon erwähnten, dem ius soli neben dem primären ius sanguinis einen Platz eingeräumt. Seit der französischen Revolution hat jenes um seine Stellung kämpfen müssen und je nach dem Überwiegen der auf Mehrung oder völkische Reinhaltung der Bevölkerung zielenden Interessen der Regierung ist es angespannt oder nachgelassen worden. Zuletzt hatte die Novelle von 1893 das ius soli, das im Jahre 1889 ausgedehnt worden war[1]), wieder eingeschränkt. Für eine gewisse Gruppe der Ausländerkinder reicht der Umstand, auf französischem Boden geboren zu sein, zum bedingungslosen Erwerb der französischen Staatsangehörigkeit nicht aus; er gibt jedoch andererseits mehr als einen Einbürgerungsanspruch und macht — sofort oder mit Volljährigkeit — zum Franzosen mit dem Recht der Ausschlagung des französischen Staatsbürgerrechts, dem sog. Optionsrecht. Das Charakteristische dabei ist, daß der Staat keinerlei Einwirkung auf die Ausübung dieses Optionsrechts besitzt und Frankreich also nach dem bei Kriegsausbruch geltenden Rechtszustand eine Minderung seiner Angehörigenzahl, ohne sie hindern zu können, hinnehmen mußte.

In jenem durch Option zu beendigenden Schwebezustand, den man in Frankreich als Erwerb der Staatsangehörigkeit unter auflösender bzw. aufschiebender Bedingung bezeichnet, befindet sich nach der etwas verwickelten Regelung des code civil:

1. Das in Frankreich geborene Kind ausländischer Eltern, wenn die Mutter gleichfalls in Frankreich geboren ist (Art. 8, Ziff. 3).
2. Das Kind, dessen Eltern sich während seiner Minderjährigkeit in Frankreich haben naturalisieren lassen (Art. 12, Abs. 3).
3. Das Kind sog. reintegrierter Eltern (Art. 18, Satz. 3).
4. Das in Frankreich geborene Kind ausländischer Eltern, wenn es im Zeitpunkt seiner Volljährigkeit seinen Wohnsitz in Frankreich hat (Art. 8, Ziff. 4). Hat es den Wohnsitz im Ausland, so wird gleichsam

[1]) „Puisque nous ne faisons pas assez d'enfants, faisons des recrus" (Leroy-Beaulieu 1888), vgl. Weiss: Traité etc., S. 52.

vermutet, daß es auch im Ausland aufgewachsen und die Geburt auf französischem Boden gegenüber den späteren Einflüssen von geringer Bedeutung ist[1]); es hat in diesem Fall nur einen Anspruch auf Zuerkennung der französischen Staatsangehörigkeit (Art. 9).

In den Fällen 1 bis 3 sind die Betroffenen von Geburt an Franzosen unter der auflösenden Bedingung einer den Verlust der französischen Staatsangehörigkeit herbeiführenden Erklärung, d. h. sie haben das Recht, im Laufe des 22. Lebensjahres die französische Staatsangehörigkeit abzulehnen, wenn sie nachweisen, daß sie die Staatsangehörigkeit ihres Vaters behalten und gegebenenfalls in dessen Heimatstaat ihrer Dienstpflicht genügt haben.

Im Falle 4 steht der Betroffene zunächst unter der aufschiebenden Bedingung, im Zeitpunkt der Volljährigkeit seinen Wohnsitz in Frankreich zu haben. Ist dieses der Fall, so wird er Franzose, hat aber wie die Franzosen unter 1 bis 3 das Ablehnungsrecht. Wichtig ist, daß also ein Individuum nach Fall 4 pendente conditione Ausländer ist (er kann also ausgewiesen werden, die französische Armee ist ihm verschlossen[2]) usw.), aber mit Eintritt der Volljährigkeit automatisch Franzose wird, wenn er nicht eigens etwas dagegen unternimmt.

Der Eintritt der Bedingung hat die rückwirkende Kraft des Art. 1179 c. c.: tritt also im Falle 4 die aufschiebende Bedingung ein, d. h. hat der Betreffende seinen Wohnsitz in Frankreich, so werden seine bürgerlichrechtlichen und strafrechtlichen Verhältnisse auch für die Zeit seiner Minderjährigkeit unter französisches Recht gestellt; optiert er — und das gilt nun auch für die Fälle 1 und 2[3]), in denen die Betreffenden von Geburt an schon Franzosen sind — fristgerecht für das Ausland, so wird er wiederum mit rückwirkender Kraft als Ausländer behandelt[4]).

Im Kriege zeigte es sich nun, daß diese Bestimmungen des code civil auf der einen und die Militärgesetze auf der anderen Seite jene Gruppe von Inländern, die bedingte Staatsangehörige waren, auf Jahre hinaus der Heerespflicht entzogen. Der französische Kriegsminister konnte diese Ausländersöhne nicht ebenso früh unter die Fahnen einberufen wie ihre französischen Kameraden. Was die Fälle 1 bis 3 anlangt, so hinderte das Rekrutierungsgesetz vom 21. III. 1905 § 11 ihn daran, der bestimmte, daß die Ablehnungsberechtigten erst nach erreichter Volljährigkeit eingezogen werden dürfen, und selbstverständlich nur dann,

---

[1]) Vgl. aus den Senatsverhandlungen WEISS: Traité etc., S. 186, 188/89.

[2]) Vgl. WEISS: a. a. O. S. 195ff.

[3]) Der Fall 3 scheidet hier aus, da für ihn durch ausdrückliche Bestimmung des Art. 20 c. c. die Rückwirkung ausgeschlossen wird.

[4]) Ich folge hier der WEISSschen Auffassung, wie sie sich a. a. O. Bd. 1, S. 193, 222ff., 241, 422, 670 ergibt.

wenn sie von dem Ablehnungsrecht keinen Gebrauch machen. Die Gruppe der obigen Ziff. 4 konnte man schon deshalb nicht vor diesem Zeitpunkt einziehen, weil die darunter Fallenden bis dahin keine Franzosen waren. Es entstand also folgende Sachlage: während Frankreich mit fortschreitendem Krieg auf immer jüngere Jahrgänge seiner männlichen Staatsangehörigen zurückgreift, gibt es eine nicht unerhebliche Anzahl junger Leute, die 3 bis 4 Jahre lang unbehelligt von Kriegsdienst oder Internierung „dans leurs foyers" auf das Kriegsende warten können und schließlich während des 22. Lebensjahres vielleicht nach — für sie — „glücklich beendetem" Krieg automatisch Franzosen werden, ohne sich darum bemühen zu müssen. Begreiflich, daß öffentliche Meinung und Parlament diesen Zustand unerträglich finden und nach Gesetzen rufen[1]). Dabei hatte man in den ersten Kriegsmonaten den Art. 8, Ziff. 4 c. c. aus einem anderen, gerade dem umgekehrten Grunde bemängelt. Bei dem ipso iure bei Volljährigkeit eintretendem Erwerb der französischen Staatsangehörigkeit ist der Regierung die Fernhaltung unerwünschter Fremdensöhne unmöglich. Deshalb war zu Beginn des Jahres 1915 ein Entwurf GRUET auf Abschaffung der genannten Bestimmung eingebracht worden. WAHL[2]) hatte die Erwerbung von einem Akt der Verwaltung abhängig machen wollen. So sehen wir bei ein und derselben Gesetzesbestimmung die öffentliche Meinung von Argwohn und Neid bewegt. Die militärischen Notwendigkeiten überwogen und legten der öffentlichen Meinung nahe, sich das Mißtrauen gegen den Eindringling durch den im Schützengraben erbrachten Beweis der Anhänglichkeit nehmen zu lassen.

Diesen Erwägungen entstammt das Gesetz vom 3. VII. 1917[3]), für das ein Rundschreiben des Ministers des Auswärtigen vom 16. II. 1918[4]) in manchen Punkten eine authentische Interpretation gibt. Das Gesetz gilt nur bis zur Beendigung der Feindseligkeiten[5]), wirkt aber in einem Punkte auch über diesen Zeitpunkt hinaus (Art. 7). Den bereits gekennzeichneten Zweck erreicht es durch zwei positive Gesetzesände-

---

[1]) Vgl. Zeitungsaufsatz des Abgeordneten GALLI aus der Liberté vom 17. II. 1916, JCl. 1916, S. 569.

[2]) Rev. trimestr. de droit civ. 1915, S. 605.

[3]) Anlage 8. Literatur: WAHL: la législ. civile de guerre, Rev. trim. de droit civ. 1915, S. 606; ferner 1917, S. 236. — AUDINET: Modifications en droit d'option des fils d'étrangers nés en France, JCl. 1917, S. 1637. Renseignements officiels concernant la nationalité, le droit d'option etc., JCl. 1918, S. 1149. — ZEBALLOS: la Nationalité Bd. IV/V., S. 1221. Paris 1914ff. — Aus den Kammerverhandlungen vgl. Note zu Trib. civ. de BEAUVAIS i. S. BRAND, Rev. 1919, S. 533. — PILLET et NIBOYET a. a. O., Nr. 63, 87.

[4]) JCl. 1918, S. 1153.

[5]) Es ist infolgedessen durch das französische Dekret vom 23. X. 1919, das die Einstellung der Feindseligkeiten auf den folgenden Tag festsetzt, aufgehoben worden.

rungen. Zunächst schafft es den erwähnten § 11 des Rekrutierungsgesetzes ab (Art. 5). Damit ist für den Kriegsminister die Möglichkeit gegeben, die unter die obigen Ziff. 1 bis 3 fallenden jungen Männer einzuziehen wie jeden anderen Franzosen, ohne Rücksicht auf die noch nicht erreichte Volljährigkeit, unbeschadet aber auch des dem Betroffenen zustehenden Rechts, die französische Staatsangehörigkeit während des 22. Lebensjahres abzulehnen[1]). Durch Ausübung dieses Rechts kann der Heeresdienst Leistende also sofortige Entlassung aus dem Heere erwirken[2]).

Um der Männer des Art. 8, Ziff. 4 habhaft zu werden, bedurfte es umständlicherer Maßnahmen. Der Text dieses Artikels wird geändert[3]), indem statt der erreichten Volljährigkeit das vollendete 18. Lebensjahr, bzw. wenn dieses schon erreicht ist, der Tag des Inkrafttretens des Gesetzes als Optionsfristbeginn und die Fristdauer von 1 Jahr auf gewöhnlich 3 Monate, für Russen und Nicht-Europäer auf 6 Monate festgesetzt wird (Art. 1, 2, Abs. 2, Art. 3). Die eigenartige Folge ist, daß ein Minderjähriger zur Abgabe einer bindenden und für ihn folgeschwersten Erklärung genötigt wird. Das Gesetz trifft in Erkenntnis dieses Umstands die etwas unentschiedene Bestimmung: Die Ablehnungserklärung wird vom Betroffenen unter Mitwirkung seines gesetzlichen Vertreters abgegeben (Art. 2, Abs. 1). Wie z. B., wenn der gesetzliche Vertreter im Ausland weilt, was oft der Fall sein dürfte? Wie, wenn er mit der Erklärung des Sohnes nicht übereinstimmt? Nach unbenutztem Ablauf der Frist, die in gewissen Fällen erstreckt werden kann (Art. 2, Abs. 3), werden die Betroffenen eingezogen (Art. 4). Das Gesetz findet keine Anwendung 1. auf die Frauen[4]), 2. auf die Söhne

---

[1]) So auch Entscheidung i. S. CONTEVILLE (Rev. 1921, S. 246), wo auch festgestellt wird, daß durch den vorzeitigen Kriegsdienst nicht etwa die Folgen des Art. 9 letzter Absatz code civil — automatischer Erwerb der französischen Staatsangehörigkeit — eintreten.

[2]) Vgl. Antwort des Kriegsministers auf eine Anfrage im Parlament: JCl. 1920, S. 125.

[3]) Beachte das „Devient“ Français zu Beginn der neuen Fassung des Art. 8, Ziff. 4. Bisher hieß es „Est“ Français. Der Optionsberechtigte ist also bis dahin nicht als Franzose anzusehen und es tritt auch keine Rückwirkung ein, die WEISS im Fall des Art. 8, Ziff. 4 bisher im Gegensatz zu Art. 9 angenommen hatte (a. a. O. S. 193).

[4]) Nach der Natur der Dinge erscheint das selbstverständlich. Die Formulierung des Gesetzes schafft aber insofern Unklarheit, als nach Art. 1 der Art. 8, Ziff. 4 abgeschafft und ersetzt wird durch eine neue Fassung, die ausdrücklich nur die Lage der Männer regelt. Das Gesetz erhebt somit Anspruch auf erschöpfende Regelung, läßt aber ungewiß, ob für Frauen während des Krieges die Option aufgehoben ist oder der Art. 8, § 4 in alter Fassung weitergilt. Im letzteren Sinn entscheidet das erwähnte Zirkular des Ministeriums des Auswärtigen an die französischen Vertretungen im Ausland. Vgl. AUDINET: JCl. 1917, S. 1641, wo er auch einige andere Fehler der Ges.-Redaktion behandelt und 1918, S. 1149. — Ferner WAHL: Rev. trim. 1917, S. 499ff.

der feindlichen Ausländer, die man natürlich überhaupt nicht zum Heer einberufen will (Art. 6)[1]) und ferner 3. auf die Söhne derjenigen Ausländer, mit deren Heimatstaat besondere Verträge bestehen (Art. 1, Abs. 1). Das trifft nach dem Zirkular des Außenministers zu für Belgien und die Schweiz[2]).

Auf diese zwischenstaatlichen Regelungen muß kurz in diesem Zusammenhang eingegangen werden, da sich aus ihnen weitere Änderungen des bis zum Krieg in Frankreich geltenden Staatsangehörigkeitsrechts ergeben haben. Frankreich und Belgien, in dem damals annähernd die gleiche oben geschilderte Regelung des code civil galt, hatten sich durch Vertrag vom 30. VII. 1891[3]) verpflichtet, die zur Option für das andere Land berechtigten Söhne inländischer Eltern erst nach Ablauf der Optionsfrist zum Militärdienst einzuziehen. Es leuchtet ja ein, daß ius soli- und ius sanguinis-Prinzip, in beiden Ländern zur Anwendung gebracht, sich gegenseitig unwirksam machen. Der in Frankreich geborene Sohn belgischer Eltern ist natürlich nach belgischem Gesetz Belgier, auch wenn der Vater oder die Mutter oder beide in Frankreich geboren waren, und der Betreffende nach französischem Recht infolgedessen entweder Franzose oder auflösend oder aufschiebend bedingt Franzose oder reklamationsberechtigter Ausländer ist[4]). Zog man einen später Optionsberechtigten nun vorher ein, so war er an der Aus-

[1]) Das Zirkular des Außenministers bemerkt dazu (JCl. 1918, S. 1106): gleichgültig, ob sie dieselbe Staatsangehörigkeit freiwillig oder malgré eux besitzen. Der Gesetzgeber habe die letzteren keinen Repressalien aussetzen wollen. Die Elsaß-Lothringer hätten außerdem die Möglichkeit, durch Eintritt ins Heer die französische Staatsangehörigkeit zu erwerben, gem. Gesetz vom 5. VIII. 1914 (s. oben S. 3ff.). Der Wunsch z. B. des Abgeordneten GALLI, allen echten Elsaß-Lothringern auf Antrag die französische Staatsangehörigkeit zu verleihen, ist nicht erfüllt worden (vgl. JCl. 1916, S. 570). Die Nichtanwendung auf Söhne feindlicher Ausländer bezieht sich jedoch nur auf Art. 8, Ziff. 4, nicht auf Ziff. 3 c. c. Ein in Frankreich geborener Sohn eines Deutschen und einer in Frankreich geborenen Mutter darf entsprechend der Aufhebung des § 11 des Gesetzes von 1905 eingezogen werden (Art. 5). Art. 5 sei nachträglich eingeschoben und stände richtiger hinter Art. 6. So Note in Rev. 1919, S. 209 und Trib. BEAUVAIS i. S. BRAND: Rev. 1919, S. 581. Dagegen unrichtig Note in JCl 1918, S. 1225, die annimmt, daß dem in Frankreich geborenen minderjährigen Sohn türkischer, also feindlicher Eltern die französische Armee offen stehe, da er ja nach Ziff. 6 das Ablehnungsrecht nicht habe. Hier wird übersehen, daß der Betreffende bis zum 21. Lebensjahr Franzose unter aufschiebender Bedingung, also Ausländer ist.

[2]) Nicht erwähnt das Zirkular den französisch-spanischen Vertrag von 1892 (JCl. 1892, S. 1083), ähnlichen Inhalts wie der französisch-schweizerische Vertrag. Nach WAHL (Rev. trim. du dr. civ. 1917, S. 236) hindert er die Anwendung des Gesetzes auf die in Frage kommenden Individuen spanischer Abstammung.

[3]) JCl. 1892, S. 320.

[4]) Über diesen Gesetzeskonflikt und die Geschichte des obigen Vertrags vgl. WEISS: Traité etc., S. 317ff.

übung seines Rechts, zumal wenn diese an die Wohnsitzbedingung geknüpft war, tatsächlich verhindert. Ohne die Staatsangehörigkeitsbestimmungen selbst in Einklang zu bringen, billigte jedes Land durch jenes Abkommen den Betroffenen einen Rekrutierungsaufschub zu und versprach eine nach den französischen oder belgischen Gesetzen ordnungsmäßig vorgenommene Option insoweit zu beachten, als es den Betreffenden vom Militärdienst im früheren Heimatstaat befreite[1]. Ferner beachtete das Abkommen den französischen Art. 8, Ziff. 3: Der in Frankreich geborene Sohn von in Frankreich geborenen belgischen Eltern durfte in Belgien nicht eingezogen werden. Dieser Vertrag störte die Interessen der kriegführenden beiden Mächte, denen an der frühzeitigen Einziehung der darunter fallenden Wehrfähigen gelegen war. Außerdem war mit der durch die Besetzung Belgiens gegebenen Sachlage zu rechnen. Schon vor dem Gesetz vom 3. VII. 1917 hatte man daher durch das Abkommen vom 13. III. 1915[2] die Anwendung des Vertrags für die Kriegsdauer im allgemeinen aufgehoben. Es konnten also seit diesem Übereinkommen die für Belgien Optionsberechtigten schon vor Ablauf der Optionsfrist zur französischen Armee eingezogen werden. Äußerten sie den Wunsch, in der belgischen Armee einzutreten, so wurden sie in das nächste belgische Depot gebracht. Ausdrücklich ausgenommen waren die in Frankreich geborenen Kinder belgischer Eltern, die beide nicht in Frankreich geboren waren, also die Fälle des französischen Art. 8, Ziff. 4. Diese durfte Frankreich nicht nur nicht vor Ablauf des 22. Lebensjahres einziehen, sondern es verpflichtete sich ausdrücklich, sie nach Möglichkeit der belgischen Armee zuzuführen[3]. Wenn nun im Gesetz vom 3. VII. 1917 die geltenden Verträge unberührt gelassen wurden, so hatte das, nachdem für die übrigen Fälle die frühzeitige Einziehung schon durch das Abkommen ermöglicht war,

---

[1] Nach der Fassung des französischen Art. 17, Ziff. 1 c. c. führte eine Option im Falle des Art. 9 belg. code civil schon ohnehin zum Verlust der französischen Staatsangehörigkeit (vgl. Weiss: a. a. O. S. 323). Seit dem belgischen Staatsangehörigkeitsgesetz von 1909 gilt das gleiche für Belgien (belgisches Gesetz von 1909, Art. 12). Seitdem das belgische Gesetz von 1909 durch das Gesetz vom 15. V. 1922 ersetzt worden ist, das das ius soli abgeschafft hat, hat Frankreich kein Interesse mehr an dem Vertrag.

[2] Text JCl. 1915, S. 729. Die Regelung der Staatsangehörigkeit wurde in diesem Abkommen ausdrücklich unberührt gelassen. Es war danach also z. B. nicht ausgeschlossen, daß ein Optionsberechtigter in der belgischen Armee diente und wirksam — allerdings ohne Lösung von seiner Militärpflicht — für Frankreich optierte. Dagegen entschied eine Bekanntmachung vom 21. VIII. 1915, daß auch in diesen Fällen für den Minderjährigen wirksam vom gesetzlichen Vertreter auf das Optionsrecht verzichtet werden konnte. Vgl. JCl. 1915, S. 568.

[3] Über die Maßnahmen der belgischen und französischen Regierung, um der in Frankreich lebenden wehrpflichtigen Belgier habhaft zu werden, vgl. JCl. 1915, S. 235 und 476.

Bedeutung eben für die Fälle des französischen Art. 8, Ziff. 4: während alle anderen Auslandskinder dieser Gruppe nach ungenützter Optionsfrist gemäß Art. 1 und 2 dieses Gesetzes mit 18 Jahren in Frankreich eingezogen werden können, bleiben die Söhne belgischer Eltern zugunsten der belgischen Armee vom französischen Militärdienst frei[1]).

In diesen Zusammenhang gehört ein weiteres französisches Gesetz vom 18. X. 1915[2]), das seine Entstehung der Besetzung Belgiens durch Deutschland verdankt. Der Umstand der Besetzung und der durch sie veranlaßten Flucht der belgischen Bevölkerung auf französischen Boden hätte Frankreich einen Bevölkerungszuwachs auf belgische Kosten gebracht, wenn man z. B. den Art. 8, Ziff. 3 c. c. seinem Wortlaut entsprechend angewendet hätte, d. h., wenn Frankreich ein in Frankreich zur Welt gekommenes Kind belgischer Eltern, die selbst in Frankreich geboren waren, endgültig als Franzose betrachtet hätte. Dem hilft das Gesetz vom 18. X. 1915 ab, indem es den genannten Artikel auf das während des Kriegs oder 1 Jahr nach dem Krieg in Frankreich geborene Kind nicht anwendet, vorausgesetzt, daß sein gesetzlicher Vertreter durch Erklärung die französische Staatsangehörigkeit für das Kind ablehnt. Das Gesetz schafft also ein Ablehnungsrecht, wo bisher keines bestand: wenn beide Eltern oder der Vater in Frankreich geboren waren[3]); zum Teil bestätigt es ein schon vorhandenes Ablehnungsrecht: wenn die belgische Mutter in Frankreich geboren war.

Der zweite im Rundschreiben des Außenministers als aufrecht erhalten bezeichnete Vertrag ist der französisch-schweizerische vom 23. VII. 1879[4]). Er bezieht sich nur auf die Kinder derjenigen Franzosen, die sich in der Schweiz naturalisieren lassen[5]). Sind diese zur Zeit der Naturalisation noch minderjährig, so macht Frankreich ihnen ge-

---

[1]) AUDINET: JCl. 1918, S. 1150. Die entsprechende Handhabung ergibt sich aus Art. 4 des Erlasses des Kriegsministers zur Ausführung des Gesetzes vom 3. VII. 1917 (Rev. 1918, S. 229).

[2]) Anlage 5.

[3]) Ein gewisses Bedürfnis hätte für Belgien wohl auch bestanden, die Folgen aus der notgedrungen in Frankreich erfolgenden Geburt ihrer Landeskinder auch für die übrigen Fälle einzuschränken. Frankreich hätte alsdann auf die Franzosen unter auflösender Bedingung des Art. 8, Ziff. 4 z. B. verzichten müssen. Davon ist nichts bekannt geworden. Später hat Frankreich mit Belgien eine Vereinbarung (vom 24. I. 1921) getroffen, nach der die Söhne von Belgiern die französische Staatsangehörigkeit ablehnen können, wenn sie während ihres 21. Lebensjahres durch den Krieg daran verhindert waren (Rev. 1921, S. 585. JCl. 1922, S. 1093). Das Abkommen erlangte Gesetzeskraft durch das französische Dekret vom 6. X. 1922 (J. off. 7. X. 1922).

[4]) SIEBER: Staatsbürgerrecht im internationalen Verkehr, Bd. 1, S. 49ff. (Text Bd. 2, S. 339). Neuerdings ergänzt durch schweizerisches Zirkular betr. die Kinder elsaß-lothringisch-schweizerischer Eltern (Rev. 1921, S. 420).

[5]) Ablehnung eines Versuchs erweiterter Anwendung enthält die Entscheidung des Trib. civ. de Beauvais i. S. BRAND: JCl. 1918, S. 203.

wisse Zugeständnisse, obwohl sie nach französischem Recht einwandfrei Franzosen geblieben sind, denn die Wirkung der Naturalisation im Ausland erstreckt sich in Frankreich auf Frau und minderjährige Kinder nicht mit, noch gewährt sie ihnen ein Optionsrecht[1]). Die Betreffenden können nämlich während des 22. Lebensjahres für die Schweiz optieren und werden von Frankreich bis zu diesem Zeitpunkt nicht zum Militärdienst eingezogen. Dieser Vertrag konnte durch das Gesetz vom 3. VII. 1917 gar nicht berührt werden, da dieses ganz andere Fälle, nämlich die der bedingten Staatsangehörigkeit auf Grund des Code civil, umfaßt.

Bei der Anwendung des Gesetzes vom 3. VII. 1917 trat eine weitere Frage, die uns auch noch in anderm Zusammenhang beschäftigen wird, auf. Das Gesetz regelt zwar die Lage der Optionsberechtigten nach Art. 8, Ziff. 4 c. c., die erst nach Inkrafttreten des Gesetzes 18 Jahre alt werden, und derjenigen, die schon 18, aber noch nicht 22 Jahre alt sind, erwähnt aber nichts von allen denen, die bei Inkrafttreten des Gesetzes bereits das 22. Lebensjahr vollendet hatten. Soweit sie dieses Alter während des Kriegs erreicht hatten, entstand die Frage, ob sie im Kriege ihr Ablehnungsrecht hatten ausüben können und ob sie im Fall unbenutzten Fristablaufs nicht durch das allgemeine Moratorium auf Grund des Dekrets vom 10. VIII. 1914 geschützt waren. Dieses hatte in seinem Art. 1, Abs. 2 „suspendu . . . toutes prescriptions et peremptions s'appliquant généralement à tous les actes qui d'après la loi, doivent être accomplis dans un délai déterminé, en matière civile, commerciale et administrative". Unter Berufung auf diese Bestimmung versuchten männliche Individuen in der oben erwähnten Lage der Dienstpflicht zu entgehen. Die Entscheidung hing davon ab, ob die Frist des Art. 8, Ziff. 4 zu der im Moratorium erwähnten gehörte. Die französische Rechtsprechung schien zunächst die Frage bejahen zu wollen, indem sie auch Ablehnungserklärungen nach vollendetem 22. Lebensjahr als rechtswirksam betrachtete[2]). Unter diesem Eindruck wurde zu Beginn des Jahres 1919 in der Kammer eine Resolution GALLI auf Abänderung des Dekrets vom 10. VIII. 1914 eingebracht[3]). Andere Gerichte bejahten entweder gleichfalls die Anwendbarkeit des Moratoriums oder ließen sie offen, kamen aber auf anderem Wege zu dem erwünschten Ergebnis der Einziehung aller Drückeberger[4]): das Gesetz vom 3. VII. 1917 sei weit auszulegen, es

---

[1]) Vgl. WEISS: a. a. O. S. 529ff.

[2]) So die Cour d'appel von Dijon i. S. COLOM; die von Paris i. S. KROLL: Rev. 1919, S. 265 u. 283; und wiederum in den beiden gleichen Fällen die Cour de Bourges als Cour de renvoi: Rev. 1921, S. 84 u. 253.

[3]) Text Rev. 1919, S. 287.

[4]) Das Trib. civ. de la Seine i. S. de OLINDA: JCl. 1919, S. 305, Rev. 1919, S. 288 und die Cour d'appel v. Poitiers i. S. BANZA: Rev. 1919, S. 293.

habe auch die Lage der mehr als 22jährigen regeln wollen. Diese hätten ihre durch dieses Gesetz eingeräumte Dreimonatsfrist versäumt und seien damit endgültig Franzosen geworden. Diese Entscheidung widerspricht dem klaren Wortlaut des Art. 3 unseres Gesetzes; gegen sie wendet sich denn auch scharf A. WAHL[1]) in einer Note. In Wirklichkeit hat das Gesetz die Lage der mehr als 22jährigen für geklärt gehalten und an das Moratorium überhaupt nicht gedacht. Schließlich fand der Kassationshof im Juni 1919, indem er die zwei ersterwähnten Urteile aufhob und zurückverwies[2]) und endlich im Februar 1921 durch Plenarentscheidung[3]) über die gleichen Fälle die Formel für die Unschädlichmachung des Moratoriums und machte gesetzgeberische Maßnahmen dadurch unnötig: die Bestimmungen über den Staatsangehörigkeitserwerb gehören in erster Linie dem öffentlichen Recht[4]) an und ihre genaue Befolgung berühre die nationale Verteidigung, wohingegen das Moratorium die Fristen en matière civile, commerciale et administrative im Auge hätten. Den richtigen Gesichtspunkt für diese Frage bringt u. E. JAPIOT[5]). Die Ablehnungsbefugnis beruhe auf der Idee des Alters, der physischen Entwicklung, die Frist sei dabei gleichgültig. Das Moratorium könne Fristen aufheben, aber niemanden verhindern, ein gewisses Alter zu erreichen. Es betreffe Fristen in Angelegenheiten parteistreitigen Charakters, nicht gewissermaßen einseitige Rechtsverhältnisse.

Die Bestimmungen der beiden besprochenen Gesetze vom 18. X. 1915 und vom 3. VII. 1917 sind deshalb nicht ohne Interesse, weil sie das für das französische Staatsangehörigkeitsrecht typische Institut der Ablehnungserklärung in einer bestimmten Richtung abändern. In seinem für das französische Staatsangehörigkeitsrecht bedeutsamen Werk stellt A. WEISS[6]) den Satz auf: „La nationalité s'analysant en un contrat passé entre l'individu et l'Etat, il nous paraît évident que rien, lorsqu'il s'agit de le former, ne peut suppléer la capacité et le consentement personnels de l'intéressé.“ Gewiß verträgt sich die Vertragstheorie mit der Tatsache des allermeist automatischen Erwerbs der Staatsangehörigkeit nicht und wird daher auch in Frankreich von Forschern wie WAHL und JÈZE nicht geteilt. Dennoch behielt die Forderung von WEISS seine Berechtigung und Bedeutung, da das französische Staatsangehörigkeitsrecht dem Willen des Beteiligten

---

[1]) Rev. trim. de droit civil 1918, S. 85.

[2]) Rev. 1919, S. 277 u. 286.

[3]) Rev. 1921, S. 252 u. 255.

[4]) Über diese in Frankreich sehr erörterte Frage vgl. unten S. 39.

[5]) JAPIOT: La répudiation de la nationalité pendant la guerre, Rev. politique et parlementaire 1917, S 234 (mir nicht zugänglich), angezeigt Rev. 1917, S. 366.

[6]) WEISS: Traité théor. et prat. de droit int. privé, 2. Aufl., Bd. I, S. 170.

beim Erwerb der Staatsangehörigkeit nun einmal eine entscheidende Mitwirkung zuweist. Um die Unverfälschtheit dieser Willenserklärung, d. h. um ihre Vollwertigkeit und namentlich aber um ihre höchst persönliche Natur, war schon vor dem Krieg lange gekämpft worden. Ein Dekret von 1889[1]) hatte dem gesetzlichen Vertreter die Befugnis erteilt, für den eigentlich berechtigten Minderjährigen auf dessen Ablehnungsrecht zu verzichten. Die französische Rechtsprechung hatte jenes Dekret von 1889 als unberechtigten Eingriff der Verwaltung in die Gesetzgebung und infolgedessen als ungültig behandelt[2]); deshalb wurde die Befugnis zum Ablehnungsverzicht des gesetzlichen Vertreters i. J. 1909 durch das Gesetz vom 5. April (KELLER-TRAUTMANN, S. 672) ausdrücklich bestätigt[3]), und zwar rückwirkend, wobei allerdings der gesetzliche Vertreter — nicht der Vertretene — eine neue Frist zum Widerruf seiner früheren Erklärung eingeräumt bekam. Auch dieses Gesetz tadelt WEISS noch vor dem Krieg als Verletzung des oben zitierten Grundsatzes[4]). In den zahlreichen Fällen, in denen während des Kriegs Söhne ausländischer Eltern sich auf Grund einer von ihren Vätern vor Jahren abgegebenen Verzichtserklärung unwiderruflich als Franzosen und damit im Schützengraben sahen, hat dieses Gesetz eine Rolle gespielt. Auch dann, wenn die Erklärung des gesetzlichen Vertreters vor Inkrafttreten des Gesetzes vom 5. IV. 1909 abgegeben worden war, wurde sie berücksichtigt. Gegen diese Rückwirkung ist vergeblich das strenge Prinzip des Art. 2 c. c. angerufen worden. So rechtfertigt das Trib. civ. de la Seine[5]) die Ausnahme von dem Prinzip des Art. 2 c. c. als Übergangsmaßnahme und will, was noch bemerkenswerter ist, die Verzichtserklärung des seinerzeit spanischen Vaters nicht als ungültig anerkennen, obwohl nach spanischem Recht der gesetzliche Vertreter nicht befugt ist, über die Staatsangehörigkeit des Minderjährigen zu bestimmen[6]) und nach französischem Recht in Ansehung der capacité das Personalstatut maßgebend ist (Art. 3 c. c.). Dies geschieht mit der Begründung, daß die Staatsangehörigkeitsbestimmungen Sein und Erhaltung des Staats angehen, zum öffentlichen Recht der Nation gehören und alle fremden Gesetze ausschließen, daß ein Gesetzeskonflikt dann nicht gegen die Gesetzgebung des Staats, dem das Gericht angehöre, entschieden werden dürfe, wenn die Frage die Landesverfassung und

---

[1]) Text KELLER-TRAUTMANN, S. 671.

[2]) Kassationshof vom 26. VII. 1905 i. S. VALZ: JCl. 1905, S 1253.

[3]) Das übersieht WAHL: Rev. trimestr. d. dr. civ. 1915, S. 263 bei der Erwähnung des Gesetzes vom 18. X. 1915.

[4]) a. a. O S. 201, 242.

[5]) I. S. SANCHEZ TOLEDO vom 4. II. 1917, JCl. 1917, S. 1053; Rev. 1917, S. 265.

[6]) Art. 17, 18, 19 Span. BGB. von 1889.

seine politischen Organisationen berühre. Gegen diese Motivierung aus Staatsraison wendet sich sogar die französische Kritik lebhaft[1]). Die Rechtsprechung, die im Frieden gezögert hatte, von dem von WEISS so scharf formulierten Prinzip zu lassen, folgte also im Kriege dem im Frieden schon von Gesetzgebung und Verwaltung eingeschlagenen Weg.

Und die Kriegsgesetzgebung begleitet diese Entwicklung. Die Denaturalisationsgesetze vom 7. IV. 1915 Art. 5 und vom 18. VI. 1917 Art. 12 (s. unten S. 19) gaben dem Grundsatz der Familieneinheit zuliebe den Kindern des Denaturalisierten ein Ablehnungsrecht, das während der Minderjährigkeit nur vom gesetzlichen Vertreter ausgeübt werden konnte, so daß ihnen für eine selbständige Entscheidung gar kein Raum gegeben ist. Und das Gesetz vom 18. X. 1915 betr. die Ablehnungserklärung von in Frankreich geborenen Kindern belgischer Eltern schafft zwar eine — aus den Kriegsverhältnissen erklärliche — ganz neue Ablehnungsmöglichkeit, geht dabei aber von der geradezu selbstverständlichen Voraussetzung aus, daß diese sowie die bisher bestehende ausschließlich von dem gesetzlichen Vertreter ausgeübt werden kann. Dabei ist die positive Erklärung des Vertreters, die sofort einen Staatsangehörigkeitswechsel für das Kind zur Folge hat, noch schwerwiegender als der negative Verzicht auf die Änderung des vorhandenen Zustands nach Art. 1 des erwähnten Gesetzes vom 5. IV. 1909. Das Prinzip der persönlichen Erklärung wird also auch hier verlassen. Wieder anders wird in dem Gesetz vom 3. VII. 1917 verfahren. Hier wird mit dem Grundsatz der Volljährigkeit gebrochen. Die Willenserklärung, die der neue Art. 8, Ziff. 4 fordert, gibt ein Minderjähriger — und zwar „unter Mitwirkung" des gesetzlichen Vertreters — ab[2]) und mit einer Wirkung, die ihn unabänderlich schlechter stellt als vordem ein Volljähriger, der die gleiche Erklärung abgab, daran war[3]). Denn nach Art. 7 des Gesetzes verliert der in Frankreich geborene Sohn ausländischer Eltern, der innerhalb jener 3 Monate nach Vollendung des 18. Lebensjahres die französische Staatsangehörigkeit ablehnt, die Möglichkeit, jemals durch Naturalisation oder auf sonstigem Wege die französische Staatsangehörigkeit zu erwerben. In diesem Punkte behält das Gesetz seine Wirkung über die Kriegsdauer hinaus.

---

[1]) Vgl. Noten zu diesem Urteil a. a. O. S. 1035 bzw. 267. Eine im Namen des Minderjährigen abgegebene Ablehnungserklärung wird dagegen als unwirksam erklärt: Cass. civ. i. S. Conteville: JCl. 1921, S. 189. Dagegen PILLET: Traité etc., Nr. 79.

[2]) Noch weitgehender — bis zum 16. Lebensjahr — in den etwa gleichzeitigen Entwürfen zu einem französischen Staatsangehörigkeitsgesetz; dafür wird dort an der persönlichen Natur der Willenserklärung festgehalten. Siehe unten S. 41.

[3]) AUDINET: a. a. O. S. 1641.

Auf der andern Seite wäre allerdings ohne diese Bestimmung der Zwang, die französische Staatsangehörigkeit nur gegen Einsatz des Heeresdienstes zu genießen, zu umgehen gewesen. Und es muß zugegeben werden, daß die Wahl des erreichten 18. Lebensjahres als annus discretionis für die Staatsangehörigkeit andern Bedenken als den des Auseinanderfalls von bürgerlich-rechtlicher und nationaler Selbständigkeit nicht unterliegt. Wem zugetraut wird, die Waffen zu tragen, der wird auch selbständig die Entscheidung über seine staatliche Zugehörigkeit treffen können[1]. Ein Beispiel aus anderem, staatskirchenrechtlichen Gebiet zeigt, wie weit die Gesetzgebung heute in der Anerkennung der Willensmeinung Minderjähriger geht: das deutsche RG. über religiöse Kindererziehung vom 15. VII. 1921 (RGBl. S. 939) § 5 gewährt dem Kind mit dem 14. Lebensjahre die Entscheidung über sein religiöses Glaubensbekenntnis.

c) Denaturalisation.

Den immer heftiger und schonungsloser werdenden Waffen- und Wirtschaftskrieg begleitete Frankreich durch gesetzgeberische Maßnahmen, die den Krieg gegen das Deutschtum in einer besonderen Richtung verschärften. Auch hier anscheinend einem Drängen der öffentlichen Meinung nachgebend, die sich in wildem Deutschenhaß gegen die naturalisierten Deutschen im eigenen Land wandte, ging man, angeblich, um sich gegen Spionage zu schützen, in Wirklichkeit, um ihre erheblichen Güter unter Zwangsmaßnahmen zu stellen, daran, die eigenen Staatsangehörigen einer Waschung zu unterziehen, bei der sich herausstellten sollte, ob unter dem französischen Anstrich nicht doch eine deutsche Haut verborgen sei. Rechtsgültig erfolgte Naturalisationen wurden rückgängig gemacht. Wirtschaftlich sind diese Maßnahmen von geringer Bedeutung gewesen; über die politische Berechtigung solcher Schritte mag man streiten — der Deutsche hat keinen Grund, sich der Betroffenen vom nationalen Standpunkt aus anzunehmen —, der Jurist wird den bisher in der Staatsangehörigkeitsgesetzgebung unerhörten Vorgang aufmerksam betrachten, der deutsche Staatsrechtler muß es um so mehr, als die französische Gesetzgebung ihre Spitze gegen das deutsche Reichs- und Staatsangehörigkeitsgesetz von 1913 richtet[2]. Wie immer wieder erwähnt werden wird, hat gerade dieses Gesetz, die loi Delbrück, wie die Franzosen es nennen, die schärfste

[1]) Vgl. auch das neue belgische Gesetz vom 15. V. 1922, unten S. 79.

[2]) „On a voulu par là répondre aux dispositions de la loi allemande sur la nationalité d'Empire et la nationalité d'Etat du 22 juillet 1913, dite loi Delbrück, du nom du ministre qui l'a fait voter; la pensée de cette sorte de représaille a inspiré pour une grande part la loi française du 7 avril et en à dominé toute la discussion."

Kritik und ein in Wahrheit unbegründetes Mißtrauen besonders in Frankreich, England und den Vereinigten Staaten erregt[1]). Namentlich in der Bestimmung des § 25, Abs. 2 dieses Gesetzes wollte man eine besondere Hinterlist der deutschen Regierung entdecken, die ihren Angehörigen erlaube, eine fremde Staatsangehörigkeit zu erwerben, ohne die eigene zu verlieren. Geflissentlich übersah man dabei, daß das Gesetz von 1913 als Regel den Verlust der deutschen Staatsangehörigkeit bei Erwerb einer ausländischen eintreten läßt, womit Deutschland sich unter Aufgabe seines bisherigen Standpunkts der Handhabung der meisten übrigen Staaten anschloß, und daß es sich lediglich mit Rücksicht auf gewisse gesetzliche Bestimmungen der südamerikanischen Staaten und Rußlands[2]) eine ausnahmsweise andere Regelung vorbehielt. Der Amerikaner MARSHAL hat 1918 die „Ehrlichkeit" des deutschen Gesetzes in objektiver Würdigung anerkannt[3]). Den Franzosen diente die vielleicht unbedachtsame Formulierung zur Rechtfertigung ihrer Denaturalisationsgesetzgebung, die aus dem Gesetz vom 7. IV. 1915 mit Ausführungsverordnung vom 24. IV. 1915, sowie dem Gesetz vom 18. VI. 1917 mit Ausführungsrundschreiben vom 20. VI. 1917 besteht.

α) Das Gesetz vom 7. IV. 1915.

Schon im Dezember 1914 waren der französischen Kammer drei Gesetzentwürfe verschiedener Abgeordneter vorgelegt worden, denen im Februar 1915 ein weiterer folgte, teils mit dem Ziel, erfolgte Naturalisationen von Deutschen, Österreichern usw. für nichtig zu erklären, teils um weitere zu verhüten. „Zu Tausenden gibt es Deutsche, auf dem Papier in Franzosen verwandelt, aber mit dem Rückhalt einer Heimatsangehörigkeit, die ihnen ihre Regierung wohl bewahrt, Deutsche, die unsere Söhne töten, uns Städte und Land zerstören, und ihre Anschläge gegen das Völkerrecht durch geschickte Spionage vorbereiten" usw. „Die Deutschen sind so zahlreich zu uns gekommen, um uns in einem gewaltigen Netz von Spionage zu umgarnen ..." „Sie haben unser Land überflutet, haben sich in unser Wirtschaftsleben gemischt, um Waffen zu sammeln, die uns ihrer ‚Kultur' unterwerfen sollen". So heißt es in den Begründungen[4]). Und für die Nachkriegszeit besorgt man: „Das besiegte, unter einer schweren Kriegskontribution zermalmte Deutschland wird das gelobte Land nicht sein; Arbeit wird seinen Bewohnern geringen Profit bringen. Darum

[1]) Zusammenstellung und Kritik ausländischer Literatur über das Staatsangehörigkeitsgesetz von 1913, s. unten S. 153.

[2]) Vgl. KELLER-TRAUTMANN: S. 293/4.

[3]) Dual allegiance and sect. 25 of the German National Law, International Law Notes 1918, S. 79.

[4]) MALNOURY: S. 6ff.

wird man sie expatriieren müssen und das siegreiche Frankreich mit seinen reichen Provinzen wird aufs neue für ihre Begehrlichkeit bestimmt sein." „Mit angeborener Gaunerei wird der Deutsche sich bemühen, das Gesetz zu umgehen: um leichter Franzose zu werden, wird er erst Belgier, Schweizer, Holländer. . ."

Um die Jahreswende tritt die Regierung mit einem eigenen Gesetzentwurf hervor. Die Kammer verändert ihn, dann der Senat, schließlich wird das Gesetz am 7. April erlassen[1]). Das Gesetz, das nur bis zum Ablauf von zwei Jahren nach Kriegsende gelten soll, ermächtigt im Kriegsfalle die Regierung, einen Naturalisierten[2]) feindlicher Abstammung seiner Naturalisation verlustig zu erklären, wenn dieser seine ursprüngliche Staatsangehörigkeit beibehalten habe (Art. 1, Abs. 1). Es verpflichtet sie hierzu in folgenden Fällen: wenn der Naturalisierte seine frühere Staatsangehörigkeit oder eine andere[3]) erworben hat, wenn er gegen Frankreich gekämpft hat, oder es verlassen hat, um sich der Dienstpflicht zu entziehen, oder wenn er angesichts des Kriegs eine feindliche Macht unmittelbar oder mittelbar unterstützt oder versucht hat, zu unterstützen. Der Verlust wird durch Dekret nach Anhörung des Staatsrats ausgesprochen, gegebenenfalls mit Rückwirkung, jedoch nicht über Kriegsausbruch hinaus. Gegen das Dekret ist Beschwerde beim Staatsrat zulässig. Gleichgültig ist, wie lange die Naturalisation schon zurückliegt. Besonders verdächtig sind jedoch die neueren Naturalisationen. Deshalb werden alle seit 1. VIII. 1914 vorgenommenen Naturalisationen — also auch die auf Grund des Art. 3 des im

---

[1]) Anlage 4. Literatur: MALNOURY: Les dénaturalisations d'anciens sujets d'Allemagne etc., Paris 1915. — AUDINET: Retrait des Naturalisations accordées aux anciens sujets etc., JCl. 1915, S. 129, 345. — CABOUAT: Du retrait des naturalisations etc. Lois nouvelles 1915, Nr. 16; 1916, S. 245, 261, 277, 293 (mir nicht zugänglich). — JEZE: Les lois rétroactives. Rev. du droit publ. 1916, S. 26. — WAHL: La législation civile de la guerre. Rev. trim. de droit civil 1915, S. 608; 1916 S. 604.

[2]) Das Gesetz findet nur Anwendung auf die Naturalisierten im engeren Sinn, nicht auf solche französische Staatsangehörige, deren Erwerb zwar nicht mit der Geburt, aber par bienfait de la loi (Art.8, Ziff. 4), auf Grund Reklamation (Art. 9 u. 10 c. c.) oder Reintegration (Art. 18) erfolgte. AUDINET wirft die nicht unberechtigte Frage auf, ob hier die Denaturalisationsbefugnis nicht erst recht erwünscht sei, da der Erwerb ja schon im Gegensatz zur Naturalisation unkontrolliert durch die Behörde vor sich gegangen war (a. a. O. S. 345). Noch weiter geht WAHL, der die Denaturalisation sogar auf die durch Heirat Franzosen gewordenen ehemaligen Angehörigen feindlicher Staaten ausgedehnt haben will, ohne Rücksicht auf den Grundsatz der Familieneinheit (a. a. O. 1915, S. 618; 1916, S. 605).

[3]) Dieser Zusatz entstammt einer Bearbeitung durch die Senatskommission. Man hielt es für möglich, daß ein Deutscher auf dem Umweg über eine neutrale Staatsangehörigkeit sich in Frankreich eingeschlichen habe. MALNOURY: a. a. O. S. 20.

Krieg erlassenen Gesetzes vom 5. VIII. 1914 (s. oben S. 3) vollzogenen — von Amts wegen überprüft (Art. 2). Zu diesem Zweck hat der Justizminister eine Liste aller in Betracht kommenden Naturalisationen im Journ. offic. zu veröffentlichen. Innerhalb der nächsten 3 Monate hat er die aufrecht zu erhaltenden mit Angabe der Gründe bekannt zu geben, alle anderen durch Verordnung mit Wirkung von Kriegsausbruch aufzuheben. Ausgenommen sind die echten Elsaß-Lothringer, die vor dem 20. V. 1871 geboren sind, und ihre Abkömmlinge. Nach den übrigen Artikeln soll die Rückwirkung die Rechte gutgläubiger Dritter nicht beeinträchtigen; der Verlust gilt, wenn nichts anderes bestimmt, persönlich für den Betroffenen; die nicht betroffene Frau bzw. seine Kinder können innerhalb eines Jahres die französische Staatsangehörigkeit ausschlagen. In Zukunft darf bis zum Friedensschluß kein feindlicher Staatsangehöriger mehr naturalisiert werden. Das Ausführungsdekret vom 24. IV. 1915[1]) regelt das Verfahren wie folgt: der Naturalisierte, der früher Staatsangehöriger einer feindlichen Macht war, erhält auf dem Verwaltungswege vom Justizminister, wenn er nach dessen Ermittelungen unter den Art. 1 des obigen Gesetzes fällt, eine mit Gründen versehene Mitteilung — evtl. durch öffentliche Zustellung —, daß er beabsichtige, seine Naturalisation zurückzuziehen. Während einer 14tägigen Frist kann der Betroffene seine Einwendungen machen. Nach Ablauf derselben gehen die Akten mit dem Vorschlag des Justizministers an den Staatsrat, der innerhalb der nächsten 3 Monate die Verlusterklärung oder Aufrechterhaltung der Naturalisation ausspricht. Auch gegen die namentliche Liste der zu überprüfenden Naturalisationen können die Betroffenen binnen einer 14tägigen Frist Einwendungen erheben; nach Ausspruch der Entscheidung haben sie kein Beschwerderecht mehr.

Was die obligatorische Verfallserklärung der Naturalisation anbetrifft, so ist sie auf vier bestimmte Fälle beschränkt. Von diesen bringen die ersten beiden „s'il a recouvré une nationalité antérieure ou acquis toute autre nationalité" und „s'il a porté les armes contre la France" nicht viel Neues. Nach dem französischen Staatsangehörigkeitsrecht verliert der Franzose, „qui acquiert sur sa demande la nationalité étrangère par l'effet de la loi", „qui prend du service militaire à l'étranger" ohnehin die französische Staatsangehörigkeit (c. c. Art. 17, Ziff. 1 und 4). Allerdings ist für den Wehrpflichtigen der Verlust der Staatsangehörigkeit von der Genehmigung der französischen Regierung abhängig gemacht und somit das neue Gesetz, das diese Einschränkung nicht macht, eine Erweiterung. Justizminister BRIAND rechtfertigt in der Kammer die Erwähnung der beiden Fälle damit, daß die Be-

[1]) Text JCl. 1915, S. 254.

stimmungen des code civil nie praktisch geworden seien und ein ganzes Verfahren mit Rechtsschutz für den Betroffenen erforderten. Das bestreitet AUDINET[1]); es sei festzuhalten, daß schon vor Erlaß des Dekrets nach Art. 1, Abs. 3 die in Frage Kommenden ihre Staatsangehörigkeit ipso iure verloren hätten[2]). Die mittelbare oder unmittelbare Hilfeleistung für den Feind deckt sich nicht mit ähnlichen strafrechtlichen Tatbeständen (Art. 76ff. cod. pén.)[3]). So kann nach dem Kammerbericht schon die Nichtablieferung von Gold zur Bank „Hilfeleistung" sein.

Neben dieser obligatorischen steht eine fakultative Ermächtigung, für die einzige Voraussetzung der Beibehalt einer feindlichen Staatsangehörigkeit ist. Diese die Beweislastfrage übersehende Formulierung ist im späteren Gesetz verändert worden.

Die Verfallsdekrete können vom Betroffenen mit dem recours au contentieux zum conseil d'Etat angefochten werden, nachdem ihnen schon vor Erlaß des Dekrets Gehör gegeben wurde. Mit besonderer Sorgfalt ist die Bestimmung über dieses Rechtsmittel nicht ausgebaut. Daher sind die Kommentatoren sich über seine juristische Natur auch keineswegs klar. Es suspendiert nach französischem gemeinen Recht nicht; infolgedessen bleibt der Betroffene Ausländer, ein Anwalt darf ihm also nach dem französischen Gesetz vom 4. IV. 1915 keine Unterstützung mehr gewähren. Eine Bestimmung über die im Interesse der Rechtssicherheit erwünschte Veröffentlichung der Aufhebung des Verfallsdekrets fehlt, ebenso eine Angabe über die Kosten[4]). Mit Scharfsinn macht AUDINET[5]) auf eine andere Schwierigkeit aufmerksam. Wie oben erwähnt, würde auch eine einer Beschwerde stattgebende Entscheidung des Staatsrats nichts daran ändern, daß ein Naturalisierter, der eine andere Staatsangehörigkeit erwirbt, nach c. c. Art. 17, Ziff. 1 die französische Staatsangehörigkeit verliert. Der Staatsrat — die Fragen der Staatsangehörigkeit gehören in Frankreich als bürgerliches Recht zur Zuständigkeit der Gerichte[6]) — ist zur Entscheidung über diese Frage des bürgerlichen Rechts gar nicht zuständig, infolgedessen kann das Gericht abweichend entscheiden.

Neben die Verfallserklärung durch Dekret im Einzelfall stellte das argwöhnische Parlament noch die summarische Überprüfung der letzten Naturalisationen. Setzte es auch die urspünglich beabsichtigte Strei-

---

[1]) a. a. O. S. 134.

[2]) Vgl. dazu ausführlich WAHL: a. a. O. S. 622ff. Nach ihm derogiert das Gesetz vom 7. IV. 1915 der Bestimmung des code civil.

[3]) Die Nichterfüllung der Wehrpflicht stellt in Frankreich keinen strafrechtlichen Tatbestand dar. Vgl. das deutsche und ausländische Strafrecht, Besonderer Teil, Bd. 2, S. 454.

[4]) Vgl. MALNOURY: a. a. O. S. 31ff.

[5]) a. a. O. S. 137.

[6]) Vgl. oben S. 1.

chung aller Naturalisationen seit dem 1. Januar 1913 nicht durch, so stellte man mit dem Art. 2 das Prinzip der vermutungsweise verdächtigen Naturalisierten auf. Auch wenn der Betreffende also seine alte Staatsangehörigkeit tatsächlich nicht mehr besitzt, kann er der französischen verlustig erklärt werden[1]). Die Beweislast liegt nun völlig auf dem Naturalisierten: nach Aufstellung der Liste kann der Verzeichnete Einwendungen machen — er wird nicht eigens benachrichtigt —, nach Ablauf der 3monatigen Frist werden alle Naturalisationen aufgehoben, mit Ausnahme derjenigen Fälle, in denen die Aufrechterhaltung ausdrücklich für angemessen erklärt wird. Diese Fälle, nicht diejenigen, bei denen die Aufhebung stattfindet, müssen begründet werden. Ein Beschwerderecht hat der Betroffene in diesem Fall überhaupt nicht[2]). Die verschiedene Behandlung der nach dem 1. I. 1913 und der vorher erfolgten Naturalisationen erklärt sich allein durch das Mißtrauen gegen das deutsche Gesetz von 1913. Daß man gerade deshalb nicht nötig gehabt hätte, den 1. I. 1913 als Stichtag zu nehmen, sondern richtiger den 1. 1. 1914, den Tag seines Inkrafttretens, daß ferner die Anordnung des Art. 2 sich auf frühere deutsche Staatsangehörige hätte beschränken müssen, hat AUDINET schon bemerkt[3]).

Die Beseitigung des unerwünschten Zustands wird kurzerhand mit Rückwirkung vollzogen, im Fall des Art. 1 nach Ermessen der Behörde und nicht über Kriegsbeginn hinaus, in dem des Art. 2 ipso iure von Kriegsbeginn an[4]). Die Einführung des dem Staatsangehörigkeitsrecht durchaus fremden[5]) und im besondern dem französischen gemeinen Recht widersprechenden Prinzip der Rückwirkung beleuchtet den wirtschaftlichen Hintergrund des ganzen Gesetzes: das Vermögen der Betroffenen soll sofort unter die Kriegsmaßnahmen gestellt werden können, denen Ausländer unterliegen[6]); der Bericht des Abgeordneten BERNARD spricht sich über die zu ergreifenden Maßnahmen wie folgt aus[7]): „Si,

---

[1]) Vgl. die Entscheidung des Conseil d'Etat i. S. DREYFUS: Rev. 1917, S. 281.

[2]) Vgl. die Entscheidung i. S. LEVI: Rev. 1917, S. 280.

[3]) a. a. O. S. 345.

[4]) Über die Rückwirkungsbestimmungen vgl. namentlich JEZE: Les lois rétroactives etc. Rev. d. droit public, S. 26ff. und WAHL: a. a. O. S. 641ff.

[5]) Vgl. Cour de cassat. vom 31. V. 1907, Rev. Darras 1907, S. 593; Cour d'appel de Paris vom 25. XI. 1913, Rev. 1914, S. 130.

[6]) Mit Recht weist WAHL (a. a. O. S. 638) darauf hin, daß mit dem Verfall der französischen Staatsangehörigkeit die ehemalige Staatsangehörigkeit des Betreffenden, falls er sie nicht beibehalten hatte, nicht wieder auflebt. Auf sie hat das französische Recht gar keine Einwirkung. In solchen Fällen tritt Staatenlosigkeit ein. Um auf sie die Ausnahmebestimmungen gegen feindliche Ausländer anwenden zu können, hat man die Denaturalisierten im Gesetz vom 18. VI. 1917 (s. unten S. 26) den feindlichen Ausländern durch eine Vermutung ausdrücklich gleichgestellt.

[7]) MALNOURY: a. a. O. S. 34.

ce qui sera exceptionnel, cet individu est resté en France, on pourra prendre contre sa personne les mesures qu'on a appliquées depuis la déclaration de guerre, aux sujets des puissances ennemies: expulsion, envoi dans un camp de concentration. De même, en ce qui concerne le patrimoine, il tombera sous le coup de l'application des dispositions concernant le séquestre ou l'interdiction de commerce qui visent les sujets des nations ennemies." Ohne Rückwirkungsbestimmung wäre es dem Betroffenen vielleicht möglich gewesen, noch rasch vor Erlaß des Gesetzes oder der Verfallserklärung sein Vermögen an einen ungefährdeten Dritten zu verschieben. Bei der tatsächlichen Regelung würden solche Akte die eines ennemi und als gegen das Verbot des Handels mit dem Feinde (französisches Dekret vom 27. IX. 1914, J. Offic. 28. IX. 1914) verstoßend, nichtig sein. Jedoch hat man in Art. 3 den gutgläubigen Dritten gegen diese Folge der Rückwirkung ausdrücklich geschützt.

Nach dem Abs. 1 des Art. 1 kommt die Verfallserklärung der Naturalisation nur in Frage, wenn der Naturalisierte einer zurzeit mit Frankreich im Krieg befindlichen Macht entstammt und deren Staatsangehörigkeit beibehalten hat. Es ist zu prüfen, ob diese Möglichkeit für einen ursprünglichen Deutschen, Österreicher, Ungar, Türken (Bulgarien kommt damals noch nicht in Frage) bestand. Für Deutschland kommt das Reichs- und Staatsangehörigkeitsgesetz vom 1. VI. 1870 sowie das Reichs- und Staatsangehörigkeitsgesetz vom 22. VII. 1913 in Betracht. Das letztere trat mit dem 1. I. 1914 in Kraft und gilt nicht rückwirkend. Nach dem ersteren verlor der Deutsche, der sich im Ausland naturalisieren ließ, hierdurch seine Staatsangehörigkeit nicht, wohl aber unabhängig von dem Erwerb einer fremden Staatsangehörigkeit durch 10jährigen Aufenthalt im Ausland (§ 21 R.Ges. von 1870). Hatte sich also ein Deutscher vor dem 1. I. 1914 in Frankreich naturalisieren lassen und waren vom letzten Aufenthalt in Deutschland, bzw. dem Ablauf seiner Heimatpapiere oder dem letzten Eintrag in die Matrikel (§ 21 I) 10 Jahre bis zum 1. I. 1914 noch nicht verflossen, so trafen im April 1915 für ihn die allgemeinen Voraussetzungen des französischen Gesetzes zu: er war Franzose geworden, ohne die deutsche Staatsangehörigkeit zu verlieren.[1]) Hatte er sich dagegen nach dem 1. I. 1914 naturalisieren lassen, so hatte er, unabhängig von der Dauer

[1]) Hier tritt nämlich eine merkwürdige Folge ein: die Aufhebung einer Bestimmung, die die Doppelstaatsangehörigkeit einschränken sollte und das Fehlen der Rückwirkung einer an ihre Stelle tretenden schärferen Bestimmung bewirken gegen die Absicht des Gesetzgebers zunächst, daß nach dem 1. I. 1914 sehr wohl Deutsche auch nach 10jähriger Abwesenheit, ja nach bis an ihr Lebensende im Ausland zugebrachtem Aufenthalt, die deutsche Staatsangehörigkeit behalten haben, auch wenn sie — vor dem 1. I. 1914 nämlich — eine fremde Staatsangehörigkeit erworben hatten.

seiner Abwesenheit, die deutsche Staatsangehörigkeit verloren (§ 25 I, Gesetz von 1913), wenn er sich nicht die Genehmigung seiner Heimatbehörde nach § 25, Abs. 2 erwirkt hatte, die zweifellos nur in Ausnahmefällen erteilt worden ist. Die „loi Delbrück" also, gegen die das Gesetz sich angeblich richtete, war es ganz gewiß nicht, die das französische Gesetz erforderlich gemacht hätte; man wird geradezu behaupten können, daß seit ihrem Inkrafttreten nicht ein in Frankreich Naturalisierter mehr Deutscher geblieben ist. Vielmehr der Umstand, daß dieses Gesetz von 1913 erst seit dem 1. I. 1914 in Geltung war und auf den früher erfolgten Erwerb einer französischen Staatsangehörigkeit nicht die ihm eigene Wirkung des Verlusts der deutschen Staatsangehörigkeit ausüben konnte, daß es also so spät erst zustande kam und nicht rückwirkte, ließ die doppelten Staatsangehörigkeitsverhältnisse bestehen und konnte vom französischen Standpunkt aus das Gesetz von 1915 rechtfertigen.

Für Österreicher sind die Vorbedingungen im allgemeinen nicht gegeben. Verlustgrund für die Staatsangehörigkeit ist hier die „Auswanderung", d. h. in der Regel Wohnsitzverlegung ins Ausland mit Verzicht auf das österreichische Staatsbürgerrecht. Dieser Verzicht kann auch konkludent durch freiwillige Erwerbung einer Staatsangehörigkeit bestätigt werden (Österreichische Verwaltungspraxis, vgl. KELLER-TR., S. 740/1). Er unterliegt allerdings einer Einschränkung durch § 62 des Wehrgesetzes vom Juli 1912, der für Wehrpflichtige den Erwerb einer fremden Staatsangehörigkeit von einer nur unter bestimmten Voraussetzungen zu erteilenden Erlaubnis abhängig macht. Es ging zwar über die Macht des österreichischen Staats, den Erwerb einer fremden Staatsangehörigkeit zu verbieten, wohl aber konnte es die Zuwiderhandelnden weiter als seine Angehörigen behandeln[1]).

In Ungarn entsprach der Rechtszustand dem deutschen nach dem Gesetz von 1870. Erwerb der fremden Staatsangehörigkeit ist kein Verlustgrund, dagegen 10jährige Abwesenheit ähnlich wie in § 2, Gesetz von 1870 (ungarischer Gesetzartikel vom 20. VI. 1870, § 31). Es sind also naturalisierte Franzosen denkbar, die die ungarische Staatsangehörigkeit behalten haben und somit Anwendungsfälle des französischen Gesetzes darstellen.

Eigenartig stellt sich die Türkei zu ihren Angehörigen, die sich im Ausland naturalisieren lassen. Nach Art. 5 des Gesetzes über die ottomanische Staatsangehörigkeit vom 19. I. 1869 anerkennt die türkische

---

[1]) SÉE: JCl. 1916, S. 52, kommt bei der Untersuchung dieser Frage zu dem Ergebnis, daß der Nichtwehrpflichtige durch Erwerb einer fremden die eigene Staatsangehörigkeit verliert, während der Wehrpflichtige Österreicher bleibt. Über das österr. Staatsangehörigkeitsrecht vgl. ferner SÉE: Perte de la nationalité autrichienne, JCl. 1924, S. 352.

Regierung einen solchen als Ausländer nur, wenn er vor seiner Naturalisation ihre Genehmigung eingeholt hat, behält sich aber vor, den Verlust der ottomanischen Staatsangehörigkeit eigens über ihn auszusprechen. Während die meisten Staaten in ihren neueren Gesetzen das Band zwischen sich und ihren Angehörigen durch deren freiwilligen Erwerb einer fremden Staatsangehörigkeit als zerschnitten betrachten, damit aber auf der einen Seite dem Einzelnen das Recht einräumen, nach seinem Willen die Angehörigkeit zu einem Staat zu regeln, auf der andern Seite ihm mit dem Erwerb der neuen Staatsangehörigkeit die Vorteile der alten zwangsläufig entziehen, während Staaten wie Ungarn und — bis zum 1. I. 1914 — das Deutsche Reich dem Einzelnen dieselbe Befugnis gewährten und es sogar seinem Willen überließen, die alte Staatsangehörigkeit zu behalten, spricht die Türkei ihren Untertanen das Recht ab, sich von ihrem Mutterstaat zu trennen. Durch eine Naturalisation wird man selbsttätig also bei der ersten Gruppe die Heimatsstaatsangehörigkeit stets verlieren, bei der zweiten nach einiger Zeit, bei der dritten nie. Auch einem früheren Türken gegenüber kann die fakultative Verfallserklärung des französischen Gesetzes also Anwendung finden.

β) Das Gesetz vom 18. VI. 1917.

Unter anderen Reformplänen, die auf Erschwerung der Naturalisation abzielen und die französische Kammer während des Jahres 1916 beschäftigten, befindet sich ein Entwurf VIVIANI[1]) auf Abänderung des Denaturalisationsgesetzes vom 7. IV. 1915[2]). Auf ihn geht mit geringen Abweichungen das zweite Denaturalisationsgesetz vom 18. VI. 1917[3]) zurück. Von dem Gesetz von 1915 bleibt erhalten nur der für Kriegsdauer die weitere Naturalisation von feindlichen Ausländern verbietende Art. 6. In der neuen Fassung hat es seinen Übergangscharakter abgestreift, enthält keine Beschränkung der Geltungsdauer und wird also stets im Falle des Kriegs Anwendung finden. Sachlich erstreckt sich seine Wirkung nun auch auf Bulgarien[4]). Der

---

[1]) 29. II. 1916, Journ. offic., Doc. parl. Chambre, S. 328.

[2]) Auszug aus Begründung und Entwurf in Rev. 1915/16, S. 359.

[3]) Anlage 7. Literatur: AUDINET: La déchéance de la Naturalisation, JCl. 1918, S. 5ff. — VALÉRY: Ann. de législ. franç., 37 Jg., S. 127. — WAHL: La législation civile pendant la guerre, Rev. trimestr. de droit civil 1916, S. 197, 604ff.; 1917, S. 238. — WEISS: Manuel de droit intern. privé, 8. éd., Paris 1920, S. 152ff. — PILLET: Traité prat. de droit intern. privé, Bd. 1, Paris 1923, Nr. 118ff. — PILLET et NIBOYET: Manuel de droit intern. privé, Paris 1924, Nr. 128ff.

[4]) In Betracht kommt das bulgarische Gesetz vom 4. XII. 1903, Art. 17. Prinzipiell verliert der Naturalisierte die bulgarische Staatsangehörigkeit. Eine Ausnahme gilt für den Wehrpflichtigen, wie in Österreich (s. oben S. 25) und übrigens auch Frankreich (s. oben S. 21).

Unterschied zum Gesetz von 1915 liegt in dem grundlegend geänderten Verfahren, weniger im materiellen Recht. Immerhin weicht auch dieses von der ersten Fassung ab. Die Überprüfung der Naturalisationen seit dem 1. I. 1913, die durch Art. 2 des alten Gesetzes gefordert war, ist offenbar vollendet gewesen und kehrt im neuen Gesetz nicht wieder. Das materielle Recht ist allein im Art. 1 enthalten: wiederum gibt es den fakultativen und den obligatorischen Verfall. Voraussetzung für den ersten ist allgemein der Beibehalt der ursprünglichen oder einer früheren Staatsangehörigkeit, für den dieses Mal eine Reihe von gesetzlichen Vermutungen aufgestellt wird: Aufenthalt von einem oder mehreren Tagen im frühern Heimatstaat nach erfolgter Naturalisierung, Erwerb von Landeigentum ebendort, Beteiligungen an wirtschaftlichen Unternehmungen, Besitz eines ständigen Wohnsitzes (domicile ou résidence) im Heimatstaat. Zu einem Tatbestand dieser Art muß die bestimmte Annahme der Anhänglichkeit an den Heimatstaat, die sich aus äußeren Anzeichen ergeben haben muß, treten. Die Vermutung des Beibehalts entfällt, wenn der Betreffende oder ein Sohn während des Kriegs in der französischen Armee dient oder gedient hat. Der Grund für die Aufnahme dieser Bestimmungen leuchtet ein: der Beibehalt der deutschen Staatsangehörigkeit ist nicht leicht beweisbar. Nach dem Gesetz von 1870 — und dieses kommt für die überwiegende Zahl der Fälle noch in Betracht — ist für die ausländische Behörde weder der fristgerechte Beginn des 10jährigen Auslandsaufenthalts noch dessen Beendigung infolge der Unterbrechungsmöglichkeiten zu erkennen. Erst nach Ablauf dieser Frist ging die deutsche Staatsangehörigkeit verloren. Das Gesetz hilft sich nun mit einer gesetzlichen Vermutung, die widerlegbar ist und der Unterstützung durch andere Indizien noch bedarf[1]). Wichtig ist, daß der eigene Kriegsdienst oder der des Sohnes nicht vor dem Verfall der Naturalisation schützt, sondern nur die Beweislast umkehrt und namentlich, daß nunmehr die Naturalisation auch entzogen werden kann, wenn tatsächlich der Betreffende längst seine ursprüngliche Staatsangehörigkeit verloren hat. Die gesetzliche Vermutung tritt auch dann ein, wenn das Recht des Heimatstaats den Beibehalt der Naturalisation gar nicht zuläßt — wie das für das deutsche Gesetz von 1913 und im allgemeinen für Österreich (vgl. oben S. 25) zutrifft — und wenn der Tatbestand die Annahme des Beibehalts gar nicht rechtfertigt, so bei der wirtschaftlichen Beteiligung, dem Erwerb von Grund-

[1]) Entscheidend für die Aufstellung der Vermutung dürfte namentlich gewesen sein, daß man nur auf diesem Wege die Anwendung der Bestimmungen gegen feindliche Ausländer auf Staatenlose ausdehnen konnte. Vgl. REULOS: Manuel des Séquestres 1916, S. 243, Anm. 2.

besitz usw. Das fremde Recht braucht nicht geprüft zu werden und wird durch die Vermutung ersetzt[1]).

Für den obligatorischen Verfall sind die Voraussetzungen dieselben geblieben; für das Verlassen Frankreichs zwecks Nichterfüllung der Wehrpflicht und für die Hilfeleistung an den Feind stellt das Gesetz auch hier aushilfsweise eine Reihe von gesetzlichen Vermutungen auf, unter denen die höchst weite Fassung der letzteren auffällt: Zuwiderhandlung gegen Gesetze, Verordnungen und Verbote, die aus Anlaß des Kriegs erlassen, oder Hinderung von Maßnahmen, die im Interesse der nationalen Verteidigung angeordnet wurden. Das würde den strafrechtlichen Tatbestand des Landesverrats also nicht erfüllen, reicht aber für den obligatorischen Verfall aus.

Die eigentliche Neuerung des Gesetzes liegt in der Übertragung des Verfahrens von der Verwaltung auf die bürgerlichen Gerichte. Das bedeutet, was schon die Geltungsdauer dieses Gesetzes erkennen ließ, einen Schritt von der Ausnahmegesetzgebung weg zur ordentlichen[2]). An die Stelle des décret de déchéance tritt nunmehr die action en déchéance. Das hat insofern nichts Überraschendes, als die Staatsangehörigkeit in Frankreich im bürgerlichen Recht geregelt ist und über sie die ordentlichen Gerichte entscheiden[3]). Jedoch findet diese Zuständigkeit ihre Grenze in dem Grundsatz der Gewaltenteilung. Und der Gesetzgeber stand hier vor der Schwierigkeit, einen Verwaltungsakt der Überprüfung durch bürgerliche Gerichte zu unterwerfen. Es war bisher ein von der Rechtsprechung streng aufrecht erhaltener Grundsatz, daß der Erwerb der französischen Staatsangehörigkeit durch Naturalisationsdekret weder formell noch materiell von den Gerichten auf seine Rechtmäßigkeit nachgeprüft werden konnte. Wollte man also die Gerichte entscheiden lassen, so durfte der Tenor nicht mehr auf déchéance oder retrait de la naturalisation, sondern er mußte auf déchéance de la nationalité lauten (vgl. Art. 1, Abs. 1 der Gesetze von 1915 und 1917). Und damit hängt auch zusammen, daß der Beibehalt der früheren Staatsangehörigkeit zum alleinigen Rechtsgrund für den Verlust der französischen Staatsangehörigkeit erhoben und, wo andere Tatbestände den wirklichen Grund abgeben, sie auf dem Wege der Fiktion auf eben jenen Verlustgrund zurückgeführt werden (Art. 1, Abs. 2). Die Denaturalisation ändert damit formell ihren Charakter; es wird nicht mehr der Erwerb der Staatsangehörigkeit auf seine Voraussetzungen geprüft, wozu nur eine Verwaltungsbehörde hätte zuständig sein können,

---

1) Vgl. das Ausführungszirkular des Justizministers vom 20. VI. 1917, JCl. 1917, S. 1858.

2) „Elle consacre le retour au droit commun", sagt das Ausführungszirkular des Justizministers vom 20. VI. 1917 (JCl. 1917, S. 1857).

3) Vgl. darüber oben S. 1.

sondern es wird gleichsam festgestellt, daß ein französischer Staatsangehöriger nicht zwei Staatsangehörigkeiten haben kann[1]). Der berüchtigte § 25, Abs. 2 des deutschen Staatsangehörigkeitsgesetzes von 1913 dient also als willkommene Stütze einer sehr künstlichen Konstruktion, um so künstlicher, als das französische Recht jenen Satz gar nicht kennt, sondern ihn nachträglich herstellt, weil man ihn vermißt. Dafür ist das Geständnis PILLETS höchst charakteristisch: „la loi de déchéance de la nationalité n'a été faite que parce que les lois antérieures ne se sont pas préoccupées suffisamment de la nationalité"[2]).

Das Verfahren ähnelt sehr einem Strafverfahren mit gerichtlicher Voruntersuchung, findet aber vor den bürgerlichen Gerichten statt. Der procureur de la République beantragt nach Abschluß seiner Erkundigungen, für die ihm die Kanzlei die Unterlagen gibt (französisches Ausführungszirkular vom 20. VI 1917), bei der beratenden Kammer des Landgerichts (chambre de conseil) Bestimmung eines Untersuchungsrichters. Dieser verhört den Naturalisierten, die Zeugen[3]) und hat weite Vollmacht zur Ermittelung der Wahrheit. Nach Abschluß der Untersuchung geht der Akt an den Staatsanwalt, der sich für Einstellung oder Weiterführung des Verfahrens frei entscheidet. Im letzten Fall kommt es zur mündlichen Hauptverhandlung vor dem Gericht. Der Untersuchungsrichter, der Staatsanwalt und der Naturalisierte werden gehört. Gegen das verurteilende und gegen das freisprechende Urteil, das im ersten Fall ein Versäumnisurteil sein kann, ist von beiden Seiten Berufung an die cour d'appel möglich, gegen deren Entscheidung Revision, der sog. pourvoi en cassation, an den Kassationshof. Die Wirkung des Urteils kann zurückdatiert werden, jedoch höchstens bis Kriegsbeginn. Nach Ablauf von 5 Jahren nach Kriegsende darf kein Streichungsverfahren mehr angestrengt werden[4]). Die Bestimmungen über die Wirkung auf Frau und Kinder sind die gleichen wie früher.

Wenn auch das Gesetz materiell eher eine Erweiterung des bisherigen bedeutet, so ist andererseits zu beachten, daß die Rechtsgarantien für den Betroffenen erheblich verstärkt werden. Wenn man auf der einen Seite die Erweiterung des Denaturalisationsverfahrens, ja seine ver-

---

[1]) Vgl. die Mitteilungen GRIBOURGS über die Denaturalisationsgesetze in der Staatsangehörigkeits-Reformkommission von 1918, Bull. de la Soc. d'Etudes législ. 1917/18, S. 64.

[2]) Aus den Verhandlungen der Staatsangehörigkeits-Reformkommission von 1918, Bull. de la Soc. d'Etudes législ. 1917/18, S. 41.

[3]) Das Gericht braucht hierbei nicht die Bestimmungen des code de procéd. über die enquête zu befolgen, im besonderen nicht alle vom Beklagten genannten Zeugen zu vernehmen (Cour de cass. 27. V. 1918, Rev. 1918, S. 462 und diese Auffassung ablehnende Note von WAHL: Rev. trimestrielle de droit civil 1918, S. 87).

[4]) Als Tag der Beendigung der Feindseligkeiten ist in Frankreich der 23. Oktober 1919 festgesetzt worden.

stärkte Anwendung für notwendig hält, so hat man sich auf der anderen Seite den starken Bedenken, die dieser Gesetzeseinrichtung zweifellos innewohnen, nicht verschlossen und sie einer objektiven Instanz unterstellt. Von der Vorgeschichte des Gesetzes ist nichts bekannt; man geht in der Annahme wohl nicht fehl, daß es auf Übergriffe und Beschwerden gegen die Verwaltung zurückzuführen ist. Unter dem Anschein eines strafferen Ausbaues des Prinzips, den die öffentliche Meinung immer noch forderte[1]), ging man auf solidere Rechtsgrundlagen zurück. Auch jetzt noch können sich maßvolle Juristen, wie AUDINET, bei allem Verständnis für die Staatsnotwendigkeiten mit dem ganzen Denaturalisationsprinzip nicht anfreunden.[2]) Er sagt (a. a. O. S. 6): „une fois en possession de la nationalité française, on peut soutenir que le naturalisé n'en doit pas être privé plus facilement et pour d'autres causes que les autres Français". Daher solle man lieber die Naturalisation erschweren, nicht aber solche Ausnahmegesetze auch noch der ordentlichen Gesetzgebung einreihen. Dennoch hat nur das plötzliche Kriegsende gehindert, daß ein dritter noch schärferer Denaturalisationsentwurf Gesetz wurde. Die Kammer hatte am 29. X. 1918 — nach lebhafter Debatte — einen Entwurf angenommen, der die Regierung ermächtigte, Denaturalisationen in dringenden Fällen kurzerhand durch Dekret, ohne jede Beteiligung der Gerichte, vorzunehmen. Der Ministerrat sollte ferner die Befugnis haben, frühere Ausländer, gleichgültig welchen Ursprungslandes und welcher Art des Erwerbs, der französischen Staatsangehörigkeit zu entkleiden. Es erhob sich einiger Widerspruch gegen diese „régression juridique"[3]). Der Senat hat sich schon nicht mehr mit der Frage befaßt.

Neuerdings hat sich Frankreich wiederum mit einem Denaturalisationsgesetz beschäftigt. Die von Frankreich lebhaft beklagte Bestimmung[4]) in Ziff. 6, § 2, Anl. hinter Art. 79 V.V., gewährt den deutschen Ehegatten solcher elsaß-lothringischer Frauen, die nach dem V.V. ipso iure oder auf Antrag Französinnen werden, einen Rechtsanspruch auf die französische Staatsangehörigkeit. Hiervon ist offenbar häufig Gebrauch gemacht worden. Ebenso sind, seit die Sperrfrist für Naturalisationen nach § 3 der genannten Anlage mit dem 11. XI. 1921 abgelaufen war, Tausende von Elsaß-Lothringern deutscher Abstammung von Frankreich in abgekürztem Verfahren eingebürgert worden.

---

1) GALLI: JCl. 1917, S. 110.

2) Auch PILLET et NIBOYET: a. a. O. Nr. 132 bezeichnen die Denaturalisation als völkerrechtswidrig.

3) L. D.: D'un nouveau projet de loi sur le retrait de la naturalisation, JCl 1918, S. 620. — Ferner WAHL: La législation civ. de la guerre, Rev. trim. 1919 S. 218.

4) RIPERT: Le changement de nationalité des Als.-Lorrains, JCl. 1920, S. 574.

Dieses Zuwachses ist Frankreich anscheinend nicht durchweg froh geworden. Daher strebt ein Gesetzentwurf, der im Januar 1923 vom Senat angenommen wurde, die Möglichkeit an, die Naturalisierten in einzelnen Fällen wieder auszubürgern. Da bezüglich der ersten Gruppe tatsächlich eine Umgehung des V.V. vorliegt, der den Betreffenden den Anspruch ausdrücklich zuerkennt, war der Gesetzentwurf nicht etwa auf sie beschränkt, sondern allgemein gehalten. Er lautete: „... la déchéance pourra être prononcée contre toute personne ayant acquis la qualité de Français sur sa demande, et qui se serait livrée, par attachement à une nation étrangère, à des actes incompatibles avec la qualité de Français"[1]). Damit würde die Denaturalisationsbefugnis sich über die Naturalisierten im eigentlichen Sinn hinaus (Art. 8, § 5) auf die sog. Reklamationsberechtigten des Art. 9 c. c. erstrecken, eine Forderung, die bereits nach Erlaß des ersten Gesetzes vom 7. IV. 1915 erhoben wurde (s. oben S. 20, Anm. 2). Soweit es sich bei den Ausbürgerungen um Elsaß-Lothringer gehandelt hätte, könnte von einem Wiederaufleben der deutschen Staatsangehörigkeit natürlich keine Rede sein. Ganz abgesehen davon, daß der § 25 des Reichs- und Staatsangehörigkeitsgesetzes dieses ausschließen würde, würde sich Deutschland, soweit Reklamationsberechtigte in Frage kommen, auf Art. 278 V.V. berufen können, der alle Vertragsteile zur Anerkennung der „neuen" Staatsangehörigkeit verpflichtet (s. unten S. 116ff.). Die Übernahme von Ausgewiesenen könnte Deutschland schon deshalb ablehnen. Der Entwurf ist bis jetzt noch nicht Gesetz geworden.

γ) Anwendung und Rechtsprechung.

Über die Anwendung der Denaturalisationsgesetze ist eine Statistik geführt worden. Folgende Zahlen sind bekannt geworden[2]). 1. auf Grund des Art. 2 des Gesetzes vom 7. IV. 1915 sind in die Liste der seit dem 1. I. 1913 vorgenommenen Naturalisationen eingetragen worden: 825 Namen, davon waren 428 ehemalige Deutsche, 235 ehemalige Österreicher und Ungarn. Von diesen dürfte der allergrößte Teil denaturalisiert worden sein. 2. Auf Grund des Art. 2 des Gesetzes vom 7. IV. 1915 sind 123 Denaturalisationen erfolgt, auf Grund des Gesetzes vom 18. VI. 1917 noch weitere 254; die vor Inkrafttreten des V.V. eingeleiteten Verfahren werden noch durchgeführt. Im Juni 1920 sind noch 4 Spalten von Denaturalisierten im Journ. offic. bekannt gegeben, im Jahre 1921 16 Denaturalisationsurteile veröffentlicht worden. Auf der andern Seite erfahren wir aus dem Munde des einstigen Direktors der zuständigen Behörde, nämlich der Kanzlei des Justizministeriums, das bemerkenswerte Geständnis, „daß unter den deutschen und österreichischen Naturalisierten Fälle von Verrat außerordentlich gering gewesen seien, daß

---

[1]) JCl. 1923, S. 207.

[2]) JCl. 1920, S. 509; 1921, S. 1081.

von 25000 seit 1885 Naturalisierten der Verhältnissatz von Verdächtigen und Gefährlichen sehr gering gewesen sei"[1]). Diese Angaben werden wohl richtig sein. Man behauptet kaum zuviel, wenn man die Gesetze Verfolgungs-, nicht Schutzmaßnahmen nennt.

Die Wirkung der Denaturalisation erhellt aus einem Zirkular des Justizministers vom 12. IX. 1917 (JCl. 1918, S. 1418). Er erbittet sich darin von den Generalstaatsanwälten sofortigen Bericht über rechtskräftig gewordene Verfallserklärungen „afin que je puisse ordonner ... toutes réquisitions en vue de la mise sous séquestre des biens, des personnes ainsi revenues à leur nationalité d'origine". Die Betroffenen werden also wie feindliche Ausländer behandelt, genauer gesagt, sie sind vor dem französischen Recht feindliche Ausländer[2]), obwohl sie tatsächlich in der Mehrzahl der Fälle ihre frühere deutsche Staatsangehörigkeit verloren haben und staatenlos geworden sind. Was das Gesetz selbst nämlich durch die Aufstellung einer Vermutung hat verschleiern wollen, findet hier klaren Ausdruck: der allgemein anerkannte Rechtsgrundsatz, daß über die Angehörigkeit zu einem Staat nur dieser Staat selbst entscheiden kann, wird nicht berücksichtigt.

2. Für die Betreffenden bedeutet es tatsächlich Internierung im Zivilgefangenenlager und Sequestrierung des Vermögens, Maßnahmen, die die Eigenschaft des feindlichen Ausländers voraussetzen[3]).

3. Nach dem Krieg scheint Frankreich seine Auffassung von der Wirkung der Denaturalisation geändert zu haben. Es läßt die Denaturalisierten unter gewissen Voraussetzungen (Verträge mit den Heimatstaaten der Betreffenden, die allerdings nie geschlossen wurden) an den Wohltaten des französischen Kriegsschädengesetzes vom 17. IV. 1919 teilnehmen in seinem Art. 3, Abs. 4, indem es ausspricht: das Recht auf Reparation erstreckt sich auf Ausländer und Denaturalisierte nach Maßgabe der Verträge, die zwischen Frankreich und der Nation, der diese Ausländer oder Denaturalisierten angehören oder angehört haben,

---

1) GRIBOURG, in den Verhandlungen der Staatsangehörigkeits-Reformkommission, Bull. de la Soc. d'Etudes législat. 1917/18, S. 58ff.

2) Vgl. auch Cour de Bordeaux vom 21. III. 1921, JCl. 1922, S. 701; ferner Cour de cass. (requ.) vom 25. X. 1922 i. S. ROHLING, wo der Nachweis des Denaturalisierten, er habe seine deutsche Staatsangehörigkeit bereits vor der Denaturalisation zweifelsfrei nach deutschem Recht verloren, nicht zugelassen wird, da die Denaturalisationsentscheidung, wie immer sie auch begründet sei, die unumgängliche gesetzliche Wirkung habe, dem Betreffenden die ursprüngliche Staatsangehörigkeit vom Standpunkt des französischen Gesetzes aus wiederzuverleihen, JCl. 1923, S. 895.

3) Von Staatenlosen ist in den französischen Gesetzen und Verordnungen nicht die Rede. Vgl. die Sammlung derselben bei REULOS: Manuel des Séquestres, Paris 1916, dort auch S. 241.

noch geschlossen werden. Das würde bedeuten, daß man die Denaturalisierten für Staatenlose hält[1]).

Auch während des Kriegs sind übrigens Ausnahmen gemacht worden, wie eine Auskunft des Justizministers auf Anfrage in der Kammer verrät: man habe tatsächlich 10 Denaturalisierten den sog. permis de séjour erteilt (Dekret vom 8. X. 1914) — der sie vor der Anwendung der Fremdengesetzgebung schützt —, in Fällen jedoch, wo die Betreffenden Söhne in der französischen Armee hätten, polnischen Ursprungs seien usw.

Einen gewissen Eindruck von dem Spielen des Denaturalisationsbetriebs erhält man aus der Rechtsprechung, die namentlich seit dem zweiten Gesetz mit seinem bessern Rechtsschutz einen ziemlichen Umfang annahm[2]). Juristisch ist sie ohne beträchtliches Interesse, da dem freien Ermessen jeder Raum gelassen wird. Der Eindruck ist ein peinlicher, namentlich wenn ein mühsamer Beweis des Betroffenen angetreten wird, daß von Anhänglichkeit an die alte Heimat keine Rede sein könne. Nur zwei Entscheidungen sind mir bekannt, in der er gelungen ist, so daß es zur Denaturalisation nicht kommt: i. S. Prinzessin HANDJÉRY geb. Prinzessin zu Schleswig-Holstein[3]) und i. S. des ungarischen Bankiers SPITZER[4]).

d) Staatsangehörigkeit und Eheschließung.

Gesetz vom 18. III. 1917.

Nach einem nahezu allgemein — mit der einzigen Ausnahme einiger südamerikanischen Staaten sowie der Türkei — anerkanntem Grundsatz des Staatsangehörigkeitsrechts folgt die Frau, wie es die verbreitete Formel des code civil ausdrückt, der Staatsangehörigkeit ihres Gatten[5]). Das bedeutet im allgemeinen, daß sie mit der Eheschließung die Staatsangehörigkeit ihres Gatten erwirbt und ihre bisherige Staatsangehörigkeit verliert. Diese zweite Seite des Grundsatzes, der Verlust, kann mit großer Schärfe ausgesprochen sein, wie im deutschen Reichs- und Staatsangehörigkeitsgesetz von 1913 in § 17, Ziff. 6, wo die Wirkung eintritt,

1) Ebenso WAHL: Rev. trimestr. de droit civ. 1919, S. 269.

2) Zwei Entscheidungen des Conseil d'Etat aus der Zeit des 1. Gesetzes vom 7. VII. 1916, bei SIREY 1917, 4, 41.

3) Rev. 1919, S. 538. Andere Denaturalisationsentscheidungen gegen ehemalige Deutsche (außer den schon gelegentlich angeführten) Rev. 1917, S. 280 (LEVI, DREYFUS); 1918, S. 456ff. (6 Entscheidungen); 1919, S. 536ff. (7 Entscheidungen) JCl. 1924, S. 682; gegen ehemalige Österreicher Rev. 1920, S. 467 (ASTMANN).

4) JCl. 1923, S. 890.

5) Gruppierende rechtsvergleichende Zusammenstellung der Wirkung der Eheschließung auf die Staatsangehörigkeit zuletzt in einem Aufsatz JORDANS: Rev. 1920, S. 373. — Ferner PILLET et NIBOYET: Manuel etc., Nr. 95, Anm. 2, Nr. 114, Anm. 2.

gleichgültig, ob die Frau durch ihre Heirat mit dem Ausländer auch dessen Staatsangehörigkeit erwirbt, was natürlich von dem betreffenden ausländischen Recht abhängt, und gleichgültig, ob der Ehemann ein Staatenloser ist. Der Verlust kann aber auch, um den Eintritt der Staatenlosigkeit für die Frau zu vermeiden, davon abhängig gemacht werden, daß die Frau durch die Heirat eine neue Staatsangehörigkeit erwirbt. So in Frankreich im Art. 19 c. c.[1]), in Italien Art. 10, Abs. 3, Staatsangehörigkeitsgesetz von 1912.

Von dem Grundsatz der Familieneinheit im Staatsangehörigkeitsrecht ist man im Krieg zum erstenmal abgewichen. Das Gesetz vom 18. III. 1917[2]) bestimmt in seinem einzigen Artikel, daß eine feindliche Ausländerin, die einen Franzosen heiratet, nur dann durch die Eheschließung Französin wird, wenn die Heirat vorher vom Justizminister genehmigt wurde. Das Gesetz gilt nur für die Dauer der Feindseligkeiten. Über die Motive erwähnt die Ausführungsverordnung, das Zirkular des Justizministers vom 10.V. 1917[3]): Der Art. 12 c. c., nach dem die Ausländerin, die einen Franzosen heirate, der Staatsangehörigkeit ihres Mannes folge, sei für feindliche Ausländerinnen ein leichtes Mittel, de plein droit die französische Staatsangehörigkeit zu erwerben und sich so den Maßnahmen zu entziehen, die im Interesse der nationalen Verteidigung gegen ihre Person oder ihr Vermögen ergriffen werden könnten. Reine Formehen seien aus diesem einzigen Grunde geschlossen worden[4]).

Das Gesetz durchbricht den Grundsatz des Art. 12 c. c., nach dem die Ausländerin ipso iure der Angehörigkeit des französischen Ehegatten folgt. Es entsteht im innern Zusammenhang mit der Denaturalisationspraxis. Die Denaturalisationsgesetze lassen keine Möglichkeit, Ehefrauen ihrer durch Heirat erworbenen französischen Staatsangehörig-

---

[1]) Vgl. im Verhältnis zu Chile die Entscheidung des Trib. civ. de la Seine vom 18. XII. 1915 i. S. MAGNERE: JCl. 1916, S. 601.

[2]) Anlage 6. Literatur zu dem gesamten Gebiet: AUDINET: La nouvelle loi sur la naturalis. des femmes, JCl. 1917, S. 899; De l'effet du mariage sur la national. de la femme, JCl. 1920, S. 17. — WAHL: La législ. civ. de la guerre, Rev. trim. de droit civ. 1916, S. 198; 1919, S. 612. — ANDRÉ, L.: Mariages de femmes de national. ennemie, Larousse mensuel, 1917, S. 154. — SAUTERAUD: Du changement de la nationalité en France par le mariage, JCl. 1918, S. 494; Du maintien de la national. de la femme etc., Paris 1919, besprochen Rev. 1920, S. 299; ferner Rev. pol. et parl. 1919, S. 196 und La loi, 23. II. und 12. bis 13. III. 1923. — CLUNET: La Française devenant étrangère etc., JCl. 1919, S. 69. — JORDAN: De la perte de la national. franç. etc., Rev. 1920, S. 362; sowie Noten zu Entscheidungen GRAFFENRIED, S. 151; 1921, S. 533. — LEVY: La loi, 5. bis 7. XI. 1922. — PILLET: Traité prat. de droit intern. privé, 1. Bd. 1923, Nr. 121. — PILLET et NIBOYET: Manuel de droit intern. pr., 1924, Nr. 99, 114.

[3]) Text Rev. 1918, S. 219.

[4]) Beispiele erwähnt PILLAUT: Essai d'un projet de loi etc. Rev. 1917, S. 16; ferner SAUTERAUD: JCl. 1918, S. 494.

keit zu entkleiden. Für die Zukunft wenigstens sollte das Gesetz den automatischen Erwerb der Staatsangehörigkeit durch die Ausländerin verhindern. Es wirkte materiell als erhebliche Erschwerung der unerwünschten Eheschließung selbst, schon weil die Behörde den Bescheid auf den Antrag aus Gründen der Information[1]) beliebig hinausschieben konnte[2]). Die Staatsbeamten werden angewiesen, die Nupturienten bei Vorlage der Heiratspapiere auf das Erfordernis der Genehmigung aufmerksam zu machen. Die bürgerlich rechtliche Wirkung der Ehe wurde natürlich durch das Gesetz nicht berührt. Eine nachträgliche Genehmigung gibt es nicht. Dagegen bleibt dem Betroffenen offenbar ein späterer Naturalisationsantrag unbenommen. Von Interesse ist, daß für Elsaß-Lothringerinnen nicht wie im Gesetz vom 7. IV. 1915 eine Ausnahme gemacht wird, offensichtlich aus Versehen. Wenigstens beeilt sich der Justizminister, in dem erwähnten Zirkular zu erklären: Es sei anzunehmen, daß das neue Gesetz wegen seines vom internationalen Prinzip abweichenden Charakters von den Betroffenen in gutem Glauben unbeachtet bleiben werde; das sei, besonders mit Rücksicht auf Frauen aus Elsaß-Lothringen bedauerlich. Vom völkerrechtlichen Standpunkt könne man vorläufig die Elsaß-Lothringer nur als deutsche Reichsangehörige betrachten[3]). Daher werde eine Elsässerin, wenn sie das Gesetz nicht beachte und ohne Genehmigung heirate, trotz ihrer Anhänglichkeit an Frankreich gegen ihren Willen Deutsche bleiben.

Das Gesetz, das auch im Ausland wirksam war[4]), ist als Symptom bemerkenswert, aber praktisch kaum von großer Bedeutung gewesen. Es hat in der Fachwelt sehr geteilten Beifall gefunden. Das freie Ermessen des Justizministers ruft Kritik hervor. Er habe bei dieser gleichsam abgekürzten Naturalisation weitere Befugnisse als der Präsident der Republik, der bei Ablehnung von Reklamationsgesuchen nach Art. 9 c. c. stets die Ansicht des Staatsrats einholen müsse[5]). Besser werde der ipso iure Erwerb durch Heirat in einen Anspruch auf Verleihung entsprechend Art. 9 c. c. umgewandelt[6]). Andern geht das Gesetz nicht weit genug. SAUTERAUD beklagt, daß es nicht rückwirkend auch die bereits mit Franzosen verheirateten Frauen deutscher Ab-

---

1) Verlangt werden Erhebungen über den Leumund der Antragsteller, ihre nationale Haltung, Beweggründe (ernsthafte Heirat oder Sequesterflucht), desgl. über den künftigen Gatten.

2) AUDINET: a. a. O. S. 891 fordert daher eine Fristsetzung für den Minister.

3) Ein interessantes Eingeständnis im Hinblick auf die nach dem Krieg entwickelte französische Theorie von der nationalité française à l'état virtuel der Elsaß-Lothringer. Es wäre in die TRIEPELsche Beweisführung auf S. 37 ff. einzufügen (TRIEPEL: Virtuelle Staatsangehörigkeit. Berlin 1921.)

4) Rev. 1917, S. 384. Die Schweiz setzte daher in einem Rundschreiben ihre Standesbeamten von dem Gesetz in Kenntnis; Text ebenda, S. 446.

5) AUDINET: a. a. O. 1917, S. 891. 6) Derselbe a. a. O. 1920, S. 22.

stammung, daß es nicht auch die Frauen gewisser neutraler Staaten treffe und nur für die Kriegsdauer gelte[1]).

e) Die Staatsangehörigkeit in Algier und Tunis.

Die Gesetze vom 4. II. 1919 und vom 20. XII. 1923.

Die wichtigsten Tatsachen sind folgende:

1. Durch Gesetz vom 4. II. 1919[2]) erhalten die Eingeborenen von Algier den Zutritt zum französischen Bürgerrecht. Für die weiße Bevölkerung ist Algier von jeher einfach französischer Boden[3]). Bekanntlich treibt Frankreich in seiner vom militärischen Interesse diktierten Kolonialpolitik der völligen politischen und sozialen Gleichstellung der Eingeborenenbevölkerung entgegen. Das Gesetz von 1919 ist der Dank Frankreichs an seine farbigen Krieger. Unter gewissen Voraussetzungen (Alter von 25 Jahren, ledig oder monogam verheiratet, guter Leumund, 2jähriger Wohnsitz) haben die Algerier einen Anspruch auf Verleihung des Bürgerrechts ähnlich dem Reklamationsanspruch des c. c. Art. 9 und 10. Wie dieser, ist auch der Anspruch der Algerier nicht absolut, sondern einem Einspruchsrecht, das der procureur de la République oder der Generalgouverneur ausübt, unterworfen. Über das Veto entscheiden nicht Verwaltungsbehörden, sondern die ordentlichen Gerichte. Während das Gesetz minderjährige Kinder von Algeriern, die naturalisiert werden, von selbst Franzosen werden läßt, ohne daß sie sogar das spätere Ablehnungsrecht des Art. 12 c. c. haben, muß die Ehefrau die Naturalisation eigens, wenn auch unter erleichterten Bedingungen, beantragen.

2. Am 8. XI. 1921 hatte Frankreich in Tunis und Marokko je ein Dekret erlassen, nach denen für die gesamte weiße Bevölkerung das ius soli in der zweiten Generation eingeführt und den Betroffenen kurzerhand die französische Staatsangehörigkeit verliehen wurde. Gegen dieses Dekret erhob die britische Regierung im Interesse ihrer Angehörigen Einspruch, indem sie geltend machte, daß es Frankreich auf dem Boden eines Protektorats an der Souveränität und infolgedessen an dem Rechte fehle, ratione iuris soli fremden Angehörigen die eigene Staatsangehörigkeit zu verleihen. Sie brachte den Streit vor das Ständige Internationale Schiedsgericht im Haag. Frankreich bestritt dessen Zuständigkeit. Nachdem beide Parteien ihre Rechtsgelehrten zu ausführlichen Gutachten aufgeboten hatten, bejahte das Haager Schiedsgericht

---

[1]) JCl. 1918, S. 497; ebenso WAHL: Rev. trim. du droit civ. 1916, S. 199.

[2]) Text JCl. 1919, S. 479. Das Gesetz vom 11. XII. 1922 (J. Off. 13. XII. 1922) verändert den Art. 15 des Gesetzes. AUDINET: L'accession des indigènes de Algérie à la qualité de citoyen, JCl. 1919, S. 973. — Vgl. ferner Cour de cass. (civ.) vom 15. II. 1921 i. S. MOHAMED CHÉRIF etc., JCl. 1923, S. 954.

[3]) Art. 2 Gesetz von 1889, von KELLER-TRAUTMANN: S. 667.

in einer eigenen Entscheidung seine Zuständigkeit[1]). Ehe es zur Sachentscheidung kam, einigten sich beide Regierungen[2]). Das Ergebnis ist das französische Gesetz vom 20. XII. 1923 über den Erwerb der französischen Staatsangehörigkeit im Statthaltereigebiet (régence) von Tunis (Journ. offic., 21. XII. 1923)[3]). Trotz der in ihm ausgesprochenen Abschaffung des streitigen Dekrets hat Frankreich durchgesetzt, Tunis nicht mehr als Protektorat, sondern als französischen Boden ähnlich wie Algier zu behandeln. Frankreich versieht für das Gebiet von Tunis das ius soli in der zweiten Generation mit einer Optionsberechtigung. Jede in Tunis geborene — aber nicht eingeborene — Person, deren Vater oder Mutter bereits in Tunis geboren wurde, ist Franzose von Geburt, hat aber das Recht, während des 22. Lebensjahres die französische Staatsangehörigkeit abzulehnen, wenn sie nachweist, daß sie durch ihren Vater oder ihre Mutter im Besitz einer fremden Staatsangehörigkeit ist (§ 1). Vom vollendeten 18. Lebensjahr an kann sie auf ihr Optionsrecht unter Mitwirkung des gesetzlichen Vertreters wirksam verzichten (§ 2)[4]). Der tunesische Boden hat also nunmehr eine ähnliche Kraft wie die mütterliche Erde Frankreichs. Die Luft von Tunis macht den Enkel des Ausländers zum Franzosen. In Frankreich selbst wie in Algier reicht das ius soli bekanntlich weiter: wer in Frankreich geboren ist, wird, wenn er in Frankreich bei Volljährigkeit wohnt, von selbst Franzose; war sein Vater schon in Frankreich geboren, hat er auch kein Ablehnungsrecht mehr (c. c. Art. 8). Bemerkenswert ist, daß der Grundsatz der Familieneinheit dem Bevölkerungsinteresse weichen muß. Die Frau eines nach § 1 ablehnungsberechtigten Franzosen behält, auch wenn sie erst durch die Heirat Französin geworden ist, ihre französische Staatsangehörigkeit, wenn der Gatte sie abgelehnt hat (§ 5). Sehr häufig dürften die Fälle solch einundzwanzigjähriger Ehemänner nicht sein; der code civil hat den Fall überhaupt nicht geregelt. Im übrigen enthält das Gesetz Bestimmungen über die Naturalisation (3jähriger Wohnsitz in Tunis, Frankreich, Algier, Kolonien oder Protektoraten, Art. 3). Von Interesse sind die Naturalisationsbedingungen für die farbige Bevölkerung. Tunesische Eingeborene können nunmehr französische Staatsangehörige werden, wenn

---

1) Wortlaut JCl. 1923, S. 430. Ausführlicher Verhandlungsbericht Rev. 1922/23, S. 1. — PICARD: Le différend franco-anglais relatif aux décrets du 8. nov. 1921 etc. JCl. 1923, S. 256. Über Italiens Stellung vgl. La questione dei decreti sulla cittadinanza, Bolletino della emigrazione, März 1923, S. 125.

2) Brief CURZONS an den französischen Botschafter in London, JCl. 1923, S. 1113. Abkommen vom 24. V. bis 3. VI. 1923, treaty series nr. 11, 1923.

3) Text — im Auszug — Anlage 9. Die Regelung für Marokko steht noch aus.

4) Das ist eine Einschränkung gegenüber der Regelung in Frankreich: nach Art. 1 des Gesetzes vom 5. IV. 1909 (v. KELLER-TRAUTMANN: S. 672) kann der gesetzliche Vertreter über den Kopf des Kindes hinweg verzichten, s. oben S. 16.

sie französisch lesen und schreiben können und entweder im Heer freiwillig gedient haben oder Kulturträger aller möglichen Art sind oder mit einer Französin oder weißen Ausländerin in nicht geschiedener Ehe leben und Kinder aus dieser Ehe hervorgegangen sind oder wenn sie Frankreich wichtige Dienste geleistet haben (Art. 4). Art. 13 regelt die Militärpflicht der einzelnen Personengruppen. Art. 14 stellt auch den der Ablehnungsfrist bereits entwachsenen Personen die Option binnen drei Monaten frei, ein Entgegenkommen im Sinne des mit der britischen Regierung getroffenen Abkommens.

f) Reformpläne.

Während des Kriegs ist man in Frankreich daran gegangen, das gesamte Staatsangehörigkeitsrecht neu zu regeln. Reformvorschläge begegnen sich mit Entwürfen der Regierung aus der Friedenszeit; während der Jahre 1916 und 1917 war Parlament und Juristenwelt mit einer allgemeinen weitreichenden Reform des Staatsangehörigkeitsrechts befaßt. Schließlich, nach zahlreichen Vorentwürfen und Beratungen, ist alles liegen geblieben. Das lag, wie klar zutage tritt, daran, daß man sich zuviel vorgenommen hatte und in die Bedürfnisse des von Kriegslärm erfüllten Tages die Behandlung prinzipieller und verwickelter formaler Fragen hineinzog, über die eine Einigung nicht erzielt werden konnte. Im Jahre 1922 wurden die Entwürfe wieder aufgegriffen. Im März 1922 hat der Senat den im wesentlichen unverändert gebliebenen Entwurf angenommen. Gesetz ist er noch nicht geworden. Wenn wir uns der Erörterung dieser Reformpläne nunmehr zuwenden, die, obwohl Entwürfe geblieben, doch mit Deutlichkeit den Kurs erkennen lassen, die der Gesetzgeber über kurz oder lang wird steuern müssen, so bietet sich dabei die Gelegenheit, die Entwicklung jener alten in Frankreich völlig ungeklärten Streitfrage über die Kompetenz in Staatsangehörigkeitsdingen durch den Krieg zu verfolgen (s. oben S. 2). Welche Gerichte sind zur Feststellung der Staatsangehörigkeit zuständig? Im Krieg so wenig wie im Frieden hat sich eine einheitliche Auffassung durchsetzen können. Wir sahen, daß die Denaturalisationsgesetzgebung anfänglich die Befugnisse in die Hände der aktiven Verwaltung mit einer wenig ausgebauten verwaltungsgerichtlichen Beschwerdeinstanz in Anlehnung an den bisherigen Art. 9, Abs. 4 gelegt hatte und sie dann den bürgerlichen Gerichten übertrug, die damit zum erstenmal eine materielle Kontrolle über die Würdigkeit des Einzelnen, die französische Staatsangehörigkeit zu besitzen, ausübten. Und es hätte nicht viel gefehlt, daß schließlich ein Teil der Kompetenz wieder der Verwaltung zurückgegeben worden wäre. Für das Kriegsgesetz vom 18. III. 1917 betr. die Eheschließung mit Ausländerinnen war tatsächlich nur die Verwaltung mit Befugnissen ausgestattet worden (s. S. 34). Wenn nun gegenüber dieser Unsicherheit der Rechtsauffassung Opposition laut wurde, so entsprang sie nicht dem Bedürfnis nach Rechtsschutz zugunsten derer, die die französische Staatsangehörigkeit für sich in Anspruch nahmen, sondern richtete sich im Gegenteil gegen sie und gegen eine zu weitherzige Verwaltung, nämlich die Kanzlei des Justizministeriums, deren Naturalisations- und Denaturalisationsgrundsätze man durch gerichtliche Instanzen überprüfen wollte[1]). Daß für ein solches Prüfungsverfahren weniger die bürgerlichen als Verwaltungsgerichte geeignet erschienen, erklärte sich aus der immer stärker sich aufdrängenden Erkenntnis, daß das gesamte Staatsangehörigkeitsrecht im bürgerlichen Recht sein Heim verloren habe. Für die deutsche Auffassung ist der öffentlich rechtliche Charakter des Verhältnisses zwischen Einzelnen und Staat eine Selbstverständlichkeit; in Frankreich sind ganze Abhandlungen über die Zuteilung dieses Gebiets geschrieben worden. Die Meinung der französischen Wissenschaft ist geteilt[2]). Neuerdings — im Jahre 1921 — hat der höchste französische Gerichtshof in einer Plenarentscheidung anläßlich der oben (S. 14) behandelten Streitfrage, ob die Ablehnungserklärung des Art. 8 c. c. unter die Wohltat des Moratoriumsdekrets vom 10. VIII. 1914 falle, sich dahin ausgesprochen, daß das Staatsangehörigkeitsrecht in erster Linie dem öffentlichen Recht angehöre[3]). Wem die Darlegungen eines KELSEN über die eigentliche Unmöglichkeit der Abgrenzung zwischen öffentlichem und privatem Recht, soweit man damit eine Wesensverschiedenheit der beiden Gebiete festlegen zu müssen vermeint, eine Offenbarung gewesen sind, der wird die Entscheidung jener Frage für unwesentlich halten. Die schulmäßige Trennung der Gebiete ist überall eine Tatsache und der Umstand, daß das französische Staatsangehörigkeitsrecht im code civil ruht, hat diesem Gebiet in Frankreich eine umfassendere Aufmerksamkeit von seiten der Rechtswissenschaft gesichert, als es bei uns je der Fall gewesen ist. Was nun die Trennung von ordentlicher und Verwaltungsgerichtsbarkeit anlagt — sie ist in gleichem Maße Tatsache und Bedürfnis — so entspricht die Zuweisung der Staatsangehörigkeitsfeststellung an Verwaltungsgerichte gewiß in Frankreich demselben

---

[1]) In diesem Sinne namentlich der zitierte Aufsatz JORDANS und Note desselben Verfassers, Rev. 1918, S. 98ff.

[2]) Vgl. die Verhandlungen der Kommission zur Prüfung eines Staatsangehörigkeitsgesetzentwurfs in der Sitzung vom 7. II. 1918, Bull. de la Sté. d'Etudes législatives 1917/18, S. 35ff. Dort Äußerungen von LAPRADELLE, LARMANDE, PILLET, COLIN, GRUFFY. — Ferner VALERY in Rev. 1919, S. 8ff.

[3]) Kassationshof i. S. COLOM und KROLL: Rev. 1921, S. 252/55. Gegen Standpunkt des obersten Gerichtshofes BARRAULT: Dans quelle mesure la nationalité est-elle une matière de droit public? Rev. 1921, S. 147.

Bedürfnis, das diese Regelung bei uns veranlaßt hat, denn in der Tat beugt sich das zivilprozessuale Verfahren dem vom öffentlichen Interesse vorwiegend beherrschten Gegenstand mit Mühe. In einem Aufsatz AUDINETS[1]) werden die Schwierigkeiten im einzelnen dargetan, die mangels jeder ausdrücklichen Regelung einer solchen Feststellungsklage im Zivilprozeß begegnet. Besteht doch nicht einmal Einhelligkeit darüber, ob der Gegenstand der freiwilligen Gerichtsbarkeit angehört und als solcher durch requête eingeleitet und in der chambre de conseil entschieden oder ob er als gewöhnliche Streitsache kontradiktorisch zu verhandeln ist[2]). Wie steht es ferner mit der Parteirollenfrage? Soll der Staat durch den Staatsanwalt oder durch den Präfekten vertreten sein? So wird der Wunsch nach der Einführung einer absoluten Feststellungsklage vor den bürgerlichen Gerichten oder die Übertragung dieses Gegenstands auf vorhandene oder zu schaffende Verwaltungsgerichte begreiflich[3]). Er geht zusammen mit einer andern Anregung, die nicht nur in Frankreich laut geworden ist. Man sucht nach einer Möglichkeit, die Staatsangehörigkeit, und zwar die ursprüngliche sowohl wie die künstlich erworbene, erkennbar, leicht beweisbar zu gestalten. Für diesen Gedanken setzt sich GRUFFY zuerst ein[4]). Die bisherige Naturalisationskanzlei, nämlich das Bureau de Sceau des Justizministeriums, soll zu einem großen Archiv ausgebaut werden, in dem die Staatsangehörigkeitsakten geführt werden. Schon auf dem Geburtsschein oder auf einen eigenen Paß würden die ursprünglich französischen Staatsangehörigen vermerkt, für im Ausland geborene Franzosen in der Heimat Akten angelegt werden. Den Gedanken übernahm ein Gesetzentwurf HONNORAT vom Februar 1917[5]) „zur Erleichterung des Beweisverfahrens im Staatsangehörigkeitsrecht". Er sah eine umfassende Zuständigkeit des Friedensrichters vor, und zwar sowohl als beurkundende wie streitentscheidende Instanz.

Dennoch scheint in Frankreich die Feststellung der Staatsangehörigkeit den bürgerlichen Gerichten nicht entrissen werden zu können. Es ist charakteristisch, daß keiner der Entwürfe zur Reform des Staatsangehörigkeitsrechts an den bisherigen Zuständigkeits- und Verfahrens-

---

1) AUDINET: du contentieux etc., JCl. 1917, S. 1241.

2) Aus dem Krieg stammen zwei entgegengesetzte Entscheidungen: Cour de Poitiers von 1916 i. S. CONTAREL für erstere; Trib. civ. de la Seine von 1916 i. S. MENTUY für die zweite Auffassung; JCl. 1917, S. 642.

3) Vgl. JORDAN und AUDINET: a. a. O.; ferner CHAMPCOMMUNAL: Une réforme législative nécessaire, Rev. 1919, S. 234—261 mit ausführlicher Literatur und Judikaturangaben. — PILLET et NIBOYET: Manuel etc., Nr. 195ff.

4) Naturalisation et Francisation, JCl. 1916, S. 1106ff. u. 1526ff.; dazu CHAMPCOMMUNAL: a. a. O.

5) CHAMBRE: Doc. parlem. 1917, nr. 3053, vgl. dazu AUDINET: a. a. O. S. 256.

vorschriften entscheidende Änderungen vornimmt, noch auch das Staatsangehörigkeitsrecht aus dem code civil entfernt.

Es handelt sich um den Regierungsentwurf VIVIANI vom 21. IX. 1916[1]), einen im Jahre 1917 im Schoß der Société d'Etudes législatives ausgearbeiteten Kommissionsentwurf und den bereits vom Senat im März 1922 angenommenen Entwurf[2]). Die beiden Entwürfe laufen ziemlich auf die gleichen Ziele hinaus: Erschwerung des ipso iure eintretenden Staatsangehörigkeitserwerbs auf dem Gebiet des ius soli, sowie Erschwerung der Naturalisation. Auf der andern Seite Erleichterung des Erwerbs für verdiente, d. h. gediente Ausländer. Es ist stets das gleiche Kompromiß, beim Gelehrtenentwurf noch stärker als bei dem der Regierung: der Abwehrgedanke, die Absperrung der Eindringlinge, die Siebung der Naturalisationskandidaten wird stark beeinträchtigt durch die Besorgnisse im Hinblick auf die schwindende Bevölkerungszahl Frankreichs. Nur mühsam wird der Vorzug der Qualität vor der Quantität der Angehörigen als Leitsatz festgestellt. Man will sich den Zustrom kräftiger junger Leute nicht versperren[3]). Hinter diesen Erwägungen tritt die Erschwerung des Verlusts der Staatsangehörigkeit, z. B. durch Militärdienst im Ausland oder Eheschließung mit Ausländern, zurück. Was den Erwerb der Staatsangehörigkeit durch Geburt angeht, so wird das ius sanguinis völlig unberührt gelassen. Das in der 2. Generation wirkende ius soli wird auch im ganzen aufrecht erhalten, jedoch im Regierungsentwurf in stärkere Abhängigkeit vom tatsächlichen Wohnsitz des für den Erwerb in Betracht Kommenden gebracht, indem das Ablehnungsrecht des Art. 8, Ziff. 3 entfällt, wenn ein Elternteil während der Minderjährigkeit des Kindes in Frankreich naturalisiert oder reintegriert wurde. Auf der andern Seite wird im selben Entwurf der Art. 8, Ziff. 4 völlig gestrichen, d. h. also: das in Frankreich geborene Kind ausländischer Eltern wird nicht mehr automatisch Franzose, wenn es bei Eintritt der Volljährigkeit in Frankreich domiziliert ist. Dagegen hat es einen Rechtsanspruch, die Reklamation, die nun im Art. 9 für alle Fälle der in Frankreich geborenen, nicht wie vorstehend privilegierten Auslands-

[1]) Journ. off. Doc. parl., Sénat S. 433, besprochen von WAHL: Rev. trim. de droit civil, 1916, S. 583; ferner CLUNET im Temps vom 25. VIII. 1917, La nationalité et la guerre, ferner VALÉRY in Bull. de la Soc. de législat. comp. 1917, S. 146 und THALLER: Rev. polit. et parlem. 1917. — GRUFFY: La naturalis. et le préjuge de la race, Rev. pol. et parl. 1919 (die beiden letzteren mir nicht zugänglich), besprochen Rev. 1920, S. 242.

[2]) Verhandlungen dieser Kommission, sowie ausführlicher Bericht von LEVY-ULLMANN im Bull. de la Soc. d'Etudes législ. 1917/18, S. 28ff., 256ff., ferner Text Rev. 1918, S. 299. Über den Entwurf des Jahres 1922 vgl. HUBERT: Le projet de loi sur la nationalité voté par le sénat le 21 mars 1922, La loi, 21-24 oct 1922 und den Bericht von LHOPITEAU: Doc. parl. Sénat Annexe nr. 18, S. 25ff.

[3]) COLLIN im Bulletin de la Société etc., S. 52.

kinder geregelt ist. Hauptsächliche Bedingung ist 10jähriger Wohnsitz in Frankreich. Nach dem Entwurf von 1922 hat der gesetzliche Vertreter nicht mehr das Recht, für den Minderjährigen die französische Staatsangehörigkeit zu reklamieren (Art. 9 Abs. 10 c. c.).

Ziemlich einheitlich regeln alle Entwürfe die Naturalisation. Sie wird erschwert. Der Gedanke, daß man sich eine Staatsangehörigkeit wählen könne, hat im Kriege naturgemäß Einbuße erlitten. Von der französischen Revolution, die in der Verfassung des Jahres III den Fremden, der sich ihren Vorschriften unterwirft, ein Recht auf Einbürgerung verleiht[1]), geht die Entwicklung mit vielen Aufenthalten, bald einschränkender, bald ausdehnender Natur zu diesen Entwürfen, die wie schon vordem nur noch die Gunst der Einbürgerung kennen und darüber hinaus deren Handhabung durch die Öffentlichkeit peinlich überwachen lassen[2]).

1. Wird die Prüfung der Würdigkeit des Antragstellers (enquête) ausgedehnt: während der — nicht verlängerten — Wohnsitzzeit in Frankreich (3 Jahre, Art. 8, Ziff. 5) muß sich der Antragsteller aller Anhänglichkeitsbeweise an seine alte Heimat enthalten haben. Diese Prüfung unterliegt der Nachprüfung durch den conseil d'Etat. 2. Ist Öffentlichkeit des Verfahrens gefordert, d. h. der Antrag muß im Journ. offic. veröffentlicht und im Rathaus des Wohnsitzorts eine geraume Frist angeschlagen werden. 3. Wird die Naturalisation nicht gewährt solchen Ausländern, deren Heimatgesetz den Beibehalt der alten Staatsangehörigkeit erlaubt[3]). 4. Zur Naturalisation ist ein Mindestalter von 21 Jahren erforderlich. 5. Die Rechtslage der Naturalisierten wird etwas verschlechtert: 10 Jahre lang darf der Naturalisierte keine fonctions publiques, administratives, judiciaires, universitaires ausüben. Bisher nur Beschränkung der Wählbarkeit. 6. Ausländer, die im alliierten Heer während des Kriegs gedient haben, unterstehen bevorzugten Naturalisationsbedingungen bis 1 Jahr nach Kriegsende. 7. Die Naturalisation des Familienoberhaupts hat nunmehr grundsätzlich eine kollektive Wirkung auf die Frau und die minderjährigen Kinder, ohne daß die letzteren zur Ablehnung befugt wären (bisheriger Art. 12).

Der Verlust der französischen Staatsangehörigkeit soll wie bisher durch freiwilligen Erwerb einer fremden Staatsangehörigkeit

---

[1]) SIEBER, S.: Das Staatsbürgerrecht im internationalen Verkehr, Bd. I, S. 261. 1907. — PILLET et NIBOYET: Manuel etc., Nr. 78.

[2]) Vgl. dazu die Entscheidung des conseil d'Etat (au contentieux) vom 21. VII. 1922 i. S. BONNET: Rev. 1922/23, S. 322. Die Beschwerde gegen die Versagung der Naturalisation durch das Justizministerium wird nicht zugelassen, da es sich um einen acte discrétionnaire handele. Dazu Note von NIBOYET, der sich für die Zulassung des Rekurses gegen die Gewährung der Naturalisation einsetzt.

[3]) Deutsche werden also nicht naturalisiert werden können. Vgl. das blg. Ges. v. 15. V. 1922. (S. unten S. 82.)

eintreten. Nach dem bisherigen Art. 17, Ziff. 1, Abs. 2 trat dieser Verlust nicht ein, wenn der Betreffende noch der aktiven Militärpflicht unterworfen und der Erwerb der fremden Staatsangehörigkeit ohne Genehmigung der französischen Regierung erfolgt war. Diese Bestimmung ist nunmehr mit den veränderten Heeresverpflichtungen auf Grund des Rekrutierungsgesetzes vom 1. IV. 1923 in Einklang zu bringen. Der Art. 17, Ziff. 4, der im Krieg soviel Schwierigkeiten gemacht hatte (s. unten S. 47), also der Verlust der Staatsangehörigkeit durch Militärdienst im Ausland, wird völlig gestrichen. In diesen Bestimmungen sind solche, die eine doppelte Staatsangehörigkeit zur Folge haben können, keinesweg vermieden: der Grundsatz muß sich der gewünschten Erschwerung des Verlusts wehrfähiger Leute beugen.

Was den Einfluß der Eheschließung[1]) auf das Staatsangehörigkeitsrecht angeht, so enthält der Gesetzentwurf von 1922 in abgeschwächter Form den Grundgedanken des Gesetzes vom 18. III. 1917: die Französin durch Heirat sollte die französische Staatsangehörigkeit wieder verlieren, wenn sie nach Auflösung der Ehe wieder in ihre Heimat zöge und die dortige Staatsangehörigkeit erwürbe. Das ist die folgerichtige Umkehr des Grundsatzes im Art. 19, Abs. 2: die durch Heirat Ausländerin gewordene Französin erwirbt nach der Auflösung der Ehe und Rückkehr nach Frankreich durch bloße Erklärung die französische Staatsangehörigkeit wieder.

Auf dem Gebiet des Staatsangehörigkeitserwerbs und -verlusts durch Eheschließung hat man darüber und über das Gesetz vom 18. III. 1917 hinaus nach einer andern Richtung lebhaft Pläne bewegt. Der Grundsatz der Familieneinheit nämlich ließ nicht nur eine Invasion feindlicher Ehefrauen befürchten, er verursachte auf der andern Seite eine nationale Einbuße durch Heiraten von Französinnen mit Ausländern. Diese Gefahr gewann angesichts des Aufenthalts der alliierten Truppen in Frankreich, der zu zahlreichen nationalen Mischehen führte, erhöhte Bedeutung. Man suchte also auch das Prinzip des Art. 19 c. c. einzuschränken, nach dem die Französin, die einen Ausländer heiratet, die französische Staatsangehörigkeit verliert, wenn sie durch die Eheschließung eine Staatsangehörigkeit erwirbt. Die wissenschaftliche Begründung ist meist der Vertragstheorie entnommen. Jeder Staatsangehörigkeitserwerb und -verlust, der sich nicht natürlich, durch Geburt und Tod vollziehe, setze das Zusammentreffen zweier Willen voraus: im Fall des Art. 12 fehle es an dem des Staats, in dem des Art. 19 am Willen der betreffenden Frau, der auch nicht fingiert werden könne[2]). Das Prinzip habe zudem keineswegs von jeher und

---

[1]) Vgl. die Zusammenstellung der Literatur über dieses Gebiet oben S. 34.
[2]) SAUTERAUD: JCl. 1918, S. 501.

nicht überall geherrscht [1]. Es wird auf Argentinien, Brasilien, Chile und die Türkei [2] hingewiesen.

Die Gesetzentwürfe, die von 1917 bis in die jüngste Zeit nicht nur die Öffentlichkeit, sondern Kammer und Senat immer wieder beschäftigt haben [3], zerfallen in 3 Gruppen. Die erste hat die besonderen Kriegsumstände im Auge: die Französin, die den Soldaten einer mit Frankreich alliierten Macht heiratet, soll ihre Staatsangehörigkeit behalten, wenn sie nicht ausdrücklich das Gegenteil erklärt [4]. Auf der andern Seite werden dem alliierten Soldaten erleichterte Naturalisationsbedingungen versprochen, zumal, wenn er Kinder aus der Ehe hat [5]. Eine zweite Gruppe will für die Umgestaltung des Art. 19 unterscheiden [6], ob die Französin ins Ausland heiratet oder in Frankreich bleibt. Nur im ersten Fall tritt der Verlust der Staatsangehörigkeit ein [7]. Im andern Fall wird dem ausländischen Ehegatten die Naturalisation mit sanfter Gewalt nahegelegt [8], womit man in der Tat für die außer Landes heiratenden Französinnen einen wehrfähigen Ersatz bekommt und gleichzeitig das gefährdete Prinzip der Familieneinheit wieder aufrichtet.

Eine dritte Gruppe — nunmehr im Entwurf von 1922 enthalten — läßt einmal den Verlust der Staatsangehörigkeit nur bei ausdrücklicher Erklärung der Ehefrau eintreten [9] und beschäftigt sich mit dem schon erfolgten Verlust der Staatsangehörigkeit durch Eheschließung. Für den Wiedererwerb, die sog. Reintegration, bot das Gesetz bisher nur im Art. 19, Abs. 2 eine Handhabe. Dieser setzt aber die Auflösung der Ehe durch Tod oder Scheidung voraus. Bereits vor dem Krieg hatten die Verwaltungsbehörden dazu geneigt, sich an Stelle der Scheidung mit der „Trennung von Tisch und Bett" genügen zu lassen, da sonst im Verhältnis zu Ländern, die die Scheidung nicht kennen, wie Italien, eine

---

[1] AUDINET: JCl. 1920, S. 18 verweist anf POTHIER: Traité des personnes etc. No. S. 50ff. u. 62.

[2] Die Türkei kennt den Verlust durch Heirat auch, nicht dagegen den Erwerb. Gesetz von 1869, Art. 7, KELLER-TRAUTMANN: S. 776.

[3] Bullet. de la Soc. d'Etud. législ. 1917/18, S. 256ff., für die spätere Zeit Rev. trim. 1919, S. 612; Rev. 1920, S. 228. LEVY: La loi, 5. bis 7. XI. 1922 und SAUTERAUD: La loi, 23. févr. u. 12—13. mars 1923.

[4] Entwurf JENOUVRIER: Rev. 1920, S. 364.

[5] Entwurf DOISY et MOULIN: Rev. trim. 1917, S. 499

[6] Für gänzliche Abschaffung des Art. 19 CLUNET, SAUTERAUD: a. a. O.

[7] Entwurf HONNORAT et LANDRY: Rev. S. 305. Der Verlust tritt jedoch nur ein, wenn die Betreffende durch die Eheschließung eine andere Staatsangehörigkeit erwirbt. Es wird also wie bisher die Staatenlosigkeit vermieden. Entwurf LAFOND: Rev. trim. 1919, S. 612.

[8] JORDAN: Rev. S. 371.

[9] Eine noch schärfere Formulierung also als im nordamerik. Gesetz v. 1922. Vgl. unten S. 98. Sie würde regelmäßig Doppelstaatsangehörige schaffen.

Reintegration zu Lebzeiten des Mannes unmöglich gewesen wäre. Das Trib. civ. de la Seine hatte dicht vor dem Kriege dieses Verfahren gedeckt, indem es bei einem Scheidungsurteil, für das die Frage der zu Recht bestehenden Reintegration präjudiziell war, den Reintegrationsakt für seiner Nachprüfung entzogen erklärt[1]). Ganz ohne Skrupel scheint die Verwaltungsbehörde die Reintegration in solchen Fällen nicht vorgenommen zu haben, denn ein Gesetzentwurf, den die Regierung dem Senat am 22. XII. 1916 vorlegte, sollte einen einwandfreien Rechtsboden für die Reintegration nach erfolgtem jugement de séparation de corps schaffen[2]). Auch der Entwurf von 1922 enthält einen solchen. Inzwischen war die zuständige Verwaltungsbehörde längst zu einer noch viel freieren Auffassung des Art. 19 fortgeschritten. Für die Kanzlei des Justizministers wurde vom Minister selbst in der Kammer erklärt, daß für eine Frau, die einen Deutschen geheiratet habe, die Möglichkeit bestehe, der deutschen Staatsangehörigkeit zu entrinnen, ohne Witwe oder geschieden zu sein. Es genüge ein mit Genehmigung des Gatten oder in Ermangelung dessen mit Genehmigung des Justizministers zu stellender Antrag an die Kanzlei. Zahlreiche Entscheidungen dieser Art, die völlig zu Recht beständen, lägen vor[3]). Auf diese Weise sind also Französinnen, die „par une erreur sentimentale"[4]) an Deutsche gefesselt waren, vor Internierung und Sequester gerettet worden. Der Versuch des Trib. civ. de Compiègne[5]), im Hinblick auf den Wortlaut des Art. 19 eine Klage auf Erteilung der behördlichen Genehmigung abzuweisen, scheiterte in der 2. Instanz. Die Cour d'Amiens hebt sein Urteil auf: der Verwaltung stehe es zu, über Naturalisation und Reintegration zu entscheiden. Daher könne das Gericht sur le fond nur dann entscheiden, wenn der Antrag offensichtlich unzulässig sei. Das sei hier nicht der Fall. Der Art. 19 schließe verschiedene Staatsangehörigkeiten der Eheleute nicht aus und der Art. 8, Ziff. 5 verhindere die Ehefrau nicht ausdrücklich, während der Ehe eine andere Staatsangehörigkeit zu erwerben. Infolgedessen würde die Ablehnung der Genehmigung einen Eingriff in die Verwaltung bedeuten[6]). Diese Auffassung bestätigt endlich der höchste Ge-

---

[1]) i. S. VOLPE: Rev. 1918, S. 95. Ebenso neuerdings i. S. INGLIS: JCl. 1924, S. 678.

[2]) SAUTERAUD: JCl. 1918, S. 508.

[3]) Note zur Entscheidung GRAFFENRIED: Rev. 1920, S. 154.

[4]) CLUNET im JCl. 1919, S. 69.

[5]) i. S. GRAFFENRIED, vom 14. IV. 1920: Rev. 1920, S. 151.

[6]) Entscheidung vom 16. II. 1921, S. 533. Dazu die Noten von JORDAN: Rev. 1920, S. 153; 1921, S. 533, der die Praxis von Verwaltung und Justiz scharf bekämpft. Das Verfahren, das dem klaren Wortlaut des Art. 19 c. c. widerspreche, sei nur zu erklären mit der Straflosigkeit, die die Verletzung von Gesetzen bei einer Justiz genieße, die Naturalisations- und Reintegrationsdekrete als souveräne, ihrer Prüfung entzogene Handlungen betrachte.

richtshof anläßlich einer Scheidungsklage in seinem vielbesprochenen Beschluß vom 6. VII. 1922, der für das Schicksal vieler Ehen von Französinnen mit Italienern oder Spaniern von Wichtigkeit werden dürfte. Das Dekret, das eine mit einem Italiener verheiratete, von ihm getrennt lebende ehemalige Französin entgegen dem Wortlaut des Art. 19 c. c. reintegriert, darf von den ordentlichen Gerichten nicht auf seine Gesetzmäßigkeit geprüft werden. Infolgedessen wird die Ehe der französischen Ehefrau mit ihrem italienischen Gatten nach französischem Recht geschieden [1]).

2. Rechtsprechung.

Das Bild der Entwicklung des französischen Staatsangehörigkeitsrechts wäre unvollständig, wenn wir das lebendige Spielen der Gesetzanwendung in der Rechtsprechung außer acht lassen wollten. Zum Teil haben wir sie schon bei der Besprechung neuer Gesetze behandelt. Es bleiben uns noch zwei Gruppen. Bei der einen behauptet die Einzelperson, die als Partei auftritt, von den Pflichten eines französischen Staatsbürgers frei zu sein, bei der anderen nimmt sie im Gegenteil die Rechte eines solchen oder doch eines befreundeten Staatsangehörigen in Anspruch. Im ersten Fall — so liegen die Tatbestände ausnahmslos — handelt es sich um die drohende Dienstpflicht, im zweiten um die Anwendung der Fremdengesetze. Jedesmal aber verlangt der Einzelne Freiheit von der Staatsgewalt, die ihn den Staatsbürgern oder den Staatsfremden, richtiger Staatsfeinden zurechnen will. Freund oder Feind, das wird nämlich in zunehmendem Maße die Scheidung, nicht Inländer — Ausländer, Angehöriger oder Fremder. Die Fremdengesetze richten sich nur gegen die feindlichen Ausländer und der Kriegsminister unterscheidet zwischen eigenen und alliierten Staatsangehörigen nicht mehr; der Neutrale aber muß sich in das eine oder andere Lager zerren lassen, wenn ihm nicht eine besondere Respektierung seines Heimatstaats die freie Wahl erlaubt.

Dem Richter diktiert das öffentliche Interesse wohl zumeist das Urteil; an Grundsätzlichem ist das Ergebnis mager, und wo Grundsätze aufgestellt werden, sind sie so zweckbeherrscht, daß bei entgegengesetztem Zweck völlig Widersprechendes ausgesagt wird. Will sich einer der Heerespflicht entziehen, so beruft er sich vielfach auf den angeblich eingetretenen Verlust der französischen Staatsangehörig-

[1]) Cour de cass. (Ch. civ.) i. S. de FERRARI c. dame de F.: Rev. 1922/23, S. 444. Gegen die Entscheidung Note von PILLET: S. 461. — AUDINET: La recevabilité de la demande en divorce etc., JCl. 1923, S. 9, der die Entscheidung über die Staatsangehörigkeit nach der materiellen und formellen Seite, namentlich aber die Zulässigkeit der Scheidung dieser nationalen Mischehe nach französischem Recht bezweifelt.

keit. Neben den bereits oben erwähnten Streitfragen aus dem Optionsrecht des Gesetzes vom 3. VII. 1917 (s. S. 10.) ist am umstrittensten die Bestimmung des Art. 17, Ziff. 4 c. c.: der Militärdienst im Ausland wird als willkommener Verlustgrund vorgeschoben. Zumeist ohne Erfolg. Die Gerichte schränken die Anwendung des Art. 17, Ziff. 4 nach Möglichkeit ein[1]): während der Minderjährigkeit schadet fremder Heeresdienst der französischen Staatsangehörigkeit nicht[2]); der Heeresdienst muß freiwillig erfolgt sein[3]); kurzer Militärdienst im Ausland in der Absicht, der heimatlichen Pflicht durch Staatsangehörigkeitsverlust zu entgehen, berührt die französische Staatsangehörigkeit nicht[4]). Handelt es sich um Individuen, die nach Art. 8, Ziff. 4 c. c. Franzosen werden, so verlieren sie die französische Staatsangehörigkeit durch Militärdienst im Ausland nicht, wenn sie nicht außerdem die in Art. 8, Ziff. 4 geforderte Ablehnungserklärung abgaben[5]). Uneinigkeit besteht darüber, ob der Verlust de plein droit eintrete oder nur durch Urteil. Die Anhänger der letzteren Auffassung halten die Bestimmung überhaupt für eine Strafandrohung, die nur bei einer vorwerfbaren Handlungsweise wirksam werden könne[6]). So wird die Entscheidung i. S. TEYSAN[7]), wo der Betreffende im englischen Heer eingetreten war, bekämpft. Die Gesetzentwürfe von 1916, 1917 und 1922 enthalten den Art. 17, Ziff. 4, nicht mehr. Übrigens wurde die Frage, wenigstens bezüglich der in befreundeten Heeren dienenden Untertanen, gegenstandslos, seitdem vom Herbst 1917 an die Alliierten Militärkonventionen schlossen, nach denen der eine Vertragsstaat sich verpflichtete, die in seinem Gebiet wohnenden Untertanen des anderen Staates zum Militärdienst in seinem Heer heranzuziehen[8]), ein glänzendes Beispiel zugleich von Solidarität der Regierungen und Nichtachtung des für deutsche Begriffe nicht auswechselbaren Treueverhältnisses von Staat zu Untertan[9]).

---

1) Nicht allerdings, wenn mit Hilfe des Art. 17 Ziff. 4 der Verlust der franz. Staatsangehörigkeit bewiesen und die Liquidation des Vermögens eines ressortissant allemand begründet werden konnte (Cass. requ. i. S. PRINCE CROY: JCl. 1924, S. 676, s. unten S. 49).

2) Trib. civ. de la Seine, i. S. DELESALLE: Rev. 1920, S. 453.

3) Cour de Potiers, i. S. CONTAREL: JCl. 1917, S. 643.

4) Trib. civ. d. Lyon, i. S. BOESCH: Rev. 1919, S. 114.

5) Trib. civ. de la Rochelle, i. S. MEYER: JCl. 1917, S. 1028 mit Note von AUDINET.

6) Vgl. dazu ferner Literaturzusammenstellung in Rev. trim. de droit civ. 1919, S. 104, sowie JCl. 1917, S. 1035 Note von AUDINET.

7) Rev. 1919, S. 112.

8) Französisches Gesetz vom 9. XI. 1917, JCl. 1918, S. 381. Franz. u. engl. Konv. vom 4. X. 1917, JCl. 1918, S. 841.

9) Über das Prinzip dieser Militärkonventionen anläßlich des englisch-russischen Abkommens scharf ablehnend FRASER: Nationality and Allegiance, International Law-Notes 1919, S. 12.

Ausdrücklich wurde i. S. VOORTER anerkannt, daß der Heeresdienst in der alliierten belgischen Armee den Verlust der Staatsangehörigkeit nach Art. 17, Ziff. 4 nicht herbeiführe, auch wenn der Eintritt ins Heer ohne Genehmigung der französischen Regierung erfolgt sei[1]).

Erst nach gewonnenem Krieg hat der höchste französische Gerichtshof gegen die einschränkende Auslegung des Art. 17, Ziff. 4 c. c. Stellung[2]) genommen. Die französische Justiz hat die volle Höhe des Liberalismus, mit dem sie gegenüber dem echten Heimatgefühl eines Ausländers die Anwendung des ius soli auf die zweite Generation zu beschränken weiß[3]), in dem Augenblick wiedergewonnen, als man keine Soldaten mehr brauchte. Der Spanier RAMON DE CORBERA, auf Grund Art. 8, Ziff. 3 c. c. gleichzeitig Franzose, war in Spanien eingezogen, aber ausgelost und zur Reserve überschrieben worden. Obwohl er also nie Militärdienst getan hatte, nimmt der Kassationshof entgegen beiden Vorinstanzen den Verlust der Staatsangehörigkeit nach Art. 17, Ziff. 4 an, da der Betreffende freiwillig an einer Rekrutierung teilgenommen habe, ohne sich auf seine französische Staatsangehörigkeit zu berufen. Damit folgt der Kassationshof der Theorie, die im Art. 17, Ziff. 4 den vermutungsweisen Verzicht und nicht die strafweise déchéance auf Grund illoyalen Verhaltens sieht. In völligem Widerspruch hierzu und zum Wortlaut des Art. 17, Ziff. 4 liegt übrigens aus dem Jahre 1923 von einer cour d'appel eine entgegengesetzte Entscheidung vor. Danach verliert ein in Argentinien geborener Franzose die französische Staatsangehörigkeit nicht, wenn er seiner Heerespflicht in Argentinien genügt, ohne vielleicht zu wissen, daß er nach französischem Recht Franzose ist[4]).

Was die Anwendung von Fremdengesetzen auf feindliche Ausländer angeht, so haben wir sie zum Teil schon bei den Denaturalisationsprozessen beobachtet (siehe oben S. 33). Viel zahlreicher und im — dem widersprechenden Ausländer durchweg ungünstigen — Ergebnis gleich sind die Fälle, bei denen die Sequestrierung nicht erst nach erklärter Denaturalisation, sondern deshalb erfolgte, weil man den Betreffenden von vornherein für einen feindlichen Ausländer hielt. Nach Friedensschluß vermehrt sich diese Gruppe Leidtragender, indem nun die Liquidation des feindlichen Vermögens auf Grund des Art. 297b V V., sowie der entsprechenden Bestimmungen der anderen

---

[1]) Trib. civ. de la Seine vom 26. V. 1921, JCl. 1923, S. 307 und Note dagegen.

[2]) Cour de cass. vom 19. XII. 1922, JCl. 1923, S. 563. Dazu ANDRE-PRUDHOMME: La perte de la nationalité française et la prise de service militaire en pays étranger, JCl. 1923, S. 488.

[3]) Proc. général i. S. CORBERA, vgl. ANDRÉ-PRUDHOMME: S. 499.

[4]) Cour d'appel de Bordeaux vom 6. III. 1923 i. S. OUSTALET: JCl. 1923, S. 566.

Friedensdiktate, bzw. des französischen Gesetzes vom 7. X. 1919, droht. Wenn hier meist der Verlust der feindlichen, also der deutschen usw. Staatsangehörigkeit und somit der Eintritt der Staatenlosigkeit eingewendet wird, oder der Besitz oder Erwerb einer befreundeten Staatsangehörigkeit, so ist zu unterscheiden, ob diese Ereignisse bereits vor Kriegsausbruch eingetreten waren oder nicht.

Im ersten Fall läßt das französische Gericht sich zunächst einmal vom Verlust der Feindstaatsangehörigkeit nicht überzeugen[1]. Eine deutsche Entlassungsurkunde aus dem Jahre 1890 wird nicht als verlustbegründend anerkannt, da ja der Betreffende auf die Verlegung des Wohnsitzes ins Ausland verzichten oder aber eine andere deutsche Bundesstaatsangehörigkeit erwerben könne. Dabei wird wie stets auf den vagen und ungenauen Charakter des deutschen Staatsangehörigkeitsrechts hingewiesen[2]. Gedacht ist an § 18, Abs. 2 Staatsangehörigkeitsgesetz von 1870. Eine andere Entlassungsurkunde hält man nicht für beweiskräftig, weil der Betreffende nicht, wie auf der Urkunde angegeben, nach Amerika, sondern nach Frankreich ausgewandert sei[3]. Behauptet ein früher Deutscher oder Österreicher, er habe seine Staatsangehörigkeit auf Grund 10jährigen Aufenthalts im Ausland (§ 21 deutsches Gesetz von 1870) oder auf Grund Auswanderung ohne Rückkehrabsicht (österr. Staatenpraxis; KELLER-TRAUTMANN, S. 740) verloren und sei somit staatenlos geworden, so legt eine nahezu ständige Rechtsprechung dem Betreffenden den Beweis darüber auf, daß sein 10jähriger Auslandsaufenthalt ununterbrochen war, d. h. daß er keine wenn auch noch so kurze Reise in seine Heimat während dieser 10 Jahre gemacht habe. Diese Beweise scheitern natürlich stets[4]. Die Feststellung des 10jährigen Auslandswohnsitzes genügt nicht[5]. Dabei hatten die französischen Gerichte im Frieden zugunsten von Elsaß-Lothringern noch angenommen, daß gelegentliche Reisen nach Deutschland die 10jährige Ablauffrist nicht hemmen[6]. Nicht so kritisch sind sie ferner noch im Krieg gegenüber diesem Beweis, wenn nicht eine Sequestrierung bekämpft wird, son-

[1] Neuerdings hat der Fall des Prinzen Croy Aufsehen erregt. Er berief sich, um der Sequestration zu entgehen, auf seine französische Staatsangehörigkeit Der Kassationshof erklärte diese auf Grund des vorhin erwähnten Art. 17, Ziff. 4, für verloren, obwohl der Betr. seiner Dienstpflicht genügte. Interessant ist der neue Begriff des „ressortissant allemand: JCl. 1924, S. 676, dazu AUDINET: JCl. 1923, S. 785, u. PILLET et NIBOYET: a. a. O., S. 663, 668.

[2] Cour de Lyon vom 10. IV. 1922 i. S. LOEWENGARD: JCl. 1923, S. 311.

[3] Cour d'appel de Paris i. S. WERNER: JCl. 1921, S. 560.

[4] Rev. 1917, S. 557 (ARONSOHN); 1920, S. 447 und JCl. 1923, S. 548 (BELKE), S. 546 (WAETJEN), S. 555 (DLLE MARZEN); in bezug auf Österreich Rev. 1917, S. 268 (KORNFELD).

[5] JCl. 1921, S. 547.

[6] Cour d'appel de Nancy, 10. VI. 1914, JCl. 1915, S. 620.

dern z. B. ein Arbeiter seine Unfallrente beim Unternehmer einklagt und dieser die deutsche Staatsangehörigkeit des Verletzten einwendet[1]).

Aber selbst wenn der 10jährige ununterbrochene Auslandsaufenthalt nicht zu bezweifeln ist, wird kein Verlust der deutschen Staatsangehörigkeit angenommen. Der § 21, Abs. 4 Staatsangehörigkeitsgesetz von 1870 lasse den Wiedererwerb der Heimatstaatsangehörigkeit auch ohne Wohnsitznahme dortselbst zu. Deshalb ist aus Geschäfts- und Privatleben sorgfältig zu erforschen, ob der Betreffende wirklich alle Bande zur bisherigen Heimat abgebrochen habe. Genau werden Geschäftsbeziehungen und persönlicher Verkehr untersucht. Mehr als 35jähriger Wohnsitz in Lyon, ein — allerdings erfolgloser — Naturalisationsantrag reichen als Momente für sein Franzosentum nicht aus, angesichts der die mangelhafte französische Gesinnung so bedauerlich illustrierenden Scheu des Betreffenden, mit einer Tochter seines neuen Vaterlandes einen Hausstand zu gründen[2]).

Auch dann wird ein Deutscher, der seine Staatsangehörigkeit durch 10jährige Abwesenheit verloren zu haben behauptet, als solcher behandelt, wenn er sich auf eine zweite und zwar gleichfalls originär erworbene ausländische Staatsangehörigkeit beruft. Der Kläger war ein in Brasilien geborener Sohn deutscher Eltern, infolgedessen von Geburt sowohl Deutscher wie Brasilianer. Die brasilianische Staatsangehörigkeit, auf die Kläger sich beruft, könne außerhalb Brasiliens nicht wirksam sein, wenn sie im Widerspruch zu der loi originaire des Betreffenden stehe[3]). Damit wird das eigentliche Problem, daß nämlich beide Staatsangehörigkeiten originär erworben sind, völlig übergangen. Das Berufungsgericht beschäftigt sich überhaupt nur mit der Prüfung der deutschen Staatsangehörigkeit und bejaht sie. In seiner Kritik hält GAUDEMET das Urteil mit anderer Motivierung für richtig[4]): entsprechend dem vom Haager Schiedsgericht aufgestellten Grundsatz müsse bei simultaner Doppelstaatsangehörigkeit die „nationalité réalisée en fait", d. h. die äußerlich in Urkunden, Betragen, Auftreten zutage tretende Staatsangehörigkeit des Betreffenden den Ausschlag geben[5]). Dieser Gesichtspunkt erscheint zutreffend. Die gleiche Frage läßt eine andere Entscheidung offen, bei der ein ehemaliger Deutscher den Verlust dieser Staatsangehörigkeit, zum mindesten aber den gleichzeitigen Besitz der holländischen Staatsange-

---

1) Rev. 1917, S. 223 (SCHURMANN) und die dort angegebenen Fälle.

2) Cour d'appel de Lyon vom 10. III. 1922 i. S. BEIER: JCl. 1923, S. 550.

3) Trib. civ. de la Seine, Rev. 1915/16, S. 217 (REE), bestätigt von der Pariser cour d'appel, Gaz. Pal. vom 5. VII. 1918 und vom Kassationshof, JCl. 1922, S. 994. Die Auslegung eines fremden Gesetzes durch die cour d'appel sei der Überprüfung des Kassationshofs entzogen.

4) Rev. trim. de droit civ. 1919, S. 299ff.

5) Haager Schiedsgericht vom 3. V. 1912, Rev. S. 331.

hörigkeit einwendet. Das Gericht hält sich an die deutsche Staatsangehörigkeit als die originäre und hält den Beweis des Verlusts derselben für erbracht[1]).

Ist aber der Verlust der deutschen Staatsangehörigkeit als bewiesen zu erachten, so zögert doch die französische Rechtsprechung, im Gegensatz zu Belgien und England (s. unten S. 75), auszusprechen, daß Staatenlose unmöglich durch die Bestimmungen eines völkerrechtlichen Vertrags erfaßt werden können, da dessen Wirkung sich natürlich auf die Angehörigen der vertragschließenden Staaten, nicht auf Staatenlose erstreckt. Zunächst läßt nach einer Ansicht das französische Recht die Einrichtung der Staatenlosigkeit übernicht zu[2]); daher wird die Möglichkeit, die deutsche Staatsangehörigkeit durch 10jährigen Aufenthalt im Ausland zu verlieren, geleugnet, eine Auffassung, die deshalb nicht zu halten ist, weil nur nach deutschem Recht der Besitz oder Nichtbesitz der deutschen Staatsangehörigkeit beurteilt werden kann. In anderen Entscheidungen wird die Staatenlosigkeit als möglich unterstellt, der Tenor eines erstinstanziellen Urteils aber — mit Recht — dahin berichtigt, daß der Betreffende „die deutsche Staatsangehörigkeit verloren habe“[3]). Es könne die Staatenlosigkeit allgemein nicht festgestellt werden, da die Einbürgerung in andern Ländern sich verbergen lasse. Eine andere Entscheidung läßt die Feststellung der Staatenlosigkeit, nicht aber eine Klage auf Aufhebung der Sequestration zu, weil diese nicht zur Zuständigkeit des erkennenden Gerichts gehöre[4]). Schließlich hat der Kassationshof zur Frage der Staatenlosigkeit ausgesprochen, daß die französischen Gesetze zwar sich bemühten, die Zahl der Staatenlosen zu verringern, aber keines von ihnen die Staatenlosigkeit verhindere oder diesen Zustand für unerlaubt halte[5]).

Hat jedoch ein Angehöriger der Vierbundstaaten erst nach Kriegsausbruch seine alte deutsche usw. Staatsangehörigkeit abgestreift, um eine daneben vorhandene neutrale oder verbündete Staatsangehörigkeit in den Vordergrund zu stellen oder gar durch Naturalisation neu zu erwerben, so behandelt Frankreich ihn nach demselben Grundsatz, den England schon während des Kriegs, allerdings mit verblüffender Einseitigkeit (s. S. 72), aufgestellt hatte. Kriegsausbruch fixiert

1) Cour de Paris i. S. Miele vom 7. XII. 1922, JCl. 1923, S. 883 und kritische Note.

2) Trib. civ. du Havre vom 31. XII. 1920, JCl. 1921, S. 547.

3) Cour de Paris vom 28. XII. 1921, i. S. Strauss: JCl. 1922, S. 140.

4) Trib. civ. de Versailles vom 15. III. 1920, JCl. 1921, S. 542. Vgl. zu den meisten genannten Entscheidungen Weil: Liquidation des Besitzes der Staatenlosen in Frankreich, J. W. 1922, S. 360, auch über die Möglichkeit der Anrufung der Gem. Schiedsgerichte durch Staatenlose.

5) Cour de cass. (requ.) vom 1. VIII. 1922 i. S. Metzdorff: JCl. 1923, S. 894.

die Staatsangehörigkeit. Wenigstens, soweit es einen verlorenen Krieg zu tragen gilt. Im Ausführungsdekret vom 23. X. 1919 zum Gesetz betr. die Liquidation des feindlichen Vermögens vom 7. X. 1919[1]) heißt es im Art. 5, daß die Angehörigen von Staaten, die gegen Frankreich Krieg geführt haben, sich nur dann auf einen Staatsangehörigkeitswechsel berufen können, wenn er auf Grund der Friedensverträge de plein droit eingetreten sei[2]). Die Entscheidungen, von denen sich die erste zur Beurteilung der Frage, ob die Freigabe sequestrierten Vermögens an einen naturalisierten Briten zulässig sei, der seine gleichzeitige österreichische Staatsangehörigkeit vor Inkrafttreten des Friedensvertrags durch Entlassung verloren hatte, auf dieses französische Dekret von 1919 stützte, mögen billig sein. Rechtlich sind sie keineswegs einwandfrei. Zum mindesten kann die Heranziehung jenes innerstaatlichen Dekrets zur Auslegung der Friedensverträge nichts beitragen. Ohne sich auf dieses Dekret zu beziehen, ist in einem andern Fall[3]) mit Rücksicht auf das deutsche Reichs- und Staatsangehörigkeitsgesetz von 1913 ein in den Vereinigten Staaten während des Kriegs eingebürgerter Amerikaner vom französischen Gericht als Deutscher behandelt worden. Die Genehmigungsklausel des § 25, Abs. 2 Reichs- und Staatsangehörigkeitsgesetz schließe nicht aus, daß der Betreffende seine deutsche Staatsangehörigkeit behalten habe, und solange er hiergegen nicht Beweis erbracht habe, müsse er trotz unbestrittener Amerikanereigenschaft hinsichtlich der Sequestrationsbestimmungen als Deutscher gelten.

Wie verträgt sich, darf man fragen, diese Auffassung und jene Bestimmung des französischen Dekrets mit Art. 278 V.V.? Wird darin Deutschland nicht ausdrücklich verpflichtet, seine ehemaligen Staatsangehörigen, die die Angehörigkeit zu einem der alliierten und assoziierten Staaten sei es durch Einbürgerung, sei es auf Grund völkerrechtlichen Vertrags erworben haben, von der allegiance gegen Deutschland zu entbinden und ihre neue Staatsangehörigkeit anzuerkennen? Steht es im Belieben der Alliierten, diese Bestimmung anzuwenden, wenn man einen solchen Überläufer vor den Armen seines schwer ringenden Heimatstaats schützen, sie auszuschalten, wenn man ihn selbst auspressen will[4])? Es zeigt sich, daß dieser Artikel, wie wir noch an

---

[1]) Texte JCl. 1919, S. 1199ff.

[2]) Cour d'appel von Paris i. S. Frhr. v. SPRINGER (Österreicher und Brite), i. S. ROTHSCHILD (Österreicher und Tschecho-Slowak): JCl. 1922, S. 165 und 413. Cour de cass. i. S. Frhr. v. SPRINGER: JCl. 1924, S. 416.

[3]) Cour d'appel von Paris vom 7. I. 1921 i. S. KURTZE: JCl. 1921, S. 197.

[4]) Die französische Rechtslehre leugnet denn auch die wechselseitige Bindung der alliierten Mächte an den Art. 278 nicht. „Actuellement les puissances ayant ratifié le traité de Versailles ne peuvent plus mettre en doute la validité d'une naturalisation accordée par l'une d'elle à un Allemand à quelque époque

anderer Stelle sehen werden (s. S. 116), der englischen Anschauung entstammt und in Frankreich wenig Verständnis findet. England besorgt, daß Deutschland die Last des Friedens auf Schultern legen könnte, die es selbst im umgekehrten Fall als verpflichtet in Anspruch nehmen würde, d. h. auch auf britische, ehemals deutsche Schultern. Frankreich ist es mehr darum zu tun, die Güte des Friedensmahls zu steigern und die Zahl der Gäste zu verringern, die an ihm teilnehmen.

II. Britisches Reich.

A. Das Staatsangehörigkeitsgesetz vom 7. VIII. 1914.

Ein merkwürdiges Zusammentreffen fügte es, daß fast an dem Tage der englischen Kriegserklärung, am 7. VIII. 1914, nach langjährigen Vorarbeiten ein neues englisches Staatsangehörigkeitsgesetz verkündet wurde[1]). Ohne die Grundlinien des englischen Staatsangehörigkeitsrechts im einzelnen wesentlich zu verändern, bedeutet die „British Nationality and Status of Aliens Act 1914" den Abschluß einer staatsrechtlichen Entwicklung Großbritanniens vor dem Krieg und beleuchtet den eigenartigen Aufbau des britischen Weltreichs in einem weltgeschichtlichen Augenblick. Die Act wurde im Unterhaus als das einzige wirkliche Reichsgesetz begrüßt[2]). Mit ihm schien sich die alte Forderung „british subject anywhere, british subject everywhere" zu verwirklichen.

Wie war nämlich der Rechtszustand bisher gewesen[3])? Das englische Recht unterschied von jeher zwischen den natural born british

que ce soit. Ainsi un Allemand naturalisé péruvien ne peut être considéré que comme péruvien par l'Angleterre sans présomption d'être resté allemand." PILLAUT: Les questions de nationalité dans les Traités de Paix 1919/20, Rev. 1921, S. 11. Der Art. 278 V.V. hindert die Alliierten somit auch an der Fortsetzung ihres Denaturalisationsverfahrens.

[1]) Text in der Fassung der Ges. vom 8. VIII. 1918 und 4. VIII. 1922: Anlage 10. Seine politische Bedeutung behandelt kurz SCHMIDT, M. M.: Vorherrschaft des Mutterlands und Selbständigkeit der Dominions, Abschn. 6 des 5. Bds. des Handbuchs für Politik, 1922, S. 75. — FLOURNOY: The new british Imperial Law of Nationality, Amer. Journ. of Inter. Law 1915, S. 870. — X.: La loi anglaise du 7. VIII. 1914 sur la Nat. Britannique etc. Rev. 1914, S. 707. Note von VALÉRY im Ann. d. lég. étr. 2e série, Bd. 24, S. 14. — WILKINSON: Brit. Nationality, Internat. Law Notes 1917, S. 101. — Mc. NAIR: Legal Effects of War, Chapt. 1. Cambridge 1920. — SARGANT, E. S.: in Journ. of Comparative Legislation N. S. 31, S. 327. — KOELLREUTER: im Jahrbuch des öffentl. Rechts, XI, S. 125ff.

[2]) FLOURNOY: a. a. O. S. 871.

[3]) Zusammenfassende Darstellung bei HATSCHEK: Engl. Staatsrecht I, Tüb 1905, S. 216ff. — SIEBER: Das Staatsbürgerrecht usw., Bern 1907, I, S. 126ff., 302ff

subjects und den naturalisierten Briten, oder, vorsichtiger ausgedrückt, Personen, denen ein Naturalisationsschein gewährt wurde. Geborener Brite ist nach Common Law entsprechend der angelsächsischen feudalen Auffassung jeder, der im britischen Herrschaftsbereich geboren wurde (born within His Majesty's allegiance). Er ist Brite ohne Rücksicht auf etwaige ausländische Abstammung und konnte (bis 1870) diese Eigenschaft nie verlieren (nemo potest exuere patriam). Neben dem reinen ius soli des Common Law hatte das Statute Law dem Abstammungsgedanken, dem ius sanguinis, zu einer gewissen Geltung verholfen, erstmalig in der Act 25 Ed. III im Jahre 1350, wiederholt im 18. Jahrhundert[1]), so daß nach dem bis zum Krieg geltenden Recht folgende 2 Gruppen natural born waren: 1. das im britischen Weltreich geborene Kind und 2. das von einem britischen Vater stammende Kind, dieses jedoch nach der letzten, weitesten Fassung des ius sanguinis-Grundsatzes im 13 Geo. 3, c. 21 des Jahres 1773 nur dann, wenn mindestens der Vater des Vaters natural born, d. h. within the allegiance of the crown geboren war. Als Zugeständnis an die ausländischen Rechtsordnungen hatte sich ferner im Naturalisationsgesetz von 1870 (33 Vict. c. 14), dem letzten die Staatsangehörigkeit betreffenden Gesetz, der Gedanke der Option durchgesetzt, indem die unter 2. genannten Personen allgemein, die unter 1. genannten, wenn sie nach dem Recht eines ausländischen Staats dessen Angehörige — auf Grund des ius sanguinis — sind, nach erreichter Volljährigkeit die britische Staatsangehörigkeit ablehnen können (Sekt. 4)[2]).

Dieses eigentümliche, auf der Territorialherrschaft beruhende britische Untertanenverhältnis erfaßte nun entsprechend der Formel „within the allegiance of the crown" alle für den natürlichen Staatsangehörigkeitserwerb, durch Geburt, in Betracht kommenden Individuen im ganzen britischen Reich. Mit der Vergrößerung des Reichs wuchs die Zahl der geborenen Briten automatisch und es blieb gleichgültig, welches staatsrechtliche Verhältnis die Kolonien oder das Dominion zum Mutterland einnahm. Wer im Commonwealth von Australien, wer in der Südafrikanischen Union geboren wurde, ist Brite so gut wie der von den Fidji-Inseln oder den Seychellen Stammende. Und soweit das ius sanguinis Anwendung findet, reicht es seinem Wesen nach über die ganze Welt. Anders steht es mit dem künstlichen Staatsangehörigkeitserwerb durch Naturalisation. Seit 1844 wird das Naturalisationszertifikat verliehen. Die Beliehenen sind, das muß festgehalten werden, eigentlich keine Briten. Die Vorstellung, wie sie der deutschen oder französischen Gesetzessprache geläufig ist, daß

[1]) Texte bei KELLER-TRAUTMANN: S. 677.

[2]) Dagegen gibt es keinen allgemeinen Verzicht auf die Staatsangehörigkeit im englischen Recht, wie HATSCHEK ihn zu Unrecht a. a. O. S. 223 annimmt.

man eine Staatsangehörigkeit wie durch Geburt, so auch durch Naturalisation erwerben könne, fehlt dem englischen Recht ursprünglich. Vielmehr arbeitet es mit der Fiktion, daß Personen, die eine Naturalisationsurkunde verliehen bekommen haben, wie Briten angesehen werden sollen (vgl. die Formulierung in Art. 7, Abs. 3 des Gesetzes von 1870). Die Wortverbindung „naturalized british subject" wird mit einer einzigen Ausnahme im englischen Staatsangehörigkeitsgesetz nicht verwendet. Sachlich reicht der Inhalt der durch Naturalisation erworbenen Staatsangehörigkeit nicht ganz so weit wie die des natural born: die Fremdengesetze sind auch auf den Naturalisierten anwendbar; ferner ist der im Ausland geborene Sohn des naturalisierten Briten nicht Brite von Geburt[1]). Was die räumliche Geltung der Naturalisationsurkunde angeht, so ist zu unterscheiden: wem nach der Naturalization Act 1870 vom zuständigen Staatssekretär des Vereinigten Königreichs oder — in den Kolonien ohne Selbstverwaltung — vom Gouverneur das Naturalisationszertifikat erteilt war, der galt im ganzen Reich als Brite; die Dominions, d. h. die Kolonien mit Selbstverwaltung, aber hatten außerdem ihre eigene Naturalisationsbefugnis auf Grund ihres Selbstverwaltungsrechts, und diese reichte nur bis an die Landesgrenze. Es gab also eine durch Naturalisation erworbene kanadische, australische usw. Staatsangehörigkeit, so daß z. B. der Franzose, der sich in England selbst hatte naturalisieren lassen, in Kanada als Brite geachtet werden mußte, während der in Kanada naturalisierte Amerikaner weder in einem andern englischen Dominion noch in England als Brite galt, noch im Ausland sicheren Anspruch auf völkerrechtlichen Schutz genoß. Das hatte in den außereuropäischen Ländern, in denen der zugewanderte Weiße einen kulturellen und politischen Gewinn bedeutet und der Stamm der Bevölkerung kein einheitlicher geblieben ist, eine schwerwiegende Bedeutung. Es wird berichtet, daß ein kanadischer Minister auf einer Londoner Reichskonferenz nicht als britischer Untertan anerkannt werden konnte[2]). Auf der andern Seite hatten die großen Dominions alles Interesse, nicht durch die Errichtung einer allgemeinen Reichsbürgerschaft, verbunden mit einem gemeinsamen Indigenat, der selbständigen Führung ihrer Einwanderungspolitik beraubt zu werden. Bei der in Australien und Südafrika gegenüber Indien die größte Rolle spielenden Rassenfrage mußten die Dominions sich eine unterschiedliche Behandlung verschiedener Arten britischer Untertanen vorbehalten und hatten an der Durchgängigkeit der Naturalisation im Verhältnis von Dominion zu Dominion kein Interesse. So ist, als seit

[1]) Vgl. die in England während des Krieges ergangene Entscheidung ex parte CARLEBACH (K. s BENCH: Div. 113, L. T. R. S. 777).

[2]) FLOURNOY: a. a. O. S. 872.

1901 nach einem eingehenden Bericht des Interdepartmental Committee die Schaffung eines einheitlichen Staatsangehörigkeitsrechts nicht mehr aufzuhalten war, der treibende Teil mehr die Londoner Regierung gewesen und auf zwei Reichskonferenzen, 1907 und 1911, haben sich die Dominions die Erfüllung ihrer Vorbehalte formell zusichern lassen[1]). Die Lösung konnte nach dem Wunsch der Dominions weder die des deutschen Staatsangehörigkeitsrechts werden, das die Landesangehörigkeit ohne den Besitz der Reichsangehörigkeit nicht zuläßt, sie konnte aber auch nicht i. S. des Mutterlandes oder der Dominions nach dem Vorbild der Vereinigten Staaten zu einem allgemeinen Oberbegriff der Nationality führen, die nur für einzelne Reichsteile zur Citizenship wird, so wie der Portorikaner zwar Angehöriger, aber nicht Bürger der Vereinigten Staaten ist. Denn das hätte sich mit dem Begriff des natural born british subject, der alle im Herrschaftsbereich der englischen Krone und die als Söhne von Briten im Ausland geborenen Individuen ausnahmslos umfaßte, nicht vertragen. So wurde in dem Gesetz vom 7. VIII. 1914 eine andere Form gefunden. Die allgemeine Reichsbürgerschaft der durch Geburt Briten Gewordenen bleibt. Hinzu treten die den natural borns völlig gleichgestellten Naturalisierten, die ihre Naturalisation der Urkunde des Staatssekretärs oder Gouverneurs des Königs oder — in den fünf größten Dominions — einer unter gleichen Voraussetzungen gewährten Urkunde der dominialen Verwaltungsbehörde verdanken. Diese beiden Gruppen gelten im ganzen Weltreich als Briten; jedoch besteht insofern auch jetzt noch kein gemeinsames Indigenat, als weder die Gesetzgebung der Dominions noch die Regierungen der Kolonien verhindert ist, „verschiedene Klassen britischer Untertanen verschieden zu behandeln" (Sekt. 26, Ziff. 1)[2]). Außerdem sind ebenso wie früher die Dominions berechtigt, eine lokale, auf die Grenzen ihres Landes beschränkte Staatsangehörigkeit zu verleihen und den Erwerb von schwereren oder leichteren Bedingungen, als die Reichsnaturalisation sie fordert, abhängig zu machen (Sekt. 26, Ziff. 2)[3]).

Das Gesetz, das auf freiwilliger Vereinbarung des Mutterlandes mit den Kronländern beruhte, ist mit der Erwartung auf ausdrück-

---

[1]) Vgl. die 1911 formulierten 5 Punkte, die sämtlich im Gesetz von 1914 erfüllt sind, in Rev. 1914, S. 708.

[2]) Die Beschränkungen, die z. B. Südafrika seiner indischen Bevölkerung auferlegt, sind auf der Premierskonferenz von 1921 Gegenstand der Erörterung gewesen. Vgl. SCHMITT: a. a. O. S. 85. Desgleichen hat Neuseeland noch 1920 den farbigen Briten Asiens mit Bezug auf ein Einwanderungsgesetz die britische Staatsangehörigkeit einfach aberkannt. Erwähnt bei SCHMITT: Kuliproblem (Handbuch der Politik V), S. 159.

[3]) Kanada hatte eine 3jährige, Australien und Südafrika eine 2jährige, Neuseeland eine 24stündige Wohnsitzdauer vorgeschrieben (Rev. 1914, S. 708).

liche Billigung durch die Dominialgesetzgebung erlassen worden[1]). Denn trotz seiner theoretischen Gesetzgebungsgewalt über das ganze Vereinigte Königreich (einschließlich Irlands) konnte das Londoner Parlament die Rechtseinheit nicht unmittelbar herstellen. Für das Reich und die Kolonien ohne Selbstverwaltung trat das Gesetz im ganzen Umfang ab 1. I. 1915 in Kraft. Für die folgenden Dominions: Kanada, Australien, Neuseeland, Südafrikanische Union, Neufundland sind nur die Teile I und III ohne weiteres geltendes Recht. Diese Teile, die den Erwerb der britischen Staatsangehörigkeit und den Verlust behandeln, wirken ihrem Wesen nach für das ganze Reich; denn bei der Auffassung des Staatsangehörigkeitsbandes als einer persönlichen Treuverpflichtung jedes Untertanen zu seinem König bestimmt dieser durch seine Gesetzgebung souverän, wen er als geborenen Briten ansehen oder wen er aus diesem Band entlassen will. Für den Teil II jedoch, in dem es sich um die Naturalisation und die den Dominions dabei eingeräumte Mitwirkung handelt, ist die Annahme den Dominions ausdrücklich freigestellt (Sekt. 9, Ziff. 1)[2]). Es kann im ganzen angenommen, abgelehnt und abgeschafft werden (Sekt. 9, Ziff. 4). Nicht aber, muß man schließen, können die materiellen Grundlagen verändert werden. Dagegen kann das Dominion die zur Erteilung des Naturalisationsscheins zuständige Instanz frei bestimmen (Sekt. 9, Ziff. 2 und 3).

Das Gesetz regelt den Gegenstand zum erstenmal systematisch und erschöpfend. Die Grundzüge seien hier skizziert. Der Unterschied von geborenen Briten und Personen mit Naturalisationsschein ist äußerlich aufrechterhalten; rechtlich werden die letzteren behandelt wie geborene Briten. Und zwar findet dieser Umstand einen stärkeren Ausdruck als früher, indem die Sekt. 3 des neuen Gesetzes ihnen den Status eines natural-born verleiht. Aus der alten Act of Settlement Wilhelms III, Sekt. 3, werden die Worte „naturalized or", auf Grund deren die Fremdenbeschränkungen auch für Naturalisierte galten, ausdrücklich gestrichen (Sekt. 3, Ziff. 2). Ferner erhält die durch Naturalisation erworbene Staatsangehörigkeit nunmehr den gleichen Wert wie die angeborene, indem jetzt auch der Naturalisierte seine Staatsangehörigkeit an die im Ausland geborenen Kinder von selbst überträgt.

---

[1]) Vgl. FLOURNOY: a. a. O. S. 882.

[2]) Von den erwähnten 5 Dominions ist die Annahme der Act durch eigenes Gesetz bestimmt erfolgt: von Australien (Gesetz vom 2. XII. 1920 u. 18. X. 1922), von Kanada (Gesetz vom 12. VI. u. 22. VIII. 1914, vom 1. VII 1920, vom 5 IV u. 3 V. 1921 u. vom 30. VI. 1923) und von Neufundland (Gesetz vom 5. VI. 1915 u. 4. V. 1916). Von den übrigen Dominions ist mir keinerlei Nachricht bekannt. — SCHMITT (Handbuch der Pol. V, S. 76) gibt an, daß die Dominions die Act angenommen hätten.

Es sind nämlich geborene Briten a) die im britischen Herrschaftsbereich[1]) und zwar einschließlich der auf britischen Schiffen geborenen[2]) Personen, b) die außerhalb des Herrschaftsbereichs geborenen Personen, deren Väter zur Zeit der Geburt Briten und entweder im britischen Herrschaftsbereich geboren oder Naturalisierte sind (Teil I, Sekt. 1). Hierzu ist zweierlei zu bemerken: was den Erwerb der Staatsangehörigkeit durch Geburt angeht, so erfährt der Grundsatz des ius sanguinis eine beträchtliche Abschwächung, indem verlangt wird, daß der Vater, nicht wie früher der Vatersvater, within the allegiance of the crown geboren ist. Schon in der zweiten Generation verliert die Abstammung die Staatsangehörigkeit bestimmende Bedeutung[3]). Was aber den Erwerb durch Naturalisation betrifft, so nähert sich das Gesetz der Vorstellung eines wirklichen Briten kraft Naturalisation um einen erheblichen Schritt. Denn während früher nur der geborene Brite seine Staatsangehörigkeit auf die im Ausland geborenen Kinder überträgt, tut es jetzt auch der naturalisierte. Selbstverständlich überträgt er aber auf die zweite im Ausland geborene Generation die britische Staatsangehörigkeit ebensowenig wie der natural born. Wenn sich andrerseits früher (Sekt. 1, Ziff. 5, Gesetz von 1870) die Naturalisation auf die minderjährigen Kinder nur erstreckte, wenn sie im Inland ansässig waren, so ist jetzt die Wirkung vom Antrag des Bewerbers und dem Ermessen des Staatssekretärs abhängig, aber von einer gesetzlichen Beschränkung auf den Wohnsitz im Inland keine Rede mehr (Sekt. 5). So erfährt die lehensrechtliche Vorstellung, nach der die persönliche territoriale Unterworfenheit Voraussetzung für das Staatsangehörigkeitsband zwischen König und Untertan ist[4]), hinsichtlich des natürlichen Erwerbs eine Verschärfung, hinsichtlich des künstlichen eine Milderung.

Zur Naturalisation, die der Staatssekretär des Innern erteilt, nach freiem Ermessen und unanfechtbar, sind erforderlich: a) 5jähriger Wohnsitz im britischen Reich; das letzte Jahr muß im Land, wo der Antrag gestellt wird, zugebracht sein; b) guter Leumund und hinreichende Kenntnis des Englischen; c) Wohnsitz im britischen Reich nach Gewährung der Naturalisation; d) Untertaneneid (Sekt. 2). Hiervon ist die Bedingung zu b neu; eine ähnliche Bestimmung hat das Recht der Vereinigten Staaten (Art. 8, Gesetz von 1906). Neu ist auch

---

[1]) Nach englischer Auffassung ist nicht within H. M.'s allegiance geboren, wer auf britischem Gebiet während einer feindlichen Besetzung zur Welt gekommen ist. Vgl. McNair: a. a. O. S. 4.

[2]) Dagegen nicht die in britischen Gewässern auf fremden Schiffen Geborenen. Damit wird eine alte Streitfrage geklärt. Vgl. Wilkinson: a. a. O. S. 103.

[3]) Vgl. jedoch die Änderung durch das Ges. v. 4. VIII. 1922. S. unten S. 70.

[4]) Siehe darüber Hatschek: a. a. O. S. 218ff.

die Bestimmung der Sekt. 7, die dem Staatssekretär den Widerruf der Naturalisation freistellt, wenn sie durch falsche Angaben oder Betrug erlangt wurde[1]). Die Bestimmung, auf die wir noch zurückkommen, hat gewisse Ähnlichkeit mit der Bestimmung der Vereinigten Staaten, nach der in gerichtlichem Verfahren von Amts wegen die Nichtigkeitserklärung der durch Betrug oder auf ungesetzlichem Weg erworbenen Bürgerbriefe betrieben wird (Art. 15 des Gesetzes von 1906). In den Kolonien tritt an die Stelle des Staatssekretärs der Gouverneur. Jede Naturalisation bedarf aber der Genehmigung des Staatssekretärs. Das gilt nicht für Britisch-Indien, wo der Gouverneur selbständig naturalisieren kann, und für die genannten großen Dominions, deren Sonderstellung bereits erwähnt wurde (Sekt. 8 und 9). Das Recht des Königs auf Erteilung von besondern Bürgerbriefen, den sog. letters of denization, ist auch im neuen Gesetz aufrecht erhalten worden (Sekt. 25).

Der Teil III behandelt die Staatsangehörigkeit der verheirateten Frauen und der Minderjährigen, sowie den Verlust der Staatsangehörigkeit, ferner das Fremdenrecht (Status of Alien), das hier außer Betracht bleiben darf. Auf die Gestaltung des Gesetzes suchte die Emanzipationsbewegung Einfluß zu gewinnen; die staatsrechtliche Selbständigkeit der Ehefrau war ihr Ziel. Mit Grund konnten sich die Frauenrechtler auf altes englisches Recht berufen. Im Gegensatz zu den Staaten des Festlandes haben die angelsächsischen Weltreiche erst spät die Familieneinheit im Staatsangehörigkeitsrecht anerkannt. Das Common Law ließ die allegiance der geborenen Britin durch ihre Eheschließung nicht untergehen und übertrug der Fremden, die einen Briten geehelicht hatte, nicht die britische Untertanenschaft[2]). Das entsprach dem Geist dieses Rechts, das die britische Staatsangehörigkeit als ein unverlierbares, aber auch dem künstlichen, nicht durch Geburt vollzogenen Erwerb unzugängliches Gut auffaßte. Mit der Einführung der Naturalisation durch das Gesetz von 1844[3]) war das Prinzip gebrochen und der ausländischen Frau des Briten der ipso iure Erwerb der britischen Staatsangehörigkeit eröffnet. Erst im Gesetz von 1870[4]) wurde dagegen die Kehrseite, der Verlust der britischen Staatsangehörigkeit für die Britin, die einen Ausländer heiratet, ausgesprochen und damit die Maßgeblichkeit der ehemännlichen Staatsangehörigkeit für die Familie zum Grundsatz erhoben.

Bei der Beratung des neuen Gesetzes ist die Staatsangehörigkeit der verheirateten Frau Gegenstand lebhafter Debatten gewesen und

---

1) Ein Antrag ROTHSCHILD, dieses Verfahren den Gerichten zu übertragen, wurde abgelehnt. Rev. 1914, S. 709.

2) SIEBER: I, S. 151.

3) 7 u. 8 Vict., c. 66.

4) 33 Vict., c. 14, KELLER-TRAUTMANN: S. 680.

gegen den Regierungsentwurf, der in den Art. 10 und 11 den Grundsatz der nationalen Familieneinheit ohne Einschränkung aufstellte, hat sich scharfer Widerspruch erhoben[1]), stets und ausschließlich unter dem Gesichtspunkt der Frauenrechte: die Frau dürfe nicht zur Sache (chattel) ihres Gatten gemacht werden. Hinter der Opposition stehen die Frauenvereinigungen, die zu den Vorberatungen nicht hinzugezogen waren. Besonders wird auf die rechtlose Stellung der Engländerin, die einen Ausländer geheiratet hat, aber im Inland verblieben ist, hingewiesen. Ihr entgehen die Ansprüche aus der Sozialversicherung; besonders seien Israelitinnen, die ausländische Glaubensgenossen geheiratet hätten, in dieser Lage. Die Regierung hat ein geringfügiges Zugeständnis gemacht: die Sekt. 10 des ursprünglichen Entwurfs erhielt einen zweiten Satz, nach dem die Britin, deren Gatte sich im Ausland naturalisieren ließ, die britische Staatsangehörigkeit durch einfache Erklärung beibehalten kann. Im übrigen müsse die Bestimmung der Sekt. 2, Ziff. 5 genügen, nach der die Britin, die ihre Staatsangehörigkeit durch Eheschließung verloren habe, erleichterte Naturalisationsbedingungen genieße. Damit war eine selbständige Staatsangehörigkeit der Ehefrau nach der Eheschließung ermöglicht worden, jedoch nicht mehr zugebilligt, als allgemein in den anderen Ländern auch galt: weder in Deutschland noch in Frankreich z. B. geht mit der im Ausland erfolgenden Naturalisation des Gatten die Staatsangehörigkeit der Frau ipso iure verloren, und nach Auflösung der Ehe mit einem Ausländer hat die Witwe oder geschiedene Frau einen Anspruch auf Wiedererwerb ihrer Heimatsstaatsangehörigkeit[2]). Trotzdem ist die Änderung bemerkenswert; denn sie räumt der verheirateten Frau ein Selbstbestimmungsrecht ein, das ihr bisher nach dem privatrechtlichen Grundsatze, der die Ehefrau unter disability stellt, nicht zukommt. Zu weiteren Zugeständnissen hat die Regierung sich nicht verstehen wollen. Ihre Anschauungen vertrat — es handelte sich ja um ein Reichsgesetz — der Kolonialminister. Er ließ durchblicken, daß bei einer so durchgreifenden Änderung des bisherigen, seit Jahrzehnten erprobten Rechts auf eine Annahme des Gesetzes bei den Dominions nicht zu rechnen sei. Der Änderungsantrag DICKINSON der Opposition, der der Frau im Zeitpunkt der Eheschließung den Beibehalt der Staatsangehörigkeit ermöglichen wollte, wurde schließlich mit 108 gegen 59 Stimmen abgelehnt. An dem Grundsatz, daß die Ausländerin, die einen Briten heiratet, damit Britin und eine Britin, die einen Ausländer heiratet, damit Ausländerin wird, ist somit nichts

---

[1]) Parliamentary Debates (Commons) t. XV, p. 1462, nachgewiesen Rev. 1914, S. 710.

[2]) Deutsches Reichs- und Staatsangehörigkeitsgesetz von 1913, § 25/I, 10; franz. c. c. Art. 17, Ziff. 1, Art. 19, Abs. 2.

geändert worden (Sekt. 10). Die letztere wird „als Ausländerin angesehen", d. h. sie verliert die britische Staatsangshörigkeit also auch dann, wenn sie nach dem Recht ihres Gatten gar nicht dessen Staatsangehörigkeit erwirbt. Diese unter Umständen eintretende Staatenlosigkeit vermeidet das französische Recht (c. c. Art. 19), nicht aber das deutsche (§ 17 Reichs- und Staatsangehörigkeitsgesetz von 1913). Scheidung oder Auflösung der Ehe beeinflußt die Staatsangehörigkeit der Frau nicht (Sekt. 11).

Die britische Staatsangehörigkeit wird — wie früher — verloren durch freiwilligen Erwerb einer ausländischen Staatsangehörigkeit (Sekt. 13). Das — negative — Optionsrecht ist beibehalten. Sekt. 14 entspricht genau der früheren Sekt. 4: der im Inland geborene Abkömmling kann, wenn er nach dem Recht eines anderen Landes gleichzeitig dessen Angehöriger geworden ist, d. h. in der Regel, wenn sein Vater Ausländer ist und dessen Recht den ius sanguinis-Grundsatz vertritt, die englische Staatsangehörigkeit nach erreichter Volljährigkeit — übrigens ohne Fristbeschränkung — ablehnen, desgleichen der im Ausland geborene Abkömmling eines Briten. Endlich kann ein Naturalisierter — nicht der geborene Brite — in gewissen Fällen durch Verzicht seine britische Staatsangehörigkeit verlieren (Sekt. 15). Allgemein erstreckt sich der Verlust der Staatsangehörigkeit im Zweifel auch auf die Ehefrau und die minderjährigen Kinder, wenn diese nicht den Wunsch auf Beibehaltung bzw. Wiedererwerb (nach erreichter Volljährigkeit) erklären (Sekt. 10 a. E., 12). Umgekehrt, also mit weniger Rücksicht auf die Familieneinheit, bestimmt das deutsche Recht (§ 25 Gesetz von 1913). Die „readmission" des älteren Rechts (Gesetz von 1870, Sekt. 8) für Briten, die ihre Staatsangehörigkeit durch Naturalisierung im Ausland verloren haben, kennt das neue Gesetz nicht mehr.

B. Die Entwicklung während und nach dem Kriege.

1. Die Gesetzgebung.

a) Naturalisation und Denaturalisation

α) England.

Gesetz vom 8. VIII. 1918.

Das neue britische Staatsangehörigkeitsgesetz hat im Krieg seine Feuerprobe durchgemacht. Vieles, was schon bei seiner Beratung zur Debatte gestanden hatte, ist in der Kriegsstimmung erneut erörtert, Änderungen sind lebhaft vom Gesetzgeber gefordert, bereits durchgesetzte unter der Erfahrung des beendeten Kriegs zugunsten der älteren Auffassung aufgehoben worden. Trotz der ungleich größeren

Schärfe der ergriffenen Maßnahmen hat jedoch das Staatsangehörigkeitsrecht die öffentliche Meinung und die Rechtslehre nicht entfernt so lebhaft beschäftigt wie in Frankreich, zum mindesten nicht so starken Niederschlag in der Literatur gefunden.

Wie wir bei einem Blick auf die Rechtsprechung sehen werden, steht England grundsätzlich auf dem Standpunkt, daß hinsichtlich seiner Pflichten ein Brite nach Kriegsausbruch ebensowenig seine Staatsangehörigkeit mehr abstreifen kann, wie hinsichtlich der Fremdenbeschränkungen ein feindlicher Angehöriger die seine. Das letztere allerdings nicht ausnahmslos: England hat nach Kriegsausbruch noch Ausländer und zwar auch feindliche Ausländer naturalisiert. Wenn man sich vergegenwärtigt, daß England bei der Führung des Handelskriegs — zunächst wenigstens — von der rein territorialen Auffassung ausgeht, die den eigenen Staatsangehörigen im feindlichen Ausland als alien enemy, den feindlichen Staatsangehörigen im Inland aber für die englischen Handelsbeziehungen nicht als alien betrachtet[1]), erscheint das begreiflich, um so mehr als der Naturalisierte bis zum Gesetz vom 7. VIII. 1914 ja nach britischem Recht nicht vollwertiger Brite wurde und noch als Fremder behandelt werden konnte (siehe oben S. 54). So haben auch feindliche Ausländer, die jahrzehntelang im britischen Reich ansässig waren, das Naturalisationszertifikat erhalten. Unter dem Einfluß des erbitterter werdenden Kriegs hat sich vom nationalen Standpunkt aus gegen diese Naturalisationen Widerspruch erhoben. Man hatte schon 1916 außer der Einschränkung des ius soli-Prinzips als Naturalisationsvoraussetzung den Aufenthalt des Antragstellers im britischen Reich vom 5. bis 21. Lebensjahr, sowie eine ausgedehnte Öffentlichkeit des Verfahrens gefordert[2]). Aber 1918 hat sich die ausländerfeindliche Stimmung im Staatsangehörigkeitsrecht mit ganzer Schärfe durchsetzen können. Es geschah dies durch das Gesetz vom 8. VIII. 1918 (Statutes 8 & 9, George 5, c. 38)[3]). Zur grundsätzlichen Erschwerung der 1914 festgesetzten Naturalisationsvoraussetzungen ist es nicht gekommen, dafür wurde die tief in den Frieden hineinreichende Ausnahmevorschrift erlassen, daß bis nach Ablauf von 10 Jahren[4]) nach Kriegsende[5]) Angehörige von Staaten, mit denen England zur Zeit des Inkrafttretens des Gesetzes im Krieg stand, nicht eingebürgert werden dürfen. Ausgenommen sind Per-

---

1) Die Entwicklungsgeschichte dieser Gedanken bei ISAY: Die privaten Rechte und Interessen im Friedensvertrag, 3. Aufl., S. 40ff. Berlin 1923.

2) POWELL in der Times 17. X. 1916, S. 7, Sp. 4. Auszug JCl. 1917, S. 114.

3) Anlage 11. Vorgeschichte Ann. d. lég. étr. 2e série, Bd. 16, S. 35.

4) Die Ausdehnung der ursprünglich auf 5 Jahre geplanten Sperrfrist um weitere 5 Jahre hat das Oberhaus durchgesetzt.

5) Als Zeitpunkt der Beendigung des Kriegs gilt nach Nr. 1276 der Statutary Rules an Orders von 1921 der 31. August 1921.

sonen, die in den alliierten Heeren gedient haben oder Nationen angehören, die bekanntermaßen „im Gegensatz zu den feindlichen Regierungen" stehen (Sekt. 3, Abs. 2). Ebenso wird durch das Gesetz eine eigene Kommission eingesetzt, die über die etwaige Entziehung der im Kriege an feindliche Ausländer gewährten Naturalisationsurkunden zu befinden hat (Sekt. 3, Abs. 1). Für diese Entziehung ist alleinige Voraussetzung, daß sie „wünschenswert" erscheint.

Die eben erwähnten Vorschriften finden sich in der Sekt. 3 des Gesetzes und bilden einen ad hoc mit beschränkter Geltung für den Weltkrieg bestimmten Teil. Umfangreiche und wichtige Normen von dauernder Geltung enthalten die Sekt. 1 und 2. Sie stellen eine Novelle zur British Nationality Act, 1914, dar und bringen drei größere Veränderungen. Einmal wird eine neue Gruppe von natural born british subjects den bisherigen hinzugefügt: Die Kinder der durch Gebietserwerb Briten gewordenen Personen. Sie waren bei der bisherigen Fassung des Gesetzes, da die Väter in aller Regel nicht within the allegiance of the crown geboren und auch nicht Naturalisierte waren, vom eo ipso-Erwerb der britischen Staatsangehörigkeit ausgeschlossen. Die Generäle Botha und Smuts illustrieren diese Klasse[1]). Bemerkenswert ist der englische Standpunkt, nach dem der Gebietserwerb an sich, die tatsächliche Annexion, nicht etwa die Cession auf Grund völkerrechtlichen Vertrags Voraussetzung für den Staatsangehörigkeitserwerb der annektierten Bevölkerung ist. So hat eine order in council am 5. XI. 1914 die Annexion Cyperns verkündet und Proklamationen des Gouverneurs vom gleichen Tage haben die in Cypern geborenen und wohnhaften Türken kurzer Hand zu britischen Staatsangehörigen erklärt[2]). Der Friedensvertrag von Lausanne stellt diesen Vorgang nachträglich auf eine Vertragsbasis, indem Abtretung und Staatsangehörigkeitswechsel ausdrücklich auf den 5. XI. 1914 zurückdatiert werden[3]). Da jeder Staat selbstherrlich bestimmt, wen er unter seine Angehörigen rechnen will, ist vom Rechtsstandpunkt gegen das englische Verfahren nichts zu erinnern. Aber die Betroffenen sind selbstverständlich — bis zur vertraglichen Regelung — daneben Türken geblieben.

Eine zweite Veränderung betrifft den Staatsangehörigkeitserwerb durch Eheschließung. Wiederum ist damals die Forderung gestellt worden, die Engländerin müsse ihre Staatsangehörigkeit behalten, auch wenn sie einen Ausländer heirate[4]). Der Vorschlag drang nicht

---

[1]) Vgl. McNair: Legal Effects of War, Cambridge 1920, S. 5.

[2]) Vgl. die Entscheidung des Privy Council vom 17. XI. 1921, die die Rechtsgültigkeit jener Proklamationen nicht in Zweifel zieht.

[3]) F. V. von Lausanne vom 24. VII. 1923, Art. 20.

[4]) Parliamentary Debates, Commons 1918, nachgewiesen in Rev. 1920, S. 373.

durch. Dagegen wurde in dem Art. 10 ein Zusatz aufgenommen, nach dem die geborene Britin, die den Angehörigen eines Staates geheiratet hat, mit dem Großbritannien Krieg führt, eine Erklärung abgeben kann, auf Grund deren der Staatssekretär des Innern sie nach seinem Ermessen wieder einbürgert. Also wird wiederum wie erstmals im Gesetz von 1914 eine vom Gatten unabhängige britische Staatsangehörigkeit der Ehefrau bei bestehender Ehe zugelassen, wenn auch nur für den Fall und während der Dauer eines Krieges. Frankreich hatte sich, wie wir sahen, aus der durch die mangelnde Vollgeschäftsfähigkeit der Ehefrau gleichfalls verschärften Schwierigkeit ohne gesetzliche Maßnahmen durch eine Verwaltungspraxis, die von den Gerichten gedeckt wurde, geholfen. Das deutsche Recht schließt in dem Gesetz von 1913, § 8 die Einbürgerung einer Ehefrau während bestehender Ehe nicht aus; die Zustimmung des Ehemanns ist nicht erforderlich[1]).

Von einer Loslösung der Staatsangehörigkeit der Ehefrau von der des Gatten kann in England nach dem derzeitigen Rechtszustand nicht gesprochen werden. Noch folgt sie der Staatsangehörigkeit ihres Gatten während bestehender und nach Auflösung der Ehe. Die geringfügigen Ausnahmen gehen nicht weiter, als die Rechte anderer Staaten schon bisher gegangen sind.

Den Kern des neuen Gesetzes (Sekt. 1) bildet jedoch die neue Fassung der Sekt. 7, 7a und 8 des Gesetzes von 1914, die von der Entziehung der Naturalisationsurkunde handelt und die englische Form der uns von Frankreich schon bekannten Denaturalisation darstellt.

Bei der Beratung des Gesetzes im Unterhause stellte sich heraus, daß die öffentliche Meinung eine Massendenaturalisation aller ehemals feindlichen Staatsangehörigen bevorzugt hätte[2]). Der Regierungsentwurf schlug jedoch eine Spezialdenaturalisation vor, um nicht Untertanen von Verpflichtungen zu befreien, deren Erfüllung im Staatsinteresse lag. Dienten doch zahlreiche Söhne solcher Naturalisierter bereits im britischen Heere. Der Gedanke der Entziehung der Staatsangehörigkeit nach Prüfung von Fall zu Fall hat sich denn auch im Gesetze durchgesetzt, um so mehr als man an eine vorhandene Bestimmung anknüpfen konnte.

Schon der Art. 7 des Gesetzes von 1914 sah — zum ersten Mal — den Widerruf (revocation) des Naturalisationsscheins im Fall falscher Angaben oder Betrugs des Antragstellers vor. Es lag nahe, diese Bestimmungen auszubauen, um unerwünschten Eindringlingen die britische Staatsangehörigkeit zu nehmen. In die Vorstellung des eng-

---

[1]) Vgl. v. KELLER-TRAUTMANN: S. 119.

[2]) Ann. de législ. étr., 2e série, Bd. 16, S. 36.

lischen Rechts vom Naturalisationsvorgang konnte sich die Einrichtung der Denaturalisation zweifellos sehr leicht einfügen. Wenn man das Naturalisationszertifikat für das wesentliche hält, wenn ein Naturalisierter nach englischer Anschauung der Inhaber (holder) eines Scheins ist und nicht ein wirklicher Brite, so braucht man allerdings nur diesen Schein für verwirkt zu erklären und sieht sich wieder dem ursprünglichen Ausländer gegenüber. Der Betroffene wird nicht einer Nationalität beraubt, denn diese hatte ihm nie innegewohnt, sondern wird eines Mantels entkleidet, der ihn von außen als Nationszugehörigen erscheinen ließ[1]. Während bisher der Staatssekretär nach seinem Ermessen im Falle des Betrugs oder falscher Angaben die Urkunde durch Order widerrufen konnte, ist er jetzt teils verpflichtet, teils berechtigt, dies zu tun, und zwar ist er

1. verpflichtet[2]: wenn Beweise dafür vorliegen, daß der Betreffende durch falsche Angaben, Betrug oder Verschweigen wesentlicher Umstände die Urkunde erlangt hat oder daß er sich durch Wort und Tat gegenüber dem König „disaffected or disloyal" gezeigt hat (Sekt. 7, Ziff. 1),

2. ermächtigt: wenn er überzeugt ist, daß der Betreffende entweder

a) während eines Kriegs rechtswidrig Handel oder Verbindung mit dem Feind unterhält oder bei Geschäften beteiligt ist, von denen er weiß, daß sie dem Feind nützen, oder

b) innerhalb von 5 Jahren seit der Naturalisation von einem englischen Gericht zu mindestens 1 Jahr Gefängnis, oder zu Zuchthaus oder zu mindestens 100 £ Geldstrafe verurteilt wurde, oder

c) zur Zeit der Naturalisation keinen guten Ruf hatte (was not of good character), oder

d) seit der Naturalisation mindestens 7 Jahre lang außerhalb des britischen Reichs ansässig gewesen ist — es sei denn als Kaufmann, Beamter usw. — und keine wesentlichen Beziehungen mit dem britischcn Reich unterhalten hat, oder

e) die Angehörigkeit eines mit England im Krieg befindlichen Staats nach dessen Recht behält.

Zu einer der Voraussetzungen von a) bis e) muß in jedem Fall die Überzeugung des Staatssekretärs treten, daß der Fortbestand der

[1]) Charakteristisch ist hierfür auch, daß das Naturalisationszertifikat den frühern Deutschen nicht sicher vor der Anwendung von Fremdenbestimmungen schützte, siehe unten S. 74.

[2]) Der obligatorische Widerruf, für den übrigens nicht wie im französischen Gesetz vom 18. VI. 1917 der Anstoß vom Staatsanwalt gegeben wird, wurde erst vom Oberhaus als Verschärfung hinzugefügt (British nationality, 145 Law Times, S. 313).

Urkunde mit dem allgemeinen Besten nicht vereinbar ist (Sekt. 7, Ziff. 2). Darin drückt sich im Gegensatz zu den Bestimmungen zu 1. der fakultative Charakter aus. Die Beurteilung der Tatbestände ist zunächst dem freien Ermessen des Staatssekretärs überlassen. Doch kann dem Widerruf eine Untersuchung durch eine unabhängige Instanz vorausgehen, wenn der Staatssekretär sie für nötig hält und in den Fällen 1, sowie 2a, c und e kann der Naturalisierte die Untersuchung verlangen (Sekt. 7, Ziff. 3). Sie findet entweder vor einem besondern Ausschuß statt, dessen Vorsitzender ein höherer Richter sein muß, den der Staatssekretär mit Genehmigung des Lordkanzlers bestimmt, oder vor dem High Court, in jedem Falle in den Formen eines gerichtlichen Verfahrens (Sekt. 7, Ziff. 4). Ob bei diesem Verfahren der Staatssekretär beteiligt ist, sagt das Gesetz nicht. Die 5 großen Dominions und Britisch-Indien haben die gleiche selbständige Befugnis zur Entziehung wie zur Gewährung der Naturalisation, während es in den übrigen Besitzungen zu beiden Akten der Genehmigung des britischen Staatssekretärs bedarf (Sekt. 8, siehe oben S. 59). Ein in einem Dominion ausgestelltes Zertifikat kann im Vereinigten Königreich nur mit Zustimmung der Dominialregierung widerrufen werden (Sekt. 7, Ziff. 5). Der Zeitpunkt der Wirkung des Widerrufs wird vom Staatssekretär festgesetzt. Die widerrufenen Zertifikate sind bei Strafe abzuliefern (Sekt. 7, Ziff. 6).

Der Staatssekretär kann gleichfalls bestimmen, daß die Frau und die minderjährigen Kinder des Betreffenden — wie es heißt — aufhören, britische Staatsangehörige zu sein und damit Fremde werden. Tut er es nicht, so kann die Frau ihrerseits binnen sechsmonatiger Frist für sich und ihre minderjährigen Kinder die britische Staatsangehörigkeit ablehnen. Ist die Frau geborene Britin, so kann der Staatssekretär den Verlust der Staatsangehörigkeit gegen sie nur aussprechen, wenn er überzeugt ist, daß das Zertifikat der Frau, wenn sie ein eigenes hätte, widerrufen werden müßte. Außerdem muß in diesem Fall die oben erwähnte Untersuchung vorgenommen werden (Art. 7A, Ziff. 1). Die Wirkung des Widerrufs ist folgende: Der frühere Inhaber eines Zertifikats wird nach dem Widerruf als Fremder und zwar als Angehöriger des Staats angesehen, dem er zur Zeit der Naturalisation angehörte (Art. 7A, Ziff. 3).

Es kann keinem Zweifel unterliegen, daß diese Bestimmungen in ihrer dehnbaren Fassung noch sehr viel weiter greifen als die entsprechenden des französischen Gesetzes in seiner 2. Fassung. Wie jenes gehen sie als dauernde Einrichtung in das englische Recht über; sie sind also kein Kriegsausnahmegesetz. Sie sind — im Unterschied zum französischen Gesetz — nicht auf die ehemaligen Angehörigen eines mit England im Krieg befindlichen Staates, ja nicht einmal auf den Kriegsfall beschränkt, vielmehr kann seit 1918 auch im Frieden jederzeit jedem Naturalisierten die Urkunde entzogen werden, wenn gewisse Tatbestände gegeben sind. Daß das Gesetz während des Kriegs auch auf Naturalisierte neutraler Herkunft angewendet werden sollte, lehrt eine Meldung des Temps aus der Zeit der ersten Beratung des Entwurfs zu Beginn 1917[1]. Das Gesetz ist nicht von dem allgemeinen Verdacht des Beibehalts einer fremden Staatsangehörigkeit beherrscht. Einzelne Tatbestände entbehren völlig der Genauigkeit: was hat man sich unter dem Fehlen „of a good character" zur Zeit der Naturalisation vorzustellen? Andere wiederum lassen jede Beziehung von Unwürdigkeit des Naturalisierten zum Verlust der Staatsangehörigkeit vermissen. McNair[2] weist z. B. auf die Geldstrafe von 100 £ hin, die von irgendeiner Beleidigung herrühren könne. In Wirklichkeit ist eben trotz der aufgezählten Voraussetzungen die Handhabung des Gesetzes Ermessenssache des Office. Die Rechtsgarantien sind keineswegs stark: eine Anfechtung der Order des Staatssekretärs gibt es nicht, eine Bindung der Verwaltungsinstanz an das Ergebnis der Untersuchung ist nicht vorgesehen und die Zusammensetzung des Untersuchungsausschusses nach Art und Zahl ist der Verwaltungsstelle überlassen; nur ein richterliches Mitglied wird vom Gesetz verlangt.

Die Anordnung der Tatbestände ist für unser Empfinden recht unsystematisch. Sie trennen sich äußerlich in die obligatorische und die fakultative Gruppe, die aber hinsichtlich der zugrunde liegenden Rechtsauffassung nicht zu scheiden sind, da jede Gruppe Elemente der andern enthält (Ziff. 1 und 2, Art. 7). Ein natürlicher Einteilungsgesichtspunkt schien nämlich zunächst damit gegeben, daß bei dem von früher übernommenen Widerrufsverfahren wegen Betrugs der Naturalisationsvorgang selbst als mit Mängeln behaftet, als ab initio fehlerhafter Staatsakt sich charakterisiert, während die neuen Tatbestände nicht mehr auf den Naturalisationsakt zurückgeführt werden können. Aber die Ziff. 1 des Art. 7 enthält jetzt neben der betrüglichen Erlangung der Urkunde auch das illoyale Verhalten gegen den König als Widerrufsgrund — und zwar auch nach der Naturalisierung — während umgekehrt die Ziff. 2 neben anderen auch das Fehlen einer tatsächlichen Naturalisationsvoraussetzung oder aber ein objektives Merkmal im Zeitpunkt der Naturalisation enthält (c): was not of good character, (e): remains a subject of a State at war with ... Entsprechend dieser willkürlichen Einteilung ist der Staatssekretär auch in beiden Gruppen völlig frei, den Zeitpunkt des Widerrufs zurückzubeziehen. Das hatte für die alte Widerrufsbestimmung einen Sinn, denn sie bezog sich als Anfechtung eines mangelhaften Staatsaktes gewissermaßen selbst-

[1] JCl. 1917, S. 1180. [2] McNair: a. a. O. S. 7.

verständlich auf den Zeitpunkt der fehlerhaften Handlung; für die neuen Tatbestände ist diese Rückbeziehung genau so willkürlich wie im französischen Gesetz; ja sie ist noch unbeschränkter als dort, wo über Kriegsbeginn hinaus Rückwirkung nicht eintreten darf.

Den Denaturalisierten kurzerhand als Angehörigen des Staats zu betrachten, dem er vor Erteilung der Naturalisationsurkunde angehörte, widerspricht dem allgemeinen Rechtsgrundsatz, daß über die Angehörigkeit zu einem Staat nur dieser Staat selbst entscheiden kann. Gegenüber der zweifelsfreien Bestimmung eines fremdstaatlichen Gesetzes, daß mit der Naturalisation im Ausland die eigene Staatsangehörigkeit erlöschen läßt, ist für eine Vermutung oder Fiktion, daß es sich hiermit anders verhalte, kein Raum. Auch hier geht in der Formulierung das englische Gesetz weit über das französische hinaus (siehe oben S. 32).

Das Gesetz ist, wenn man Zeitungsnachrichten trauen darf, sofort in großem Umfang angewendet worden[1]), wenn auch kaum so zahlreich wie die französischen Gesetze. Der Kriegsausgang enthob den Staatssekretär von der Verpflichtung zu einer energischen Handhabung seiner scharfen Waffe. Allerdings mag es an dem geringen allgemeinen Interesse an diesen Vorgängen, auch an der geringeren Öffentlichkeit des Verfahrens, namentlich an der Ausschließung der ordentlichen Gerichte liegen, daß wenige Anwendungsfälle bekannt geworden sind. Einiges Aufsehen erregte der Fall des Sir EDGARD SPEYER, des Mitbesitzers des großen gleichnamigen Bankhauses und Mitglied des englischen Privy Council. Seine Naturalisationsurkunde von 1892 wurde widerrufen, weil „er sich durch Handlungen und Reden S. M. gegenüber als untreu erwies und während des Kriegs mit feindlichen Untertanen in ungesetzlicher Weise verkehrte, Geschäfte abschloß und auf diese Weise dem Feinde half". Also war der Tatbestand des Art. 7, Ziff. 1 und 2a erfüllt. Auch seine Frau und Töchter hören auf, britische Untertanen zu sein[2]).

Einige, aber sehr zurückhaltende Kritik scheint das Prinzip des Naturalisationswiderrufs in England hervorgerufen zu haben. So äußert sich McNAIR[3]) „Der Fremde, der weiß, daß seine Naturalisation möglicherweise widerrufen wird, weil er nach der Meinung eines Ausschusses, dessen Zusammensetzung und moralischen Standpunkt er nicht kennt, keinen guten Charakter hat, wird die britische Staatsangehörigkeit nicht mehr als die premier security anerkennen, die sie im Viktorianischen Zeitalter hatte."

---

[1]) Journal de Genève vom 17. VIII. 1918, JCl. 1918, S. 1512.

[2]) Vgl. Tägl. Rundschau vom 14. XII. 1921, Nr. 571, Beilage.

[3]) a. a. O.

β) Die Dominions.

Noch bevor sich alle Dominions entschlossen hatten, den die Naturalisation betreffenden Teil II des neuen britischen Staatsangehörigkeitsgesetzes, der, wie wir sahen, der Annahme durch die dominiale Gesetzgebung bedurfte, für ihr Gebiet in Geltung zu setzen, änderten einzelne von ihnen ihre noch bestehenden älteren Naturalisationsgesetze um und führten eigene, sehr scharfe Denaturalisationsbestimmungen ein. Grade das Fehlen der Denaturalisationsmöglichkeit scheint die Annahme des neuen Reichsgesetzes — wenn wir von Kanada absehen — verzögert zu haben: nachdem dieses mit der revocation of the naturalization in weitem Maße ausgestattet worden war, ist die Annahme tatsächlich erfolgt (siehe oben S. 57). Damit sind jene Denaturalisationsgesetze der Dominions weggefallen, weshalb sie hier nur kurz registriert zu werden brauchen. Es handelt sich um Australien, Neuseeland, anscheinend auch um Kanada.

1. Der australische Bund erließ am 20. IX. 1917 eine Novelle zu seiner Naturalization Act von 1903[1]). Sie enthält Änderungen der Naturalisationsvoraussetzungen. Außerdem erweitert sie die im alten Gesetz bereits vorgesehene Nichtigerklärung von Naturalisationsurkunden, die auf Grund beabsichtigt oder unbeabsichtigt falscher Angaben verliehen war, um den Fall, daß „der Generalgouverneur überzeugt ist, es sei aus irgendeinem Grunde erwünscht, die Naturalisationsurkunde für nichtig zu erklären". Eine solche Verfügung hat die Folge, daß die Betreffenden aufhören, britische Untertanen zu sein und Ausländer werden. Der Generalgouverneur kann die Annullierung auf Ehegatten und die minderjährigen Kinder ausdehnen. Tut er es nicht, so haben diese, ähnlich wie im späteren englischen Gesetz, das Recht, die australische Staatsangehörigkeit binnen 6 Monaten auszuschlagen.

2. Fast gleichzeitig, am 15. IX. 1917, erließ Neuseeland die Revocation of Naturalization Act 1917[2]). Nach ihr erstreckt sich die Denaturalisationsbefugnis auch auf solche Personen, die als Neuseeländer auf Grund eines Naturalisationszertifikats des Königreichs oder einer anderen britischen Besitzung gelten, ferner auf Frauen, die durch Eheschließung die britische Staatsangehörigkeit erworben haben (Sekt. 2). Sie werden, wozu weder Frankreich noch England sich entschließen konnte, zum Zweck der Staatsangehörigkeitsentziehung einfach als Naturalisierte behandelt. Der Generalgouverneur kann die Nichtigerklärung — mit der Folge, daß die Betreffenden aufhören,

---

[1]) Text beider Gesetze in französischer Übertragung Ann. de lég. étr. 2e. série, Bd. 3, S. 779; Bd. 15, S. 548.

[2]) Text in französischer Übertragung Ann. de lég. étr. 2e. série, Bd. 15, S. 562.

naturalisierte britische Untertanen in Neuseeland zu sein — aussprechen, wenn er es „für die Sicherheit und Verteidigung des Königreichs, für den Frieden und die Ordnung Neuseelands oder überhaupt aus Gründen des öffentlichen Wohls für notwendig hält". Er kann den Zeitpunkt der Nichtigerklärung nach eigenem Ermessen angeben — also ihr anscheinend auch rückwirkende Kraft verleihen — und Frau und minderjährige Kinder einbeziehen. Die die Nichtigkeit aussprechende Verfügung kann ihrerseits wieder aufgehoben werden (Sekt. 3); es ist also eine nachträgliche Überprüfung der Verfügungen möglich.

3. Kanada, das das englische Staatsangehörigkeitsgesetz bereits angenommen hatte (siehe oben S. 57), scheint ein Denaturalisationsgesetz vom 7. VII. 1919 erlassen zu haben. Es ist mir nur durch Hinweis bekannt geworden[1]).

Die genannten Gesetze beschränken sich weder auf die Kriegsdauer noch auf Angehörige von Feindstaaten, keinerlei verdächtige Bestimmungen aus Staatsangehörigkeitsgesetzen feindlicher Länder geben den Vorwand. Dennoch unterliegt keinem Zweifel, gegen Angehörige welcher Ursprungsnationalität sie gerichtet und angewendet worden sind und welche Kriegsmaßnahmen gegen Person und Vermögen sie vorbereiten.

b) Das ius sanguinis.

Gesetz vom 4. VIII. 1922.

Nach dem Krieg haben sich Unterhaus und Oberhaus ähnlich wie in Frankreich und den Vereinigten Staaten mit Entwürfen, die auf die nationale Selbständigkeit der Ehefrau zielen, beschäftigt. Gesetz sind sie bis heute nicht geworden. Dagegen ist aus den Erfahrungen, die man in 8 Kriegs- und Friedensjahren mit dem neuen Staatsangehörigkeitsgesetz gemacht hatte, die Novelle vom 4. VIII. 1922 hervorgewachsen. Sie bezieht sich auf den natürlichen Erwerb der Staatsangehörigkeit und bringt das im Hauptgesetz von 1914, wie wir sahen, zurückgedrängte ius sanguinis zu neuen, aber keineswegs den vollen Ehren. Die umständliche Fassung[2]) gibt, kurz ausgedrückt, dem im Ausland geborenen Sohn eines Engländers, der selbst im Ausland geboren ist, die Möglichkeit, unter gewissen Umständen für die britische Staatsangehörigkeit zu optieren. Halten wir uns die Stellung des englischen Gesetzgebers zu den im Ausland geborenen Stammesangehörigen in ihrer Entwicklung vor Augen: das Common Law anerkennt als Briten nur, wer im britischen Herrschaftsbereich geboren ist. Das Statute Law führt daneben das mit dem ius soli allerdings stets ver-

[1]) Vgl. Ann. de législ. étr., 2e série, Bd. 16, S. 37.

[2]) Der in unserer Anlage abgedruckte Text des Gesetzes vom 7. VIII. 1914 enthält die veränderte Fassung der Sekt. 1 und 27.

knüpfte ius sanguinis ein; seine weiteste Anwendung findet es in der Form des bis 1915 geltenden Gesetzes von 1773[1]), das sich mit der Geburt des Vatersvaters im Inland begnügt. Über die zweite Generation hinaus hat England bis 1922 das ius sanguinis nie wirken lassen. Das Gesetz vom 7. VIII. 1914 stattet den künstlichen Erwerb, die Naturalisation, mit weiterer Wirkung auf die — vorhandene und künftige — Nachkommenschaft des Eingebürgerten aus, geht aber beim natürlichen Erwerb um eine Generation weniger als bisher zurück und verlangt die Geburt des Vaters within the allegiance of the crown. Das neueste Gesetz von 1922 gibt dem ius sanguinis wieder mehr Raum, indem es seine Beschränkung auf bestimmte Generationen beseitigt, stellt aber neue Sicherungen ein[2]). Auch jetzt genügt die Geburt des Vatersvaters im Inland nicht[3]); auf der anderen Seite ist ein Anrecht auf Erwerb der Staatsangehörigkeit gegeben, auch wenn die Familie seit Generationen im Ausland wohnt. Ist der Vater des im Ausland geborenen Kindes gleichfalls im Ausland geboren, so muß zweierlei geschehen, um ein solches Kind dauernd zum britischen Staatsangehörigen zu machen. Einmal muß die Geburt binnen eines, höchstens zweier Jahre in das Register eines britischen Konsulats eingetragen werden. Durch diese Eintragung wird es mit Rückwirkung natural born wie ein im Inland geborenes Kind. Aber der Erwerb ist auflösend bedingt durch den Eintritt der Volljährigkeit und es bedarf einer ausdrücklichen Option zugunsten Englands während seines 22. Lebensjahres, um ihm die britische Staatsangehörigkeit zu erhalten. Ist der Betreffende zugleich Angehöriger eines fremden Staats, dessen Recht im Fall eines Konflikts zwischen ius soli und ius sanguinis die Verzichtserklärung auf die eigene Staatsangehörigkeit oder eine entsprechende Einrichtung kennt (gedacht ist z. B. an Frankreich c. c. Art. 8, Ziff. 3 u. 4), so hat er — neben der Option für England — die fremde Staatsangehörigkeit abzustreifen.

Festzuhalten ist, daß bei Versäumnis des Registereintrags das Kind des britischen Vaters nicht, auch nicht bei späterer Option Brite wird. Es ist lediglich auf die Naturalisation angewiesen. Ähnlich steht es mit dem vorschriftsmäßig eingetragenen Kind, das bei erreichter Volljährigkeit die Option versäumt und damit ipso iure aufhört, Brite zu

[1]) Text von KELLER-TRAUTMANN: S. 678.

[2]) Vielleicht hat für die Rückkehr zum ius sanguinis der Fall des Lord Milner eine Rolle gespielt. Er war ebenso wie sein Vater im Ausland geboren, also nur infolge des vor 1915 geltenden Rechtszustands geborener Brite. Vgl. Antwort der englischen Regierung auf eine Anfrage im Unterhaus (JCl. 1916, S. 419).

[3]) Dagegen genügt natürlich nach wie vor die Geburt des Vaters im Inland, um den im Ausland geborenen Sohn zum natural born zu machen (sect. 1, 1b, I). Er hat das Recht, die englische Staatsangehörigkeit nach erreichter Volljährigkeit auszuschlagen (sect. 14, Abs. 2).

sein. Auf der anderen Seite kann dem vorschriftsmäßig Handelnden die englische Staatsangehörigkeit nicht entgehen. Die britische Staatsbürgereigenschaft fällt dem Auslandsengländer nicht in den Schoß. Ihr Erwerb fordert ein die britische Gesinnung bekundendes Handeln. Durch die Doppelung der Erklärungen von Erzeuger und Erzeugtem bei Beginn und Abschluß der Erziehung ist eine wirksame Rückversicherung eingeführt und die Vermutung für die Gesinnungszugehörigkeit auch zum nie gesehenen Vaterland berechtigt. Deshalb scheint man die in jeder Option liegenden Nachteile eines Staatsangehörigkeitserwerbs, der sich ohne, ja gegen den Willen der Staatsorgane vollzieht, in Kauf genommen zu haben. Um so mehr, als mit Bedacht bei der Option die Form des auflösend, nicht aufschiebend bedingten Staatsangehörigkeitserwerbs gewählt wurde. Im kritischen Alter der beginnenden Wehrfähigkeit erfreut sich der optionsberechtigte Minderjährige aller Rechte und Pflichten eines britischen Untertanen. Bei den Erfahrungen, die Frankreich mit seiner — entgegengesetzten — Regelung der Option machen mußte, nimmt diese Fassung nicht Wunder.

Mit dem Gesetz vom 4. VIII. 1922 ist die englische Staatsangehörigkeitsgesetzgebung anscheinend zum Abschluß gelangt. Die drei Gesetze von 1914, 1918 und 1922 werden zusammen als „British Nationality and Status of Aliens Act, 1914—1922", unter ihnen das Gesetz von 1914 als „Principal Act" bezeichnet.

2. Rechtsprechung.

Wie in Frankreich ist die englische Kriegs- und Nachkriegsrechtsprechung von zwei Erscheinungen beherrscht, vom Kampf des angeblichen Ausländers, Staatenlosen oder Doppelstaatsangehörigen um Freiheit von der Dienstpflicht und von dem entgegengesetzten Ringen dessen, der sich auf Staatenlosigkeit oder englische Staatsangehörigkeit beruft, um der Anwendung der Fremdengesetze oder Liquidationsbestimmungen zu entgehen oder die Vorteile des Friedensvertrags zu gewinnen.

Was die aus der Wehrpflicht erwachsenden Streitfälle angeht — seit der Military Service Act, 1916 spielen sie eine Rolle —, so hat die englische Rechtsprechung ganz allgemein schon während des Burenkriegs den Satz entwickelt, daß ein Brite während eines Kriegs seine Staatsangehörigkeit nicht durch Naturalisation im feindlichen Ausland verlieren könne. Eine solche Handlungsweise sei ein act of treason[1], der Brite könne sich seiner allegiance gegen den König nicht entklei-

[1]) Rex v. Lynch 88 L. T. Rep. 26; (1903) I, K. B. Div. 444. — Vgl. auch Wilkinson: British Nationality, International Law Notes 1917, S. 101. — McNair: a. a. O. S. 9ff.

den — dieser Satz wurde verallgemeinert und für alle Fälle herangezogen, in denen Wehrpflichtige sich unter dem Vorwand des Verlusts der britischen Staatsangehörigkeit dem Militärdienst zu entziehen versuchten. Im Verhältnis zu neutralen Staatsangehörigkeiten urteilte man milder. Das zeigt sich in der Behandlung jener Fälle des Optionsrechts, in denen das englische Gesetz dem Volljährigen die Wahl zwischen der britischen und einer anderen Staatsangehörigkeit ausdrücklich einräumt (sect. 4 Gesetz von 1870, sect. 14 Gesetz von 1914; Fall der Kollision zwischen ius soli-Prinzip des einen mit ius sanguinis-Prinzip des anderen Staats). Konnte diese Option überhaupt noch nach Kriegsausbruch wirksam vorgenommen werden? Die englische Rechtsprechung verneint die Frage für alien enemies[1]), bejaht sie jedoch für aliens[2]). Und wie war es mit der Rechtslage solcher Optanten vor dem Eintritt der Optionsmöglichkeit, eine Frage, die in Frankreich viel Kopfzerbrechen machte? Konnten sie eingezogen werden? Nach einer Notiz in der Rev. 1918, S. 315 scheint die englische Regierung zunächst erklärt zu haben, die Betreffenden würden nicht eingezogen, müßten aber binnen kurzer Frist optieren. Das würde der Regelung des französischen Gesetzes vom 3. VII. 1917 entsprechen (siehe oben S. 9). Tatsächlich aber entscheidet die K.s Bench Div. i. S. SAWYER-KOPP[3]) für Anwendung des Militärdienstgesetzes auf einen Minderjährigen, der gleichzeitig Deutscher und Engländer ist, und die Rechtsprechung erklärt allgemein, daß die britische Staatsangehörigkeit für die Einziehung zum Militärdienst zwar Voraussetzung, ein nachheriger Verlust der britischen Staatsangehörigkeit aber nicht Grund zur Entlassung aus dem Heere sei[4]).

Übrigens hat England zuweilen den Wechsel der Staatsangehörigkeit auch, wenn es sich um zwei dritte Länder handelte, nicht anerkannt. Der argentinische Gelehrte ZEBALLOS erzählt[5]), daß die Engländer einen ehemals deutschen Angestellten, der sich nach Kriegsausbruch in Holland hatte naturalisieren lassen, auf einem holländischen Dampfer als Deutschen verhaftet hätten. Denn die nach Eröffnung der Feindseligkeiten erworbene Staatsangehörigkeit sei nach Anschauung der kriegführenden Staaten nicht gültig.

England hat jedoch den genannten Grundsatz nicht mit der gleichen Folgerichtigkeit angewendet, wenn es sich um vermögensrechtliche

---

1) Rex. v. MIDDLESEX REGT.; ex parte FREYBERGER 116 L. T. Rep. 237; (1917) 2 K. B. 129.

2) K.s B. D. i. S. MEULI, 1918; i. S. GSCHWIND: 118 L. T. Rep. 356 u. 713. Ein Holländer geht seines Optionsrechts verlustig, wenn er sich durch Wehrpflichtverletzung in England strafbar gemacht hat: K.s B. D. i. S. VECHT, 1917, 116 L. T. Rep. 446.

3) Rev. 1918, S. 168.

4) Aus der Entscheidung FREYBERGER: a. a. O.

5) ZEBALLOS: La Nationalité, Bd. III, S. 775ff. Paris 1914.

Fragen handelte. An die Handhabung der Fremdengesetze knüpft sich eine umfangreiche Rechtsprechung. Personen deutschen Ursprungs werden mit fortschreitendem Krieg in zunehmendem Maß interniert, ihr Vermögen sequestriert und liquidiert. Sie suchen sich durch den Nachweis englischer Naturalisation, der Staatenlosigkeit oder des gleichzeitigen Besitzes einer fremden Staatsangehörigkeit zu retten. Allerdings hätte sie nicht einmal die vor dem Krieg in England erfolgte Naturalisation mit Sicherheit vor der Anwendung von Ausnahmebestimmungen geschützt. Die neue British Nationality and Status of Aliens Act, 1914 hatte zwar grundsätzlich die Naturalisierten den eingeborenen Briten gleichgestellt (siehe oben S. 57); das hinderte den Gesetzgeber aber nicht, die Anwendung von restrictions auf naturalisierte Staatsbürger zu erstrecken, wenn sie deutschen Ursprungs waren (Defence of the Realm Regulations consolidated Art. 14b)[1]. Einen vor dem Krieg in Australien naturalisierten Deutschen anerkennt das Königreich nicht als Briten[2]. Australien selbst führt restrictions gegen die Naturalisierten feindlichen Ursprungs ein[3]. Entscheidend ist in solchen Fällen die Geburt des Betreffenden in Deutschland. Die territoriale Vorstellung des Staatsangehörigkeitsbegriffs dringt immer wieder durch. Läßt der englische Richter sich von der englischen Naturalisation nicht blenden, so beachtet er noch viel weniger den Einwand der Staatenlosigkeit. Sie brauchte ihn nicht zu kümmern, da die Gesetze, wie erwähnt, den Staatenlosen keineswegs geschützt hätten. Dem früheren Deutschen aber glaubt von vornherein der englische ebenso wenig wie der französische Richter den Nachweis der verlorenen Staatsangehörigkeit und erklärt ihn mit Berufung auf das deutsche Staatsangehörigkeitsrecht zwangsweise zum Deutschen. Hierher gehören die Fälle ex parte WEBER[4]) und ex parte LIEBMANN[5]), sowie SIMON v. PHILIPPS und KOPELOWITZ v. MCLANGHLAN[6]), sowie ex parte CARLEBACH[7]) (sämtlich K.s Bench Div.). In den beiden ersten dieser Fälle genügt der Entlassungsschein oder mehr als zehnjährige Abwesenheit

---

1) Auszugsweise Rev. 1917, S. 379.

2) K.s Bench Div. i. S. MARKWALD vom 15. II. 1918, 34 T. R., S. 273, JCl. 1919, S. 800.

3) War precautions regulations 1916, Text Rev. 1917, S. 423ff.

4) 114 L. T. Rep. 214; (1916) 1 A. C. 421.

5) 113 L.T.Rep.971; (1916) 1 K.B. 268 und Rev. 1915/16, S. 91. MENDELSSOHN-BARTHOLDY: Die deutsche Staatsangehörigkeit in der englischen Kriegsrechtsprechung, Arch. f. öff. Recht, Bd. 35. — WILKINSON: Statelessness, Internat. Law Notes 1916, S. 26. — GOLDSCHMIDT: Die Rechtsstellung der Staatenlosen im Krieg und nach dem Versailler Vertrag, Hanseat. Rechtszeitschr. 1922, S. 71. — BRUNO WEIL: Liquidat. des Besitzes der Staatenlosen in Frankreich, Jur. Wochenschr. 1922, S 360.

6) Rev. 1917, S. 318ff.

7) 113 L. T. Rep. 777.

nicht zum Beweis des Verlusts der deutschen Staatsangehörigkeit. So lange nämlich ein Wiedereinbürgerungsrecht für den ehemaligen Deutschen bestehe, wie nach § 31 Deutsches Reichs- und Staatsangehörigkeitsgesetz von 1913, sei die deutsche Staatsangehörigkeit nicht völlig erloschen. Diese letztere Begründung, auf die zu verfallen dem englischen Richter vorbehalten blieb, ist falsch und in gar keinem Sinne aufrechtzuerhalten. Die Betreffenden hatten die deutsche Staatsangehörigkeit einwandfrei verloren (§§ 14—18, 21 Bundes und Staatsangehörigkeitsgesetz von 1870). § 31 Reichs- und Staatsangehörigkeitsgesetz von 1913 schafft einen Wiedereinbürgerungsanspruch, läßt aber die verlorene Staatsangehörigkeit nicht etwa von selbst wieder aufleben.

Nach dem Krieg hat England denn auch diesen Standpunkt bemerkenswerterweise verlassen. In dem Urteil STOECK v. Publ. Trustee[1]) wird festgestellt, daß für die Frage, ob jemand deutscher Staatsangehöriger ist, nur das deutsche Recht zugrunde gelegt werden darf und daß nach diesem die deutsche Staatsangehörigkeit durch gültige Entlassung verlorengeht. Infolgedessen unterliegt das Vermögen des Betreffenden nicht der allgemeinen Liquidation des deutschen Vermögens gemäß Art. 297b V. V. Doch ist die englische Rechtsprechung zur Ausführung des Friedensvertrags nicht durchgehend so loyal. Im Gegenteil sind hier krasse Widersprüche zu verzeichnen, indem England seine oben anläßlich der Wehrpflichtfrage geschilderte Stellung zur Doppelstaatsangehörigkeit je nach seinem Vorteil aufrechterhält oder berichtigt. Der V. V. hat das „Ausgleichsverfahren" zur Regelung der Vorkriegsschulden zwischen Staatsangehörigen der Vertragsstaaten eingeführt. Der englische private Gläubiger hat nun alles Interesse, seine Markforderungen in das Ausgleichsverfahren des V. V.s zu bringen, da er in diesem Fall keinen Valutaverlust erleidet. Für dieses Verfahren ist aber verschiedene Staatsangehörigkeit auf Gläubiger- und Schuldnerseite Voraussetzung. Folglich sind die deutsch-englischen sujets-mixtes Engländer, wenn sie Gläubiger sind und in England ihren Wohnsitz haben[2]). Ist dagegen der Doppelstaatsangehörige Schuldner und wohnt er in Deutschland, so ist er im Zweifelsfall Deutscher. Für diese Anschauung, die letzten Endes auf die alte territoriale Vorstellung des englischen Handelskrieges zurückgeht, daß nicht die Nationalität, sondern der Wohnsitz in- oder außerhalb des britischen Reiches für den Feindcharakter maßgebend sei[3]), muß folgende Begründung herhalten. In der Entscheidung i. S. CHAMBERLAIN/CHAM-

---

[1]) 123 L. T. Rep. 851; (1921) 2 Ch. 67. GOLDSCHMIDT und WEIL: a. a. O.

[2]) Deutsch-englisches gemischtes Schiedsgericht vom 5. V. 1922 i. S. HEIN: Rec. des Déc., 2. Jahrgang, S. 71.

[3]) Vgl. ISAY: Die privaten Rechte und Interessen im Friedensvertrag, 3. Aufl., S. 42. Berlin 1923.

BERLAIN[1]) ist Beklagter ein geborener Brite, der sich im Krieg in Deutschland hat naturalisieren lassen; es handelt sich um den bekannten Schriftsteller HOUSTON STEWART CH. Dieser ist nach dem oben entwickelten englischen Rechtssatz Brite geblieben. England betrachtet diese Naturalisation auch im vorliegenden Fall als ungesetzlich und nichtig. Jedoch: „for all other purposes". Für die Zwecke des V. V. ist Beklagter in erster Linie Deutscher: „a German cannot escape the burden cast upon him by the Treaty of Peace merely because he is also a National of some other State".

Diese Rechtsauffassung ist neuerdings bestätigt worden durch das Urteil des Court of Appeal i. S. KRAMER vom 26. VII. 1922[2]). Sie hat sogar von französischer Seite jetzt jene scharfe Kritik erfahren, die sich dem deutschen Beurteiler sofort aufdrängt. In einer Note zum Urteil CHAMBERLAIN[3]) wird England daran erinnert, daß während des Kriegs nach der Praxis FREYBERGER der deutsch-englische Staatsangehörige Engländer genug war, um dienen zu müssen. Die Begründung, daß i. S. des V. V.s Deutscher sei, wen Deutschland, das ja Vertragsgegner sei, als Deutschen ansehe, leuchte nicht ein. Ist England kein Vertragsgegner?

Der Hinweis auf den im Fall LYNCH anerkannten Satz von der Unverlierbarkeit der britischen Staatsangehörigkeit während des Kriegs zugunsten eines jetzigen Deutschen ist auch für den Fall nicht zugelassen worden, daß eine Engländerin die deutsche Staatsangehörigkeit durch Eheschließung erwirbt. Die Betreffende hatte nach Unterzeichnung, aber vor Inkrafttreten des V. V. einen Deutschen geheiratet und versuchte mit jenem Hinweis die Liquidation ihres Vermögens in England zu verhindern. Hier fiel es leicht, einen Unterschied zwischen Formalakten, deren einziger Zweck darin bestehe, die englische Staatsangehörigkeit aufzugeben und eine andere zu erwerben, und solchen Rechtsvorgängen aufzuzeigen, als deren selbsttätige, unbeabsichtigte Nebenfolge sich ein Staatsangehörigkeitswechsel ergibt[4]). Das leuchtet ein. Aber weshalb diese Unterscheidung? Im Falle CHAMBERLAIN und KRAMER hatte ja auch ein zweifellos nur auf die Veränderung der Staatsangehörigkeit abzielender Formalakt nicht hingereicht, um die Kläger entsprechend dem Satz von der Unverlierbarkeit als Engländer zu behandeln[5]).

---

[1]) 126 L. T. Rep. 52; (1921) 2 Ch. 533, i. Ausz. Auslandsrecht, 4. Jahrg., S. 65.

[2]) 128 L. T. Rep. 89; (1922) 2 Ch. 533.

[3]) JCl. 1923, S. 139.

[4]) FASBENDER v. Att. Gen. 128 L. T. Rep. 85; (1922) 66 J. J. 709, im Auszug Auslandsrecht, 4. Jahrg., S. 66.

[5]) Zur neueren Praxis Englands hinsichtlich der Liquidation des Vermögens Staatenloser vgl. HIRSCHFELD: Verlust der Reichsangehörigkeit durch Aufenthalt im Ausland. J. W. 1925, S. 753.

III. Belgien.

1. Einschränkung, Erweiterung und Rückgängigmachung der Option.

Gesetz vom 25. X. 1919.

Die Besetzung Belgiens durch Deutschland hatte den Gesetzgeber verhindert, sich mit den Fragen der Staatsangehörigkeit während des Kriegs zu befassen. Die besonderen Abmachungen mit der französischen Regierung über die in Frankreich geborenen Kinder belgischer Flüchtlinge haben wir in anderem Zusammenhang (siehe oben S. 12) erwähnt. Um so gründlicher hat Belgien nachträglich die Folgen aus dem Krieg ziehen zu müssen geglaubt und sein Staatsangehörigkeitsrecht von Grund aus neu geregelt.

Belgien, dessen Staatsangehörigkeitsrecht die Bestimmungen des Code Napoléon genau so zugrunde liegen wie dem französischen, hatte neben dem natürlich uneingeschränkt geltenden ius sanguinis dem ius soli in seinem letzten den Stoff regelnden Gesetz von 1909[1]) ein sehr weites Feld gelassen.

Es gab zwei Arten des Staatsangehörigkeitserwerbs auf Grund des ius soli, die sich beide ohne Zutun oder Prüfungsrecht des Staats vollzogen: 1. den selbsttätigen Erwerb, wenn a) bereits ein Elternteil in Belgien geboren oder auch nur 10 Jahre in Belgien ansässig gewesen war oder b) das Ausländerkind mindestens 6 Jahre vor Volljährigkeit seinen Wohnsitz in Belgien gehabt hatte. Dieser Erwerb trat selbsttätig mit Vollendung des 22. Lebensjahres ein und war mit einem negativen Optionsrecht, also einem Recht der Ablehnung der belgischen Staatsangehörigkeit verbunden. 2. den Erwerb auf Grund einer positiven Option, wenn das Ausländerkind im 22. Lebensjahre seinen Wohnsitz in Belgien nahm (Art. 7, 9 Gesetz von 1909). Die Durchführung dieser Grundsätze soll in den großen Handels- und Industriestädten zu einer unter der Maske der Staatsangehörigkeit versteckten deutschen Kolonie geführt haben[2]).

Deshalb wurde in einem Gesetz vom 25. X. 1919[3]), das daneben die mit Rücksicht auf den zu erwartenden Erwerb von Eupen und Malmedy notwendigen Staatsangehörigkeitsbestimmungen traf (Art. 4), den nationalen Empfindungen im Siegerstaat Rechnung getragen und das Optionsrecht vorläufig außer Kraft gesetzt (Art. 1), jedoch nur für die Angehörigen und ehemaligen Angehörigen der Staaten, die mit Belgien Krieg geführt haben oder mit solchen Staaten verbündet waren. Ausgenommen sind ehemalige Deutsche, Österreicher usw., die eine

---

1) Keller-Trautmann: S. 633.

2) Jsbecque: Législation belge en mat. de nationalité, Bull. de la Soc. de Législ. comp. 1920, S. 152.

3) Anlage 12.

andere Staatsangehörigkeit erworben haben oder die ihrer Abstammung nach zu der Bevölkerung der gegenwärtig von jenen Staaten losgerissenen Gebiete gehören, also Elsaß-Lothringer, Polen, Tschechoslovaken u. a. Da die Friedensverträge noch nicht ratifiziert waren, bedurfte es einer solchen Erwähnung: die Bewohner Elsaß-Lothringens und der neuen Staaten waren formell noch Deutsche, Österreicher usw. Für eine gewisse Zeitspanne, nämlich vom 1. VIII. 1914 bis 3[1]) Jahre nach Inkrafttreten des Gesetzes, also bis November 1922, wurden die oben bezeichneten Personen von den Vergünstigungen der Art. 7, 8, 9 und 13 I des Gesetzes von 1909 und des Art. 4 Gesetz von 1881[2]) ausgeschlossen. Das bedeutete erstens, daß die Staatsangehörigkeit nicht mehr durch bloße Willenserklärung erworben werden konnte, wie dies bisher für den oben unter 2. genannten Personenkreis, ferner auf Grund des frühern Besitzes der belgischen Staatsangehörigkeit oder — für Minderjährige — auf Grund der Naturalisation des Vaters möglich war. Zweitens verhinderte es den Erwerb auf Grund des ius soli, der bisher automatisch, ohne daß es einer Willenserklärung bedurfte, eintrat, nämlich für die oben unter 1. genannten Gruppen. Für die Zukunft war damit also der durch Option oder ipso iure eintretende, der Einwirkung des Staats entzogene Erwerb der Staatsangehörigkeit verhindert. Die Wirkung sollte sich aber auch in die Vergangenheit, bis zum 1. VIII. 1914, erstrecken. Hier ist zu unterscheiden: wo eine Option zum Erwerb nötig gewesen war, wurde sie für ungültig erklärt und aus den Registern gelöscht (Art. 1, letzter Abs.); dem Betreffenden wird also die bereits gültig erworbene Staatsangehörigkeit wieder entzogen und er in der Regel der Fälle zum Staatenlosen gemacht. Beim automatischen Erwerb scheint man eine Entziehung nicht für durchführbar gehalten zu haben, denn der Art. 6 des Gesetzes begnügt sich damit, alle, die von einer Frist zur Ablehnung der belgischen Staatsangehörigkeit keinen Gebrauch gemacht haben, durch Einräumung einer neuen Frist zur Ablehnung gewissermaßen einzuladen. In Art. 3 werden Ausnahmen für verdiente Personen zugelassen; der Art. 5 bezieht sich auf die Ausländer verbündeter und neutraler Staaten, denen nicht nur das Optionsrecht zugunsten Belgiens belassen, sondern eine neue Frist eingeräumt wird[3]). Damit ist eine Hoffnung auf Ersatz des ausfallenden Bevölkerungszuwachses geschaffen.

Infolge der Rückwirkungsbestimmung des Art. 1 stellt sich das Gesetz in die Reihe der Denaturalisations- und Denationalisationsgesetze:

---

[1]) Ursprünglich 1 Jahr. Verlängert durch Gesetz vom 7. VIII. 1920 (Moniteur belge, 9. u. 10. VIII. 1920).

[2]) Das belgische Naturalisationsgesetz. Text Sieber: Staatsbürgerrecht II, S. 16.

[3]) Über die Tragweite des Art. 5 vgl. Cour d'appel de Bruxelles v. 19. III. 1923 i. S. Andriessen: Pasicrisie belge 1923, II, S. 86; ferner v. 4. XII. 1923 i. S. Krause: Pas. belge 1924, II S. 82.

eine rechtmäßig erworbene Staatsangehörigkeit wird zwangsweise entzogen. Die Maßnahme trifft zwar einen kleineren Menschenkreis als die französischen Denaturalisationsgesetze, ist aber viel radikaler. Zunächst richtet sie sich nicht gegen Naturalisierte, sondern gegen Optanten, also eine Gruppe von Personen, die bereits vor dem Erwerb der Angehörigkeit Beziehungen zu dem Lande hatten: Geburt in Belgien, früherer eigener Besitz der Angehörigkeit oder solcher eines Elternteils usw. — Frankreich ist an die Entziehung der Staatsangehörigkeit von Optanten, obwohl auch sie angeregt wurde (siehe oben S. 20) nicht herangegangen. Die Entziehung erfolgt obligatorisch, ohne daß der Einzelfall untersucht und eine Gesetzesverletzung festgestellt werden mußte. Sie erfolgt ohne Verfahren, ohne Beteiligung oder Anhörung des Betroffenen, ohne irgendeinen Rechtsschutz und ist unanfechtbar. Das Gesetz gewährt lediglich gewissen mit einem besonderen belgischen Charisma ausgestatteten Personen eine Möglichkeit, die verlorene Staatsangehörigkeit wiederzuerwerben (Art. 3). Obwohl der durch ordnungsmäßige Option eingetretene Erwerb in keiner Weise als rechtswidrig oder fehlerhaft angesehen werden kann, wird der Entziehung offenbar, da sie durch Tilgung des Eintrags erfolgt, rückwirkende Kraft beigelegt. Ausdrücklich wird aber betont, daß die Entziehung der Staatsangehörigkeit den Betreffenden nicht vor der Anwendung des Strafgesetzes schützt (Art. 2). Ob sich der Denationalisierte im In- ode-Ausland befindet, ist offenbar gleichgültig. Eine Benachrichtigung wird nicht gefordert. Die Denationalisationsbestimmungen sind so flüchtig in das Gesetz eingesetzt, daß man füglich bezweifeln darf, ob sie wirklich und in der vom Gesetzgeber geforderten summarischen Weise gehandhabt worden sind. Anwendungsfälle sind mir nicht bekannt geworden. Bei der auf 3 Jahre nach Inkrafttreten des Gesetzes beschränkten Anwendung ist der Art. 1 nunmehr hinfällig geworden, die einmal eingetretene Verlustwirkung allerdings nicht weggefallen. Von grundsätzlicherer Bedeutung ist dagegen der Ersatz, den diese Bestimmungen in dem Verfallsurteil (jugement de déchéance) gefunden haben, das das neue belgische Staatsangehörigkeitsgesetz vom 15. V. 1922 vorsieht.

2. Das Staatsangehörigkeitsgesetz v. 15. V. 1922.

Als das Gesetz von 1919 verabschiedet wurde, waren bereits die Vorarbeiten zu einer erschöpfenden Regelung des belgischen Staatsangehörigkeitsrechts im Gange. Nach fast 3jähriger Behandlung in gelehrten und parlamentarischen Ausschüssen hat das Gesetz sur l'acquisition et la perte de la nationalité am 15. V. 1922 die königliche Sanktion erhalten[1]). Das Gesetz, das das gesamte Staatsangehörig-

[1]) Anlage 13. Moniteur belge, 25. V. 1922. Dort auch Angabe der parlamentarischen Grundlagen, Berichte und Verhandlungen. — ISBECQUE: a. a. O. S. 152

keitsrecht zum erstenmal erschöpfend regelt und daher sowohl das Gesetz über den Erwerb und Verlust der Staatsangehörigkeit von 1909 bzw. 1914 wie das alte Naturalisationsgesetz von 1881/89 ersetzt, baut sich folgendermaßen auf: Art. 1—5 Erwerb durch Abstammung und Heirat, 6—10 durch Option, 11—17 durch Naturalisation, 18—21 Verlust und Wiedererwerb, 22—24 Allgemeines. In einem Anhang folgen Übergangsbestimmungen. Von dem eben behandelten Gesetz von 1919 werden nur die Art. 3 und 5 ausdrücklich aufgehoben. Seit 1. XI. 1922 hatte es bezüglich der Option ohnehin seine Bedeutung verloren. Das neue Gesetz verläßt mit aller Entschiedenheit das ius soli. Es wird ersetzt durch eine facultas soli[1]). Demgemäß bekommt die Option eine wichtigere Rolle als bisher. Sie und die Naturalisation werden weniger in ihren materiellen Voraussetzungen erschwert als durch ein langwieriges Verfahren in die prüfenden Hände von Gericht, Verwaltung und Parlament gelegt. Die staatsangehörigkeitsrechtliche Stellung der Ehefrau wird, wenn auch in bescheidenem Umfang verselbständigt. Dabei steht der Gedanke der Volkszugehörigkeit mehr im Vordergrund als die Emanzipation. In die Übergangsbestimmungen ist ein gegen ehemalige Deutsche gerichtetes Denaturalisationsverfahren aufgenommen worden.

Im Art. 1 wird wie bisher das ius sanguinis als Grundsatz aufgestellt. Maßgebend ist die Staatsangehörigkeit des Vaters zur Zeit der Geburt. Der Zeitpunkt der Empfängnis, auf den bisher (Art. 3 Gesetz von 1909) im belgischen Recht eigenartigerweise abgestellt wurde, wenn der Vater zwischen Empfängnis und Geburt die Staatsangehörigkeit wechselt, spielt keine Rolle mehr. Dem leitenden Gedanken entsprechend werden die Kinder von Staatenlosen behandelt. Sie erlangen die belgische Staatsangehörigkeit nicht mehr durch Geburt, auch wenn die Mutter Belgierin ist oder wenn die Geburt in Belgien erfolgte. Das legitimierte Kind, dessen Stellung bisher nicht geregelt war, folgt wie im deutschen Gesetz von 1913 der Staatsangehörigkeit des Vaters. Dabei ist eine zweckmäßige, im deutschen Recht nicht, wohl aber im neuen Danziger Gesetz vorhandene Sicherung gegen Staatenlosigkeit getroffen: die belgische Staatsangehörigkeit verliert das Kind durch die Legitimation nur, wenn es nach dem Recht des legitimierenden Vaters dessen Staatsangehörigkeit erwirbt (Art. 3).

Das ius soli als Erwerb ohne Mitwirkung des Staats ist verschwunden. Gewisse Personengruppen „werden nicht mehr Belgier mit Ablauf des 22. Lebensjahres", sondern „können durch Option die belgische Staatsangehörigkeit erwerben". Die Option ist von der Geneh-

berichtet über einen Gelehrtenentwurf vom Frühjahr 1920. — STANDAERT: De l'indigénat en Belgique. Commentaire de la loi du 15. mai 1922. Brüssel 1923.

[1]) ISBECQUE: a. a. O. S. 163.

migung des Staates abhängig, also materiell nichts anderes als eine Naturalisation[1]). Zur Option berechtigt ist: 1. das in Belgien geborene Ausländerkind, 2. das im Ausland geborene Kind von Eltern, deren einer Teil die belgische Staatsangehörigkeit besessen hatte. Zu denken ist hier namentlich an das Kind einer im Ausland mit einem Ausländer verheirateten Belgierin (Art. 6). In beiden Fällen ist einjähriger Wohnsitz in Belgien vor der Option erforderlich, im Falle 1 außerdem Wohnsitz in Belgien vom 14. bis 18. Lebensjahr oder 9jähriger Wohnsitz (Art. 8); die Optionserklärung muß vor Ablauf des 22. Lebensjahres, kann aber schon mit 16 Jahren, während der Minderjährigkeit jedoch nur mit Genehmigung des gesetzlichen Vertreters, abgegeben werden (Art. 8, Ziff. 2, Art. 21). Von Interesse ist die Verlegung des Bestimmungsrechts in ein so jugendliches Alter. Für die Optionen des bisherigen belgischen Rechts war das 18. Jahr erforderlich gewesen. Die in Frankreich mögliche Abgabe der Option durch den gesetzlichen Vertreter über den Kopf des Vertretenen hinweg hat Belgien nie gekannt. Die Option erstreckt ihre Wirkung auf Ehegatten und Kinder, letztere haben nach erreichter Volljährigkeit ein Ablehnungsrecht (Art. 4 u. 5). Ein besonderes Optionsrecht auf Wiedererwerb haben die belgische Ehefrau eines Ausländers und die minderjährigen Kinder eines Belgiers, der eine fremde Staatsangehörigkeit erwirbt (Art. 18, 19). Der Optionsantrag wird vor dem bürgerlichen Gericht erklärt. Der Staatsanwalt veröffentlicht den Antrag durch die Zeitung und Anschlag an das Rathaus des Wohnorts. Der Magistrat desselben muß über die Geeignetheit des Betreffenden Ermittlungen anstellen. Nach Begutachtung des Friedensrichters und Anhörung des Staatsanwalts sowie des Antragstellers entscheidet das Gericht über die Annahme der Option. Gegen die — begründete — Entscheidung ist für Staatsanwalt und Antragsteller die requête an den Appellhof gegeben, der endgültig entscheidet. Die Option wird mit dem Eintrag in ein Register (Art. 10) wirksam. Dieses mit allen Garantien des Rechtsschutzes versehene Verfahren berührt insofern etwas eigentümlich, als ein Anspruch auf Annahme der Option gar nicht gewährt wird und die bürgerlichen Gerichte im Grunde ungehindert sind, nach freiem Ermessen sowohl gegen das vom Staatsanwalt vertretene Staatsinteresse wie gegen den Antragsteller zu entscheiden. Es ist lediglich ein Verwaltungsermessen von den Behörden auf die bürgerlichen Gerichte übertragen.

Wie bisher kennt das belgische Recht außerdem zwei Formen der Naturalisation, die große und die gewöhnliche. Beide Arten schaffen die belgische Staatsangehörigkeit, aber nur die große verleiht die poli-

[1]) Jedoch stehen die Belgier kraft Option den gebürtigen Belgiern gleich, nicht aber die naturalisierten Belgier. Cour d'appel de Bruxelles v. 12. II. 1924 i. S. Fischer-Lockwitz: Pasic. belge 1924, II S. 83.

tischen Rechte (Art. 11). Die Voraussetzungen für die große Naturalisation sind etwas erleichtert. Ohne andere Bedingungen kann sie wie bisher für außerordentliche Verdienste verliehen werden. Sonst ist Voraussetzung: Alter von 25 Jahren und 10jähriger Wohnsitz in Belgien oder den Kolonien. 5jähriger Wohnsitz genügt, wenn der Betreffende mit einer Belgierin verheiratet ist oder aus einer früheren Ehe mit einer Belgierin Nachkommen hat. Auch eine Frau kann nunmehr die große Naturalisation erwerben, wenn sie einen Belgier geheiratet hat[1]) (Art. 12). Bisher genügte der 10jährige Wohnsitz nur, wenn der Betreffende überhaupt verheiratet war; für Junggesellen und kinderlose Witwer betrug er 15 Jahre; erst im 50. Lebensjahre konnte die Naturalisation beantragt werden. Für die gewöhnliche Naturalisation ist vollendetes 22. (bisher 21.) Lebensjahr und 5jähriger Wohnsitz in Belgien gefordert, der für Ehegatten von Belgierinnen auf 2 Jahre ermäßigt wird. Die Naturalisation erstreckt sich — entgegen dem bisherigen Recht — nicht gleichzeitig auf die Ehefrau. Diese und ebenso die volljährigen Kinder, wenn sie gleichzeitig mit ihrem Gatten bzw. Vater Antrag stellen, sind aber von den obigen Voraussetzungen befreit (Art. 15). Die minderjährigen Kinder ergreift die Naturalisation des Vaters wie bisher[2]) mit; sie behalten jedoch ein Ablehnungsrecht (Art. 5). Für die große wie die gewöhnliche Naturalisation gilt das gleiche Verfahren. Der Antrag wird beim Justizminister gestellt, der ihn dem Gericht zum oben geschilderten Ermittlungsverfahren zuleitet. Die Entscheidung liegt aber, wie das auch früher der Fall war, bei den Gesetzgebungsfaktoren. Jede Naturalisation erfordert nämlich ein eigenes Gesetz, das vom König sanktioniert werden muß (Art. 16, 17).

Weder zur Option noch zur Naturalisation sind Angehörige von Staaten zugelassen, deren Recht im Fall des Erwerbs einer fremden die Genehmigung zum Beibehalt der eigenen Staatsangehörigkeit zuläßt (Art. 7, 14). Diese Bestimmung richtet sich natürlich gegen § 25 Abs. 2 des deutschen Reichs- und Staatsangehörigkeitsgesetzes von 1913. Infolgedessen ist einem Deutschen, mag er in Belgien geboren sein oder eine belgische Mutter haben, unter allen Umständen der Erwerb der belgischen Staatsangehörigkeit verschlossen, auch wenn er im konkreten Fall den Nachweis des Verlusts der deutschen Staatsangehörigkeit durch Entlassungsschein beibringt. Denn das belgische Gesetz stellt hinsichtlich des deutschen Gesetzes eine unwiderlegbare Vermutung auf.

Die Bestimmungen über den Verlust der Staatsangehörigkeit sind im allgemeinen unverändert geblieben. Verlust tritt wie früher durch

---

[1]) Ohne eine solche erwirbt sie nämlich trotz Art. 5 nicht die vollen Staatsbürgerrechte. (Siehe unten S. 83.)

[2]) Die Bestimmungen des Art. 4 Gesetz von 1881 und Art. 6 Gesetz von 1909 widersprechen sich hier allerdings.

Erwerb einer fremden Staatsangehörigkeit ein. Ist der Erwerb von Rechts wegen, also ohne Antrag erfolgt, so tritt der Verlust nur ein, wenn der Betreffende eine Verzichtserklärung abgibt (Art. 18, Ziff. 1).

Was den Einfluß der Eheschließung auf die Staatsangehörigkeit angeht, so hat man Ansätze zur Unabhängigkeit der Ehefrau gemacht, grundsätzlich aber die Familieneinheit gewahrt[1]). Die Begründung des Entwurfs der Lütticher Fakultät von 1920 hatte geäußert: „la nationalité de la femme ne peut pas être purement et simplement à la merci du mari"[2]). Das Gesetz selbst bringt folgende Bestimmungen: der Erwerb der belgischen Staatsangehörigkeit für eine Ausländerin durch Heirat mit einem Belgier ist beibehalten (Art. 4). Fraglich ist allerdings, ob die Ehefrau damit in den Genuß der vollen Staatsbürgerschaft oder der sog. gewöhnlichen Naturalisation tritt. Nach dem Wortlaut würde man an der ersteren Auffassung nicht zweifeln; auffallend ist aber, daß im Art. 12, Ziff. 2 eine erleichterte Bedingung zum Erwerb der großen Naturalisation für die Frau d'origine étrangère qui a épousé un Belge vorgesehen ist. Das hätte nur Sinn, wenn die Ausländerin durch die Heirat nicht schon Vollbelgierin geworden ist. NISOT[3]) nimmt denn auch an, daß die Frau die politischen Rechte nicht miterwirbt. Sicher ist, daß ein Unterschied gegen das frühere Recht eingetreten ist, wenn erst nach der Eheschließung ein Gatte Belgier wird.

Hier sind 4 Fälle zu unterscheiden:

1. Der Mann wird Belgier auf Grund Option. Sie erstreckt sich stets auf die Frau (Art. 4).

2. Der Mann wird Belgier auf Grund Naturalisation. Sie erstreckt sich nicht auf die Frau (Art. 4).

3. Mann und Frau beantragen gemeinsam die Naturalisation. Dann genießt die Frau leichtere Naturalisationsbedingungen (Art. 15).

4. Die Frau beantragt allein die Naturalisation. Sie ist nach den gewöhnlichen Bedingungen zulässig (Art. 15). Damit reiht sich Belgien in die Reihe der Länder, die wie z. B. Frankreich, der Naturalisation im Zweifel nur persönliche Wirkung zuteilen und, wie z. B. neuerdings die Vereinigten Staaten (siehe unten S. 101) ein selbständiges Naturalisationsrecht der Ehefrau begründen.

Das Prinzip der Maßgeblichkeit der Staatsangehörigkeit des Mannes für die Frau ist grundsätzlich aufrecht erhalten. Die zur Vermeidung von Staatenlosigkeit in Zukunft besonders wichtige Klausel, daß der

---

1) NISOT: La national. de la femme mariée d'après la loi belge du 15. mai 1922, Rev. de droit internat. et de législ. comp. 1922, i S. 365. Die gleiche Auffassung tritt hervor in C. de Bruxelles v. 18. V. 1922 i. S. DREMEL: Pasicrisie belge 1922, II, S. 127.

2) ISBECQUE: Legislat. belge etc., Bull. de la Soc. de législ. comp. 1920, S. 161.

3) a. a. O. S. 365.

Verlust der Staatsangehörigkeit durch Eheschließung für die Belgierin nur eintrete, wenn sie mit ihr eine andere Staatsangehörigkeit erwerbe, ist beibehalten (Art. 18, Ziff. 2). Die Reformbestrebungen haben jedoch insofern Ausdruck gefunden, als ein erleichterter Wiedererwerb vorgesehen ist, wenn eine gebürtige Belgierin[1]) durch Eheschließung mit einem Ausländer oder dadurch, daß ihr Gatte freiwillig eine fremde Staatsangehörigkeit erwirbt, die Heimatstaatsangehörigkeit verliert. Sie kann alsdann gleichgültig, ob sie in Belgien geblieben oder dem Gatten ins Ausland gefolgt ist, binnen 6 Monaten nach der Eheschließung bzw. dem Verlust der belgischen Staatsangehörigkeit des Mannes bei bestehender Ehe durch einfache Erklärung die belgische Staatsangehörigkeit wiedererwerben (Art. 18, Abs. 2 und 3). Das gilt auch für die Übergangszeit: die zurzeit mit Ausländern verheirateten Belgierinnen konnten also während der 6 Monatfrist sofort wieder Belgierinnen werden (V der Übergangsbestimmungen). Das führt in vielen Fällen zu einer Doppelstaatsangehörigkeit der Frau[2]). Nach Auflösung der Ehe kann die belgische Staatsangehörigkeit nach den Formen der Option, also in erleichterter, aber genehmungsbedürftiger Form wiedererworben werden (Art. 19).

Die Tendenz des Gesetzes ist unverkennbar, wenn sie auch nur in Ansätzen hervortritt: Abwehr fremder Ehefrauen durch Minderung ihrer Rechtsstellung; Rückgewinn der Belgierin, die man zunächst dem Prinzip der Familieneinheit opfern muß; Unabhängigkeit von der Naturalisation des Ehemanns; vom Ehemann unabhängiges Naturalisationsrecht.

Erwerb, Verlust und Wiedererwerb der Staatsangehörigkeit wirken nur für die Zukunft (Art. 20). Die Verzichtserklärungen, ferner die genehmigten Optionen und Naturalisationen werden in eigene Register, aber auch in die Geburtsurkunde eingetragen. Es wird also für möglichste Publizität des Staatsangehörigkeitsverhältnisses Sorge getragen (Art. 22). Endlich führt Belgien eine widerlegbare Vermutung in sein Recht ein, die für Länder des ius sanguinis von Interesse ist: Der Beweis der durch Geburt erworbenen Staatsangehörigkeit gilt als erbracht, wenn nachgewiesen wird, daß der Vater die Rechte eines Belgiers tatsächlich ausgeübt hat (Art. 23).

Natürlich hat in das neue Gesetz, wenn auch nur in seine Übergangsbestimmungen (unter VI), die französische Erfindung der De-

[1]) „Belge d'origine" ist auch die durch Option seiner Zeit Belgierin Gewordene. Cour d'appel de Bruxelles v. 12. II. 1924 i. S. Fischer-Lockwitz: Pasic. belge 1924, II S. 83.

[2]) Hatte die Belgierin z. B. einen Deutschen geheiratet und an diesen Fall ist hauptsächlich gedacht — so verliert sie durch die einfache Erklärung nur die deutsche Staatsangehörigkeit, wenn der Gatte sie für die Ehefrau abgibt (§ 25 in Verbindung mit § 18 Reichs- und Staatsangehörigkeitsgesetz von 1913).

naturalisation ihren Eingang gefunden; die Maßnahme umfaßt ausschließlich Tatbestände, die auf den Weltkrieg zurückgehen; sie dauernd dem geltenden Recht einzuverleiben, hat man offenbar doch Bedenken getragen. Das Verfahren richtet sich gegen Belgier kraft Naturalisation oder Option, die sich gegen ihre Pflichten gegenüber Belgien oder seinen Verbündeten während des Kriegs schwer verfehlt haben (Ziff. 1). Es wird eingeleitet durch eine Klage, die der Staatsanwalt vor dem bürgerlichen Gericht 1. Instanz anstrengt. Über das Verfahren ist lediglich bestimmt, daß gegen das Urteil, das auf Verfall der Eigenschaft eines Belgiers lautet, Berufung, gegen ein Versäumnisurteil, das ähnlich einem Aufgebot veröffentlicht werden muß, der Widerspruch gegeben ist (Ziff. 3). Später als 3 Jahre nach Inkrafttreten des Gesetzes darf keine Klage mehr angestrengt werden (Ziff. 4). Das rechtskräftig gewordene Verfallsurteil wird in die Geburts- und Naturalisations-, bzw. Optionsakte eingetragen, und im Moniteur veröffentlicht. Es wirkt erst vom Eintrag an (Ziff. 5). Die Ehefrau und die Kinder des Betroffenen haben binnen Jahresfrist das Recht, die belgische Staatsangehörigkeit abzulehnen (Ziff. 6).

Die Bestimmungen sind klarer als die des Gesetzes von 1919 und halten sich in bestimmten Grenzen. Sie umfassen, weiter als im französischen Gesetz, sowohl ehemalige Optanten wie Naturalisierte, machen das Verfahren jedoch von einem Antrag der Anklagebehörde abhängig. Der Entwurf eines Gelehrtenausschusses sah auch für Belgier von Geburt die Entziehung der Staatsangehörigkeit vor. „A des situations identiques il faut des sanctions identiques“[1]. Auf eine Aufzählung oder Erläuterung der materiellen Voraussetzungen wird völlig verzichtet, absichtlich, um auch Umtriebe gegen die Einheit Belgiens mit zu erfassen[1]. Damit ist dem Richter — wie schon bei der Option, vgl. oben S. 81 — freiestes Ermessen eingeräumt und der Rechtsschutz von nicht sehr greifbarem Wert. Das Verfahren scheint unabhängig von einem etwa daneben laufenden Strafprozeß betrieben zu werden. Es ist offenbar der französischen Regelung im Gesetz vom 18. VI. 1917 nachgebildet worden. Bei der begrenzten Anwendungsdauer und mangels des Hauptantriebs für jedes Denaturalisationsverfahren — der Liquidationsbefugnis über das Vermögen des Betroffenen — wird das Gesetz wohl kaum zu großer praktischer Bedeutung gelangen. Zu einer Kritik allgemeiner Art regt es nicht weniger als die französischen Gesetze an[2].

---

[1]) ISBECQUE: Législat. belge en mat. de nation., Bull. de la Soc. de Législ. comp. 1920, S. 162.

[2]) Siehe unten S. 191.

3. Rechtsprechung.

Eine Rechtsprechung in Staatsangehörigkeitsdingen aus Anlaß von Sequestrationsvorgängen oder der Wehrpflichterfüllung konnte sich in Belgien nach Lage der Sache während des Kriegs kaum entwickeln. Nach Kriegsende erfolgte die Liquidation des deutschen Vermögens. Zu den hierbei auftauchenden Fragen der Staatsangehörigkeit entsteht eine Rechtsprechung, bei der zwei Phasen zu unterscheiden sind.

Zunächst hat der Brüsseler Kassationshof in einer auf Grund der belgischen Liquidationsverordnung vom 10. XI. 1918 erfolgten Nachkriegsliquidation eine bemerkenswerte Entscheidung[1] zu der Frage erlassen, ob Staatenlose deutscher Abkunft den Liquidationsbestimmungen der belgischen Verordnung und des Art. 297b d. V. V. unterliegen. Sie wird damals noch — ebenso wie in England, siehe oben S. 75 — verneint. Der Betreffende war rechtsgültig im Jahre 1884 aus der deutschen Staatsangehörigkeit entlassen. Die belgischen Liquidationsbestimmungen gingen über das im Völkerrecht übliche hinaus, seien mesures d'extrême rigueur und dürften nicht ausdehnend ausgelegt werden. Zudem sei die belgische Wehrpflicht auf Staatenlose ausgedehnt worden. Habe man sie der Wehrpflicht für würdig gehalten, dürfe man sie jetzt nicht als Feinde behandeln. In einer anderen Entscheidung begründet die Cour d'appel von Lüttich richtig, daß Deutschland gegenüber Staatenlosen keine Verpflichtung habe, infolgedessen die Staatenlosen für ihren Vermögensverlust auch nicht den im V.V. vorgeschlagenen — Rückgriff gegen Deutschland haben[2]. Die Liquidationsverordnung vom 10. XI. 1918 hat der Rechtsprechung auch mehrfach Anlaß gegeben, sich über die nach § 21 des deutschen Bundes- und Staatsangehörigkeitsgesetzes von 1870 eintretende Staatenlosigkeit auszusprechen. Im Gegensatz zu Frankreich stellt eine nahezu ständige Rechtsprechung, namentlich des Lütticher Appellhofs, klar, daß das Vorliegen der deutschen Staatsangehörigkeit nur nach deutschem Recht beurteilt werden könne, daß durch zehnjährigen ununterbrochenen Auslandsaufenthalt die deutsche Staatsangehörigkeit verloren geht[3], daß dem bestreitenden Staatsvertreter die Beweislast für eine etwaige Unterbrechung des Auslandsaufenthalts zufalle, daß zufällige Verwandtenreisen nicht als Unterbrechung desselben aufzufassen seien[4]. Ob das Verhalten des Sequestrierten während des Krieges

[1] Vom 20. I. 1921 i. S. SCHNEIDER: Pasicrisie belge 1921, I S. 32, JCl. 1922, S. 1030.

[2] Vom 23. VI. 1920 i. S. BECKMANN: Pasic. belge 1922, II, S. 171. Entgegengesetzt entscheidet Trib. civ. de Nivelles vom 11. XI. 1920 i. S. HOFF: Pasic. belge 1921, III, S. 64.

[3] Vom 5. VII. 1919 i. S. BRENU: Pasic. belge 1920, II, S 29.

[4] Vom 1. XII. 1919 i. S. LORENTZ: Pasic. belge 1920, II, S. 188, dagegen Note dortselbst. Diese Entscheidung geht über die Auffassung des Reichsgerichts

vom belgischen Standpunkt aus patriotisch gewesen sei oder nicht, sei für die Entscheidung ohne Belang[1]).

Die von der Rechtsprechung verteidigte Fassung der Liquidationsverordnung gibt jedoch der Gesetzgebung Anlaß, in einem neuen Liquidationsgesetz vom 17. XII. 1921 das Entschlüpfen ehemals deutscher Staatsangehöriger aus dem Zugriff des Sequesters zu verhindern. Der Art. 2 dieses Gesetzes betrachtet als ressortissant allemand jeden, der zu irgendeiner Zeit Deutscher gewesen ist und die Aufgabe der deutschen Staatsangehörigkeit nicht nachweisen kann. Die Rechtsprechung ändert sich nunmehr und die neue Fassung muß nun auch herhalten, wenn ein einwandfreier Entlassungsschein der deutschen Behörden vorliegt. Das Gericht prüft von Amts wegen, ob die Aufgabe der deutschen Staatsangehörigkeit „tatsächlich, aufrichtig und endgültig" gewesen ist[2]). Im Falle des Herzogs von Arenberg folgt das Brüsseler Tribunal civil gleichfalls einer uns schon aus Frankreich bekannten Auffassung (s. oben S. 50): Nach dem Familienstatut sei das Haus Arenberg deutsch. Ein noch so langer Aufenthalt führt für die Mitglieder keinen Verlust herbei, wenn zu dem Aufenthalt nicht die Absicht hinzutritt, alle Fäden zum früheren Vaterland abzureißen[3]). Mit dieser Begründung ist die Entscheidung zweifellos falsch. Auch für die Mitglieder mediatisierter Häuser gilt nach deutscher Rechtsauffassung der § 21, der für subjektive Momente keinen Raum läßt, ohne Einschränkung[4]). In Wirklichkeit kommt es nunmehr auf die Gesinnung, nicht mehr die Staatsangehörigkeit an. Ist sie einwandfrei, so wird das Sequester aufgehoben, auch wenn kein Entlassungsschein, sondern nur 10jähriger Auslandsaufenthalt vorliegt[5]).

Gleichfalls in Übereinstimmung mit der französischen und englischen Praxis wurde schon vorher nicht beachtet, wenn ein Deutscher nach Kriegsende z. B. die nordamerikanische Staatsangehörigkeit erwirbt. Der Gesetzgeber habe nicht gestatten wollen, daß Angehörige einer feindlichen Nation der Sequestrierung entgehen, indem sie während oder nach dem Krieg eine alliierte oder neutrale Staatsangehörigkeit erwerben[6]). Dieses Verfahren widerspricht dem Art. 278 V.V.[7]). Im Hinblick auf Art. 278 kann Deutschland die Entschädigung gemäß

---

hinaus, die auch bei kurzem Aufenthalt Unterbrechung eintreten läßt. Vgl. v. Keller-Trautmann, S. 325.

[1]) i. S. Beckmann: a. a. O.

[2]) Cour d'appel de Bruxelles v. 9. VII. 1923 i. S. Meyer: Pasic. belge 1924 II, S. 87.

[3]) Pasic. belge 1923, III, S. 131.

[4]) Vgl. v. Keller-Trautmann, S. 54.

[5]) Cour d'appel de Gand v. 1. II. 1924 i. S. Haupert: Pasic. belge 1924, II, S. 90.

[6]) Trib. civ. d'Anvers v. 7. XII. 1920: Pasic. belge 1921, III, S. 114. Mit anderer Begründung: Cour d'appel de Liège v. 12. XII. 1922 i. S. Kunz: Pasic. belge 1924, II, S. 59.

[7]) Vgl. oben S. 52 und unten S. 116.

Art. 297 i verweigern. Die Folge ist, daß — entgegen der Absicht des Friedensvertrags — der einzelne durch das Vorgehen des alliierten Staats entschädigungslos enteignet wird.

IV. Italien.

Von den in den Weltkrieg erst später eintretenden Ententestaaten zeigt Italien auf dem Gebiet der Option, Naturalisation und Denaturalisation in seiner Gesetzgebung die gleichen, wenn auch flüchtigere, Spuren wie Frankreich oder Belgien. Neuerdings schlägt es außerdem bei der Naturalisation, allerdings für engbegrenzte Zwecke, beachtenswerte neue Bahnen ein.

1. Option und Wiedererwerb.

Dekrete vom 25. VII. 1915, 14. VII. 1918 und 21. VIII. 1921.

Auch Italien hat, ähnlich wie Frankreich und England, dem ius soli in seinem Staatsangehörigkeitsrecht eine Pforte offengelassen: das in Italien geborene Ausländerkind erwirbt während seines 22. Lebensjahres die italienische Staatsangehörigkeit, und zwar, wenn der Betreffende seit 10 Jahren in Italien wohnt, ipso iure, falls er nicht ausdrücklich für die fremde Staatsangehörigkeit optiert, dagegen, wenn er lediglich im Zeitpunkt der Volljährigkeit in Italien wohnt, erst durch ausdrückliche Option für Italien[1]). Im ersten Fall wird der Betreffende also durch Nichthandeln, im zweiten durch Handeln Italiener, ohne daß der Staat dabei Einfluß nehmen kann. Im Dekret vom 25. VII. 1915[2]), also bald nach seinen Eintritt in den Krieg, bestimmt Italien kurzerhand: „Für die Dauer des Kriegs wird der Erwerb der italienischen Staatsangehörigkeit gemäß Art. 3, Ziff. 2 und 3 des Gesetzes vom 13. VII. 1912 untersagt." Eine Ausnahme für Optionsberechtigte im wehrpflichtigen Alter brachte ein späteres Dekret vom 14. VII. 1918[3]). Die Wehrpflichtigen werden darin genötigt, wenn sie überhaupt ihr Optionsrecht, sei es das negative oder das positive, ausüben wollen, es binnen der Frist zu tun, in der ihre Altersklasse zur Fahne einberufen wird. Das Dekret entspringt somit demselben militärischen Bedürfnis, wie das Gesetz vom 3. VII. 1917 in Frankreich (siehe oben S. 7).

Nach Kriegsende ist die Einschränkung des ius soli beibehalten worden, indem man die Gültigkeit des Dekrets vom 25. VII. 1915 durch Dekretgesetz vom 29. X. 1920, Nr. 1060 verlängerte. Auf der

---

[1]) Italienisches Staatsangehörigkeitsgesetz vom 13. VI. 1912, Art. 3. Keller-Trautmann: S. 706. Lit. über dieses Gesetz: de Dominicis: Commento alla legge sulla cittadinanza italiana, Torino 1916.

[2]) In französischer Übertragung Rev. 1915/16, S. 399.

[3]) Raccolta ufficiale 1918, Nr. 1029, Ann. de législ. étr. 2e série 16, S. 169.

andern Seite werden die durch das Dekret vom 25. VII. 1915 am Erwerb der italienischen Staatsangehörigkeit Verhinderten nachträglich zu einer Option zugelassen. Dies geschieht durch Dekret vom 21. VIII. 1921[1]) und zwar so, daß nun sowohl die nach dem Gesetz von 1912 ohne Option Berechtigten wie die zur Option Genötigten eine einjährige Frist gesetzt bekommen, in der sie sich ausdrücklich für Italien erklären müssen. Der Staat hat sich jedoch ein Vetorecht gesichert, das in unanfechtbarer Weise vom Minister des Innern nach einem durch die Präfekten vorzunehmenden Erkundigungsverfahren ausgeübt wird (Art. 3 und 5).

Hervorzuheben ist in diesem Zusammenhang ferner, daß Italien in zunehmendem Maße von der Möglichkeit Gebrauch macht, den eigenartigerweise selbsttätig durch zweijährigen Wohnsitz in Italien eintretenden Wiedererwerb einer durch den Erwerb einer ausländischen Staatsangehörigkeit verloren gegangenen italienischen Zugehörigkeit zu verbieten (Art. 9 des Gesetzes vom 13. VI. 1912)[2]).

2. Denaturalisation.

Dekret vom 18. I. 1918.

In dem Dekret Nr. 36 des Vizekönigs vom 18. I. 1918[3]), das die Aufenthaltsbeschränkungen für feindliche Staatsangehörige sowie die Sequestrierung ihres Vermögens regelt, findet sich im Art. 4 folgende Bestimmung: „Durch Dekret des Ministers des Innern und nach übereinstimmender Stellungnahme einer im Art. 2 bezeichneten, gemischten Kommission können zur Anwendung dieses Dekrets die Wirkungen der in den letzten 10 Jahren an Angehörige feindlicher Staaten gewährten Naturalisationen aufgehoben und die Betroffenen als Angehörige der Staaten betrachtet werden, deren Nationalität sie vor der Naturalisation besaßen.“ Gewissermaßen im Vorbeigehen, unauffällig in der Form, sehr weitgehend in der Sache führt Italien hier die Denaturalisation in sein Staatsangehörigkeitsrecht ein und gibt diesem Vorgang ein neues Gepräge, indem es die beschränkte Denaturalisation erfindet.

Nur soweit die Anwendung eines einzelnen Gesetzes in Betracht kommt, soll gewissermaßen die Naturalisation aussetzen. Im übrigen aber und, wird man annehmen können, nach Friedensschluß und der dann erfolgenden Aufhebung des Dekrets lebt die Staatsangehörigkeit wieder in vollem Umfang auf. Der tatsächliche Unterschied zur völligen

---

[1]) Anlage 14.

[2]) Vgl. zu diesem Abschnitt Siotto-Pintor: Das Verfassungsrechtsleben in Italien 1913—1923, Jahrb. d. öff. Rechts, XI, S. 153, XII, S. 243.

[3]) Gazz. uff. 24. I. 1918, in französischer Übersetzung Rev. 1918, S. 271. Buzzati: la doppia cittadinanza e la revoca delle naturalizzazioni in Zschr. Lo Stato civile italiano, 1918, S. 65.

Denaturalisation ist freilich gering; denn gerade die Anwendung der Fremdengesetze ist die hauptsächlichste und empfindlichste Folge derselben. Man wird auch nicht annehmen können, daß Italien von den durch das Dekret in ihren Staatsangehörigkeits rechten Betroffenen etwa die Erfüllung der Pflichten, z. B. die Erfüllung der Wehrpflicht, gefordert hätte. Schon diese Überlegung zeigt aber auch die schlechthin unvorstellbare Konstruktion dieser Rechtsschöpfung. Eine relativ unwirksame Staatsangehörigkeit gibt es nicht, sie ist ebenso unmöglich wie die Fiktion eines Wiederauflebens einer fremden Staatsangehörigkeit, die der Betreffende vor seiner Naturalisation besessen. Verstößt diese Fiktion, wie schon mehrfach erwähnt, gegen den Grundsatz, daß die Zugehörigkeit zu einem fremden Staat nur nach dessen Recht beurteilt werden kann, so verträgt der Begriff der Staatsangehörigkeit unter gar keinen Umständen eine Teilung. Gewiß, der Staat kann etwa seine Einwohner in Klassen einteilen: Gebürtige Angehörige, Naturalisierte, Fremde, und kann die Rechte jeder Klasse nach Zahl und Wirkung abstufen. Aber die so entstandenen Status wirken absolut und schließen sich aus. Die im Rechtsleben als Tatsache anerkannte Kategorie der Doppelstaatsangehörigkeit spricht nur scheinbar gegen diese Ausschließlichkeit, denn wenn wir von Doppelstaatsangehörigkeit reden, betrachten wir gleichzeitig zwei Rechtssysteme und stellen uns sozusagen auf einen überstaatlichen Standpunkt. Der Staat selbst tut nichts anderes, wenn er zur Prüfung der Staatsangehörigkeit eines Einzelnen gewissermaßen sowohl mit seinem eigenen wie mit fremdem Recht Maß nimmt und zeitweilig den Betreffenden durch die ausländische Brille betrachtet. Nur in diesem Sinn gibt es eine Doppelstaatsangehörigkeit. Ein solches sujet mixte ist aber auch nicht Halb-Italiener und Halb-Deutscher, sondern Ganz-Ialiener und gleichzeitig Ganz-Deutscher. Der Staat kann nun entweder den Betreffenden naturalisieren; dann liegt darin die Anerkenntnis eines gewissen status, den er nach Belieben ausstatten mag, der aber auf alle Fälle nicht der des Fremden ist. Oder er hat es nicht getan, dann ist der Betreffende Fremder. Niemals aber kann der Staat in seinem eigenen Rechtssystem eine Doppelstaatsangehörigkeit nationalen Rechts einführen, indem er dem Einzelnen zur Hälfte oder einem Bruchteil den status des Naturalisierten, zur anderen Hälfte den des Fremden beilegt, und zwar des Angehörigen eines Staats, dessen Staatsangehörigkeitsrecht anzuwenden er sich wohl hütet[1]).

---

[1]) Auch auf einem anderen Gebiet zeigt sich eine ähnliche unfolgerichtige Auffassung Italiens. Nach seinen Niederlassungsverträgen anerkennt Italien die im fremden Staat rechtmäßig Naturalisierten ehemals eigenen Angehörigen als dessen Untertanen, behandelt sie aber militärisch als Italiener, zieht sie zur Fahne ein usw. Vgl. SIEBER: Die Zwangseinbürgerung S. 39 (Veröffentlg.

3. Naturalisation.

Dekrete vom 30. Juni 1918, vom 10. September 1922 und 14. Juni 1923.

1. Gegen Ende des Krieges hat Italien, ähnlich wie Frankreich zu Beginn in seinem Gesetz vom 5. VIII. 1914, (siehe oben S. 3) ein Dekret vom 30. VI. 1918[1]) erlassen, nach dem den Ausländern italienischer Abkunft aus den „Irredenta"gebieten der Erwerb der italienischen Staatsangehörigkeit auf Antrag gestattet wird, wenn sie in den nationalen Armeen, also auch denen der Verbündeten, gekämpft haben.

2. Das infolge der neuen Gebietsverteilung durch die Friedensverträge allerorten auftauchende Problem, ob und wie der Staat seinem im Ausland lebenden Stammesbruder die Staatsangehörigkeit verleihen darf, hat auch Italien beschäftigt. Der Vertrag von St. Germain, der Italien so reich bedenkt, läßt allerdings jenes Problem nicht erstehen. Das Dekret vom 10. IX. 1922[2]) hat offenbar die Verhältnisse in Kleinasien im Auge, und wenn die Zahl der in Betracht kommenden Personen gering sein mag, so ist die von Italien eingeführte Regelung in grundsätzlicher Hinsicht vom internationalrechtlichen Standpunkt aus von einigem Interesse. Auf Antrag kann danach die italienische Staatsangehörigkeit durch königliches Dekret auf gemeinsamen Vorschlag des Innen- und Außenministers ohne Beachtung der im Gesetz von 1912 Art. 4 geforderten Voraussetzungen in folgenden Fällen gewährt werden, auch wenn die Betreffenden nicht in Italien wohnen:

1. wenn die betreffenden Familien italienischen Ursprungs angehören, die die italienische Staatsangehörigkeit verloren haben,

2. wenn sie den Schutz Italiens genießen oder früher genossen haben, ohne zur Zeit den Schutz eines anderen Staates zu genießen,

3. wenn sie den unzweifelhaften Beweis italienischer Gesinnung gegeben haben und die Gewähr bieten, zum guten Namen und Prestige Italiens beizutragen.

Die Anträge müssen binnen einer Ausschlußfrist von 4 Monaten vom Inkrafttreten des Dekretes angestellt werden. Die Antragsteller haben den Treueid des Art. 5 genannten Gesetzes zu leisten. Die nach diesem Dekret erworbene Staatsangehörigkeit umfaßt nicht die politischen Rechte und die Wehrpflicht. Jedoch erstreckt sich nach dem

---

der Schweizer Vereinigung für internationales Recht, Zürich 1917). Gerechtfertigt ist nur die Verhinderung des Verlusts der eigenen Staatsangehörigkeit durch Naturalisation — wie in Frankreich — für Militärpflichtige, oder die völlige Anerkennung der fremden Staatsangehörigkeit.

[1]) Nr. 870. Erwähnt im Ann. de législ. étr., 2e série 16, S. 169.

[2]) Anlage 15. Vgl. POLACCO: A proposito di un recente Decreto-legge sulla cittadinanza. Archivio Giuridico 1923, S. 57, 65; ferner SIOTTO-PINTOR: a. a. O. XII, S. 243.

abändernden Dekret vom 14. VI. 1923[1]) der Erwerb der Staatsangehörigkeit auch auf die Ehefrau, die minderjährigen unter elterlicher Gewalt stehenden Kinder und deren Nachkommen. Diese — die Söhne und deren Nachkommen — unterliegen jedoch der Wehrpflicht und erhalten die vollen politischen Rechte. In der zweiten Generation entsteht also das volle Bürgerrecht.

Italien kehrt mit diesem Dekrete zu jener Praxis der Begünstigung der „Italiani non regnicoli“ zurück, die es nie ganz verlassen hatte[2]). Der Begriff Italiani non regnicoli dürfte seit dem Frieden von St. Germain allerdings seine wesentliche Bedeutung verloren haben. Die Einbürgerung, ohne den Wohnsitz im Inland zu verlangen, war auch bisher Italien nicht ganz fremd (Gesetz von 1912, Art. 4, Ziff. 1). Sie ist nun nicht unerheblich erweitert. Vom Standpunkt des internationalen Rechtsverkehrs sind solche Einbürgerungen im Bereich anderer Staaten zu verwerfen. Sie führen leicht zu einer tatsächlichen Doppelstaatsangehörigkeit oder aber verursachen den Verlust der Wohnsitzstaatsangehörigkeit des Betreffenden, so daß er dort ausgewiesen werden kann usw. Für Deutschland ist die Frage der rechtlichen Behandlung seiner nicht staatszugehörigen Volksgenossen besonders brennend geworden (siehe unten S. 155).

4. Rechtsprechung.

Hier ist aus einem andern Rechtsgebiet zu berichten, daß Italien in den letzten Jahren in fester Rechtsprechung jeden Versuch, durch eine Scheinnaturalisation die vom italienischen Recht nicht zugelassene Ehescheidung zu ermöglichen, unterdrückt. Gestützt wird diese Rechtsprechung durch die Bestimmung des Art. 8 des Gesetzes vom 13. VI. 1912, der zur Gültigkeit der Naturalisation die Verlegung des Wohnsitzes ins Ausland verlangt. Wird diese Verlegung nur zum Schein, also für kürzere Zeit, vorgenommen, so ist der Verlust der italienischen Staatsangehörigkeit nicht eingetreten[3]).

V. Die Vereinigten Staaten.

1. Naturalisation und Heeresdienst.

Gesetze vom 5. X 1917 und 9. V. 1918.

Der im Frühjahr 1917 erfolgte Eintritt der Vereinigten Staaten in die Reihe der Alliierten mußte notwendigerweise zu einer Änderung des geltenden nordamerikanischen Staatsangehörigkeitsrechts führen. Nach

---

[1]) Anlage 16.

[2]) Gesetz von 1912, Art. 17, Abs. 2. Über den Rechtszustand vor dem Gesetz von 1912, vgl. SIEBER: I, S. 289ff.

[3]) Vgl. drei italienische Entscheidungen in Auszügen, JCl. 1923, S. 659 und dortige Verweisung, ferner SIOTTO-PINTOR: a. a. O.

zwei Richtungen erwies sich dieses als zu eng und den militärischen und bevölkerungspolitischen Interessen der Vereinigten Staaten abträglich. Der Erwerb der nordamerikanischen Staatsangehörigkeit durch Naturalisation vollzieht sich in dem außerordentlich umständlichen, schrittweisen, Jahre erfordernden Verfahren eines Staats, der, als Einwanderungsland, sich grundsätzlich hierbei ablehnend verhält. Auf der anderen Seite geht kaum ein Land in seinen Ansprüchen an das Treuverhältnis des Untertanen zum Staat (allegiance) so weit wie die Union, die nicht nur den Erwerb einer fremden Staatsangehörigkeit, sondern schon die Leistung eines Treueids gegenüber einem ausländischen Staat automatisch mit dem Verlust des Bürgerrechts belegt[1]). Diese Grundsätze hatten die Folge, daß die neue Militärpflicht die zahllosen Fremden, die sich im Grunde als Amerikaner fühlten, nicht erfaßte, noch denjenigen, die ungeachtet dessen Kriegsfreiwillige geworden waren, auf rascherem Wege die Naturalisation ermöglichte, geschweige denn sie automatisch mit der Verleihung des Bürgerrechts belohnte. Auf der anderen Seite hatte die Masse derer die amerikanische Staatsangehörigkeit verloren, die vor oder nach Eintritt ihrer Heimat in den Krieg bereits in die Reihen alliierter — nicht amerikanischer — Armeen geeilt waren. Diesen beiden Mißständen ist man durch die Gesetzgebung begegnet; dabei ist ein älteres Gesetz vom 5. X. 1917 durch das spätere vom 9. V. 1918 ersetzt worden. Für den Dienst im amerikanischen Heer und Flotte sollte der erleichterte Erwerb der Staatsangehörigkeit Anreiz und Belohnung sein. Das Gesetz vom 9. V. 1918[2]) schafft einmal für jeden Ausländer, der sich im Kriegsheer, Kriegs- oder Handelsmarine verpflichtet, die Möglichkeit, auch ohne Nachweis eines längeren Wohnsitzes in den Vereinigten Staaten Bürger zu werden und sichert andererseits denen, die das amerikanische Bürgerrecht auf Grund Kriegsdienstes in alliierten Ländern verloren haben, einen erleichterten Wiedererwerb zu. Im ersteren Fall ist zwischen solchen Ausländern, die die declaration of intention to become a citizen vor Diensteintritt schon abgegeben hatten, und den anderen zu unterscheiden. Bekanntlich vollzieht sich die amerikanische Naturalisation in zwei Akten: der declaration of intention des Antragstellers und der nicht mehr als zwei Jahre darauf folgenden petition for naturalisation. Vor der Naturalisation muß der Betreffende ununterbrochen fünf Jahre in den Vereinigten Staaten gewohnt haben. Die Erleichterungen, die im Frieden schon nach Sekt. 2166 der U. S. Revised Statutes (KELLER-

[1]) Gesetz vom 2. III. 1907, Sekt. 2. KELLER-TRAUTMANN: S. 806.

[2]) Ich bin bezüglich des Inhalts der verhältnismäßig umfangreichen Gesetze auf die eingehende Beschreibung von J. Br. SCOTT: The Amendment of the Naturalization und Citizenship Acts with respect to military service, American Journ. of Internat. Law 1918, S. 613, angewiesen.

TRAUTMANN, S. 803) für Heeresangehörige, jedoch erst nach ihrer Entlassung gegeben waren, paßten für die derzeitige Lage nicht. Es wurde daher im Teil I des Gesetzes die Wohnsitzbedingung für die in Heer und Marine befindlichen Ausländer, die die declaration of intention schon abgeben hatten, gestrichen, für die übrigen stark eingeschränkt (in der Regel dreijährige Wohnsitzbedingung). Aber auch Ausländer, die nicht im Heeresdienst stehen, wurden von dem Erfordernis der vorgängigen declaration of intention befreit, wenn sie am 1. VII. 1914 berechtigt waren, die Staatsangehörigkeit zu erwerben und irrtümlich Rechte und Pflichten eines Staatsangehörigen tatsächlich ausgeübt haben. Was die feindlichen Ausländer angeht, so kannte die Union bereits vor dem Weltkrieg — als einziger der später kriegführenden Staaten — den in der Verfassung festgelegten Grundsatz, daß solche während eines Kriegs nicht eingebürgert werden dürfen (Art. 2171 der Revised Statutes[1]). In der Entscheidung des Newyorker Appellhofs i. S. MAYER vom 12. IV. 1917 — am 6. IV. war der Kriegszustand mit Deutschland erklärt worden — wurde er ausdrücklich bestätigt[2]). Ist allerdings die declaration of intention schon vor Kriegsausbruch abgegeben, so kann die Naturalisation, wie in dieser Entscheidung, sowie in der eines kalifornischen Bezirksrichters vom 25. V. 1917 i. S. KREUTER[3]) festgestellt wird, noch erfolgen. In Erweiterung dieses Gedankens werden nun im Gesetz vom 9. V. 1918 feindliche Ausländer trotz dem im genannten Art. 2171 ausgesprochenen Verbote zur Naturalisation zugelassen, wenn vor dem Kriegszustand die gesetzlichen Voraussetzungen in ihrer Person erfüllt waren und die Antragsteller den eingehenden, alle Gewähr für eine loyale Gesinnung fordernden Bestimmungen genügten. Sie werden alsdann so angesehen, als ob sie ihre declaration of intention bereits vor Kriegsausbruch abgegeben hätten.

Der Wiedererwerb der durch Kriegsdienst im befreundeten Heer verlorenen Staatsangehörigkeit vollzieht sich nach dem Teil III des Gesetzes durch Ableistung des Untertaneneides vor einem zuständigen Gericht[4]) oder einem Konsul der Vereinigten Staaten. Durch diese Bestimmung wird die Act vom 5. X. 1917[5]) aufgehoben, die die vorherige Entlassung aus dem fremden Dienst und allerlei Beweise und Formalitäten verlangt hatte.

Dicht vor Kriegsende schlossen sich die Vereinigten Staaten den Vereinbarungen an, die die anderen alliierten Hauptmächte bereits

---

[1]) KELLER-TRAUTMANN: S. 804. [2]) Wortlaut Rev. 1917, S. 595.

[3]) 241 Fed. rep. S. 985, zitiert in Note der Rev. 1917, S. 595, ebenso eine entgegengesetzte Entscheidung des Bezirksrichters von Maryland i. S. JONASSON: vom 28. IV. 1917, 241 Fed. rep. S. 723.

[4]) Act v. 1906, Sekt. 3. KELLER-TRAUTMANN: S. 785.

[5]) Inhaltsangabe — in fehlerhafter Übersetzung — Rev. 1918, S. 77.

1917 getroffen hatten (vgl. S. 47). Jeder Vertragsstaat dehnte danach die Militärpflicht auf die in seinem Gebiete weilenden Staatsangehörigen aus, falls diese nicht vorzogen, binnen einer gewissen Frist im Heere ihrer engeren Heimat einzutreten[1]). Ob diese Verträge für das innere Staatsangehörigkeitsrecht der Union die Folge hatte, daß das nordamerikanische Bürgerrecht durch Heeresdienst im befreundeten Heer überhaupt nicht mehr verloren wurde, kann ich nicht nachprüfen. Das Gesetz vom 9. V. 1918 blieb jedenfalls in Geltung und gewann bei der immer größer werdenden Zahl von fremden Staatsangehörigen im amerikanischen Heer für deren spätere Naturalisation an Bedeutung. Ein Gesetzentwurf vom Februar 1918, der solchen alliierten Staatsangehörigen, die sich auf ihre Ausländereigenschaften beriefen, um dem Heeresdienst zu entgehen, jede spätere Naturalisation in den Vereinigten Staaten verbietet[2]), war überflüssig geworden und wurde nicht mehr Gesetz.

Ob das Gesetz vom 9. V. 1918 nur für die Dauer des letzten Krieges oder generell erlassen ist, geht aus den mir erreichbaren Auszügen nicht hervor. Nach seiner Fassung als Zusatzakte der Naturalization Act vom Juni 1906 ist wohl das letztere anzunehmen.

Wie sehr die Vereinigten Staaten die Verleihung des Bürgerrechts von der Wehrpflichterfüllung abhängig machen, geht aus folgender Gerichtsentscheidung hervor[3]). Danach wurde einem Ungarn, der 1906 eingewandert war, 1916 die declaration of intention abgegeben, 1917 aber die Befreiung vom Heeresdienst aus Gewissensgründen (a conscientous objector) beantragt hatte, die Naturalisation im Jahre 1923 verweigert, als er seine Anschauung auf Anfrage bestätigte. Seine Beschwerde gegen die Entscheidung, die ihn für ineligible to citizenship erklärt hatte, da sich seine Heeresdienstweigerung nicht mit der eidlich zu erhärtenden Treueverpflichtung auf die Verfassung vertrage, wird zurückgewiesen. Zu der obigen Begründung wird keine Stellung genommen; jedenfalls aber stehe Gewährung und Versagung der Naturalisation im freien Ermessen des Gerichts.

2. Denaturalisation.

Bei dem späten Eintritt der Vereinigten Staaten in den Krieg konnte sich das Bedürfnis, ehemals feindliche Staatsangehörige ihres Unionsbürgerrechts zu entkleiden, nicht sehr lange zeigen. Die Überführung des in den Vereinigten Staaten befindlichen feindlichen Vermögens unter die

---

[1]) Verträge vom Juli, August, September 1918 mit England, Canada, Italien, Griechenland, Frankreich, vgl. Woolsey: The military service convention between the U. St. and associated countries, American Journal of intern. Law 1918, S. 824.

[2]) Vgl. Mitteilung in Rev. 1918, S. 78.

[3]) In re D. (N. D. Ohio 1923), 290 Fed. 863, Michigan Law Review, Bd. 22, S. 152.

Verwaltung des Alien Property Custodian, wie sie sich nach der Trading with the Enemy Act vom 6. X. 1917[1]) vollzog, war eine so gewaltige Aufgabe, daß ihre Erweiterung auf die Naturalisierten feindlichen Ursprungs zunächst kaum in Frage kam, und die gegen die Person gerichteten Maßnahmen sind in den Vereinigten Staaten überhaupt milder als sonst geblieben[2]); zu einer allgemeinen Internierung ist es nicht gekommen. So hat man sich darauf beschränkt, in einzelnen Fällen durch die Gerichte den Widerruf des Naturalisationszertifikats auszusprechen. Und diese fanden einen sehr einfachen Weg, der eine Gesetzesänderung unnötig machte. Die Vereinigten Staaten als ausgesprochenes Einwanderungsland hatten, wie wir sahen, bereits vor dem Kriege ein sehr strenges Naturalisationsrecht. Abgesehen von den besonderen zeitlichen Voraussetzungen ist die Gewährung der Naturalisationsurkunde an eine Reihe von eidlichen Erklärungen geknüpft, in denen der Antragsteller sich zur Treue verpflichtet, in aller Form seinem Heimatstaat allegiance and fidelity absagt, in denen er bekennt, weder Anarchist, noch Gottesleugner oder Polygamist zu sein, sondern seine Anhänglichkeit an die Grundsätze der amerikanischen Verfassung und seine Absicht, dauernd in den Vereinigten Staaten zu wohnen, bekundet[3]). Das Entscheidende hierbei ist, daß über die Zuverlässigkeit und Eignung zur Einbürgerung nicht ausschließlich eine Nachforschung der Behörde entscheidet, sondern daß diese zu einem Teil ersetzt wird durch die eigene Aussage des Antragstellers. Ohne daß das Gesetz den Widerruf ausdrücklich zuläßt, liegt in diesem Verfahren für die Naturalisationsbehörde die Möglichkeit begründet, ihren Akt zu widerrufen, wenn jene Aussagen nicht der Wirklichkeit entsprechen. Es kann dabei nichts ausmachen, ob jene Erklärungen reine Tatsachenangaben enthalten oder ein künftiges Verhalten versprechen; wesentlich ist, daß mit der Abgabe der Erklärung die Naturalisation unter der auflösenden Bedingung schwebt, daß der Erklärungsinhalt unrichtig wird. So kannte das Friedensrecht der Vereinigten Staaten die betrügliche oder ungesetzliche Erlangung der Urkunde (Art. 15, Abs. 1, Gesetz vom 29. VI. 1906) im besonderen für den Fall, daß der Naturalisierte sich innerhalb von 5 Jahren nach der Naturalisation in seiner Heimat oder in einem anderen Land niederläßt. Hier wird prima facie angenommen, daß der Betreffende zur Zeit der Erwerbung des Bürgerbriefs nicht die Absicht hatte, ständiger Bürger der Vereinigten Staaten zu werden (Art. 15,

---

[1]) Vgl. Text und Darstellung in KRUEGER, LOEWENFELD u. a.: Die Beschlagnahme, Liquidation und Freigabe deutschen Vermögens im Auslande. Teil I, S. 57, Berlin 1924.

[2]) HERSHEY: Treatment of Enemy Aliens, Amer. Journal of Internat. Law 1918, S. 156.

[3]) Vgl. die Naturalisationsformulare bei KELLER-TRAUTMANN: S. 799.

Abs. 2)[1]). Während des Kriegs haben die Vereinigten Staaten denn auch von dieser Bestimmung Gebrauch gemacht[2]). Die Wirkung eines solchen vom Staatsanwalt zu betreibenden Verfahrens ist die Nichtigerklärung des Bürgerbriefs (cancellation) durch das zuständige Gericht. In Fällen, in denen die Denaturalisation wünschenswert erschien, scheint nun in den Vereinigten Staaten allgemein der Art. 15 angewendet worden zu sein. So wurden 1918 die Naturalisationspapiere eines früheren höhern Postbeamten von Newjersey, WUSTERBARTH, der 35 Jahre zuvor naturalisiert worden war, vom Distriktshof von Newark für nichtig erklärt, weil er häufig seiner Hoffnung auf den Sieg Deutschlands Ausdruck gegeben habe. W. habe seine Naturalisation unter einem falschen Vorwand erlangt, indem er den Vereinigten Staaten Treue geschworen, in Wirklichkeit aber Deutschland Treue bewahrt habe[3]). Und ebenso wird in einem anderen Falle (U. S. v. KRAAMER 262, F.395[4]) angenommen, daß eine Naturalisation auch dann betrüglich und schlechtgläubig erlangt sei, wenn Handlungen nach der Naturalisation die Untreue des Staatsbürgers und seine Anhänglichkeit an seine alte Staatsgewalt aufzeigen. Eine allgemeine Ausdehnung dieses Verfahrens scheint von der öffentlichen Meinung zeitweise verlangt und auch von der Regierung beabsichtigt gewesen zu sein. Anfang 1918 fordert HERSHEY[5]) die Überprüfung der in den letzten Jahren gewährten Naturalisationen mit Rücksicht auf das deutsche Gesetz von 1913, und auf Grund des ersterwähnten Urteils hat die Regierung den allgemeinen Widerruf von Naturalisationen vorgeschlagen, soweit ehemalige Deutsche und deren Verbündete ihren Treueid nicht beachteten[6]). Gesetz sind diese Vorschläge nicht geworden.

3. Naturalisation und Rassenfrage.

Ende 1922 hat der oberste Gerichtshof der Vereinigten Staaten entschieden, daß Angehörige der gelben Rasse das amerikanische Bürgerrecht nicht erwerben können[7]). Bald darauf hat er die Naturalisation

---

[1]) Eine ähnliche Regelung, aber mit der Auffassung des Verzichts findet sich schon in den Bancroftverträgen (Art. 4 Vertrag zwischen Norddeutschem Bund und den Vereinigten Staaten vom 22. II. 1868).

[2]) HARTMANN: Die Rechtswirkung der Kassation ausländischer Naturalisationsurkunden, berichtet von einem solchen Fall, Annalen des deutschen Reichs 1917, S. 784.

[3]) JCl. 1918, S. 1542.

[4]) The Journal of conational Law 1921, S. 12, im Auszug Rev. 1921, S. 444.

[5]) a. a. O S. 162.

[6]) Notiz JCl. 1918, S. 1543.

[7]) Entscheidung des Supreme court i. S. OZAWA vom 13. XI. 1922: The Amer. Journal of internat. Law 1923, S. 151, in französischer Übersetzung JCl. 1923, S. 639, im Auszug NIEMEYERS Zeitschr. f. intern. R., Bd. 31, S. 131.

eines Hindu gleichfalls für unzulässig erklärt [1]). Die Entscheidungen beleuchten Rassenfrage und Einwanderungspolitik des großen völkergemischten Nationalstaats der neuen Welt und bringen jahrzehntelange Gegensätze, zahlreiche diplomatische Verhandlungen zwischen Japan und den Vereinigten Staaten in Erinnerung und, wie die Ereignisse vom Frühjahr 1924 gezeigt haben, in neue Bewegung. Seit Japan seinen Untertanen die Auswanderung erlaubt (1885), haben die gelben Einwanderer in Strömen den Westen Nordamerikas überflutet, billige, bedürfnislose Arbeiter, zähe Kolonisten, gegen die sich der lebhafte und organisierte Widerstand der ländlichen wie der Arbeiterbevölkerung erhob. Ausnahmegesetze, Grunderwerbs- und Schulverbote wurden erlassen und riefen Verhandlungen mit Japan hervor, die 1908 zu einem die Einwanderung beschränkenden Abkommen führten [2]). Die Einbürgerung von Japanern hat die Union mit Rücksicht auf Sekt. 2169 seiner Revised Statutes, die die Naturalisationsbestimmungen nur auf Angehörige der weißen Rasse und auf Afrikaner Anwendung finden läßt, auch vor dem Krieg abgelehnt, allerdings nur in Entscheidungen unterer Gerichte und zum lebhaften Mißfallen Japans [3]). In den von der öffentlichen Meinung mit Beifall begrüßten neuen Entscheidungen OZAWA, bei der es sich um einen seit Jahrzehnten in Hawaii ansässigen Japaner handelt, und BHAGAT SINGH THIND stellt der oberste Gerichtshof in ausführlicher Darlegung fest, daß Japaner und Inder nicht Weiße seien und die volle Geltung der Sekt. 2169 durch das spätere die Naturalisation im einzelnen regelnde Gesetz von 1906 nicht berührt werde.

4. Staatsangehörigkeit und Eheschließung.

Gesetz vom 20. VI. 1922.

Später noch als England haben die Vereinigten Staaten sich dem Grundsatz, daß die Frau der Staatsangehörigkeit des Mannes folge, angeschlossen. In seiner doppelseitigen Wirkung ist er erst wenige Jahre vor dem Krieg, ohne jede Einschränkung überhaupt nicht anerkannt gewesen. Bei dieser Stellungnahme liegt es geradezu in der Linie der Entwicklung, daß die Vereinigten Staaten nun als erste den genannten Grundsatz nahezu völlig über Bord werfen.

---

1) Entscheidung i. S. BHAGAT SINGH THIND vom 19. II. 1923, zitiert bei BROWN SCOTT, J.: Japanese and Hindu naturalization in the U. S., the Amer. Journal of intern. Law 1922, S. 328.

2) Vgl. KIEFE: Note zur Entscheidung OZAWA in JCl., 1923, S. 647.

3) Vgl. Rev. 1914, S. 705. Anzeige von MAHON, J.: The japanese question, Amer. Law Rev. 1914, S. 698.

Seit 1855 galt gemäß Sekt. 1994 der Revised Statutes[1]) die Ausländerin, die einen amerikanischen Bürger heiratete, als Bürgerin, sofern sie selbst might be lawfully naturalized. Damit blieben früher Frauen schwarzer, auch jetzt noch solche gelber Rasse[2]) vom Staatsangehörigkeitserwerb durch Heirat ausgeschlossen.

Was auf der anderen Seite die Amerikanerin anging, die einen Ausländer heiratete, so führte erst das Naturalisationsgesetz von 1907 in seiner Sekt. 3 und 4 den allgemeinen Verlust des Bürgerrechts für die Ausländerfrau ein, und zwar auch über die Auflösung der Ehe hinaus. Damit wurde eine viel erörterte Praxis der amerikanischen Gerichte beendet, die mangels einer positiven Gesetzesbestimmung im großen und ganzen den Grundsatz herausgebildet hatte, daß die Amerikanerin nur dann ihr Bürgerrecht durch Eheschließung verliere, wenn sie dem Gatten in dessen Heimat gefolgt sei; daß ferner nach dem Tod des Gatten, die Heimat-Staatsangehörigkeit wieder auflebe, wenn die Witwe in ihre Heimat zurückkehre[3]). Dieser Grundsatz saß so fest, daß noch im Jahr 1915, 8 Jahre nach der Regelung durch das Naturalisationsgesetz, der Oberste Gerichtshof eigens aussprechen mußte: eine Amerikanerin, die einen Ausländer heiratet, verliert ihr Bürgerrecht auch, wenn die Gatten in den Vereinigten Staaten wohnen bleiben[4]).

In jüngster Zeit nun ist man zu der alten Praxis zurückgekehrt, und hat nicht nur sie, sondern darüber hinaus die nationale Selbständigkeit der Ehefrau gesetzlich festgelegt. Und wie in England ist es nicht der nationalisierende Einfluß des Krieges, sondern die Frauenbewegung gewesen, die die Abkehr vom Grundsatz der Familieneinheit bewirkt hat. Ins Rollen kam die Frage im Jahre 1920 mit der Verfassungsänderung des XIX. Amendment, durch die den Frauen das Wahlrecht gewährt wurde. Eine gewaltige Anzahl in den Staaten lebender, gebürtiger Amerikanerinnen wurde der neuen Gabe nicht froh, da sie sie als Frauen von Ausländern nicht nutzen konnten, während sie ihre von fern her in jüngster Zeit eingewanderten Schwestern mit Neid zur Wahlurne schreiten sahen. In einem Einwanderungsland wie Amerika mußte dieser Mißstand auch zahlenmäßig in der Tat einige Bedeutung haben[5]). War das Wahlvorrecht der Männer gefallen, so mußte ihr Anspruch auf die Beherrschung der Staatsangehörigkeit in der Familie nachfolgen. Beide Parteien Amerikas, Republikaner wie Demokraten, machten sich zudem bei der Präsidentenwahl von 1920 zu Wortführern der den Frauen

---

1) KELLER-TRAUTMANN: S. 803.

2) Siehe oben S. 98.

3) Vgl. dazu MOORE: Intern. Law Digest III, S. 448ff. — SIEBER: I, S. 152ff.

4) I. S. MACKENZIE-HARE: Rev. 1921, S. 226.

5) In Deutschland, wo die Rechtslage die gleiche ist, ist von einer derartigen Anregung meines Wissens nie etwas verlautet.

günstigen Bewegung, wie das die unvermeidliche wahltaktische Folge in allen Ländern ist, die das Frauenwahlrecht einmal eingeführt haben. Seit Februar 1920 hat dem Kongreß eine bill Rogers vorgelegen, die allem der Verteidigung der Familieneinheit gewidmeten Widerspruch zum Trotz am 20. VI. 1922 im wesentlichen unverändert als sog. Cable bill Gesetz geworden ist[1]).

Die Sekt. 2 und 3 der Act beenden grundsätzlich den Einfluß der Eheschließung auf die Staatsangehörigkeit. Die Ausländerin, die einen amerikanischen Bürger heiratet, wird damit nicht amerikanische Bürgerin; die Bürgerin, die einen Ausländer heiratet, verliert dadurch ihr Bürgerrecht nicht. Dagegen genießt die erstere leichtere Naturalisationsvoraussetzungen: Wegfall der declaration of intention und Verkürzung der 5jährigen Wohnsitzbedingung auf 1 Jahr. Für die amerikanische Ehefrau des Ausländers gelten folgende Bestimmungen, die der Familieneinheit zugute kommen: 1. Die Ausländerfrau kann auf ihr amerikanisches Bürgerrecht vor dem zuständigen Gericht formell verzichten. 2. Hat sie während der Ehe 2 Jahre lang ihren ständigen Wohnsitz im Heimatland ihres Gatten oder 5 Jahre lang außerhalb der Vereinigten Staaten, so verliert sie ihre amerikanische Staatsangehörigkeit, d. h. sie unterliegt derselben Vermutung wie der naturalisierte Amerikaner, der sich 2 Jahre lang wieder in seiner alten Heimat oder 5 Jahre lang außerhalb Amerikas aufgehalten hat (Sekt. 2, Abs. 2, Gesetz von 1907)[2]). Ein solcher Amerikaner hört auf, es zu sein, wenn er nicht vor den diplomatischen oder konsularischen Behörden geeignete Schritte tut. 3. Die Vermutung der obigen Ziff. 3 gilt nur für die Dauer der Ehe. Ist die Frau bei Auflösung der Ehe Amerikanerin, oder deutlicher, ist sie noch Amerikanerin, so bleibt sie es auch unabhängig vom Wohnsitz als Witwe oder geschiedene Frau.

Der Regelfall einer Ehe, deren einer Teil gebürtiger Amerikaner ist, wird also folgendermaßen aussehen:

I. Der Mann ist Amerikaner.

a) Wohnsitz in den Vereinigten Staaten: die Frau kann sich in ab-

---

[1]) Anlage 17. Literatur: VAN DYNE: On Naturalization, Report of a committee by the house of Representations, 67th Congress 2d session Nr. 1110 (mir nicht zugänglich). — MAGUIRE: Suffrage & Married Womens nationality, the amer. law rev. 1920, S. 641ff. und Rev. 1921. S. 313; ferner letztere Zeitschr. 1922/23, S. 508ff. — In The Amer. Journ. of internat. Law: WILSON, G. G.: Nationality & the XIXth Amendment 1921, S. 65. — REEVES: Nationality of Married Women 1923, S. 97. — CRANE: im Journ. of the comp. legisl. 1923, S. 47. — CHAMBERLAIN: In American bar Assoc. Journ. 1923, S. 57. — GARNER: Acquisition and loss of nationality by marriage. New legislation in the U. St., the British year book of internat. law 1923/24, S. 159.

[2]) KELLER-TRAUTMANN: S. 806.

gekürztem Verfahren einbürgern lassen. Unternimmt sie keine Schritte, bleibt sie Ausländerin.

b) Wohnsitz außerhalb der Vereinigten Staaten: die Frau wird nie Amerikanerin.

II. Die Frau ist Amerikanerin.

1. Die Frau verzichtet auf ihr Bürgerrecht: sie erwirbt — je nach dem Recht ihres Gatten — durch die Eheschließung seine Staatsangehörigkeit.

2. Die Frau verzichtet nicht:

a) Wohnsitz in den Vereinigten Staaten: die Frau bleibt Amerikanerin. Keine Naturalisationserleichterung für den Mann.

b) Wohnsitz außerhalb der Vereinigten Staaten: die Frau verliert die amerikanische Staatsangehörigkeit nach 2, spätestens 5 Jahren.

Gemessen an den Bestimmungen der anderen, den Grundsatz der nationalen Familieneinheit befolgenden Länder ergibt sich für die Ehefrau folgendes:

Im Falle I wird die Frau staatenlos oder behält ihre Heimatstaatsangehörigkeit, je nachdem ihr Heimatgesetz den Verlust der Staatsangehörigkeit durch Eheschließung von dem Erwerb der Staatsangehörigkeit des Gatten abhängig macht oder nicht[1]).

Im Falle II, 1 erwirbt die Frau die Staatsangehörigkeit des Gatten wie bisher, im Falle 2a wird und bleibt die Frau Doppelstaatsangehörige, im Falle 2b fällt die erste der zwei Staatsangehörigkeiten in der Regel nach 2 Jahren fort.

Die Bestimmungen des Naturalisationsrechts lauten für die Ehefrau wie folgt:

Die Sekt. 1 verkündet das durch die Tatsache des Geschlechts oder der Ehe nicht beeinträchtigte Recht der Frau auf Einbürgerung in den Vereinigten Staaten. Wie in England und ähnlich in Frankreich ist hier in Betracht zu ziehen, daß der selbständigen Naturalisation einer Ehefrau nicht nur der Grundsatz der Familieneinheit, sondern unter Umständen die bürgerlich-rechtliche disability des angelsächsischen Rechts entgegensteht. Im Jahre 1910 wurde dieser Satz in einem Fall ausgesprochen, wo die ausländische Frau eines ausländischen Mannes nicht selbständig naturalisiert werden konnte, obwohl beide Gatten seit über 30 Jahren im Lande wohnten[2]) und noch kurz vor dem neuen Gesetz ist er bestätigt worden[3]). Diese Rechtslage verändert die Sekt. 1 grundlegend. Natürlich steht der Frau ein verfolgbarer Anspruch auf Natu-

---

[1]) Die Deutsche und die Engländerin wird staatenlos, die Französin, Belgierin und Italienerin behält die Heimatstaatsangehörigkeit.

[2]) U. S. v. COHN: 179 F. R. 834, nachgewiesen bei MAGUIRE: a. a. O.

[3]) In re GUARY: Yale Law Journal 1921/22, S. 216, im Auszug Bulletin de Institut interméd. internat. 1922, S. 347.

ralisation ebensowenig wie dem Mann zu. Ihr „Recht“ bedeutet nur rechtliche Möglichkeit im Rahmen der allgemeinen Naturalisationsvorschriften[1]).

Aus dem selbständige Naturalisationsrecht ergibt sich auf der andern Seite, daß die Einbürgerung des Gatten in den amerikanischen Staatsverband sich nicht von selbst auf die Ehefrau erstreckt[2]). Jedoch genießt sie dieselben Naturalisationserleichterungen wie bei der Eheschließung mit einem Amerikaner (Sekt. 2). Läßt sich eine Frau nach Auflösung ihrer Ehe einbürgern, so erstreckt sich übrigens die Naturalisation nach wie vor auf ihre minderjährigen Kinder (Sekt. 5, Gesetz von 1907). Umgekehrt verliert die Ehefrau durch die Naturalisation des Gatten im Ausland an sich ihre Staatsangehörigkeit nicht, wie das schon bisher der Fall war. Läßt sie sich jedoch mit ihrem Gatten oder unabhängig von ihm im Ausland einbürgern, so verliert sie nach Sekt. 2, Abs. 1, Gesetz von 1907, ihr Bürgerrecht. Dabei ist bemerkenswert, daß den Frauen das selbständige sogenannte Expatriierungsrecht der Sekt. 1999 der Rev. Stat.[3]) ausdrücklich eingeräumt wird (Sekt. 3 a. E.).

Alles bisherige gilt für die Regelfälle. Dazu sind jeweils Klauseln mit Rücksicht auf die Rassenzugehörigkeit der Ehefrau oder des Ehemanns eingefügt. Wir stoßen hier auf die gleiche Strenge, die uns bei der jüngsten amerikanischen Naturalisationsrechtsprechuug entgegentrat. Ist die Ausländerin, die einen citizen heiratet, „not eligible to citizenship“, d. h. ist sie, abgesehen von ihrer Eignung hinsichtlich des Alters, des Leumunds und ihrer Sprachkenntnisse etwa Angehörige der gelben Rasse, so kann sie weder unter den erleichterten noch unter den gewöhnlichen Bedingungen naturalisiert werden (Sekt. 3 des Gesetzes, Sekt. 2169 Rev. Stat.). Heiratet die Amerikanerin einen Ausländer ineligible to citizenship, so verliert sie, wie unter dem frühern Recht bei jeder Ausländerheirat, ihr Bürgerrecht (Sekt. 3); ja, sie kann nach Auflösung der Ehe ihr Bürgerrecht nicht mehr, wie die nun abgeschaffte Sekt. 3 des Gesetzes von 1907 zuließ, durch einfache Eintragung oder Wohnsitznahme in den Vereinigten Staaten wiedererwerben, sondern muß sich ordnungsmäßig naturalisieren lassen (Sekt. 7). Infolgedessen

[1]) REEVES: a. a. O. weist in seinen — ablehnenden — Ausführungen auf den Fall hin, daß ein Amerikaner im Ausland eine Engländerin heirate und nun für seine Frau keine Einreiseerlaubnis in die Vereinigten Staaten bekommen könne, da sie weder von England, deren Staatsangehörigkeit sie durch die Eheschließung verloren, noch von den Vereinigten Staaten, deren Angehörigkeit sie nicht erworben habe, einen Paß erhalte. Unter diesen Umständen sei auch die Naturalisationserleichterung, die immerhin den Wohnsitz in den Vereinigten Staaten voraussetze, ohne Wert.

[2]) Diese Wirkung wurde früher aus Sekt. 1994 der Rev. Statut. gefolgert. SIEBER: I, S. 335.

[3]) SIEBER: II, S. 328.

erwerben auch die minderjährigen Kinder einer solchen ehemaligen Amerikanerin nicht mehr das amerikanische Bürgerrecht durch einfache Wiederaufnahme der Mutter, sondern erst mit deren Naturalisation. Endlich kann sich während der Dauer der Ehe mit einem ineligible keine Ausländerin einbürgern lassen (Sekt. 5).

Der Rest sind Übergangsbestimmungen. Die Amerikanerin, die ihre Staatsangehörigkeit durch Eheschließung eingebüßt hat, kann sie im abgekürzten Verfahren wieder erwerben (Sekt. 4). Das Gesetz wirkt nicht zurück und beeinträchtigt namentlich nicht die amerikanische Staatsangehörigkeit der Ausländerin, die bei Inkrafttreten des Gesetzes durch Eheschließung mit einem Ausländer bereits erworben worden ist (Sekt. 6 und 7).

VI. Portugal.

Denationalisation.

Dekret vom 23. IV. 1916.

Portugal hat sich nur auf dem Gebiet der Entziehung der Staatsangehörigkeit betätigt, ist hierin aber von allen Staaten der Entente am weitesten gegangen. Es hat nicht nur denaturalisiert, sondern auch denationalisiert. Im Zusammenhang mit seiner Kriegsgesetzgebung gegen die Fremden bestimmte es durch Dekret Nr. 2355 vom 23. IV. 1916 kurzerhand[1]), daß die in Portugal geborenen, von deutschen Vätern abstammenden Individuen vom Tage der Kriegserklärung an die Eigenschaft eines portugiesischen Staatsbürgers verlieren (Art. 2). Der Verlust tritt nicht auf Grund eines Verfahrens, sondern allgemein ipso iure ein. Zu Ausnahmen ist eine eigene Entscheidung der Regierung, die veröffentlicht werden muß, erforderlich. Des weiteren werden mit einem Federstrich sämtliche Naturalisationen, die bis zur Kriegserklärung an Angehörige Deutschlands oder mit ihm verbündeter Staaten[2]) gewährt waren, gestrichen (Art. 3). Ausgenommen von beiden Maßnahmen sind die der portugiesischen Regierung von Frankreich empfohlenen Elsaß-Lothringer.

Nach dem Friedensrecht Portugals handelt es sich bei Gruppe 1 um von Geburt an portugiesische Staatsbürger (port. BGB. Art. 17, Ziff. 2, Keller-Trautmann, S. 753), die das Recht haben, die portugiesische Staatsbürgerschaft als Volljährige abzulehnen. Weder hatte das portugiesische Recht einen Verlustgrund für geborene Portugiesen nach Art des Dekrets vorgesehen, noch konnte die ordnungsmäßig nach dem

[1]) Anlage 18.

[2]) Daß der Kreis der Betroffenen bei Gruppe 2 ohne ersichtliche Gründe ein weiterer ist als bei Gruppe 1, wo nur deutsche Abkömmlinge aufgeführt werden, darf nicht Wunder nehmen.

Dekret vom 2. XII. 1910 (KELLER-TRAUTMANN, S. 755) erteilte Naturalisation für widerrechtlich angesehen werden.

Die Wirkung des Dekrets ist für die Betroffenen hauptsächlich Ausweisung, sonst Internierung, ferner Sequestrierung des Vermögens (Dekret vom 9. VI. 1916)[1]. Über die tatsächliche Handhabung fehlt es an Nachrichten. Portugal hat mit solchen Kriegsmaßnahmen nicht einmal vor seinen eigenen gebürtigen Staatsangehörigen Halt gemacht: nach Art. 8 des Dekrets vom 23. IV. 1916 können auch Portugiesen, wenn sie für den Feind günstig gesinnt sind und daher der nationalen Verteidigung schaden, aus Portugal ausgewiesen werden. Und mit dem Grundsatz, den fremdstämmigen Abkömmling ohne jede Untersuchung, ohne Rechtsgarantien, unabhängig von Verhalten und Gesinnung seiner staatsbürgerlichen Rechte, die es ihm auf Grund des ius soli-Prinzips geradezu aufgedrängt hatte, zu entziehen, verdient jenes Dekret eine bevorzugte Erwähnung unter allen Denationalisationsgesetzen.

VII. Japan.

Verzicht auf die Staatsangehörigkeit.

Gesetz vom 15. III. 1916.

Ähnlich wie in Frankreich und England hat die Handhabung der Wehrpflicht in Japan zu Reibungen geführt, wo es sich um Doppelstaatsangehörige handelte. Aber während die genannten europäischen Länder ein bereits bestehendes Optionsrecht zuungunsten des Betreffenden verkürzten oder vorverlegten, hat Japan, das das reine ius sanguinis anwendet, den Ländern des ius soli eine Rücksicht eingeräumt, die bisher nicht bestand. Das geschah durch eine Novelle vom 15. III. 1916[2] zu dem Staatsangehörigkeitsgesetz von 1899[3]. Japaner, die durch Geburt gleichzeitig Angehörige eines andern Landes sind und in diesem Land wohnen, dürfen mit Genehmigung des Ministers des Innern bis zum 17. Lebensjahr auf die japanische Staatsangehörigkeit verzichten. Da im japanischen Gesetz nur der künstliche, nicht der natürliche Erwerb einer fremden Staatsangehörigkeit die japanische Staatsangehörigkeit untergehen läßt, gerieten die Betreffenden bisher mit Eintritt des wehrpflichtigen Alters — 17 Jahre — unweigerlich in Reibung mit den Militärgesetzen und konnten von diesem Zeitpunkt zudem kraft ausdrücklicher Vorschrift des Art. 24 die japanische Staatsangehörigkeit bis zur Beendigung ihrer Wehrpflicht nicht mehr ab-

[1]) Rev. 1915/16, S. 391.

[2]) Anlage 19. BROWN SCOTT: The Japanese Law of Nationality, Amer. Journ. of Internat. Law 1916, S. 367.

[3]) v. KELLER-TRAUTMANN: S. 714.

streifen. Die Novelle schuf also die Möglichkeit, solchen de facto-Ausländern vor Eintritt des wehrpflichtigen Alters eine legale Entlassung aus dem japanischen Staatsverband zu gewähren. Eine solche Einschränkung des Abstammungsgrundsatzes zugunsten von Ländern, die das reine ius soli anwenden, ist ungewöhnlich. Die Rücksicht auf die tatsächlichen Verhältnisse und die Klärung der Lage der sujets mixtes haben die Novelle wohl begründet. In der gleichen Richtung liegt die durch das gleiche Gesetz vorgenommene Änderung des Art. 18. Die Japanerin verliert danach nur noch dann durch Eheschließung mit einem Ausländer die japanische Staatsangehörigkeit, wenn sie gleichzeitig dessen Staatsangehörigkeit erwirbt. Das ist die geschickte Rückversicherung gegen den Eintritt der Staatenlosigkeit, die der französische code civil Art. 19 aufgestellt hat.

VIII. China.

Das Staatsangehörigkeitsgesetz vom 18. XI. 1912 u. 30. XII. 1914.

China hat noch vor dem Krieg, nachdem es Republik geworden war, sein Staatsangehörigkeitsrecht durch Gesetz vom 18. XI. 1912 neu geordnet[1]). Es gilt nunmehr in der Fassung des Präsidentendekrets vom 30. XII. 1914, die einige Fristen verändert und der staatsrechtlichen Entwicklung der jungen Republik folgend die Übertragung gewisser Zuständigkeiten vom Ministerrat auf den Präsidenten gebracht hat[2]).

Das Gesetz ist im Aufbau klarer und straffer geordnet als das bisher geltende vom 28. III. 1909[3]). Die Grundsätze sind die gleichen geblieben. Aber unverkennbar ist eine auf Erhaltung des nationalen Bestandes und Erleichterung der Naturalisation zielende Richtung, im Formellen eine Angleichung an die allgemein anerkannten Verkehrsgrundsätze. Die Staatsangehörigkeit geht nicht mehr verloren durch Adoption eines Ausländers, dagegen — anders als bisher — durch Annahme ausländischer Dienste trotz Verbots. Nach wie vor tritt der Verlust der chinesischen Staatsangehörigkeit durch Naturalisation im Ausland nur ein, wenn die chinesische Regierung den Betreffenden aus der Staatsangehörigkeit entläßt. Die Voraussetzungen für die Entlassung werden verschärft. Aber auch der Verlust der Staatsangehörigkeit durch Eheschließung mit einem Ausländer und durch Legitimation tritt nur ein, wenn über dem oder der Betreffenden kein Gerichtsver-

---

1) Bericht und Text in französischer Übertragung: BAUDEZ: La nouv. loi chinoise sur la nationalité, Rev. 1914, S. 238. In den neuesten Übersichten der ausländischen Gesetzgebung bei CAHN und KELLER-TRAUTMANN (1914) ist dieses Gesetz noch nicht erwähnt.

2) Anlage 20.

3) KELLER-TRAUTMANN: S. 647.

fahren schwebt oder Steuerausstände vorliegen. Chinesen, die ihre Staatsangehörigkeit verloren haben, büßen nicht nur die sich aus der Angehörigkeit ergebenden Rechte ein, ihr Vermögen fällt an den Staat, wenn sie es nicht binnen 3 Monaten an Chinesen übertragen (offenbar ist an Liegenschaften gedacht) (Art. 16). Man entläßt den Angehörigen ungern; wenn es aber geschieht, verlangt man vom Auswanderer völlige Preisgabe seiner in China liegenden Rechte. Die Naturalisation wird wesentlich erleichtert. Früher wurde ausnahmslos 10jähriger Wohnsitz in China gefordert. Jetzt genügen 5 Jahre, für Gatten chinesischer Frauen 3 Jahre. Dem Gedanken des ius soli, allerdings nicht in der ipso iure wirkenden Form, ist einiger Raum gegeben: wer in China geboren ist, kann sich gleichfalls nach 3jährigem Wohnsitz naturalisieren lassen; war ein Elternteil bereits in China geboren, entfällt jede Wohnsitzbedingung. Alte Förmlichkeiten sind weggefallen, dafür wird die Veröffentlichung in der Staatszeitung gefordert. Für den Naturalisierten bleiben eine Reihe öffentlicher Ämter verschlossen, charakteristischerweise auf militärischem Gebiet nur noch Generalstellen, nicht mehr wie früher der Zutritt zur Armee überhaupt.

Mit den früheren Ausführungsbestimmungen ist auch deren § 7 weggefallen, der auf die bereits vor dem Gesetz von 1906 im Ausland geborenen und noch dort befindlichen Chinesen Anspruch gemacht und zu diplomatischen Auseinandersetzungen mit Frankreich und den Niederlanden geführt hat, zu deren Kolonialbevölkerung in Indo-China und Niederländisch-Indien große Gruppen von chinesischen Auswanderern gehören. Durch das ganze Gesetz gehen genaue Bestimmungen über die Wirkung des Staatsangehörigkeitswechsels auf die Frau und minderjährigen Kinder. Sorgfältig wird Eintritt der Staatenlosigkeit und Doppelstaatsangehörigkeit zu vermeiden gesucht.

IX. Uruguay.

Die Verfassung vom 15. X. 1917.

Uruguay hat seine Verfassung vom 10. IX. 1829 durch die Verfassung vom 15. X. 1917 ersetzt und darin auch die Grundsätze seines Staatsangehörigkeitsrechts neu gefaßt[1]). Im Art. 7 werden das ius soli und das ius sanguinis — mit der Einschränkung, daß die Angehörigen kraft Abstammung in Uruguay ihren Wohnsitz nehmen müssen — als nebeneinander geltende natürliche Erwerbsgründe aufgestellt. Bisher verschaffte nur das ius soli die Staatsangehörigkeit von Geburt. Die Fälle der Staatsangehörigkeit kraft Gesetzes nach Art. 8 sind vermindert worden. 4jähriger bzw. 3jähriger, durch Ausübung eines geistigen

1) Anlage 21.

oder gewerblichen Berufs oder durch Vermögensbesitz qualifizierter Wohnsitz geben zwar noch ein Recht auf die Anerkennung als uruguayischer Staatsbürger, nicht mehr aber der Dienst als Offizier im uruguayischen Heer und namentlich nicht mehr die Eheschließung mit einer Uruguayerin, die bisher entgegen der allgemeinen Staatenpraxis unter Umständen dem Mann die Staatsangehörigkeit seiner Frau, anstatt umgekehrt, verschaffte. Dennoch kann aus dem Wegfall dieser Bestimmung noch nicht geschlossen werden, daß Uruguay den Grundsatz der Maßgeblichkeit des ehemännlichen Status nunmehr eingeführt habe: denn im Art. 13 der neuen Verfassung wird als nunmehr einziger Verlustgrund die Naturalisation im Ausland aufgeführt. Von der Eheschließung mit einem Ausländer ist nicht die Rede. Weggefallen sind die Verlustgründe des bisherigen Art. 12: Verurteilung zu entehrender Strafe, betrügerischer Bankrott und Annahme eines Amts ohne Erlaubnis des Parlaments.

Zweiter Abschnitt.

Die neutralen Staaten.

I. Die Schweiz.

Die Fremdenfrage. Gesetz vom 26. VI. 1920.

Von den neutralen Ländern hat sich keines so wie die Schweiz in den letzten zwei Jahrzehnten mit dem Staatsangehörigkeitsrecht als Gesetzgebungsproblem befaßt. Für sie stand es im Zusammenhang mit einer der brennendsten Angelegenheiten der schweizerischen innern Politik, der Fremdenfrage, die dort längst aus dem Rahmen staatsrechtlicher Erwägungen in den Mittelpunkt des allgemeinen Interesses getreten und zu einem die nationalpolitischen, kulturpolitischen und wirtschaftlichen Belange des Landes aufs engste berührenden Problem geworden ist. Um seine Lösung bemühte sich die Schweiz bereits vor Kriegsausbruch mit allem Nachdruck.

Die Schweiz ist das erste Fremdenland der Welt. Aus einigen Zahlen erhellt die eigenartige Lage: im Jahre 1910 waren von den 3750000 Einwohnern der Schweiz 552000 Ausländer, d. h. 14%. In Genf erreichten die Fremden 42%, in Basel 38%, in Luzern 50% der Bevölkerung[1]). Besonders besorgniserregend erschien aber die dauernde Zunahme dieses ungünstigen Verhältnisses: der Jahresdurchschnitt von einwandernden Fremden betrug 18000, der jährliche Zugang durch Einbürgerung nur 3450. Es fehlten also, um die große Fremdenzahl nicht noch weiter

[1]) Em. D.: la question des Etrangers en Suisse, JCl. 1917, S. 1125.

anschwellen zu lassen[1]), pro Jahr über 14000 Einbürgerungen. Bei dem Gegensatz der Bevölkerungsteile und Sprachen in dem eigenartigen Staatsgebilde, das Teile dreier Völker zu einer Nation vereint, mußte ferner die Herkunft jenes Fremdenstroms und der Anteil, der auf jedes Volk entfiel, argwöhnisch beobachtet werden. Es kamen 1910 von jenen 552000 Fremden auf Deutschland und Italien je 200000, auf Frankreich 60000, Österreich 50000, somit auf Italien ein unverhältnismäßig großer, auf Frankreich ein sehr kleiner Teil der Fremdbevölkerung.

Zur Erlangung geeigneter Abhilfevorschläge setzte der Bundesrat eine Kommission ein. Die politischen Parteien wie die Rechtslehre befaßte sich eingehend mit der Frage und im Juli 1914 herrschte Einstimmigkeit darüber, daß man auf zwei Wegen den Fremdenstrom im eigenen Lande versickern lassen würde: indem man von Gesetzes wegen durch beschränkte Einführung des ius soli Ausländer in Massen zu Schweizern machen und andererseits die Naturalisation für gewisse Gruppen erleichtern werde[2]).

Der Ausbruch des Krieges verschärfte die Lage, beleuchtete sie aber gleichzeitig von anderen Seiten und hemmte den Lauf der Gesetzgebung, wie er sonst wohl gegangen wäre. Der Fremdenstrom nahm zunächst nicht weiter zu, dafür aber die Zahl der Einbürgerungen, so daß das Verhältnis von Einheimischen zu Fremden günstiger wurde. Im Jahre 1915 ließen sich 8000, 1916 über 9000, im Durchschnitt der Kriegsjahre 10000 Ausländer in der Schweiz einbürgern[3]). Aber, war man vor dem Krieg geneigt, die Fremden im eigenen Volk aufgehen zu lassen, so kam nun wie allerorten eine fremdenfeindliche Stimmung auf, die sich sehr entschieden gegen den Zuwachs mißliebiger Elemente wandte. Die ersehnten Einbürgerungen wurden nun verwünscht. Um so begreiflicher, als die Qualität des Fremdenstromes mit fortschreitendem Kriege naturgemäß abnahm und sich unter die Deserteure und Refraktäre auch politisch und wirtschaftlich sehr unwillkommene Gäste mischten: Anarchisten und Schieber. So erscholl der Ruf nach Erschwerung der Einwanderung und Einbürgerung, nach Ausdehnung der Ausweisung und Minderung der Rechte der Fremden[4]). Besonderes Aufsehen erregte der Fall eines französischen Deserteurs, der in Genf, ohne über-

---

[1]) SAUSER-HALL: Nationalité et Naturalisation en droit suisse, JCl. 1917, S. 1258 und 1644, hier S. 1648.

[2]) Vgl. SAUSER-HALL, G: La nationalisation des étrangers en Suisse, 1914, sowie den Aufsatz BURCKHARDTS und die dort zitierte Literatur in: „Die Einbürgerung der Ausländer", Veröffentlichung von Referaten und Protokollen der Schweizer Vereinigung für internationales Recht, Zürich 1917.

[3]) SAUSER-HALL: JCl. 1917, S. 1649; ferner Rev. 1921, S. 318.

[4]) Rev. 1915/16, S. 162, 166; JCl. 1916, S. 1570; 1917, S. 1123, 1352.

haupt der Wohnsitzbedingung des schweizer Rechts genügt zu haben, eingebürgert wurde[1]). Der Bundesrat hat sich dieser Strömung gegenüber abwartend gezeigt und seine Haltung in der Naturalisationspolitik verteidigt[2]). In der Tat erschwerte der Rechtszustand eine einheitliche Handhabung der Einbürgerung und legte die eigentliche Verantwortung den Kantonen in die Hand. Bekanntlich ist die dem Bundesrat durch Art. 44 der Verfassung von 1874 übertragene Gesetzgebungsbefugnis in Einbürgerungssachen nach schweizerischer Anschauung keine ausschließende[3]). Vielmehr verleiht der Kanton nach eigenem, in den einzelnen Kantonen verschiedenem Recht das Bürgerrecht, und der Erwerb des Schweizer Bundesbürgerrechts ist lediglich eine selbsttätige Folge des Kantonsbürgerrechts, so wie der Besitz des Gemeindebürgerrechts seine Grundlage ist. Nur hat sich der Bund die Einhaltung von Mindestvoraussetzungen vorbehalten, indem jedem bei dem Kanton eingereichten Einbürgerungsantrag eine bundesrätliche Bewilligung vorausgehen muß. Sie ist an mindestens 2jährigen Wohnsitz geknüpft; ferner behält sich der Bundesrat die Prüfung der Anträge nach der persönlichen Seite vor. Scheinbar überträgt diese letztere Befugnis der Bundesinstanz die entscheidende Rolle; tatsächlich ist sie jedoch für ihre Nachforschungen auf die Unterlagen des Kantons angewiesen und damit von dessen Naturalisationspolitik, die wiederum durch die nicht unerheblichen Einkünfte aus den sogenannten Einkaufsgeldern beeinflußt wird, einigermaßen abhängig. So gibt der Bundesrat die Vorwürfe über leichtfertige Naturalisationen an die Kantone weiter, die sich Unregelmäßigkeiten hätten zuschulden kommen lassen[4]).

Erst nach dem Krieg und unter dem Eindruck der alsbald einsetzenden Einwanderungsflut[5]) entschloß sich die Regierung auf das Drängen der öffentlichen Meinung[6]) zu einem gesetzgeberischen Schritt. Es wurde durch Gesetz vom 26. VI. 1920[7]) der Art. 2 des Naturalisationsgesetzes von 1903 dahin abgeändert, daß an die Stelle des bisherigen 2jährigen Wohnsitzes in der Schweiz ein 6jähriger tritt, wobei dem ius soli insoweit Raum gegeben wird, als für in der Schweiz geborene Ausländer, die auch dort den größeren Teil ihrer Jugend verlebt haben, ein 3jähriger

---

[1]) JCl. 1916, S. 415, l'affaire TATON. [2]) JCl. 1916, S. 1211; 1917, S. 1515.

[3]) Über das geltende Recht SIEBER: Staatsbürgerrecht I, S. 205ff. — SAUSER-HALL: La nationalité en droit suisse, Bern 1921 und namentlich FLEINER: Schweizerisches Bundesstaatsrecht, S. 90—115 mit ausführlichen Literaturnachweisen. Tübingen 1923.

[4]) JCl. 1917, S. 1515.

[5]) Die allerdings bekanntlich nicht lange anhielt. Nach der Volkszählung von 1920 machten die Ausländer nur mehr 10,4% der Gesamtbevölkerung aus. Monatshefte für schweizerische Politik, 1922, S. 140.

[6]) Vgl. z. B. Antrag eines aargäuischen Ausschusses, JCl. 1919, S. 1023.

[7]) Anlage 22.

Wohnsitz genügt. Die Naturalisationserschwerung trifft also in erster Linie die Einwanderer der Kriegs- und Nachkriegszeit, die bisher in keiner nahen Beziehung zur Schweiz standen.

Denn es waren nur die Einwanderer der jüngsten Zeit, gegen die sich die abwehrende Stimmung so lebhaft richtete. In der Hauptsache blieb die Fremdenfrage nur durch Aufnahme großer Ausländermengen in den Volkskörper zu lösen. Dieser Gedanke hatte auch um so weniger Erschreckendes, als es sich um Volksgenossen handelte, die seit Generationen in der Schweiz ansässig und nur formal Ausländer geblieben waren. Diesen Zustand verschuldeten zwei Umstände: einmal das völlige Fehlen — wie in Deutschland — des ius soli-Prinzips, dann die Gleichberechtigung des Fremden, verbunden mit der hohen Naturalisationsgebühr. Das erste schloß den selbsttätigen Erwerb aus, das zweite hemmte den freiwilligen. Zum überwiegenden Teil standen der Aufnahme solcher Fremden keinerlei Bedenken entgegen. 1910 waren 31% der Ausländer in der Schweiz geboren, 18% seit über 10 Jahren ansässig. Die gesetzgeberische Lösung der Aufgabe wurde weiter betrieben und die Rechtslehre befaßte sich eingehend mit der Frage der „Zwangseinbürgerung"[1]. Zur Einführung eines beschränkten ius soli hatte das letzte Staatsangehörigkeitsgesetz der Schweiz vom 25. VI. 1903[2] in Art. 5 bereits Ansätze gemacht: jedoch blieb es auf dem Papier, da die Kantone es nicht in ihr Einbürgerungsrecht aufnahmen. Nun forderte man übereinstimmend, daß Schweizer werden solle, wer in der Schweiz geboren und wessen Vater oder Mutter gleichfalls schon in der Schweiz zur Welt gekommen oder aber seit mindestens 10 Jahren vor der Geburt des Betreffenden in der Schweiz ansässig waren[3]. Umstritten war nur, ob und in welcher Weise den also Eingebürgerten ein Optionsrecht zugunsten seiner Heimat nach dem ius sanguinis zuzubilligen sei, wie Frankreich und England es kennen. Die Mehrheit der Kommissionen und Gelehrten entschied dagegen; über das gleichfalls vorgeschlagene Recht auf Einbürgerung im Fall bestimmter Voraussetzungen waren die Meinungen geteilt, desgleichen über die Rechtsstellung des Fremden und Eingebürgerten, welch letztere mit Rücksicht auf die den Gemeinden zur Last fallenden große Zahl von Mitgenießern überhaupt Kopfzerbrechen machte.

Trotz aller Einhelligkeit der Auffassungen ist die Zwangseinbürgerung weder während noch nach dem Krieg Gesetz geworden. Mehrfach

---

[1]) Vgl. die oben S. 108 zitierte Veröffentlichung der Schweizer Vereinigung für internationales Recht mit den Aufsätzen BURCKHARDTS, SIEBERS, SAUSER-HALLS und BORELS.

[2]) KELLER-TRAUTMANN: S. 767.

[3]) Das ist das ius soli des italienischen Staatsangehörigkeitsgesetzes vom 13. VI. 1912.

wurden Ansätze dazu gemacht. Die Botschaft des Bundesrats vom 9. XI. 1920[1]) kündigte eine Revision des obengenannten Art. 44 der Bundesverfassung an. Denn es mußte die Kompetenz des Bundes, in Staatsangehörigkeitsdingen Gesetze zu erlassen, im Verfassungsrecht erweitert, ein einzuführendes ius soli dort erst begründet werden, da im Zweifel die Kantone im Staatsangehörigkeitsrecht Gesetzgebungsgewalt besitzen[2]). Im Januar 1921 trieb ein Volksbegehren das stehengebliebene Rad weiter. Im Vordergrund steht die Fremdenabwehr, d. h. die weitere Erschwerung der Einbürgerung: 12jähriger Wohnsitz innerhalb der letzten 15 Jahre, Einschränkung der politischen Rechte für Eingebürgerte, die nicht in der Schweiz aufgewachsen sind, Erweiterung des Ausweisungsrechts wird verlangt, dann aber auch Verleihung der Kompetenz an die Bundesgesetzgebung, Zwangseinbürgerung einzuführen, indem der Art. 44 II der Bundesverfassung durch einen Art. 44 bis zu ersetzen sei. Am 11. VI. 1922 ist dieses Begehren in einer von der Bundesversammlung gewählten Fassung der Volksabstimmung unterbreitet worden. Wenn es — mit großer Mehrheit — abgelehnt wurde, so lag das nicht an mangelnder Stimmung für die darin kundgetane Auffassung, sondern daran, daß die Antragsteller selbst ihren Antrag zurückgezogen hatten, weil die vorgeschlagene Fassung allerdings, namentlich die unterschiedliche Behandlung von Schweizer Staatsbürgern (entgegen Art. 4 der schweizerischen Bundesverfassung!) auf erhebliche Bedenken stieß. Die Frage kann, wie der schweizerische Politiker ROTTI schreibt, so überhaupt nicht erledigt, aus dem Zusammenhang mit dem gesamten Bevölkerungs- und Siedlungsproblem nicht losgelöst werden[3]). Sie fordert ferner eine Änderung der zahlreichen von der Schweiz abgeschlossenen Niederlassungsverträge[4]). Aber an der Einführung des beschränkten ius soli in der Schweiz über kurz oder lang ist nicht zu zweifeln[5]).

Aus der Praxis des Staatsangehörigkeitsrechts ist zu erwähnen, daß die Schweiz in ihr Konsularreglement vom 16. XII. 1919 einen Art. 49 aufnahm, der die Konsulate anwies, Doppelstaatsangehörigen, die in einem dritten Lande wohnen, den Schutz der Schweiz zu versagen, wenn sie sich bisher unter den Schutz des anderen Staats gestellt oder

[1]) Bundesblatt 1920 V, 1.

[2]) SIEBER: a. a. O. I, S. 206.

[3]) Schweizer Monatshefte für Politik 1922, S. 140. Über die Geschichte der Gesetzentwürfe und Volksbegehren ferner SAUSER-HALL: in Rev. 1921, S. 318 (Bericht an die Société de législ. comp.).

[4]) Vgl. FLEINER: a. a. O. S. 108 und die dort angegebene Literatur.

[5]) Vielleicht auch in der Form des Rechts auf Naturalisation. Vgl. über die Anträge der vom Nationalrat eingesetzten Kommission JCl 1924, S. 581. Siehe auch Giacometti, Das Verfassungsrechtsleben der Schweiz 1914—21, im Jahrb. d. öff. R. XI, S 317.

sich sonstwie offenkundig als dessen Angehörige ausgegeben haben[1]). Die Schweiz hält sich also vernünftigerweise mit dem Haager Schiedsgerichtshof an die „nationalité réalisée en fait"[2]).

II. Spanien.

Staatsangehörigkeitserwerb durch Erlangung des Ortsbürgerrechts.

Dekret vom 6. XI. 1916.

Für Spanien trifft die an der Schweiz erläuterte Lage des neutralen Staats, allerdings in erheblich geringerem Umfang, gleichfalls zu. Kein Fremdenland zu Friedenszeiten, ist es naturgemäß im Krieg dem Strom der Deserteure und Drückeberger aus den alliierten Ländern offengestanden und hat die ansässigen oder zufällig in Spanien weilenden Fremden nicht mehr von selbst verlieren oder abstoßen können. Das hatte aber nach dem in Spanien geltenden Recht im Unterschiede zur Schweiz unter Umständen die unerwünschte Folge, daß ein selbsttätiger Staatsangehörigkeitserwerb eintrat. Diesen letzteren unterstellt das Kgl. Dekret vom 6. XI. 1916[3]) nun ganz bestimmten, überprüfbaren Voraussetzungen und einem umständlichen Verfahren. Das spanische Recht kennt nämlich neben der Einbürgerung durch Naturalisation einen besondern dem europäischen Staatsangehörigkeitsrecht sonst fremden Staatsangehörigkeitserwerb: durch Erlangung der vecindad, d. h. des Ortsbürgerrechts in irgendeinem Ort der Monarchie[4]). Die Voraussetzungen dieses Erwerbs sollten nach Art. 44 des Fremdendekrets von 1852[5]) durch Verordnung bekannt gegeben werden. Das war unterblieben und die Erlangung der vecindad der Praxis des Staatsrats überlassen[6]). Schwer war sie jedenfalls nicht zu erreichen, einige Jahre Ansässigkeit, selbständiger Gewerbebetrieb, Heirat mit einer Spanierin und ähnliche Tatbestände haben zur Eintragung in das örtliche Zivilregister genügt, vorausgesetzt, daß der Betreffende auf seine bisherige Staatsangehörigkeit verzichtet und den Eid auf die Verfassung geleistet

---

[1]) Schweizer Bundesblatt 1920, I, S. 604. Zustimmend FLEINER: Bundesstaatsrecht, S. 114, Anm. 73.

[2]) Haager Schiedsgericht vom 3. V. 1912, Rev. S. 331.

[3]) Gazeta de Madrid, 14. XI. 1916, Text der vorangehenden Denkschrift und des Dekrets in französischer Übertragung, Rev. DARRAS 1917, S. 401. Vgl. ferner ZEBALLOS: La Nationalité, Bd. IV/V, S. 1226. Paris 1914ff.; TRIAS DE BE: la naturalización española por titulo de vecindad, Revista general de legislación, 1917, S. 290 (mir nicht zugänglich) und die Mitteilung von ZIETLOW in Weltwirtschaftl. Archiv, Bd. 10 (Chronik), S. 82.

[4]) Spanisches bürgerliches Gesetzbuch Art. 17, Ziff. 3 und 4, KELLER-TRAUTMANN: S. 773.

[5]) Text bei SIEBER: a. a. O. II, S. 271.

[6]) Beispiele bei SIEBER: a. a. O. I, S. 348.

hatte[1]). Dieser weiten und wechselnden Auslegung macht unser bereits vor 64 Jahren angekündigtes Dekret, dem eine Denkschrift vorangeht, ein Ende. Das Bestreben, sich den allgemein gebräuchlichen Grundsätzen des Staatsangehörigkeitsrechts anzupassen, ist offensichtlich. Die materiellen Voraussetzungen sind nunmehr: Geschäftsfähigkeit und guter Leumund (Art. 4), Verzicht auf bisherige Staatsangehörigkeit — ohne daß dies in Übereinstimmung mit den fremden Rechten, die einen Verzicht meist nicht kennen, gebracht wäre — Erledigung der Militärpflicht in der früheren Heimat, 10jähriger Wohnsitz in Spanien (Art. 2). An die Stelle des letzteren kann treten 5jähriger Wohnsitz und eine besondere Qualifikation, wie Heirat mit einer Spanierin, Besitz eines gewerblichen Unternehmens usw. (Art. 3). Vor allen Dingen aber tritt der Erwerb nicht selbsttätig wie bisher ein, — dem Eintrag in das Zivilregister kam lediglich deklaratorische Bedeutung zu — sondern es muß ein formeller Antrag auf Feststellung der ordnungsmäßig erworbenen vecindad mit Beifügung von 8 verschiedenen Urkunden beim Munizipalgericht eingereicht werden (Art. 5), das das Gesuch, nachdem der Staatsanwalt, die Generalregisterbehörde, der Staatsminister, der Staatsrat und der Minister des Innern Einsicht genommen hat, dem Justizministerium zur Genehmigung vorlegt (Art. 6 bis 8). Danach wird vom Richter die Eintragung vorgenommen und der erfolgte Eintrag von der Generalregisterbehörde veröffentlicht (Art. 9 bis 11). Nach den Worten der Denkschrift darf bei Vorliegen der Voraussetzungen die Einbürgerung nicht verweigert werden; ein verfolgbarer Rechtsanspruch ist aber nicht gegeben. Mit der neuen Regelung ist der Staatsangehörigkeitserwerb durch Erlangung der vecindad von der gewöhnlichen Naturalisation des Art. 17, Ziff. 3 spanischen bürgerlichen Gesetzbuches, die durch Dekret auf Bericht des Staatsrats verliehen wurde, dem Wesen nach nicht zu unterscheiden. Da jene Naturalisation gleichfalls noch der Ausführungsverordnung entbehrte und dem Ermessen des Staatsrats überlassen war, ist anzunehmen, daß nunmehr das oben geschilderte Verfahren die Form der Einbürgerung geworden ist. Jedenfalls gibt es die Unterscheidung zwischen stillschweigender und ausdrücklicher, genehmigungspflichtiger Einbürgerung im spanischen Recht nicht mehr.

III. Mexiko.

Die Verfassung vom 31. I. 1917.

Die neue mexikanische Verfassung vom 31. I. 1917 hat die Grundsätze des Staatsangehörigkeitsrechts, das bisher in der Verfassung von 1857 und dem Staatsangehörigkeitsgesetz von 1886 ruhte, neu be-

[1]) Spanisches bürgerliches Gesetzbuch Art. 25.

stimmt[1]). Für den natürlichen Erwerb der Staatsangehörigkeit bleibt das ius sanguinis als primärer Grundsatz erhalten. Das ius soli des bisherigen Art. 2, Ziff. II des Staatsangehörigkeitsgesetzes von 1886[2]) mit Optionsrecht für den Heimatstaat der Eltern wird zu einer facultas soli abgeschwächt. Es bedarf nunmehr einer Option zugunsten Mexikos und des Nachweises eines 6jährigen Aufenthaltes in Mexiko vor der Option, um Mexikaner auf Grund der Geburt in Mexiko zu werden. Für den künstlichen Erwerb, die Naturalisation, ist nunmehr als Hauptbedingung ein vorhergehender Wohnsitz von fünf aufeinanderfolgenden Jahren gefordert, während früher ein 2jähriger Aufenthalt genügt hatte. In der neuen Verfassung wird zwischen bloßer nacionalidad und dem Bürgerrecht, der ciudadania, streng unterschieden. Die letztere erwirbt man zunächst von selbst, nämlich als Verheirateter mit 18, sonst mit 21 Jahren bei gutem Leumund, offenbar auch als nicht gebürtiger Mexikaner. Nur dem Staatsbürger fallen die Gesamtheit der öffentlichen Rechte und Pflichten, die eigens aufgezählt sind, zu. Das Wesentliche ist, daß dieses Staatsbürgerrecht wegen der Verletzung der besonderen Staatsbürgerpflichten, sowie aus strafrechtlichen und moralischen Verfehlungen auf Zeit aufgehoben werden kann und der Betreffende während dessen in den Status des gewöhnlichen Staatsangehörigen zurücksinkt. Der Verlust der mexikanischen Staatsangehörigkeit scheint wie bisher einzutreten. In dem Zurücktreten des ius soli-Prinzips und der Erschwerung der Naturalisation liegt die Abkehr von den alten einwanderungsfreundlichen Grundsätzen und eine Belebung des Nationalbewußtseins.

Dritter Abschnitt.

Die Friedensverträge.

Die Abtretung von Staatsgebiet an einen andern Staat durch völkerrechtlichen Vertrag läßt stets die Frage nach der Wirkung eines solchen Rechtsakts auf die staatsrechtliche Zugehörigkeit der Bevölkerung des abgetretenen Gebietes entstehen. Wobei „Bevölkerung" verschieden aufgefaßt werden kann, je nachdem man auf die Geburt im abgetretenen Gebiet oder auf den Wohnsitz oder auf beides oder aber auf die Abstammung abstellt. Für die zahlreichen Gebietsabtretungen

---

1) Text liegt mir im Wortlaut nicht vor. Ich bin auf den ausführlichen Bericht von HUBERICH: Mexican Nationality and Citizenship under the constitution of 1917, Internat. Law Notes, 1919, S. 11, angewiesen; vgl. ferner WYNDHAM BEVES: Mexican Nationality, the Journal of comp. leg. 1922, S. 111, im Auszug JCl. 1922, S. 964.

2) KELLER-TRAUMANN: S. 719.

und Gebietsaufteilungen der Friedensverträge des Weltkriegs ist jeweils der Staatsangehörigkeitswechsel der betroffenen Bevölkerung durch ausdrückliche, wenn auch nicht durchweg erschöpfende Bestimmungen geregelt worden. Die Betrachtung und Auslegung dieser Vertragsbestimmungen gehört nicht in den Rahmen einer Arbeit, die sich die Feststellung der seit dem Krieg zu Tage getretenen grundsätzlichen Änderungen des Staatsangehörigkeitsrechts zum Ziel gesetzt hat[1]). Durch Gebietserwerb und Verlust kann zahlenmäßig eine erhebliche Veränderung im Staatsangehörigenbesitzstand eintreten — das Staatsangehörigkeitsrecht selbst wird dadurch nicht berührt, daß seine Grundsätze nun auf neuem Boden für einen vergrößerten Menschenkreis oder daß sie auf einem Teil des bisherigen Staatsgebiets nicht mehr angewendet werden. Jedoch ist die Betrachtung dieser Bestimmungen auch für unser Gebiet von Interesse. Einmal erlaubt die Kenntnis des ausländischen Staatsangehörigkeitsrechts und seiner Handhabung während des Kriegs gewisse Rückschlüsse auf die Bedeutung mancher Vertragsbestimmungen. Dann aber stehen die Grundsätze wiederum, nach denen der tatsächliche Menschenzuwachs von den Zessionarstaaten übernommen oder abgelehnt wurde, im Zusammenhang mit den bevölkerungspolitischen Strömungen, die, wie wir sehen, ihren Einfluß auf jene alten Zuteilungsmaßstäbe des ius soli und ius sanguinis ausübten, welche ihrerseits bis zu einem gewissen Grade ein Ausdruck für die Mehrschätzung der Bluts- oder Heimatsbande sind. Wenn ferner zwar die Bevölkerungsfrage bei den Erwerbsstaaten, die bereits vor dem Kriege bestanden, unabhängig von den Grundsätzen des geltenden Staatsangehörigkeitsrechts nach der nationalen Struktur des gewonnenen Gebiets gelöst werden mußte, so bedingte für die sog. neuen Staaten wie Polen, Tschechoslovakei usw. die nationale Schichtung des Staatsgebiets nicht nur die auf die Bevölkerung bezüglichen Vertragsbestimmungen, sondern die Prinzipien des neu zu schaffenden Staatsangehörigkeitsrechts selbst. Dieses fordert ebenso wie das Recht

[1]) Vom völkerrechtlichen Standpunkt aus behandelt das Gebiet SCHÄTZEL: Staatsangehörigkeitswechsel bei Gebietsveränderungen, Zeitschr. für Völkerrecht 12, S. 86ff. Vgl. ferner desselben Verfassers Wechsel der Staatsangehörigkeit, Berlin 1921, Nachtrag 1922, das über alle Einzelfragen Aufschluß gibt und zahlreiche Vertrags- und Gesetzestexte enthält. — BRUNS: Staatsangehörigkeitswechsel und Option nach dem Friedensvertrag (besonders in Beziehung auf Polen), Berlin 1921. — CRUSEN: Verlust der Staatsangehörigkeit auf Grund der Friedensverträge, Festgabe für LIEBMANN, Berlin, S. 48. — FINK: Fremde Staatsangehörigkeit bisheriger Reichsdeutscher nach den Friedens- und Minderheitenschutzverträgen, Bl. für vgl. Rechtswissenschaft, Bd. 16, S. 240; sowie PILLAUT: Les questions de nationalité dans les traités de paix, Rev. 1921, S. 1. — BRUSTLEIN: La notion de l'indigénat dans les traites de paix, JCl. 1922, S. 34. — ISAY: Die privaten Rechte und Interessen im Friedensvertrag, 3. Aufl., S. 445ff. Berlin 1923.

der aus dem Zerfall Oesterreichs und Rußlands entstandenen oder vergrößerten Staaten die Betrachtung in einem eigenen Abschnitt.

Für die Staatsangehörigkeitsbestimmungen der Friedensverträge ist zunächst festzustellen, daß die Verträge de facto Diktate sind, daß die aus ihnen zu gewinnenden Grundsätze nicht auf einem Kompromiß der Vertragsstaaten beruhen, sondern der alleinigen Rechtsauffassung der Siegerstaaten und zwar im allgemeinen zweifellos derjenigen des durch die Gebietsabtretung bereicherten Staats zuzurechnen sind. Eine Ausnahme gilt für den Friedensvertrag von Lausanne vom 24. VII. 1923 zwischen England, Frankreich, Italien, Japan, Griechenland, Rumänien, Südslavien einerseits und der Türkei andrererseits, der das von der Türkei nicht ratifizierte Friedensdiktat von Sèvres ersetzt[1]).

Die Rechtsauffassung der alliierten und assoziierten Mächte wird übrigens gerade hinsichtlich der Staatsangehörigkeit in einem Punkte ausdrücklich im Art. 278 V. V. (Art. 230 St. Germain, Art. 213 Trianon, Art. 128 Sèvres, Art. 158 Neuilly) für die allein maßgebliche erklärt. Die Bestimmung scheint infolge ihrer allgemeinen Fassung über allen Staatsangehörigkeitsbestimmungen des Friedensvertrags als leitende Maxime zu stehen und fordert daher unser Interesse. Der Artikel befindet sich im Teil X „Wirtschaftliche Bestimmungen" und verpflichtet Deutschland die „neue" Staatsangehörigkeit, die von seinen Angehörigen gemäß den Gesetzen der alliierten und assoziierten Mächte und gemäß den Entscheidungen der zuständigen Behörden dieser Mächte, sei es auf dem Wege der Einbürgerung, sei es auf Grund einer Vertragsbestimmung, etwa erworben ist oder erworben wird, anzuerkennen und auf Grund der neu erworbenen Staatsangehörigkeit diese Reichsangehörigen in jeder Richtung von jeder Pflicht gegenüber ihrem Heimatstaate zu entbinden. Die Bedeutung der Bestimmung ist nicht zweifelsfrei[2]) und kann nur verstanden werden, wenn man sich die völlig getrennte Redaktion verschiedener Teile des Friedensvertrags klar macht. Sie entstammt offenbar einer englischen Feder und ist ohne Bezugnahme auf die im Teil III befindlichen Staatsangehörigkeitsbestimmungen, sogar in auffallender Unkenntnis derselben abgefaßt. In die übrigen Friedensverträge ist sie wörtlich übernommen worden[3]). Der Sinn der Vorschrift kann nur gewesen sein, Schutzbe-

---

[1]) Text NIEMEYERS Zeitschr. f. intern. R., Bd. 32, S. 345.

[2]) Vgl. dazu BRUNS: a. a. O. S. 53ff.; SCHÄTZEL: Wechsel der Staatsangehörigkeit, S. 9ff., die jedoch meines Erachtens den Ursprung der Bestimmung verkennen. Siehe über Art. 278 auch oben S. 31 u. 52.

[3]) Im Frieden von Sèvres Art. 128 ist sie mit Rücksicht auf das türkische Staatsangehörigkeitsrecht durch einen zweiten Absatz verstärkt worden. Die Türkei anerkennt die ausländische Naturalisation ihrer Staatsangehörigen nur, wenn sie mit ihrer Erlaubnis erfolgt ist (Staatsangehörigkeitsgesetz von 1889, Art. 5, von KELLER-TRAUTMANN: S. 775).

stimmungen, die man in den vorangehenden Art. 276 und 277 vorsichtshalber zugunsten der auf deutschem Gebiet befindlichen alliierten und assoziierten Staatsangehörigen anordnete, auch auf „neue“ Staatsangehörige dieser Mächte, die ehemals deutsche Staatsangehörige waren, auszudehnen. Dabei war einmal an diejenigen zu denken, die durch Gebietsabtretung „neue“ Staatsangehörige werden würden. Ob über deren Behandlung der Teil III nicht eine grundsätzliche Bestimmung schon enthielt, konnte der Redaktor unseres Artikels wahrscheinlich nicht wissen, weshalb er eine besondere Erwähnung dieser Gruppe unterließ, ohne sie auf der anderen Seite auszuschließen. Dem Engländer lagen die kontinentalen Gebietsveränderungen in ihren Einzelheiten ohnehin fern. Dagegen stand ihm ein anderer Gedanke aus seiner englischen Rechtsüberzeugung viel näher: nemo potest exuere patriam. Wie, wenn Deutschland jene Auslandsdeutschen, die sich erst im Kriege in England naturalisieren ließen oder deren Naturalisation zu erwarten und — im englischen Interesse — zu erhoffen war, nicht aus der deutschen allegiance entließ und sie weiterhin als Deutsche betrachtete? Man denke an die englische Auffassung i. S. LYNCH, i. S. FREYBERGER (siehe oben S. 72). Auch die entgegengesetzte Entscheidung CHAMBERLAIN ließ ja den gleichen Gedanken erkennen: Der Staat hat es völlig in seiner Hand, bei einem Wechsel der Staatsangehörigkeit den Betreffenden mit jener Staatsangehörigkeit in Anspruch zu nehmen, die die Staatsraison empfiehlt. Namentlich, wenn der Betreffende seinen Wohnsitz in seinem früheren Heimatstaat behält oder wiedernimmt, neigt die englische territoriale Auffassung dazu, die Staatsangehörigkeit des Aufenthaltsstaats wieder aufleben zu lassen, wenn sie überhaupt für verloren galt[1]). England argwöhnt von einem Lande, das den Krieg verloren hat, den Standpunkt: Eine Flucht aus der deutschen Staatsangehörigkeit, um den Lasten des Kriegs oder Friedens zu entgehen, ist Verrat und wird nicht anerkannt. Bestimmt doch außerdem das englische Staatsangehörigkeitsrecht, daß ein Brite durch den Verlust der Staatsangehörigkeit von seinen Verpflichtungen in bezug of any act done before he ceased to be a British subject nicht entbunden werde (Staatsangehörigkeitsgesetz von 1914, sect. 16, s. Anl. 10). Vor einer solchen dem Engländer geläufigen Auffassung waren die „neuen“ Staatsangehörigen zu schützen. Daher mußte der Primat der alliierten Rechtsauffassung, und zwar sowohl der im Gesetze wie der in Entscheidungen festgelegten, statuiert werden. Daher ist in erster Linie von „Naturalisation“, daher nur in Erweiterung dieses Gedankens vom Erwerb auf Grund von „Vertragsbestimmungen“, nicht von Be-

---

[1]) ISAY: Die privaten Rechte und Interessen im Friedensvertrag, 3. Aufl. 1923, S. 47ff.

stimmungen dieses Vertrags, daher nicht von Optionen oder von Tatbeständen, die irgend eine genauere Kenntnis der Staatsangehörigkeitsbestimmungen des III. Teils erkennen ließen, die Rede. Das erklärt auch, daß nicht wie im Teil III der Verlust der deutschen Staatsangehörigkeit ausgesprochen wird, sondern nur die Lösung von der allegiance. Der englische Richter hatte sich ja auch i. S. CHAMBERLAIN zu der Auffassung bekannt, daß man „für die Zwecke des Vertrags" Deutscher, im übrigen aber Engländer sein könne[1]). Hiervon wird für die praktische Bedeutung der Vorschrift auszugehen sein, ohne daß der englische Standpunkt akzeptiert werden soll. Für die deutsche Rechtsauffassung enthält sie eine Selbstverständlichkeit, da ihr der Gedanke der den Staatsangehörigkeitswechsel überdauernden allegiance fremd ist. Mit solchem Anspruch hat das deutsche Recht den Staatsangehörigkeitsbegriff nie zu erfüllen verstanden. Wer sich im Ausland während oder nach dem Kriege hat naturalisieren lassen, oder überhaupt antragsgemäß eine fremde Staatsangehörigkeit erwarb, verlor ausnahmslos die deutsche Staatsangehörigkeit auf Grund des § 25 des Staatsangehörigkeitsgesetzes von 1913. Die Genehmigung zum Beibehalt nach Abs. 2 dieses Paragraphen ist natürlich nie in Frage gekommen; immerhin kann auch diese im Ausland ja so überschätzte Bestimmung (siehe unten S. 153) den Art. 278 nebenbei motiviert haben.

Daß die allegiance des Art. 278 nur i. S. politischer Verpflichtungen aufzufassen sei, ist nach dem Zusammenhang kaum anzunehmen; gerade in wirtschaftlicher Hinsicht sollen die neuen Staatsangehörigen geschützt werden. Für abwegig halte ich die Ansicht, als ob Art. 278 Deutschland nur verpflichte, den Betreffenden von seinen Pflichten zu entbinden, nicht aber es berechtige, ihm seine Rechte zu benehmen[2]). Eine Rolle spielen kann diese Frage nur für Personen, die ohne Antrag, durch einen zwischen dritten Staaten geschlossenen Vertrag[3]) eine alliierte Staatsangehörigkeit erwerben. Denn die übrigen haben die deutsche Staatsangehörigkeit mit Pflichten und Rechten nach deutschem

---

[1]) Der Auffassung Frankreichs entspricht der Art. 278 so wenig, daß es im Dekret vom 23. X. 1919 ausdrücklich bestimmte, auf einen Staatsangehörigkeitswechsel könne man sich nur beziehen, wenn er infolge der Friedensverträge de plein droit eintrete. Vgl. dazu oben S. 52. Eine Bestätigung dafür, daß der Art. 278 kaum auf französischen Einfluß zurückzuführen ist, enthält ferner die Veröffentlichung des französischen avant-projet des clauses financières des Friedensvertrags bei KLOTZ: De la guerre à la paix, Paris 1924. In ihm findet sich wohl der spätere Art. 276a, b und c (S. 217), nicht aber Art. 278. Auch die Definition des Begriffs „ressortissant des Etats alliés etc." auf S. 248 enthält den Gedanken des Art. 278 mit keinem Wort.

[2]) GARGAS: Bl. f. vergl. Rechtsw., 15. Jg., Sp. 175.

[3]) Nicht etwa durch einseitiges Gesetz, wie SCHÄTZEL a. a. O. zu Unrecht annimmt. Die Alternative ist: gesetzmäßige Einbürgerung oder Vertragsbestimmung.

Recht verloren. Richtig ist, daß Art. 278 nicht den Verlust der deutschen Staatsangehörigkeit ausspricht. Man kann daher von einem Zurücktreten der deutschen Staatsangehörigkeit hinter die fremde sprechen[1]. Zu weit geht es aber meines Erachtens, aus dem Art. 278 herauszulesen, daß sich Personen, auf die er zutrifft, trotzdem auf die deutsche Staatsangehörigkeit stützen können. Es würde jedem Treu und Glauben widersprechen, wenn sich solche Personen je nach ihrem Vorteil auf die fremde Staatsangehörigkeit und auf das Nichtbestehen von Pflichten, aber auf das Bestehen von Rechten aus der deutschen Staatsangehörigkeit berufen wollten. Art. 278 sagt in positiver Form nichts dergleichen; „allegiance" bezeichnet das Treuverhältnis überhaupt im lehensrechtlichen Sinne und erlaubt den deutschen Behörden, wenn Rechte derartiger Staatsangehöriger in Frage kommen, das Staatsangehörigkeitsverhältnis als nicht mehr bestehend zu erklären und sich dabei ihrerseits auf Art. 278 zu berufen. Die auf der anderen Seite für die alliierten und assoziierten Mächte in gleicher Weise an den Art. 278 bestehende Bindung wird bemerkenswerterweise von der französischen Rechtslehre anerkannt[2]. In der Sorge für seine neuen Staatsangehörigen ist England ja entschieden auch insofern über das Ziel hinausgeschossen, als es mit dem Art. 278 für die mit solcher Sorgfalt eingeführte Denaturalisationspraxis sich selbst und seinen Freunden das Handwerk legt.

Der Art. 278 und sein Verhältnis zur deutschen Steuergesetzgebung, namentlich dem Reichsnotopfergesetz ist wiederholt praktisch geworden. Die herrschende Lehre, auch der Reichsfinanzhof, letzterer allerdings in nicht völlig gleichbleibender Rechtsprechung, begreift unter der Freiheit von der allegiance auch die Steuerpflichten ein, vorausgesetzt, daß ihnen Deutsche und Ausländer nicht in gleicher Weise unterliegen[3]. Anders, wenn die Steuerschuld bereits entstanden war, als der Staatsangehörigkeitswechsel eintrat[4].

Über dem Friedensvertragswerk im Ganzen, um nunmehr auf den Staatsangehörigkeitswechsel durch Gebietsabtretungen einzugehen, steht der Idee nach das Recht der Nationen, sich in Staaten zusammenzufassen. Jede Gebietsabtretung und Staatsaufteilung der Friedens-

[1] So SCHÄTZEL: S. 9, dessen weitere Folgerungen ich allerdings ablehne.

[2] Siehe oben S. 52 Anm.

[3] Vgl. STIER-SOMLO: Zur Frage der Staatsangehörigkeit und der Pflicht zur Entrichtung des deutschen Reichsnotopfers der polnischen Oberschlesier. Zeitschr. für polnisches Recht, 1. Jg., namentlich S. 76ff und die dort angegebene steuerrechtliche Literatur, ferner Entscheidung des R. F. H. Sammlg. 3, S. 61, im Reichssteuerblatt 1920, S. 201, Sammlg. 6, S. 179 und — dagegen — Industrie- und Handelszeitung vom 5. IV. 1922. Abweichend ISAY: Die privaten Rechte und Interessen im Friedensvertrag, 3. Aufl., S. 459ff.

[4] ISAY: S. 461.

verträge dient, soll dienen der Sprengung von Ketten, die es bisher verhinderten, daß Menschen gleichen Stammes, gleicher Sprache, gleicher Kultur sich in einem Staatswesen vereinigten. Daher mußte grundsätzlich der Bevölkerung der betroffenen Gebiete die Staatsangehörigkeit des erwerbenden Staats zugesprochen werden, wenn anders die Abtretung durch das Nationalitätenprinzip gerechtfertigt war. Weil grundsätzlich der Wechsel der Staatsangehörigkeit die Erlösung von einer unerwünschten und den Gewinn einer ersehnten Staatsangehörigkeit bedeutete, war kein Grund vorhanden, von der allgemeinen Staatenpraxis, die der Bevölkerung die Angehörigkeit des neuen Staats überträgt, abzugehen. Leichte Korrekturen an diesem Prinzip ließen sich anbringen, indem unter „Bevölkerung" je nach den Bedürfnissen im einen Fall alle im Abtretungsgebiet Wohnenden ohne Rücksicht auf ihre Geburt dortselbst (Wohnsitzprinzip), im andern Fall alle im Abtretungsgebiet Geborenen ohne Rücksicht auf ihren Wohnsitz dortselbst (Geburtsortsprinzip), in einem dritten Fall — und damit wird von der bisherigen Praxis des Völkerrechts völlig abgewichen — nur die von Angehörigen des Zessionarstaats Abstammenden (Abstammungsprinzip) verstanden wurden[1]). Die überwiegende Mehrheit der Bevölkerung wird naturgemäß von den ersten beiden Prinzipien gleichzeitig erfaßt, da sie sowohl im Abtretungsgebiet geboren ist als auch dort ihren Wohnsitz hat. Das Geburtsortsprinzip dient jedoch der Durchführung des Nationalitätengrundsatzes insofern besser, als es, vorausgesetzt, daß die Abtretung selbst im obigen Sinn gerechtfertigt ist, einige Gewähr für die Volkszugehörigkeit der neuen Untertanen bietet, dann aber auch, weil es geeignet ist, Volkssplitter außerhalb des neu umgrenzten oder neu geschaffenen Staatsgebiets in den politischen Bannkreis der Heimat zu ziehen, selbst wenn die räumliche Vereinigung nicht zu erreichen ist. In verstärktem Maß gilt dasselbe vom reinen Abstammungsprinzip, das jedoch wegen seiner Strenge stets große Teile der im Abtretungsgebiet wohnenden Bevölkerung überhaupt nicht erfaßt und überdies Schwierigkeiten hervorruft, wenn unter Abstammung nicht die politische, sondern die sprachliche oder kulturelle Zugehörigkeit verstanden wird.

Die Friedensverträge kennen alle drei Grundsätze. Der völkerrechtlichen Gewohnheit entsprechend ist bei Abtretung von Staats-

[1]) Die bisherige Einteilung der Völkerrechtslehre — z. B. LISZT: Lehrbuch des Völkerbundes, 11. Aufl., S. 86. — in Wohnsitz- und Abstammungsprinzip genügt m. E. angesichts der Ententefriedensverträge nicht mehr. Sie haben mit der Regelung bezüglich Elsaß-Lothringens zum erstenmal ein reines Abstammungsprinzip verwirklicht. Was man bisher so nannte, hat nichts mit der Abstammung, sondern lediglich mit dem Geburtsort zu tun. Auch SCHÄTZEL: a. a. O. S. 87, 90, 95 vermeidet zu Unrecht die sich von selbst ergebende Reihe: Wohnsitz-, Geburtsorts-, Abstammungsprinzip.

teilen das Wohnsitzprinzip, bei Aufteilung ganzer Staaten das Geburtsortsprinzip der Normalfall. Ausnahme bleibt das Abstammungsprinzip. Wo das Wohnsitzprinzip Anwendung fand, wurde es im Geiste des Geburtsorts- und Abstammungsprinzips ergänzt, indem ein Wohnsitz von kurzer Dauer nicht als ausreichend zum Erwerb bestimmt und andrerseits für den außerhalb wohnenden Nationszugehörigen eine Möglichkeit mühelosen Erwerbs durch eine neue Form des Optionsrechts geschaffen wurde. Wohnsitz- wie Geburtsortsprinzip endlich mußten, der völkerrechtlichen Gewohnheit folgend, durch ein Optionsrecht zugunsten des Abtretungsstaats gemildert, dieses selbst mit Hilfe des ihm angeschlossenen Auswanderungszwangs in den Dienst des Nationalitätsprinzips gestellt werden.

Verwirklicht sind diese Gedanken durch folgende Regelung:

1. Im Verhältnis zu Deutschland, Bulgarien und der Türkei erwirbt die Bevölkerung des abgetretenen Gebiets die Angehörigkeit des erwerbenden Staats nach den Grundsätzen des Wohnsitzprinzips[1]). Gegenüber Belgien muß jedoch der Wohnsitz vor dem 1. VIII. 1914[2]), gegenüber Polen vor dem 2. I. 1908[3]), gegenüber Litauen vor dem 11. I. 1920[4]), gegenüber Dänemark vor dem 2. X. 1918[5]), gegenüber Südslavien und Griechenland vor dem 1. I. 1913[6]), gegenüber Ägypten vor dem 18. XII. 1914[7]) begründet sein. Die Abtretung von Cypern an England wird auf den 5. XI. 1914 zurückdatiert[8]). Zugunsten des Abtretungsstaats besteht ein befristetes Optionsrecht, verbunden mit Abwanderungszwang[9]).

2. Im Verhältnis zu Österreich und Ungarn erwirbt jeder, der bei Kriegsausbruch in der ehemaligen Monarchie sein Heimatsrecht hatte, die Angehörigkeit des Staats, an den sein Heimatsort fällt[10]). Heimatberechtigt ist jeder Österreicher und jeder Ungar regelmäßig dort, wo sein Vater zur Zeit seiner Geburt heimatberechtigt war[11]). Das kann,

1) Versailles: Art. 36 (Belgien); 84 (Tschechoslovakei); 91 (Polen); 99 (Memelgebiet), dazu Konvention zwischen Litauen und den Hauptmächten vom 8. V. 1924, §§ 8—10 (siehe unten S. 283); 105 (Danzig); 112 (Dänemark); Neuilly: Art. 39 (Südslavien); 44 (Griechenland); — (gegenüber Rumänien kam ein Staatsangehörigkeitswechsel nicht in Betracht, da die Grenze von 1913 wieder hergestellt wurde, ehe der Bukarester Friede von 1918 in Kraft trat, vgl. SCHÄTZEL: Wechsel der Staatsangehörigkeit, Nachtrag S. 84ff.); Sèvres: Art. 117 (England); 123 (Ägypten); Lausanne: Art. 21, 30.

2) Versailles: Art. 36.

3) Versailles: Art. 91.

4) Memelkonvention vom 8. Mai 1924, Art. 8. (siehe unten S. 142).

5) Versailles: Art. 112.

6) Neuilly: Art. 39, 44.

7) Sèvres: Art. 162.

8) Lausanne: Art. 20.

9) Versailles: Art. 37, 85, 91 (gegenüber Polen nach Vertragswortlaut kein Auswanderungszwang!) 106, 113; Neuilly: Art. 40; Sèvres Art. 125; Lausanne: Art. 21, 31, 3.

10) St. Germain: Art. 70; Trianon: Art. 61.

11) Gesetz vom 3. XII. 1863, für Österreich in der Fassung vom 5. XII. 1896, für Ungarn Gesetz über die Gemeinden von 1886.

braucht aber keineswegs sein Geburtsort zu sein. Wie die Heimat nicht mit dem Geburtsort zusammenfällt, z. B. weil sie auf Grund längeren Wohnsitzes auf Antrag oder auf Grund behördlichen Wohnsitzes, erworben war, werden die Heimatberechtigten im allgemeinen vom selbsttätigen Erwerb ausgeschlossen[1]). Es herrscht somit ein durch die Sondereinrichtung des österreichisch-ungarischen Heimatsrechts charakterisiertes Geburtsortsprinzip. Die Geburt im Abtretungsgebiet nach 24. VI. 1915 gegenüber Italien, nach 1. I. 1910 gegenüber Südslavien und der Tschechoslovakei begründet den Staatsangehörigkeitswechsel nicht mehr[2]). Zugunsten des Abtretungsstaates besteht kein dem obigen entsprechenden Optionsrecht. Nur, wenn das Heimatsrecht des Betreffenden nicht mit dem Geburtsort zusammenfällt, kann er optieren[3]).

3. Für Elsaß-Lothringen gilt das Abstammungsprinzip. Grundsätzlich wechseln nur die Abkömmlinge ehemaliger Franzosen die Staatsangehörigkeit; Wohnsitz und Geburt im Abtretungsgebiet für sich allein reichen nicht aus[4]). Ein Optionsrecht zugunsten des abtretenden Staats wird nicht gewährt.

4. In gewissen Fällen wird ein allgemeines Recht auf Wahl der Staatsangehörigkeit, unabhängig von der einzelnen Gebietsabtretung zugunsten des gewinnenden, z. T. auch des verlierenden Staats aufgestellt, also eine Option lediglich zur Durchführung des Nationalstaatsgedankens. Ein solches Optionsrecht besteht zugunsten Polens und der Tschechoslovakei gegenüber Deutschland[5]), zugunsten Südslaviens gegenüber Bulgarien[6]), nahezu allgemein zugunsten der Nachfolgestaaten der österreichisch-ungarischen Monarchie[7]) und der Nachfolge- und Nachbarstaaten der Türkei[8]).

5. Da trotz der angeblichen Durchführung des Nationalstaatsgedankens allerorten beträchtliche nationale Minderheiten entstehen, lassen die alliierten Hauptmächte sich von gewissen Nachfolgestaaten die Wahrung von Mindestrechten dieser Minderheiten, im besonderen die Durchführung der Optionsbestimmungen durch Verträge zusichern

---

[1]) St. Germain: Art. 71.

[2]) St. Germain: Art. 71, 76; Trianon: Art. 62.

[3]) St. Germain: Art. 78; Trianon: Art. 63.

[4]) Versailles: Anlage nach Art. 79. Abgesehen von der oben erwähnten Literatur: RIPERT: Le changement de nationalité des Als.-Lorr., JCl. 1920, S. 25, ebendort G. L., S. 574. — NIBOYET: Noten zu Urteilen des Kassationshofs, betr. Staatsangehörigkeit von Elsaß-Lothringern, Rev. 1922/23, S. 596, 608.

[5]) Versailles: Art. 85, 91 (87); Neuilly: Art. 40.

[6]) Neuilly: Art. 40.

[7]) St. Germain: Art. 80; Trianon: Art. 64. Für Österreich Vollz. Anw. vom 20. VIII. 1920 (St. G. Bl. Nr. 397). HABER: Zur Auslegung des Art. 80, Jur. Bl. 1920, S. 227.

[8]) Sèvres: Art. 125; Lausanne: Art. 32 und 34.

(Minderheitenschutzverträge)[1]. Sie enthalten sämtlich die in den Friedensverträgen nicht vorgesehene und über das Wohnsitzprinzip derselben hinausgehende Bestimmung, daß Personen, die im neuen Staatsgebiet geboren sind und von Eltern stammen, die Wohnsitz oder Heimatrecht in dem neuen Staatsgebiet hatten, dessen Staatsangehörigkeit ohne weiteres erwerben, auch wenn sie selbst am Tage des Inkrafttretens des Minderheitenschutzvertrages Wohnsitz und Heimatrecht im Zessionarstaat nicht haben. Damit wird den betreffenden Staaten ein gewisses ius soli aufgezwungen.

Wie erwähnt, kann die Betrachtung dieser Regelung vom völkerrechtlichen Standpunkt aus hier unterbleiben[2]. Hält man sie an das bisher geltende Staatsangehörigkeitsrecht der einzelnen Staaten, so kann man von einer Belebung des ius sanguinis-Prinzips sprechen. Eine Entwicklung, die die Kriegsgesetzgebung in steigendem Maße genommen hatte, wird durch die Friedensschlüsse besiegelt: nach der Abstammung, nach der Volkszugehörigkeit wird die Staatsangehörigkeit abgewogen. Wenn wir hierbei die Zuteilungsgrundsätze, die der Staat gewissermaßen in der Ruhelage befolgt, das ius soli und das ius sanguinis, neben die Grundsätze stellen, nach denen Staaten bei Gebietsveränderungen zuteilen, sind wir uns bewußt, daß Prinzipien verglichen werden, die für ganz verschiedene rechtliche Lagen aufgestellt sind. Dennoch entspringt die Durchführung des Abstammungs-, ja auch des Geburtsortsprinzips im Friedensvertragsrecht der gleichen Anschauung wie das ius sanguinis im Friedensrecht, und das Wohnsitzprinzip, ohne Einschränkung durchgeführt, kann zum mindesten — wenn nämlich die Bevölkerung des abgetretenen Gebiets nicht etwa schon nach Volk und Sprache zum Zessionarstaat gehört — von der gleichen Unbekümmertheit um Abstammung und Volkstum getragen sein wie das ius soli.

Die strengste Auslese nach dem Abstammungsgrundsatz befolgt Frankreich beim Erwerb Elsaß-Lothringens. Es ist bekannt, welche historische und moralische Auffassung dieser Regelung zugrunde liegt[3])

---

[1]) Mit Polen: Vertrag vom 28. VI. 1919, abgedruckt bei Schätzel: Staatsangehörigkeitswechsel, S. 155; mit der Tschechoslovakei, Vertrag vom 10. IX. 1919, Schätzel: S. 130; mit Südslawien und Rumänien: Verträge vom gleichen Tage, abgedruckt bei Temperley: A History of the Peace Conference of Paris, Bd. V, S. 446ff.; mit Griechenland, Vertrag vom 10. VIII. 1920, abgedruckt Zeitschr. f. Völkerr., Bd. XII, S. 182ff.

[2]) Desgleichen kann auf Sonderfragen, die gegen und außerhalb der Friedensverträge z. T. entschieden worden sind, z. T. noch der Regelung harren, so die sogenannte Saareinwohnereigenschaft, hier nicht eingegangen werden. Darüber unterrichtet eingehend Schätzel: Wechsel der Staatsangehörigkeit. Berlin 1921, Nachtrag 1922. Vgl. ferner die Literaturangaben bei den einzelnen Ländern. Über die „Saareinwohner" vgl. noch Held im Jahrb. d. öff. Rechts 1923/24, S. 336. Über die Regelung bezüglich des Memelgebiets vgl. den Abschnitt Litauen unten S. 142.

[3]) Versailles: Abschnitt V, Präambel.

und welchen politischen Zwecken sie dient[1]). Die Überspannung dieses Abstammungsprinzips hat außerdem in der Rechtsprechung des deutsch-französischen Schiedsgerichts eine besondere Blüte in der Theorie von der „virtuellen Staatsangehörigkeit" gezeitigt, nach der zwar nicht formell, aber virtuell die Elsaß-Lothringer nie aufgehört haben, französische Staatsangehörige zu sein[2]). Entwicklungsgeschichtlich von Interesse ist, daß auch die Familieneinheit vor dem Abstammungsgedanken zurücktritt: der Ehegatte, in dessen Person die Voraussetzungen des Staatsangehörigkeitswechsels nicht erfüllt sind, erwirbt nicht von selbst die Staatsangehörigkeit des andern Ehegatten mit, sondern hat lediglich einen Reklamationsanspruch[3]).

Was die deutschen Kolonien angeht, so hat der Versailler Vertrag über die Staatsangehörigkeit der Kolonialdeutschen keine Bestimmungen getroffen. Infolgedessen haben diese die deutsche Staatsangehörigkeit aus Gründen des Friedensvertrages nicht verloren[4]). Die Mandatsmächte haben diese Rechtslage ausgenutzt, indem sie die ansässigen Deutschen zum größten Teil ausgewiesen und ihr Eigentum liquidiert haben. Eine Ausnahme macht die Südafrikanische Union, die die in Deutschsüdwestafrika ansässigen Farmer im allgemeinen im Lande gelassen hat, dafür aber versuchte, sie zu freiwilligem Erwerb des Unionsbürgerrechts zu bestimmen, und als dieses erfolglos blieb, die Zwangseinbürgerung vorbereitete. Darüber ist es zwischen dem deutschen Reich und der Südafrikanischen Union zu unmittelbaren Verhandlungen gekommen, deren Ergebnis in einem Memorandum vom 23. X. 1923 und einem Briefwechsel zwischen den deutschen Vertretern und General Smuts festgehalten wurde[5]). Darin ist die Stellung der — etwa 8000 — deutschen Siedler nach Art eines Minderheitenschutzabkommens geregelt und bezüglich der Staatsangehörigkeit ausgemacht, daß die deutsche Regierung ihren Angehörigen die Annahme des Unionsbürgerrechts anrät. Die Verleihung desselben ist auf gesetzlichem Wege durch die Union erfolgt[6]), so daß nach deutschem Staatsangehörigkeitsrecht der — nicht auf Antrag erfolgte — Erwerb des Unionsbürgerrechts den

---

[1]) Vgl. SCHÄTZEL: Wechsel der Staatsangehörigkeit, S. 38.

[2]) Deutsche Kritik durch TRIEPEL: Virtuelle Staatsangehörigkeit, Berlin 1921.

[3]) Anlage hinter Art. 79, § 2, Ziff. 6. Auf die Frage der Staatsangehörigkeit der deutschen Elsaß-Lothringer gehen wir wegen ihrer staatsrechtlichen Bedeutung an anderer Stelle ein (siehe unten S. 169).

[4]) Näheres, auch über die Eingeborenen, bei SCHÄTZEL: Wechsel der Staatsangehörigkeit, S. 98.

[5]) Vgl. Mitteilung des Wolffschen Tel.-Büros in der Dtsch. Allg. Ztg. 1924, Nr. 47/48 und den Aufsatz des deutschen Vertreters Geheimrat RUPPEL in derselben Nummer.

[6]) Durch das Bürgerrechtsgesetz vom 15. IX. 1924 (Sonder-Ausgabe der Union Gazette v, 15. IX.). Wortlaut liegt mir noch nicht vor.

Verlust der deutschen Staatsangehörigkeit nicht nach sich zieht. Es liegt hier der eigenartige Fall vor, daß zwei Staaten mit voller Absicht einen Kompromiß schließen, der für eine große Anzahl von Menschen den verpönten Zustand der Doppelstaatsangehörigkeit schafft.

Vierter Abschnitt.

Die Reststaaten und die neuen Staaten.

Was die alten Staaten angeht, so brauchten die kriegführenden Staaten trotz der erheblichen Veränderungen ihres Bestandes an Staatsangehörigen ihr Staatsangehörigkeitsrecht des Gebietszuwachses wegen nicht neu zu ordnen und konnten sich auf den Erlaß von Ausführungsbestimmungen zu den Friedensverträgen und den Abschluß von Optionsverträgen unter den beteiligten Staaten beschränken. So steht es mit Belgien[1]), Dänemark[2]), Frankreich[3]), Italien[4]) und dem Königreich der Serben, Kroaten und Slovenen, welch letzteres die wenigen alten serbischen Staatsangehörigkeitsbestimmungen beibehalten haben dürfte[5]). — Eine Ausnahme macht Rumänien, das aus Gründen des Minoritätenschutzes eine geringfügige Änderung des Staatsangehörigkeitsrechts vornehmen mußte und alsdann im Verlauf einer neuen Verfassungsgesetzgebung sein Staatsangehörigkeitsrecht völlig veränderte.

Auf Seite der Vierbundsmächte ist weder für Ungarn noch für Bulgarien eine gesetzliche Regelung ihres Staatsangehörigkeitsrechts außerhalb der Friedensverträge bekannt. Da sie auch während des Kriegs keine Veränderung ihrer Staatsangehörigkeitsbestimmungen vorgenommen haben, wird man einstweilen die Weitergeltung der bisherigen Gesetze annehmen müssen. Dagegen gilt Abweichendes für die Türkei. Alle drei Staaten setzen — im Gegensatz z. B. zu Österreich — die vor dem Zusammenbruch bestehenden Staaten bewußt fort.

Es bleibt danach festzustellen, nach welchem Staatsangehörigkeitsrecht diejenigen Staaten leben, die durch politische Umwälzung und Friedensverträge in ihrer staatlichen Existenz von Grund aus neu ge-

---

1) Belgisches Gesetz vom 25. X. 1919, siehe Anlage 12. Siehe jedoch auch das neue belg. Staatsangehörigkeitsgesetz vom 15. V. 1922, Anlage 13.

2) Dänisches Gesetz vom 5. IX. 1920, SCHÄTZEL: Wechsel der Staatsangehörigkeit, S. 179.

3) Französische Dekrete vom 11. I. 1920, Auslandsrecht 1, 106. vom 31. I. 1922 und 6. II. 1924.

4) Italienische Verordnung vom 30. XII. 1920, Nr. 1890, Text Rev. 1921, S. 416 und vom 29. I. 1922, Nr. 43.

5) Verordnung des S. H. S. Staats vom 25. XI. 1920, Text Rev. 1921, S. 416. Für das ältere Recht siehe v. KELLER-TRAUTMANN: S. 771.

staltet oder erst begründet wurden. Hier kommen Österreich, Türkei, Rumänien, Polen, Danzig, Tschechoslovakei, Ägypten und unabhängig von den Friedensverträgen Rußland und die Randstaaten in Betracht.

I. Österreich.

Das Gesetz vom 5. XII. 1918 und die Bundesverfassung vom 1. X. 1920.

Der Beschluß der Provisorischen Nationalversammlung „über die grundlegenden Einrichtungen der Staatsgewalt" vom 30. X. 1918 (St.G.Bl. Nr. 1)[1]) in dem die Entstehung des Staats Deutschösterreich erblickt werden muß[2]), enthielt in seinem § 16 die Bestimmung, daß alle in Österreich geltenden Gesetze im Zweifel bis auf weiteres in Kraft bleiben. Somit galten auch die bisherigen, hauptsächlich im ABGB. enthaltenen Normen über den Erwerb und Verlust des Staatsbürgerrechts weiter[3]). Eine andere Frage war, wer denn eigentlich in dem unzweifelhaft existierenden und folglich ein Staatsvolk voraussetzenden Staat Deutschösterreich derzeit die Staatsbürgerschaft bereits besaß. Nicht etwa alle Staatsbürger der ehemaligen österreichischen Monarchie. Denn zwischen dem alten Nationalitätenstaat und der neuen deutschösterreichischen Republik klafft — ganz anders als im deutschen Reich — eine breite Lücke; unzweifelhaft war nicht nur die Rechtskontinuität unterbrochen; es wurde die Rechtsnachfolge ganz bewußt ausgeschlossen[4]), indem man das Staatsgebiet völlig neu umriß und sich auf das Territorium der deutschen Sprachgemeinschaft beschränkte[5]). In der zusammenbrechenden Völkermonarchie wollte man den deutschösterreichischen Volksstaat und zwar als Teil der großdeutschen Republik errichten[6]). Nicht der ehemalige österreichische Staatsbürger tschechischen, polnischen und slovenischen Ursprungs sollte und wollte Bürger des neuen Staats sein, sondern ausschließlich und ausnahmslos die deutschösterreichischen Volksgenossen. Aus dieser völkisch-liberalen

---

[1]) Dieses wie sämtliche später erwähnten Gesetze sind abgedruckt und zum Teil erläutert bei KELSEN: Die Verfassungsgesetze der Republik Deutschösterreich, Teil I—V, Wien 1919ff.; vgl. ferner KELSEN: Grundriß des österreichischen Staatsrechts, Tübingen 1923, und SCHÄTZEL: Wechsel der Staatsangehörigkeit, Nachtrag, Berlin 1922, S. 56ff.

[2]) KELSEN: Grundriß, S. 78.

[3]) Vgl. v. KELLER-TRAUTMANN: S. 789.

[4]) KELSEN: Grundriß, S. 79ff.

[5]) Vgl. das Gesetz vom 22. XI. 1918, St. G. Bl. Nr. 40 über Umfang, Grenzen usw. der Republik Deutschoesterreich, mit Vollzugsanweisung vom 3. I. 1919, St. G. Bl. Nr. 4.

[6]) Gesetz vom 12. XI. 1918 über die Staats- und Regierungsform, St. G. Bl. Nr. 5.

Auffassung ist das Gesetz vom 5. XII. 1918 über das deutschösterreichische Staatsbürgerrecht mit der Vollzugsanweisung vom 30. XII. 1918[1]) entstanden. Die Notwendigkeit, die Wählerschaft zur konstituierenden Nationalversammlung zu umgrenzen, drängte zu einer provisorischen Regelung. Noch wiegte man sich in der Illusion von dem alle deutschen Brüder umfassenden deutschösterreichischen Volksstaat und kein Friedensvertrag beschattete die liberalen Träume vom Selbstbestimmungsrecht des Individuums.

Zunächst wird festgestellt, wer österreichischer Staatsbürger ist: alle in einer Gemeinde der deutschösterreichischen Republik heimatberechtigten Personen (§ 1, Abs. 1). Darin liegt keine Verleihung, sondern staatsrechtlich durchaus korrekt wird in deklarativer Form die Abgrenzung eines Menschenkreises vorgenommen, der bereits im Besitz des Staatsbürgerrechts angenommen werden mußte, wenn anders ein Staatswesen vorhanden war[2]). Heimatberechtigt ist man nach den — übernommenen (§ 6) — Bestimmungen des österreichischen Gemeindegesetzes von 1863/1896 regelmäßig dort, wo der Vater zur Zeit der Geburt heimatberechtigt war. Auf Antrag kann das Heimatrecht auch durch längeren Aufenthalt erworben werden. Im Sinne des deutschen völkischen Prinzips waren somit im großen und ganzen die Deutsch-Österreicher erfaßt, dagegen die früheren österreichischen Staatsbürger fremder Nationalität ausgeschlossen, da ja das Staatsgebiet nur deutsches, aber auch das ganze deutsche Sprachgebiet umfaßte. Wer nach dieser Abgrenzung gegen seinen Willen einbezogen oder ausgeschlossen blieb, erhält in Verfolgung des gleichen Gedankens die Freiheit, dawider oder dafür zu optieren. Ein negatives Optionsrecht — durch einfache den Verlust der Staatsbürgerschaft herbeiführende Erklärung — steht ohne Einschränkung während eines halben Jahres den Personen des Abs. 1 zugunsten der Zessionarstaaten des alten Österreich frei (§ 1, Abs. 2), für das positive Optionsrecht werden gewisse Mindestbedingungen festgelegt. Voraussetzung war naturgemäß die Verlegung des Wohnsitzes in deutschösterreichisches Gebiet. Handelte es sich um Staatsbürger des ehemaligen Österreich — also mit Heimatrecht in einer ehemals österreichischen, aber nicht deutschösterreichischen Gemeinde —, so ließ man sich mit einer nach dem 1. VIII. 1914 erfolgten oder erst zu erwartenden Verlegung genügen. Mit der sehr wesentlichen, durch die Rücksicht auf das völkische Prinzip gebotenen Ausnahme, daß Dalmatien, Istrien und Galizien überhaupt von der Option ausgeschlossen werden. Handelte es sich um andere Personen — zu denken ist an deutsche Ungarn, Reichsdeutsche usw. — so wurde Wohnsitz in Deutsch-

[1]) Anlagen 24 und 25.

[2]) Vgl. KELSEN: Verfassungsgesetze Teil I, S. 76.

österreich seit 1. VIII. 1914 gefordert. Beide Personengruppen erwerben die Staatsbürgerschaft durch die einfache, bei der Verwaltungsbehörde abzugebende Erklärung, der deutschösterreichischen Regierung als getreue Staatsbürger angehören zu wollen (§ 2). Besitz eines Heimatrechts in einer deutschösterreichischen Gemeinde ist weder Bedingung noch Folge des Staatsbürgerschaftserwerbs.

Diese Bestimmungen lassen weniger den Worten als dem Geiste nach den völkischen Gedanken erkennen. Volkszugehörigkeit und Staatsbürgerrecht sollte in Zukunft ein und dasselbe sein. Für die Durchführung dieses Prinzips ist eine durchaus liberale, dem Einzelnen die freie Entscheidung überlassende Form gewählt. Der deutsch-österreichischen Staatsbürgerschaft kann sich der Angehörige eines fremden Volks ebenso ungehindert entledigen wie der des eigenen. Kein Auswanderungszwang ist mit der Ablehnung verbunden. Umgekehrt erwirbt der Fremdstämmige das Staatsbürgerrecht ebenso mühelos — wenn man von der Ausnahme für Istrien, Dalmatien und Galizien absieht — wie der deutsche Volksgenosse, wenn die formalen Voraussetzungen zufällig gegeben sind. Die Verlust- wie die Erwerbserklärung ist völlig einseitig. Das Gesetz gibt einen Rechtsanspruch auf den Erwerb der Staatsbürgerschaft, womit Österreich die ihm wie Deutschland bisher fremde Option ohne Mitwirkung und Nachprüfung des Staats in sein Recht aufgenommen hat. Nur wenn die Voraussetzungen tatsächlich nicht vorgelegen haben, hat der Staat die Möglichkeit, die erworbene Staatsangehörigkeit nachträglich — mit Wirkung ex nunc[1]) — abzuerkennen (§ 4). Das Gesetz hat insofern eine ziemliche Verwirrung angerichtet, als die durch jene Erklärung neugewonnene Staatsbürgerschaft ohne ein gleichzeitiges Heimatrecht de facto wertlos blieb und ihre Gültigkeit nach Inkrafttreten des Vertrags von St. Germain zweifelhaft wurde[2]). War nach diesem Vertrag doch die Idee der das ganze Volk umfassenden deutschösterreichischen Staatsbürgerschaft nicht mehr zu verwirklichen. Der Friedensvertrag weist Österreich sein Staatsvolk in ausdrücklichen, wenn auch keineswegs zweifelsfreien Bestimmungen zu (Art. 64, 65, 70) und schafft ein eigenes Optionsrecht (Art. 78—82)[3]).

---

1) Kelsen: Verfassungsgesetz, Teil I, S. 80.

2) Haber: Die Gültigkeit der Staatsbürgerschaftserklärung nach dem Gesetz vom 5. XII. 1918, Jur. Blätter 1920, S. 219. — Seidler: Staatsbürgerschaft und Heimatrecht nach dem Umsturz, ebendort, 1921, S. 21; dgl. Herzog: S. 42.

3) Vgl. Kelsen: Grundriß, S. 147ff. Über die Optionsbestimmungen s. oben, über die gesamten Staatsangehörigkeitsbestimmungen des Vertrags von St. Germain und die aus diesem Anlaß abgeschlossenen Staatsverträge unterrichtet Schätzel: Wechsel der Staatsangehörigkeit, Nachtrag 1922. Vgl. auch Kunz: Die Durchführung des Friedensvertrags von St. Germain in Österreich, Niemeyers Zeitschr. für internationales Recht 30, S. 117, 31, S. 40, nach dem die Konferenz der Sukzessionsstaaten in Rom die Schaffung eines besonderen Staats-

Wer nach dem Gesetz vom 5. XII. 1918 auf Grund seines Heimatrechts in einer Gemeinde, die zwar Deutschösterreich, nicht aber der Friedensvertrag zum österreichischen Staatsgebiet rechnete, die deutschösterreichische Staatsbürgerschaft besaß oder sie durch Erklärung erworben hatte, weil er in einer zur ehemaligen österreichischen Monarchie, nicht aber zu Deutschösterreich gehörigen Gemeinde heimatberechtigt war, der verlor diese Staatsangehörigkeit wieder (Art. 70), da dieser Erwerb den Bestimmungen des Friedensvertrags widersprach. Ausdrücklich hat daher Österreich, um Klarheit zu schaffen, in seinem Gesetz vom 17. X. 1919, mit Vollzugsanweisung vom 4. V. 1920 (St.G.Bl. Nr. 208)[1] den Erwerb durch Erklärung nach § 2 des durch die Tatsachen völlig durchlöcherten Gesetzes vom 5. XII. 1918 für die Zukunft ausgeschlossen. Bestehen bleibt hauptsächlich der § 6, nach dem die bisherigen Bestimmungen über den Erwerb und Verlust der Staatsbürgerschaft und des Heimatrechts weiter gelten.

Die neue Bundesverfassung vom 1. X. 1920, die aus Österreich einen Bundesstaat gemacht hat, gab den Anlaß, einige grundsätzliche Bestimmungen über das Staatsbürgerrecht zu treffen und ältere Zweifel zu klären. Der österreichische Staatsbürger ist — wie der reichsdeutsche — nunmehr Bundesbürger auf Grund einer Landesbürgereigenschaft. Voraussetzung der Landesbürgerschaft aber ist — im Gegensatz zu Deutschland — das Heimatrecht in einer Gemeinde des Landes (Art. 6)[2] Wir haben also eine dreifache politische Zugehörigkeit, bei der die oberste und die mittlere untrennbar miteinander verknüpft sind und die unterste Voraussetzung für die beiden anderen ist. Die Bedingungen für den Erwerb und Verlust des Staatsbürgerrechts gehören zur Zuständigkeit des Bundes (Art. 11, Ziff. 1), der Vollzug liegt — wie in Deutschland — bei den Landesbehörden[3]. Da die Erwerbs- und Verlustbestimmungen für das Landesbürgerrecht in allen Ländern gleich sein müssen (Art. 6), von Bundeswegen aber neue noch nicht erlassen sind, gelten die bisherigen Bestimmungen auch jetzt noch weiter, nur daß der Staatsbürger von ehedem zugleich Bundes- und Landesbürger ist. Da das neue — doppelgestaltige — Bundesbürgerrecht ausdrücklich, wie im alten Österreich das Staatsbürgerrecht, den Besitz eines Heimatrechts voraussetzt, war es nötig, jene österreichischen Staatsbürger eigens zu Bundesbürgern zu erklären, die nur nach Maßgabe des Gesetzes vom 5. XII. 1918, sei es auf Grund seines § 1 oder durch die Abgabe einer Erklärung nach § 2, ferner alle, die auf Grund einer Option des Friedensvertrags Bürger der

---

bürgernachweises und die Bildung einer Dreierkommission für Streitfälle beschlossen hat (Vertrag von Rom v. 6. IV. 1922).

[1]) Anlage 26 und 27.

[2]) Anlage 28.

[3]) Kelsen: Grundriß, S. 167.

deutschösterreichischen Republik geworden waren. Das geschah im § 14 des Verfassungsgesetzes vom 1.X.1920 betreffend den Übergang zur bundesstaatlichen Verfassung[1]), in dem auch der nachträgliche Erwerb eines Heimatrechts in Aussicht gestellt wird. Damit ist die österreichische Republik nach anfänglicher, durch die Rücksicht auf das völkische und liberale Prinzip gebotenen Trennung wieder zum Heimatzwang Altösterreichs zurückgekehrt, nachdem sich schon der Friedensvertrag von St. Germain auf diese Einrichtung in ausgedehntem Maße gestützt hatte. Bemerkenswert ist, daß man nur ein Heimatrecht gleichzeitig besitzen kann, infolgedessen offenbar auch nur die Landesbürgerschaft in einem Lande. Damit ergeben sich erhebliche Abweichungen vom deutschen bundesstaatlichen Angehörigkeitsrecht.

II. Türkei.

Das Gesetz vom 3. April 1917. Die Verfassung vom 20. IV. 1924.

Die Türkei hat am 3. IV. 1917 ein Gesetz erlassen, das nach einer Mitteilung des Annuaire de législation étrangère[2]) die Bestimmungen des Art. 6 ihres Staatsangehörigkeitsgesetzes von 1869[3]) vervollständigt und neue Verfallsgründe der türkischen Staatsangehörigkeit enthält. Das Gesetz stellt eine der ganz wenigen Veränderungen dar, die die Vierbundmächte während des Krieges an ihrem Staatsangehörigkeitsrecht vorgenommen haben. Ob sich die Türkei mit ihm in die Reihe der die Denaturalisation einführenden Mächte begeben hat, kann ich in Ermangelung des Gesetzestextes nicht feststellen.

Die neue Verfassung der türkischen Republik vom 20. IV. 1924 enthält in ihrem § 88 folgenden Absatz 2:

„Türke ist jeder, der in der Türkei oder im Ausland als Kind eines türkischen Vaters geboren ist, oder, als Kind eines fremden in der Türkei wohnhaften Vaters in der Türkei geboren und im Lande wohnhaft, bei Erlangung der Volljährigkeit offiziell für das Türkentum optiert oder gemäß dem Staatsangehörigkeitsgesetz zum Türkentum übertritt. Die türkische Staatsangehörigkeit erlischt unter den gesetzlich festgesetzten Bedingungen[4]).“

Die neue Türkei ist also ihren bisherigen Grundsätzen treu geblieben, indem sie für den natürlichen Erwerb der Staatsangehörigkeit das primäre jus sanguinis mit einem durch positiven Optionszwang nach Volljährigkeit stark eingeschränkten jus soli verbindet.

---

1) Anlage 29. 2) 2e série Bd. 17, S. 262.

3) Keller-Trautmann: S. 775.

4) Aus der Uebersetzung von Loeser in „Weltrecht“ 1. Jahrg., Sp. 182.

III. Rumänien.

Das Staatsangehörigkeitsgesetz vom 23. II. 1924.

Das rumänische Staatsangehörigkeitsrecht hat bis zum Kriegsende unverändert im bürgerlichen Gesetzbuch von 1864 bzw. 1879 geruht[1]). Noch vor Friedensschluß sah sich jedoch Rumänien, das einen ungeheuren Zuwachs an fremdem Gebiet und fremder Bevölkerung erhoffen durfte, veranlaßt, den Kreis seiner Vollbürger durch Aufnahme der Juden Altrumäniens zu erweitern. Die Juden, die bisher nach Art. 9 des bürgerlichen Gesetzbuchs das rumänische Bürgerrecht erst eigens durch Naturalisation erwerben mußten, erhalten zunächst durch das — dem Wortlaut nach nicht auf Juden beschränkte — Dekretgesetz vom 29. XII. 1918[2]), dann aber durch das Dekretgesetz, betr. die Gewährung der vollen Staatsbürgerrechte an die im Inland geborenen Juden vom 22. V. bzw. 12. VIII. 1919[3]) ein besonderes Optionsrecht. Nachdem der mit den Ententehauptmächten abgeschlossene Minderheitenschutzvertrag vom 9. XII. 1919 Rumänien außerdem in Art. 7 zur Wahrung der Rechte der Juden verpflichtete, wurden in der neuen Verfassung vom März 1923[4]) die auf Grund der Option vorgenommenen Einbürgerungsdekrete bestätigt und eine neue Optionsfrist von 3 Monaten gewährt (Art. 133). Von einer allgemeinen Verleihung der Bürgerrechte an die Juden, wie sie schon der Berliner Vertrag von 1878 verlangt, kann aber auch jetzt noch keine Rede sein[5]).

Die neue Verfassung hatte im Art. 7 bereits ein zu erlassendes Naturalisationsgesetz vorgesehen; daraus ist ein, das gesamte Staatsangehörigkeitsrecht für alle Gebiete erschöpfend regelndes, umfangreiches Gesetz vom 23. II. 1924 geworden[6]). Es verkündet für den natürlichen Erwerb das reine ius sanguinis. Weitere Erwerbsgründe sind Eheschließung, Legitimation und Naturalisation (Art. 1—6). Die Naturalisation vollzieht sich, ähnlich wie im nordamerikanischen Recht, in 2 Stufen: Erklärung für die neue und Verzicht auf die bisherige Staatsangehörigkeit. 2. Nach Abgabe dieser Erklärungen 10jähriger Wohnsitz in Rumänien, während dessen jeder Dritte Einspruch gegen das veröffentlichte Naturalisationsgesuch erheben kann. Alsdann erfolgt die Natura-

---

1) v. Keller-Trautmann: S. 756.

2) Nr. 3902, Monitorul Oficial Nr. 223.

3) Nr. 2085 und 3464, Monitorul Oficial Nr. 33 und 93. Vgl. Rev. 1920, S. 226.

4) Monitorul Oficial Nr. 282 v. 28. III. 1923, deutsche Übersetzung von Klotzner: Die Verfassung Großrumäniens, Sonderabdruck aus der deutschen Tagespost, Hermannstadt.

5) Vgl. Denkschrift der jüdischen Delegation an die Friedenskonferenz vom Juni 1919 bei Dutczak: Die Feststellung der rumänischen Staatsangehörigkeit. Czernowitz 1924, S. 39.

6) Anlage 30.

lisation, nach einem weiteren Prüfungsverfahren, durch Beschluß des Ministerrats, nicht mehr wie bisher jeweils durch Gesetz. Vorher ist ein Treueid zu leisten. Für Ausländer, die in Rumänien geboren und dort aufgewachsen sind, ferner für Ehegatten rumänischer Frauen und einige andere Gruppen fällt die Wohnsitzfrist fort oder wird gekürzt. Eine Vorzugsstellung nehmen „Ausländer rumänischer Abstammung" ein. Sie sind von der Wohnsitzbedingung befreit und brauchen die ausländische Staatsangehörigkeit nicht verloren zu haben, wenn sie auch den Verzicht auf sie in feierlicher Form aussprechen müssen (Art. 7—35).

Als Verlustgründe zählen Erwerb einer fremden Staatsangehörigkeit, Annahme eines ausländischen Amts oder Leistung fremder Kriegsdienste, Unterwerfung unter ausländischen Schutz. Die Eheschließung mit einem Ausländer führt zwar grundsätzlich auch zum Verlust der rumänischen Staatsangehörigkeit; die Rumänin kann sich aber durch ausdrücklich beglaubigte Erklärung beim Eheschluß ihre rumänische Staatsangehörigkeit vorbehalten. Das ist die Lösung, zu der auch Belgien sich im Gesetz vom 15. V. 1922 entschlossen hat. Nach Auflösung der Ehe durch Tod, Scheidung oder Trennung von Tisch und Bett kann die ehemalige Rumänin durch einseitige Erklärung die Staatsangehörigkeit wiedererwerben. Eigenartigerweise wird für die Ausländerin, die durch Eheschließung Rumänin geworden ist, nach Auflösung der Ehe der einseitige Verzicht auf die rumänische Staatsangehörigkeit vorgesehen. Auch Rumänien führt als dauerndes Rechtsinstitut die Denaturalisation ein. Sie kann auf dem Verwaltungswege ohne Rechtsmittelschutz ausgesprochen werden, wenn sich Rumänien mit dem Staat, dem der Naturalisierte früher angehörte, im Kriegszustande befindet. Voraussetzungen sind entweder Handlungen gegen die Staatsordnung und die innere und äußere Sicherheit Rumäniens oder Verlassen des Landes, um sich einer öffentlichen Dienstpflicht zu entziehen, oder landesverräterisches Verhalten (Art. 36—46).

Gleichzeitig enthält das Gesetz in seinen Schlußbestimmungen (Art. 54—70) eine Ergänzung der in den Friedensverträgen und dem Minderheitenschutzvertrag getroffenen Regelung des durch den Geburtenzuwachs erfolgenden Staatsangehörigkeitswechsels. Sie läßt das Bestreben erkennen, den Kreis der neuen rumänischen Staatsangehörigen enger zu ziehen, als die für Rumänien bindenden Bestimmungen der Art. 3 und 4 des Minderheitenschutzvertrages zulassen. Wo nach diesem der tatsächliche Wohnsitz im abgetretenen Gebiet genügt, wird der Nachweis des Heimatsrechts verlangt. Dieser Weg war bereits vorher durch Erlaß des Regulaments vom 13. X. 1923 Nr. 712 (M. O. Nr. 172) betreten worden, zu dem der zwischen den Nachfolgestaaten der österreichungarischen Monarchie geschlossene Vertrag von Rom vom 6. IV. 1922 über die Feststellung der Staatsangehörigkeit den Anlaß gegeben hatte[1]).

IV. Polen.

Das Staatsangehörigkeitsgesetz vom 20. I. 1920.

Die ursprüngliche polnische Staatsangehörigkeit geht naturgemäß auf die Entstehung des Staates Polen zurück. In den verschiedensten Verträgen und Gesetzen sind Abgrenzungen für den natürlichen und optionsweisen Erwerb der polnischen Staatsangehörigkeit unternommen worden: in den Friedensverträgen von Versailles und St. Germain, im Minderheitenschutzvertrag zwischen den alliierten Hauptmächten und Polen, im russisch-ukrainisch-polnischen Friedensvertrag von Riga vom 15. III. 1921, im deutsch-polnischen Vertrag über Oberschlesien vom 15. V. 1922 und im deutsch-polnischen Wiener Abkommen vom 30. VIII. 1924. Polen selbst hatte noch vor Abschluß der drei letzteren in den §§ 2 und 3 seines Staatsangehörigkeitsgesetzes vom 20. I. 1920 den Bestand seiner Staatsangehörigen nach seiner eigenen Rechtsauffassung umschrieben. Die Betrachtung dieser Rechtsnormen kann hier unterbleiben[2]). Dagegen ist uns von Interesse, welche Grundsätze über den Erwerb und Verlust des Staatsangehörigkeitsrechts außerhalb der territorialen Fragen Polen als erster von den neuen Staaten festgesetzt hat[3]). Es nimmt nicht wunder, daß leitendes Prinzip das dem völkischen Gedanken näher liegende ius sanguinis, und zwar ohne jede Vermischung mit dem ius soli-Grundsatz[4]), wie etwa in Frankreich oder England, geworden ist. Nicht nur mit diesem Grundsatz, sondern auch in Aufbau und Anordnung ist das polnische Gesetz dem

---

[1]) Siehe oben S. 128 Anm. 3. Über die Frage der Rechtsgültigkeit des — dort abgedruckten — Regulaments und der entsprechenden Bestimmungen des Gesetzes vom 23. II. 1924 vgl. ausführlich DUTCZAK: a. a. O.

[2]) Vgl. darüber die eingehenden Ausführungen unter Abdruck der Rechtsquellen bei SCHÄTZEL: Wechsel der Staatsangehörigkeit, 1921, Nachtrag 1922; ferner KOLLENSCHER: Die polnische Staatsangehörigkeit, Berlin 1920. — BRUNS: Staatsangehörigkeitswechsel und Option, Berlin 1921. — RUKSER: Die Rechtsstellung der Deutschen in Polen, Berlin 1921, Staatsangehörigkeit und Minoritätenschutz in Oberschlesien, Berlin 1922, das Wiener Abkommen, Auslandsrecht, 5. Jg., Sp. 349 (Wortlaut jetzt auch RGBl. 1925 II, Nr. 5). — GARGAS: Erwerb und Verlust der polnischen Staatsangehörigkeit in Bl. f. vgl. Rev., 15. Jg., Sp. 162. — Ferner Spruch des Haager ständigen intern. Gerichtshofs v. 15. IX. 1923, sowie Denkschr. d. dtsch. Regierung üb. d. Erwerb d. poln. Staatsangehörigkeit. NIEMEYERS Zeitschr. f. intern. R. Bd. 32, S. 216, 225.

[3]) Anlage 31. Polnische Ausführungsverordnung vom 7. VI. 1920, abgedruckt bei RUKSER: Rechtsstellung der Deutschen in Polen, S. 152.

[4]) Dagegen bedeutete die oben S. 123 erwähnte Bestimmung des Art. 4 Minoritätenschutzvertrags für die Vergangenheit ein Zugeständnis an das ius soli-Prinzip.

deutschen Reichs- und Staatsangehörigkeitsgesetz von 1913 nachgebildet. Die Art. 4—7 enthalten dessen Erwerbsgründe der §§ 3—6, vermehrt um den Erwerb auf Grund der Adoption von nicht mehr als 18jährigen, den das deutsche Recht nicht kennt. Für die Naturalisation (Art. 8, 9) wird — wie in den meisten außerdeutschen Ländern — ein 10jähriger Aufenthalt in Polen und Kenntnis der polnischen Sprache verlangt. Die letzte Bestimmung ist von Wichtigkeit für die deutschen Ansiedler, die aus Gründen der Selbsterhaltung gezwungen sind, um Naturalisation einzukommen. Im einzelnen weist das Gesetz die in den meisten Staaten durchgeführten Grundsätze auf und enthält z. B. den vorbehaltlosen Verlust der eigenen durch Erwerb einer fremden Staatsangehörigkeit — wenn es sich nicht um Wehrpflichtige handelt —, sowie die Durchführung der Familieneinheit (Art. 7, 10, 11, 13). Durch Eheschließung mit einem Ausländer verliert die Polin ihre Staatsangehörigkeit, auch wenn sie dessen Staatsangehörigkeit nicht erwirbt (Vereinigte Staaten!), ein Schönheitsfehler, der gleichfalls von unserm deutschen Recht übernommen ist. Noch über das deutsche Recht hinaus verliert ein Pole seine Staatsangehörigkeit bereits durch Annahme eines öffentlichen Amts oder Eintritt in fremde Militärdienste ohne Einwilligung seiner Regierung, nicht erst auf Grund einer Verlustigerklärung der Heimatbehörde (Art. 11, Ziff. 2). Dagegen hat Polen vom deutschen Recht nicht übernommen die mit der Verletzung der eigenen Wehrpflicht zusammenhängenden Verlustbestimmungen und — mit Recht — die Entlassung aus der Staatsangehörigkeit. Im Gegenteil entläßt der polnische Staat Wehrpflichtige nicht aus seinem Staatsverband und anerkennt infolgedessen insoweit eine erworbene ausländische Staatsangehörigkeit nicht an[1]). Ein verwaltungsrechtlich geschützter Anspruch in bezug auf die Staatsangehörigkeit besteht in keinem Fall. Jedoch erwirbt die Polin, die ihre Staatsangehörigkeit durch Eheschließung mit einem Ausländer verloren hatte, die Heimatstaatsangehörigkeit nach Auflösung der Ehe und Rückkehr in die Heimat durch einseitige Erklärung wieder (Art. 10). Auf der andern Seite verbietet Polen für seine Angehörigen die Doppelstaatsangehörigkeit (Art. 1), was de facto natürlich wertlos ist, da Polen nicht in der Lage ist, die Anerkennung einer zweiten Staatsangehörigkeit durch einen andern Staat zu hindern[2]). Ob Polen aus jenem Grundsatz die denkbare

---

[1]) Art. 11. Andrerseits hat Polen später durch Verordnung des Staatsverteidigungsrats vom 11. VIII. 1920 (Dz. Ustaw Nr. 81, S. 540) mit Ausführungsverordnung vom 12. 11. 1920 den Verlust des polnischen Bürgerrechts bei Nichtausübung der Heeresdienstpflicht angedroht.

[2]) Vgl. Schätzel: Wechsel der Staatsangehörigkeit, S. 72, Anmerkung, unter Bezugnahme auf v. Martitz. — Völlig abwegig ist die Vorstellung von Gargas: a. a. O. Sp. 175, als ob jener Art. 1 die Macht habe, einem Deutschen, der für

Folge zieht, bedingungslos jedem Polen die Staatsangehörigkeit zu entziehen, der eine fremde Staatsangehörigkeit erwirbt, ist zweifelhaft. Nur wenn der Betreffende auf eigenen Antrag Ausländer wird, verliert er die polnische Staatsangehörigkeit und auch hier gilt die wichtige Ausnahme des Art. 11.

V. Danzig.

Das Staatsangehörigkeitsgesetz vom 30. V. 1922.

Das Danziger Staatsangehörigkeitsgesetz vom 30. V. 1922 (Ges.Bl. S. 129)[1]) greift naturgemäß in noch erheblicherem Umfang auf das deutsche Reichs- und Staatsangehörigkeitsgesetz zurück und zeigt die Veränderungen, die sich aus dem Wegfall der Wehrpflicht und aus dem gemäß Art. 34 des Danzig-polnischen Vertrags vom 9. XI. 1920 gebotenen Einvernehmen mit Polen über die Naturalisationsbedingungen ergeben. Über diese Bedingungen wurde zwischen Polen und Danzig am 24. X. 1921 ein Vertrag geschlossen[2]). Außerdem mußte nach Art. 72 der Danziger Verfassung die Billigung des Gesetzentwurfs beim Völkerbund nachgesucht werden[3]). Es stellt somit das deutsche Gesetz dar, aus dem alle vom Ausland so oft befehdeten Bestimmungen entfernt sind: die Genehmigung nach § 25, Abs. 2, die Wiedereinbürgerung nach § 13, die Ausbürgerung nach § 27. Namentlich aber ist die Entstehung einer Deutsch-Danziger Doppelstaatsangehörigkeit auf polnisches Betreiben verhindert.

Daß das uneingeschränkte ius sanguinis des deutschen Rechts den leitenden Grundsatz des Danziger Staatsangehörigkeitsgesetzes bildet, ist nach dem Gesagten klar (§ 1). Von Interesse ist der Versuch, der Entstehung von Staatenlosigkeit mit Hilfe des ius soli nicht nur wie schon bisher im deutschen Recht bei Findelkindern zu begegnen (§ 1, Abs. 2), sondern die vorhandenen Staatenlosen in der zweiten Generation ebenfalls durch Anwendung des ius soli aufzusaugen: ein in Danzig geborenes Kind eines staatenlosen Vaters, der sich bereits 5 Jahre in Danzig aufgehalten hat, ist Danziger von Geburt (§ 2).

---

die polnische Staatsangehörigkeit optiere, die deutsche Staatsangehörigkeit zu nehmen. Vielmehr tritt der Verlust auf Grund der Option nach Friedensvertragsrecht ein.

[1]) Anlage 32. Bericht von Loening im Auslandsrecht, 4. Jg., Nr. 1.

[2]) Vgl. Schätzel: Wechsel der Staatsangehörigkeit, Nachtrag S. 41ff. Dort auch S. 135ff. Abdruck der einschlägigen Bestimmungen der beiden Danzig-polnischen Verträge.

[3]) Diese wurde mit der Maßgabe, daß grundsätzliche Änderungen dem Völkerbund zur Genehmigung vorzulegen seien, erteilt. Soc. des Nations, Journ. offic. 1922, S. 96 und 143.

In die Naturalisationsbedingungen ist 5jähriger Wohnsitz, sowie die Absicht eines zukünftigen dauernden Wohnsitzes in Danzig eingefügt. Polen dürfen im allgemeinen nur mit polnischer Erlaubnis naturalisiert werden (§ 8).

Bei den Erwerbsgründen ist, worauf SCHÄTZEL mit Recht aufmerksam macht[1]), bemerkenswert, daß der Erwerb infolge Anstellung im Staatsdienst nur eintritt, wenn nachgewiesen wird, daß die bisherige Staatsangehörigkeit verloren geht. Es wird auf diese Weise verhindert, daß Deutsche, die in den Danziger Staatsdienst eintreten, die deutsche Staatsangehörigkeit beibehalten (§ 5). Durch Eheschließung verliert die Danzigerin ihre Staatsangehörigkeit nur, wenn sie eine andere erwirbt (§ 14): es ist also die zweckmäßige Form der Rückversicherung gegen Staatenlosigkeit wie im code civil eingeführt. Eine entsprechende Rückversicherung gilt ebenso wie im neuen belgischen Staatsangehörigkeitsgesetz bezüglich der Legitimation durch einen ausländischen Vater (§ 13). Der Grundsatz der Familieneinheit ist also, entgegen der neueren Entwicklung, aufrecht erhalten. Er hat sogar eine Verschärfung erhalten, indem durch die Eheschließung einer Ausländerin mit einem Danziger nicht nur diese, sondern auch ihre minderjährigen Kinder, die Danziger Staatsangehörigkeit erwerben (§ 4). Das ist nach deutschem Recht nur für die unehelichen, nicht ersteheIichen Kinder der Fall. Umgekehrt verlieren auch die minderjährigen Kinder einer Danzigerin, die einen Ausländer heiratet, die Danziger Staatsangehörigkeit, vorausgesetzt, daß sie die neue Staatsangehörigkeit der Mutter erwerben. Merkwürdigerweise ist die Entlassung des deutschen Rechts beibehalten (§§ 18ff.). Sie darf jedoch nur erteilt werden, wenn der Antragsteller nachweist, daß er mit der Entlassung eine andere Staatsangehörigkeit erwirbt. Da er in diesem Fall die Danziger Staatsangehörigkeit ohnehin nach dem auch im Danziger Gesetz bedingungslos geltenden Grundsatz des deutschen § 25 verliert, ist sie — wie auch im deutschen Gesetz — überflüssig (siehe unten S. 157)[2]). Dennoch ist sie überdies einer besonders humanen Gebührenbehandlung unterstellt worden (§ 24). Der Rechtsschutz gegen die Entscheidungen des Senats ist dem Danziger höchsten Gerichtshof, dem Obergericht übertragen. Im Unterschied zum deutschen Recht ist die Klage gegen abgelehnte Naturalisationsanträge gegeben, auch wenn kein Anspruch besteht, jedoch nur über die Frage, ob die Voraussetzungen für den Erwerb zu Unrecht verneint wurden (§ 23). In dem Streit zwischen Danzig und Polen über die Frage, ob die Einbürgerungen im freien Ermessen der freien Stadt Danzig stehen und also nicht einer Entscheidung gemäß

[1]) a. a. O. S. 44.

[2]) Der Erwerb einer fremden Staatsangehörigkeit, der ohne Willen des Staatsangehörigen erfolgt, spielt praktisch keine Rolle.

Art. 39 der Danzig-polnischen Konvention vom 9. XI. 1920 unterliegen, hat sich somit der von Danzig vertretene Standpunkt durchgesetzt. Dafür hat sich Danzig in dem genannten weiteren Vertrag vom 24. X. 1921 verpflichtet, die Einbürgerung polnischer Staatsangehörigen bei gegebenen Voraussetzungen grundsätzlich nicht abzulehnen (Art. 12 dieses Vertrags). Im ganzen wird man sagen dürfen, daß das Danziger Gesetz den Erfahrungen, die gerade das deutsche Gesetz während des ersten Jahrzehnts seines Bestehens gemacht hat, glücklich Rechnung trägt und ein neues deutsches Staatsangehörigkeitsgesetz sehr ähnlich lauten könnte.

VI. Tschechoslovakei.

Das Gesetz vom 9. IV. 1920.

Die Tschechoslovakei bestimmte im § 4 der Verfassungsurkunde vom 29. II. 1920, Sammlung der Gesetze Nr. 121:

„Es gibt nur eine einzige und einheitliche Staatsbürgerschaft in der tschechoslovakischen Republik. Die Bedingungen für den Erwerb, die Wirkungen und den Verlust der Staatsbürgerschaft der tschechoslovakischen Republik bestimmt das Gesetz. Ein Angehöriger eines fremden Staates kann nicht gleichzeitig Angehöriger der tschechoslovakischen Republik sein."

Da die Tschechoslovakei streng zentralistisch aufgebaut ist, spricht der Einleitungssatz lediglich eine notwendige Folge der nicht bundesstaatlichen Verfassung aus. Mit dem Anspruch der Inkompatibilität von tschechoslovakischer und fremder Staatsangehörigkeit ist, wie wir schon für Polen bemerkten, nicht viel erreicht, ehe man nicht weiß, in welcher Weise die Tschechoslovakei auf den freiwilligen und nicht freiwilligen Erwerb einer fremden Staatsangehörigkeit, den sie ja nicht verhindern kann, reagiert. Weicht die tschechoslovakische Staatsangehörigkeit bedingungslos der fremden aus?

Das oben erwähnte Gesetz über Erwerb usw. der Staatsbürgerschaft hat man vorläufig in dem umfangreichen Gesetz vom 9. IV. 1920[1]) zu erblicken, das materiell allerdings nur eine zusammenfassende Abgrenzung des Bestandes an ursprünglichen Staatsangehörigen sowie eine Optionsordnung darstellt. Ihr grundsätzliches Staatsangehörigkeits-

---

[1]) Abgedruckt im Prager Archiv 1920, S. 571ff., und bei SCHÄTZEL: Wechsel der Staatsangehörigkeit, S. 138. Ausführungsverordnungen vom 20. VIII. und 30. X. 1920, Prager Archiv 1920, S. 938 u. 1075ff. Literatur: SCHMIED-SOLLISLAU: Staatsbürgerschaft und Heimatsrecht 1921 und im Prager Archiv 1920, S. 576ff. — SCHÄTZEL: S. 52ff., Nachtrag S. 66ff. — JOACHIM: Das Staatsbürgerrecht in der tschecho-slov. Rep. auf Grund der Friedensverträge, Prager Archiv 1920, S. 21, 203. Über die Reichweite des Gesetzes vgl. die Entsch. im Prager Archiv 1924, S. 772.

recht faßt die Tschechoslovakei in den §§ 3, 13 und 18 wie folgt zusammen:

§ 3: Die bisherigen Bestimmungen über Erwerb und Verlust des Staatsbürgerrechts bleiben weiterhin in Gültigkeit, sofern sie nicht durch dieses Gesetz abgeändert werden.

§ 13: Die bisherigen Bestimmungen über Erwerb und Verlust des Heimatrechts bleiben, soweit sie durch dieses Gesetz nicht abgeändert werden, in Geltung.

Für die Verpflichtung der Gemeinde zur Aufnahme in den Gemeindeverband gelten jedoch auf dem ehemaligen ungarischen Gebiete die Bestimmungen des Gesetzes vom 5. XII. 1896, RGB. Nr. 222.

§ 18: Die Regierung wird ermächtigt, für das Gebiet, welches nach dem Friedensvertrag mit Deutschland der tschechoslovakischen Republik zugefallen ist, die Verhältnisse der Staatsbürgerschaft und des Heimatsrechts durch Verordnung für die Zeit zu regeln, bis er zu einer allgemeinen Neuordnung durch ein Gesetz kommt.

Danach hält also die Tschechoslovakei an dem Institut des Heimatrechts als Grundlage für die Staatsbürgerschaft fest und zwar in der Form des österreichischen, nicht des ungarischen Gemeindegesetzes. Im übrigen ist eine Vereinheitlichung für das ehemals österreichische und ehemals ungarische Gebiet nicht erfolgt. Der anscheinend offiziöse Kommentator des Gesetzes — SCHMIEDT-SOLLISLAU — setzt offenbar als selbstverständlich voraus, daß in Zukunft nur die alte österreichische Praxis Anwendung findet. Unterschiede würden sich für die Naturalisationsvoraussetzungen und insofern ergeben, als Ungarn noch heute den Verlust durch Erwerb einer fremden Staatsangehörigkeit nicht kennt, dagegen den aus dem deutschen Recht gleichfalls längst entfernten Verlust durch 10jährigen Auslandsaufenthalt eintreten läßt[1]. Für das — anteilsmäßig keine erhebliche Rolle spielende — ehemals deutsche Gebiet ist mir eine Verordnung nach § 18 nicht bekannt. Es wird mit einer vorläufigen Angleichung an das österreichische Gebiet zu rechnen sein. Die Tschechoslovakei huldigt nach dem Gesagten dem ius sanguinis-Prinzip ohne Einschränkung, sie läßt den Erwerb außerdem durch Legitimation, Heirat und Naturalisation eintreten, welch letztere die Zusicherung des Heimatrechts in einer Gemeinde und also im allgemeinen 10jährigem Wohnsitz voraussetzt. Sie befolgt den Grundsatz der Familieneinheit, und läßt die Staatsangehörigkeit durch Entlassung, durch Erwerb einer fremden Staatsangehörigkeit oder durch Eintritt in ausländische Dienste untergehen.

VII. Ägypten.

Die Türkei hat wie im Friedensdiktat von Sèvres, so im Friedensvertrag von Lausanne (Art. 17) und zwar mit Rückwirkung auf den 5. XI. 1914 — am 18. XII. 1914 hatte die britische Regierung Ägypten

[1] Vgl. die österreichischen und ungarischen Bestimmungen bei v. KELLER-TRAUTMANN: S. 739ff.

zu einem englischen Protektorat gemacht[1]) — auf jede Oberhoheit oder sonstige Ansprüche auf Ägypten verzichten müssen. Das seit der britischen Unabhängigkeitserklärung vom 16. III. 1922 wenigstens rechtlich unabhängige Ägypten bestimmt im § 2 seiner Verfassung vom 19. IV. 1923[2]): „Die ägyptische Staatsangehörigkeit wird durch das Gesetz geregelt.“ Mangels eines solchen mußte jedoch der Kreis der wahlberechtigten Ägypter für die Parlamentswahlen vorläufig umschrieben werden. Daher bestimmte das Wahlgesetz vom 30. IV. 1923 Art. 93, daß bis zum Erlaß eines Gesetzes über die ägyptische Staatsangehörigkeit die im Art. 1 und 2 eines Dekrets vom 29. VI. 1900 genannten Personenklassen als Ägypter anzusehen seien[3]). Diese sind 1. alle, die vor dem 1. I. 1848 ihren Wohnsitz in Ägypten begründet und behalten haben. 2. Die türkischen Untertanen, die in Ägypten geboren sind und von dort wohnhaften Eltern abstammen, 3. die in Ägypten geborenen und wohnhaften türkischen Untertanen, die dem ägyptischen Militärgesetz durch Militärdienst oder Zahlung der Vertretungsgebühr genügt haben, 4. die in Ägypten geborenen Kinder unbekannter Eltern. Von diesen Bedingungen sind die Untertanen und Schutzbefohlenen einer fremden Macht ausgenommen. Ferner können nach Art. 2 des genannten Dekrets die in Ägypten seit 15 Jahren wohnhaften Untertanen, die eine dahingehende Erklärung abgeben, als Ägypter anerkannt werden.

VIII. Rußland.

Reglement über die Bundestaatsangehörigkeit vom 29. X. 1924.

1. Die staatsangehörigkeitsrechtlichen Grundsätze Sowjetrußlands sind in einem zusammenfassenden Gesetz neuerdings niedergelegt. Einige verstreute Bestimmungen ließen vorher folgende Auffassung erkennen. Es ist eine privatrechtliche und eine öffentlich rechtliche Anschauung zu unterscheiden. In dem ersten großen aus der kommunistischen Frühzeit der Sowjetregierung stammenden Gesetzbuch über Personenstandsbeurkundung, Ehe-, Familien- und Vormundschaftsrecht von 1918 bestimmt § 103: „Sind die Eheschließenden

[1]) Während der Protektoratszeit sind die Ägypter nach Auffassung der Gem. Schiedsgerichte, wenn nicht britische nationals, so doch „ressortissants anglais“ und jedenfalls im Verhältnis zu dritten Mächten britischen Staatsangehörigen gleichzustellen. Sie sind daher für Klagen aus Abschnitt IV, Teil X V. V. gegen Deutschland aktiv legitimiert. Vgl. Zwischenurteil des deutsch-engl. Gem. Schiedsgerichts v. 27. V. 1924 i. S. Nationalbank von Ägypten gegen deutsches Reich u. a. Rec. d. dec. IV, S. 233, ferner österr.-engl. Gem. Schiedsgericht v. 13. VII. 1923 i. S. Nationalbank von Ägypten gegen Anglo-Austrian Bank (Claim 1922 A/28).

[2]) Text: NIEMEYERS Zeitschr. für internationales Recht, Bd. 31, S. 73.

[3]) Vgl. Mitteilung im JCl. 1923, S. 742.

verschiedener Staatsangehörigkeit, so kann eine Veränderung der Staatsangehörigkeit, wenn eine der Parteien die russische Staatsangehörigkeit besitzt, nur auf Grund besonders ausgedrückten Wunsches des Bräutigams oder der Braut nach allgemeinen Grundsätzen erfolgen." Und § 147 besagt, daß, wenn die Eltern verschiedener Staatsangehörigkeit sind und der eine Elternteil Russe ist, das Kind derjenigen Staatsangehörigkeit folgt, auf die sich die Eltern bei der Eheschließung geeinigt haben. Fehlt es an einer solchen Einigung, so gelten die Kinder als Russen; sie können jedoch nach Erreichung der Volljährigkeit für die Staatsangehörigkeit des andern Elternteils optieren[1]. Daraus ist zu entnehmen: 1. Sowjetrußland unterscheidet russische und nichtrussische Staatsangehörige. 2. Die Kinder russischer Eltern sind Russen (ius sanguinis). 3. Anhaltspunkte dafür, daß die Geburt auf russischem Boden für Kinder russischer Eltern zum Staatsangehörigkeitserwerb erforderlich oder für Kinder nichtrussischer Eltern ausreichend sei, sind nicht vorhanden (kein ius soli). 4. Die Eheschließung hat keinen Einfluß auf die Staatsangehörigkeit. 5. Auf die russische Staatsangehörigkeit kann einseitig verzichtet werden. Rußland anerkennt vorhandene fremde Staatsangehörigkeit. 6. Staatsangehörigkeit ist — unter Vorbehalt der „allgemeinen Grundsätze" — Privatsache. Rußland überläßt die Bestimmung der Staatsangehörigkeit von Kindern aus nationalen Mischehen, bei denen ein Teil Russe ist, den Eltern bzw. den Kindern. 7. Rußland anerkennt die Wahl einer fremden Staatsangehörigkeit ohne Rücksicht auf die Anerkennung derselben durch das Recht des fremden Staats. Rußland schafft Staatenlose. — In den Punkten 1—3 und 5 entfernt sich Rußland keineswegs von bisher üblichen Grundsätzen, Punkt 4 liegt in der Linie einer Entwicklung, die wir auch in andern Ländern beobachten, in Punkt 6 tritt der staatliche Anspruch in bisher nicht gekannter Weise vor dem Selbstbestimmungsrecht des Einzelnen, in Punkt 7 außerdem vor dem Anspruch eines fremden Rechts zurück, wobei sich Rußland über seine staatsrechtlichen Möglichkeiten hinausbegibt.

In einem gewissen Gegensatz zu diesen Normen steht das gleichfalls aus einer sehr frühen Zeit stammende Dekret vom 5. IV. 1918 über den Erwerb des russischen Bürgerrechts[2]. Es hängt zusammen mit den in der Verfassung verkündeten Freiheit- und Gleichheitsrechten. An sich haben alle Proletarier dieselben Rechte, folglich auch der ausländische das russische Bürgerrecht[3]. Trotzdem werden Bestimmungen

---

[1]) Vgl. Freund: Das Zivilrecht Sowjetrußlands, Mannheim 1924, S. 17, 47ff.

[2]) Vgl. die Mitteilung von v. Freytagh-Loringhoven: Die Gesetzgebung der russischen Revolution, S. 156. Halle 1920.

[3]) Verfassung vom 10. VII. 1918, § 20. Wortlaut siehe auch bei Zaitzeff: Die Verfassungsentwicklung in Rußland im Jahrb. d. öff. R. XI, S. 275ff.

bekannt gegeben, nach denen das russische Bürgerrecht mühelos erworben werden kann. v. FREYTAGH-LORINGHOVEN teilt über diese Bedingungen mit: „Jeder im Bereich der Räterepublik lebende Ausländer kann das Bürgerrecht erwerben. Er hat bei dem zuständigen Rat einen entsprechenden Antrag zu stellen und hierbei die Art seiner Beschäftigung anzugeben. Zugleich muß er mitteilen, ob er in seiner Heimat wegen strafbarer Handlungen einer gerichtlichen Verfolgung ausgesetzt war. Wenn sich danach keine Bedenken ergeben, so stellt ihm der Rat eine Bescheinigung über den Erwerb des russischen Bürgerrechts aus. In Ausnahmefällen ist die Erteilung des Bürgerrechts auch an Ausländer statthaft, die außerhalb der Grenzen der Räterepublik leben. Solchen Falles ist der allrussische Zentralvollzugsausschuß zuständig. Die Erteilung des Bürgerrechts ist dem Volkskommissar des Innern mitzuteilen und es hat dann weiter der Volkskommissar für auswärtige Angelegenheiten den Heimatstaat des neuen Bürgers in Kenntnis zu setzen." Daraus geht hervor: 1. Rußland kennt ein russisches Bürgerrecht, das möglicherweise nicht identisch mit der russischen Staatsangehörigkeit ist. Jenes steht nur Proletariern, der Idee nach aber den Proletariern aller Länder zu. 2. Die Naturalisation steht unter leichten Bedingungen; eine Wohnsitzdauer ist nicht vorgeschrieben. 3. Wohnsitz im Ausland schließt den Erwerb nicht aus. Keine Rücksicht auf fremdes Recht. Rußland schafft Doppelstaatsangehörige.

Soeben wird das Reglement der RSFSR. über die Bundesstaatsangehörigkeit vom 29. X. 1924 bekannt[1]). Es entwickelt die oben erkennbar gewordenen Gedanken weiter: Der ausländische Proletarier genießt die politischen Rechte des Sowjetbürgers. Zum Erwerb der STA. durch Geburt reicht der Besitz der russischen StA. bei einem Elternteil und Wohnsitz eines Elternteils in Rußland aus. In gewissen Fällen bestimmen die Eltern die StA. Eheschliessung hat keinen Einfluß auf die StA. Proletarier genießen leichtere Naturalisationsbedingungen. Der für Emigranten und andere Personenkreise bereits in früheren Dekreten ausgesprochene Verlust der StA. wird bestätigt[2]).

Gemeinsam ist allen Bestimmungen die Ausschaltung jedes völkischen Gedankens und die Nichtachtung fremder Grenzen und fremden Rechts. Mit solchen Grundsätzen stehen wir am entgegengesetzten Ende der von uns allerorten aufgezeigten Linie der Entwicklung. Jedenfalls wird Rußland vom Westen her den gleichen Tadel hören wie Deutschland, wenn es, ungleich unbekümmerter als dieses um fremdes Recht und nationale Grenzen, allerorten Staatenlose und Doppelstaatsangehörige schafft.

---

[1]) Anlage 39. Ich verdanke Hinweise und Übersetzung Herrn Rechtsanwalt Dr. H. Freund. Vgl. ferner die Dekrete der Ukrainischen und Weißrussischen Sowjetrepublik über die StA. vom 28. III. bzw. 4. VIII. 1922, in deutscher Übersetzung im Auslandsrecht, 6. Jg., Sp. 113ff.

[2]) Vgl. das bei Freund: S. 110 abgedruckte Dekret vom 15. XI. 1921.

IX. Litauen und das Memelgebiet.

Litauen hat in einem vorläufigen Gesetz über die Staatsbürgerschaft vom 16. I. 1919, das später einige Zusätze erfuhr, festgelegt, wen es als litauische Staatsbürger betrachtet[1]). Durch den russisch-litauischen Friedensvertrag vom 12. VII. 1920 anerkennt Sowjet-Rußland im Ergebnis diese Regelung und sichert den früheren russischen Staatsangehörigen lediglich ein Optionsrecht[2]). An Grundsätzlichem führt das Gesetz von 1919 nur die Naturalisation ein, deren hauptsächliche Voraussetzung 5jähriger Wohnsitz in Litauen ist. Diese Bestimmung scheint jedoch durch die neuere der litauischen Verfassung vom 1. VIII. 1922 hinfällig geworden zu sein: Diese fordert 10jährigen Wohnsitz[3]). Das im gleichen § 8 der Verfassung erwähnte endgültige Staatsangehörigkeitsgesetz ist noch nicht ergangen. Über den § 9, der die Doppelstaatsangehörigkeit als mit dem litauischen Recht unvereinbar bezeichnet, gilt das über die ähnliche polnische Bestimmung bereits Gesagte (siehe oben S. 134).

Einen neuen Zuwachs von Staatsangehörigen hat Litauen durch den Erwerb des deutschen Memelgebietes bekommen. Die Rechtslage ist hier folgende: Nach § 99 VV. hat Deutschland zugunsten der alliierten und assoziierten Hauptmächte auf das Memelgebiet verzichtet und sich im voraus verpflichten müssen, die von den Hauptmächten hinsichtlich dieser Gebiete, insbesondere über die Staatsangehörigkeit der Einwohner getroffenen Bestimmungen anzuerkennen. In dem unter Mitwirkung des Volkerbundrats zwischen Litauen und den Hauptmächten geschlossenen Abkommen von 1924, das das Memelgebiet unter die Souveränität Litauens, wenn auch als selbständigen Verwaltungskörper stellt[4]), ist auch die Regelung der Staatsangehörigkeit der Einwohner erfolgt[5]). Die Einwohner des Memelgebiets erhalten mit dem 30. VII. 1924, dem Tage der Ratifikation des Memelabkommens durch Litauen, gleich zwei neue Staatsangehörigkeiten: die litauische Staatsbürgerschaft und die Eigenschaft eines Bürgers von Memel. Maßgebend ist das Wohnsitz-Prinzip (siehe oben S. 120) und zwar darf der Wohnsitz im Memelgebiet nicht später als am 10. I. 1920 begründet worden sein. Reichsdeutsche, für die diese Bedingung zutrifft, sind ausnahms-

---

1) Anlage 34. 2) Anlage 35. 3) Anlage 33.

4) Art. 1 des sogenannten Memelstatuts (Anlage I zum Memelabkommen): „Das Memelgebiet stellt unter der Souveränität Litauens eine nach demokratischen Grundsätzen verfaßte Einheit dar, die in den Grenzen dieses Statuts in Gesetzgebung, Rechtsprechung und Verwaltung Autonomie genießt.“ Abdruck des Memelabkommens mit sämtlichen Vorgängen, Schriftwechseln und Protokollen in dem Communiqué des Völkerbundes „Le Statut du territoire de Memel“ vom 22. III. 1924.

5) Anlage 36.

los Litauer und Bürger von Memel geworden. Außerdem sind zwei Optionsmöglichkeiten vorgesehen, einmal zugunsten der litauischen Staatsangehörigkeit für gebürtige Memeler, die mehr als 10 Jahre dort gelebt haben, sowie für gewisse während des Kondominiums der alliierten Mächte zugezogene Personen (§ 8). Dann aber zugunsten Deutschlands für alle, die auf Grund des Abkommens ipso iure Litauer werden. Die Optionsfrist beträgt $1^1/_2$ Jahre (§ 9). Für die deutschen unmittelbaren Staatsbeamten ist sie bezeichnenderweise auf ein halbes Jahr abgekürzt. Mit der Option verbindet sich ein — binnen zwei Jahren auszuübender — Auswanderungszwang. Daß diejenigen, die die litauische Staatsangehörigkeit ipso jure erwerben, die deutsche Staatsangehörigkeit verlieren, ist für die Vertragsstaaten selbstverständlich. Der Wortlaut „ehemalige deutsche Staatsangehörigkeit" scheint sogar besagen zu wollen, daß die Memeleinwohner schon vorher, etwa vom 10. I. 1920 an, die deutsche Staatsangehörigkeit verloren haben. Für diese Auffassung würde sich im Versailler Vertrag keine Stütze finden lassen[1]). In dem seither zwischen Deutschland und Litauen am 10. II. 1925 geschlossenen Optionsvertrag zur Ausführung der Art. 8—10 der Memelkonvention (R.G.Bl. II S. 59 u. 107) haben sich beide Staaten denn auch auf den 30. VII. 1924 als den maßgebenden Zeitpunkt geeinigt. Der Optionsvertrag enthält außer den notwendigen technischen Anordnungen eine einschränkende Auslegung des Geltungsbereichs der genannten gegen die deutschen Beamten gerichteten besonderen Optionsbestimmungen.

Durch die Erfindung der Eigenschaft eines Bürgers von Memel wird die Tatsache der Annexion des Memelgebiets durch Litauen nicht verhüllt. Im internationalen Rechtsverkehr sind die Bürger von Memel schlechtweg Litauer. Daß sich der Verlust der deutschen Staatsangehörigkeit ipso jure nach Maßgabe eines Vertrags vollzieht, an dem Deutschland nicht beteiligt ist, macht den Fall bemerkenswert, um so mehr, als eine Option zugunsten Deutschlands vorgesehen ist, für die eine deutsche Ausführungsvorschrift aus praktischen Gründen nicht entbehrt werden konnte.

X. Lettland.

Das lettische Gesetz vom 23. VIII. 1919 mit einem Nachtrag vom 7. X. 1921[2]) ist ein vorläufiges. Es stellt zunächst für die Masse der zur Zeit im In- oder Ausland lebenden Letten die Zugehörigkeitsbedingungen fest (§§ 1—3), führt außerdem aber allgemein das ius sanguinis und die Familieneinheit als leitende Grundsätze ein (§ 7), regelt die —

[1]) Näheres hierüber bei SCHÄTZEL: Wechsel der Staatsangehörigkeit, 1921, S. 80, sowie ROGGE im Auslandsrecht, Jg. 5, Sp. 284, Anm. 17.

[2]) Anlage 37. Über die Ausführungsbestimmungen vom 5. XI. 1921 und den lettisch-russischen Friedensvertrag vom 11. VIII. 1920 wird berichtet im Journ. offic. de la Soc. d. Nat. 1922 S. 480.

an einen 5jährigen Wohnsitz geknüpfte — Naturalisation (§ 4) und sieht die Entlassung aus der neuen lettischen StA. vor (§ 9.). Von Interesse ist der Versuch, die Doppelstaatsangehörigkeit zu vermeiden: Niemand kann gleichzeitig Lette und Angehöriger eines anderen Staats sein; im entgegengesetzten Fall verliert man das lettische Bürgerrecht (§ 8). Das lettische Recht weicht also bedingungslos dem fremden Recht aus.

XI. Estland.

Das estnische Dekret vom 28. XI. 1918[1]) umgrenzt den Kreis der Staatsbürger der neuen estnischen Republik nach einem kombinierten Wohnsitz- und Abstammungsprinzip. Für die Zukunft gilt wie in Lettland das ins sanguinis, die Familieneinheit, die Möglichkeit der Entlassung und die Unvereinbarkeit der estnischen mit einer andern StA., ohne daß hierfür im Einzelfall die Rechtsfolge angegeben würde. Die Naturalisation wird an einen 5 jährigen Wohnsitz gebunden, welche Frist namentlich zugunsten ehemals russischer Untertanen gekürzt werden kann.

XII. Finnland.

Finnland bestimmt in § 4 seiner Verfassung vom 17. VII. 1919[2]): „Das Staatsbürgerrecht in Finnland steht jedem zu, der von finnischen Eltern geboren ist, ebenso auch einer ausländischen Frau, die mit einem finnischen Staatsbürger verheiratet ist. — Der Staatsangehörige eines fremden Staats kann in der Ordnung und unter den Bedingungen, die durch das Gesetz besonders festgesetzt sind, das Staatsbürgerrecht in Finnland erwerben.“ Von dem darauf erlassenen finnischen Staatsangehörigkeitsgesetz vom 20. II. 1920 Nr. 33[3]) ist mir nur soviel bekannt, daß nach dessen § 1 ein Ausländer die finnische Staatsangehörigkeit erwerben kann, wenn er unbescholten ist, die letzten 5 Jahre ohne Unterbrechung in Finnland gewohnt hat, fähig ist, seine Familie zu versorgen und durch den Erwerb der finnischen Staatsangehörigkeit seine bisherige verliert. Hat er früher die finnische Staatsangehörigkeit besessen, so kann ihm die Wohnsitzbedingung erlassen werden.

---

[1]) Anlage 38. Vgl. dazu J. off. de la Soc. des Nat. 1922, S. 484.

[2]) Text in deutscher Übersetzung bei Erich: Die Verfassung Finnlands, Jahrb. d. öff. R. XII 207.

[3]) Nouvelle Revue pratique de droit international privé 1920, S. 42.

Fünfter Abschnitt.

Deutschland.

1. Wer die großen Rechtszeitschriften des Auslands, namentlich Frankreichs, durchblättert, ist überrascht, zu sehen, einen wie großen Raum in ihnen das Staatsangehörigkeitsrecht einnimmt, mag es sich um öffentlich- oder bürgerlich rechtliche, um Zeitschriften des nationalen oder internationalen Rechts handeln. Galt das schon im Frieden und erklärte sich dieser Umstand zum guten Teil daher, daß das Staatsangehörigkeitsrecht im bürgerlichen Gesetz enthalten und schulmäßig zum bürgerlichen Recht gezählt wurde[1]), so scheint im Kriege, wie wir gesehen haben, kaum ein Rechtsgebiet solches Interesse beansprucht zu haben wie gerade das Staatsangehörigkeitsrecht. Die Politik gab der Wissenschaft das Thema in die Hand und holte sich von ihr die Waffen für ihre Aufgaben.

In Deutschland fehlt es an entsprechenden Vorgängen nahezu vollkommen. Die Gesetzgebung setzte nur dort ein, wo das Friedensrecht den Erlaß von Verordnungen bereits vorgesehen hatte. Das Gesetz selbst ist bis heute unverändert geblieben[2]), wenn auch ein Teil seiner Vorschriften infolge der durch den Versailler Vertrag geschaffenen Lage unwirksam geworden ist. Daraus darf nicht gefolgert werden, daß die Anwendung des Staatsangehörigkeitsgesetzes zu keiner Reibung mit den tatsächlichen Bedürfnissen geführt und die Bedürfnisse stets Rechtssätze gefunden hätten. Aber der Ausgleich blieb den Verwaltungsbehörden überlassen und keine öffentliche Meinung rief in Deutschland nach dem Gesetzgeber, um naturalisierte Deutsche wiederum zu Franzosen oder Briten zu machen, um deutschen Frauen, die Ausländer geheiratet hatten, die deutsche Staatsangehörigkeit zu bewahren oder wieder zu verschaffen, oder um auf Jahre hinaus die Naturalisation von Angehörigen der feindlichen Staaten unmöglich zu machen. Die Gründe für die Zurückhaltung auf diesem Gebiet sind mannigfacher Art. Vorweg dürfen wir behaupten, daß dem deutschen Volkscharakter jenes Gemisch von Stolz und Eifersucht nicht gegeben ist, das die Mehrung der Volksgenossen oder Fernhaltung von Fremden als brennende Angelegenheit nicht der Verwaltungsstellen, sondern der Volksgesamtheit empfindet und die Führung eines Krieges zur persönlichen Verfolgung Einzelner macht, an der die ganze Nation sich mit Eifer beteiligt. Um

---

[1]) S. oben S. 1.

[2]) Anlage 1. Am 1. VII. 1924 ist das Gesetz vom 5. XI. 1923 (RGBl. I, S. 1077) betr. Abänderung des § 38 Reichs- u. Staatsangehörigkeitsgesetz, das eine neue Gebührenregelung vorsieht und die Fälle der Gebührenfreiheit abschafft, in Kraft getreten (VO. vom 27. VI. 1924, RGBl. I, S. 657). Die Höhe der Gebühren ist nunmehr festgesetzt durch VO. vom 27. VI. 1924 (RGBl. I, S. 659).

die Nuance, die das Wort „Staatsangehörigkeit" nüchterner ist als die „Nationalité" oder die „Citizenship" des Romanen und Angelsachsen, um so viel kühler, unpersönlicher hatte das deutsche Staatsangehörigkeitsrecht von jeher das Verhältnis des Untertanen zum Staat geregelt: nach 10jährigem Fernsein gab es den Deutschen im Ausland preis; erwarb einer eine fremde Staatsangehörigkeit, so entzog es ihm darum nicht die deutsche. Und noch heute kann man die Staatsangehörigkeit verlieren, indem man sie kündigt wie ein Dienstverhältnis, kann sie gewinnen, ohne die deutsche Sprache zu verstehen oder auch nur ein Jahr vorher in Deutschland gewohnt zu haben. So sehr die deutsche Form der allegiance, die Wehrgemeinschaft, das Gesetz von 1913 durchzieht, es blieb auch in ihm versäumt, das Rechtsverhältnis selbst, in der Erkenntnis, daß der Mensch nicht nur in einen Staat, sondern in eine Nation hinein geboren wird, weniger mit Verwaltungssachlichkeit und mehr mit nationalem Anspruch auszufüllen. Trotz, aber auch wegen seines Menschenreichtums ist das bevölkerungspolitische Interesse Deutschlands am Staatsangehörigkeitsrecht gering. Es hatte vor dem Krieg dazu gedrängt, jene selbsttätige Abstoßung der Tausende von Auslandsdeutschen für die Zukunft zu verhindern; eine Fremdenfrage im Innern, wie sie für Einwanderungsländer gegeben ist und je nach Fremdenübersättigung oder Fremdenhunger die Heranziehung des ius soli-Prinzips nahelegt, bestand für Deutschland nicht. Der Ausbruch des Kriegs riegelte die deutschen Grenzen ab und schuf eine im ganzen unveränderliche Lage. Das Gebiet der im Vierbund verbündeten Mächte bildete von 1916 an eine geographische Einheit; wer etwa innerhalb dieses Gebiets die Staatsgrenzen wechselte, um sich der Wehrpflicht zu entziehen, konnte im Wege der Ausweisung seinem Heimatstaat zugeführt werden: Militärkonventionen, wie sie die Entente abgeschlossen hat, die ihre Wehrpflichtigen in allen Erdteilen aufsuchen mußte und mit großzügigem Verzicht auf Kontingentierung dem Engländer die französische Uniform anzog[1]), hat der Vierbund nicht nötig gehabt.

Endlich kam allerdings der Rechtszustand in Deutschland den Bedürfnissen des kriegführenden Staats mehr entgegen als in den westlichen Demokratien. Der Übergang der vollziehenden Gewalt auf die Militärbehörden, der nach Art. 68 der alten Reichsverfassung durch Erklärung des Belagerungszustands — bzw. für Bayern des Kriegszustands — eintrat, gab Möglichkeiten, den Deutschen und damit auch den naturalisierten Deutschen unter Maßnahmen zu stellen, zu deren Anwendung Frankreich und England eben die Denaturalisation einführen zu müssen glaubten. Nach verschiedenen Richtungen bedarf

---

[1]) S. oben S. 47 u. 94.

dieser Satz jedoch der Einschränkung. Einmal galt die Rechtseinrichtung der Schutzhaft — denn um diese handelt es sich — nicht für das ganze Reichsgebiet, da das bayerische Kriegszustandsgesetz von 1912 in dieser Richtung dem preußischen Belagerungszustandsgesetz von 1851 keine entsprechende Bestimmung an die Seite stellte. Ferner darf die Verhängung des Schutzhaft, zumal in der Form, die sie durch das Reichsgesetz vom 4. XII. 1916 (RGBl. S. 1329), nunmehr für das ganze Reich, gefunden hatte, in keiner Weise mit der Entziehung der Staatsangehörigkeit verglichen werden, deren staats- und vermögensrechtliche Wirkung ihr naturgemäß überhaupt fehlte. Übrigens ist die Schutzhaft den westlichen Demokratien keineswegs unbekannt: England hat sie durch seine Defence of the Realm (Consolidation) Act, 1914 und die auf Grund derselben erlassene Regulation 14b ausdrücklich eingeführt und der naturalisierte Engländer deutschen Ursprungs hat sich vergeblich vor dem höchsten englischen Gericht auf das in der Habeas corpus-Akte garantierte Freiheitsrecht berufen[1]). Wichtiger war, daß andere Sätze des öffentlichen Rechts Schwierigkeiten nicht entstehen ließen, die fremde Staaten durch die Gesetzgebung beseitigen mußten. Kein Rechtssatz verbot wie in Frankreich[2]) die Einstellung von Ausländern oder Staatenlosen als Freiwillige in die Armee. Vielmehr verschaffte ihnen der Dienst im deutschen Heere einen — allerdings verwaltungsrechtlich nicht geschützten — Anspruch auf Einbürgerung[3]). Überhaupt ist das deutsche Staatsangehörigkeitsgesetz in mancher Beziehung auf den Kriegsfall geradezu zugeschnitten. Nicht als ob dem nichtigen Vorwurf des Auslands, das den deutschen § 25, Abs. 2 einen Spionageparagraphen nennt, Nahrung zugeführt werden soll, aber die §§ 22, Abs. 2 und 27 haben im Krieg, namentlich der letztere, eine sehr wichtige Mobilmachung erfahren. Im letzten Ende aber — und dieser Punkt erscheint uns entscheidend — ist es das durch keinerlei Zugeständnisse an andere Grundsätze eingeschränkte Prinzip des ius sanguinis, das das deutsche Recht beherrscht und Probleme gar nicht hat aufkommen lassen, um deren Lösung sich die Länder des Kompromisses von ius soli und ius sanguinis ernstlich gequält haben. Für Deutschland hat sich die klare Befolgung des ius sanguinis zweifellos bewährt. Für Länder der allgemeinen Wehrpflicht ist das ius sanguinis das Staatsangehörigkeitsprinzip schlechthin[4]). Es hat ihm den

---

[1]) Entscheidung der Lordskammer i. S. ZADIG vom 1. V. 1916, L. T. R. 1917, S. 417, vgl. auch den ausführlichen Bericht über den gleichen Fall und die Anwendung der Internierungsbestimmung bei JEZE: La liberté individuelle en Angleterre en temps de guerre, Rev. du droit public 1916, S. 123.

[2]) S. oben S. 4.

[3]) Reichs- und Staatsangehörigkeitsgesetz § 12, 40.

[4]) Auf den Zusammenhang von ius sanguinis und Wehrpflicht im Gegensatz zu den angelsächsischen Ländern des ius soli, die die allgemeine Wehrpflicht

Zwiespalt erspart, in den das künstliche Rechtsinstitut der Option Frankreich, Belgien, England und Italien drängte: jenen Widerstreit zwischen der Fernhaltung volksfremder Einwohner und der Gewinnung wehrpflichtiger, auch stammesfremder Angehöriger. Nur ein beträchtlicher Bevölkerungshunger, wie Frankreich ihn angesichts seiner Volksstärke weiterhin verspürt, verbunden mit angespanntester Wehrpflicht, wird nach den Erfahrungen des Weltkriegs die Nachteile einer Verquickung des ius sanguinis mit dem durch die allgemeine Belebung des Nationalstaatsgedankens außer Kurs gesetzten ius soli noch in Kauf nehmen.

Eine Betrachtung der einzelnen Bestimmungen des deutschen Staatsangehörigkeitsgesetzes auf ihre Handhabung und Bewährung während und nach der Kriegszeit wird noch immer durch den Mangel fast jeglichen Materials über dieses Gebiet gehemmt. Die Erfahrungen ruhen im Schoße der bundesstaatlichen Verwaltungspraxis und keine Verwaltungsrechtsprechung hat Wesentliches ans Tageslicht gebracht oder weiß von Fällen zu berichten, die jenen großen Gruppen der ausländischen Kriegsjudikatur entsprechen, aus denen uns der Kampf um die Zugehörigkeit zum Aufenthalts- oder neutralen Staat lebendig entgegentrat. Wie schon erwähnt, liegt der Grund zum guten Teil an dem Fehlen des in der Form des Ablehnungsrechts wirksamen ius soli im deutschen Recht, und dem Vorhandensein von Bestimmungen im ausländischen Recht, die die Doppelstaatsangehörigkeit oder Staatenlosigkeit ausschließen. Aber auch abgesehen davon scheint die Anwendung der Rechtssätze im Kriege weniger Schwierigkeiten hervorgerufen zu haben als anderswo; dagegen haben Reibungen sich draußen ergeben, wo das deutsche Recht der Auslegung des fremden Richters preisgegeben war, sowie nach dem Krieg, als das alte Recht auf die veränderten Verhältnisse nicht mehr passen wollte.

2. Zunächst sind die Fälle zu erwähnen, in denen Deutschland eine mehrfache Staatsangehörigkeit oder Staatenlosigkeit zu beurteilen hatte. Auch sie bekamen ihre besondere Bedeutung durch Wehrpflicht und Ausnahmebestimmungen gegen feindliche Personen und Vermögen. Bei der mehrfachen Staatsangehörigkeit ist zu unterscheiden, ob eine der mehreren Staatsangehörigkeiten die deutsche war oder ob es sich um mehrere fremde Staatsangehörigkeiten handelte. Im ersten Fall[1]) steht das deutsche Recht grundsätzlich auf dem Standpunkt, daß für die Beurteilung der Rechte und Pflichten gegenüber Deutschland nur die deutsche Staatsangehörigkeit in Betracht kommt

nicht kennen, macht RANDALL aufmerksam, Nationality and Naturalisation, Law Quarterly Review 1924, S. 18.

[1]) Von dem Fall eines sowohl deutschen wie dänischen Staatsangehörigen berichtet HARTMANN: D. Jur. Ztg. 1916, S. 978.

und der gleichzeitige Besitz einer fremden Staatsangehörigkeit gleichgültig ist[1]. Es hat daher das sujet mixte sich weder durch den Besitz der fremden Staatsangehörigkeit dem deutschen Heeresdienst entziehen können[2] noch befürchten müssen, von den für Ausländer geltenden Rechtsbeschränkungen erfaßt zu werden. Es wäre von Interesse, Fälle zu erfahren, in denen deutsche Verwaltungsbehörden, ähnlich wie französische und englische, von diesem Grundsatz abgewichen sind. Handelte es sich um mehrere fremde Staatsangehörigkeiten, so konnte die Staatsangehörigkeit, da es allgemein anerkannte Grundsätze für diesen Fall nicht gibt[3], nach dem letzten Erwerb, nach der Abstammung oder andern Merkmalen beurteilt werden. Am richtigsten war wohl im Krieg, wenn eine feindliche und eine neutrale Staatsangehörigkeit zur Wahl stand, entsprechend dem vom Haager Schiedsgericht aufgestellten Grundsatz[4] zu entscheiden, nach dem es auf die nationalité réalisée en fait ankommt, also auf die äußerlich in den Papieren, Betragen und Auftreten zutage tretende Staatsangehörigkeit (siehe oben S. 50). Einen Fall, in dem ein von deutschen Vergeltungsmaßregeln betroffener Engländer außerdem eine neutrale Staatsangehörigkeit besessen und sich vergeblich auf diese berufen hat, erwähnt HARTMANN[5]. Mit Recht hält H. den vor dem amerikanischen Konsul erklärten Verzicht desselben Engländers auf seine englische Staatsangehörigkeit während eines Kriegs für unwirksam (siehe oben S. 72). Was die Staatenlosen anlangt, so konnten sie nach deutschem Recht zum Heeresdienst heran gezogen werden[6]. Davon ist in ausgedehntem Maß Gebrauch gemacht worden, namentlich wenn die Betreffenden von ehemaligen Deutschen abstammten oder selbst früher Deutsche gewesen waren. Staatenlose dänischer Abkunft hat man in einem besonders liegenden Fall aus dem

[1] KELLER-TRAUTMANN: S. 47. Ebenso neuerdings RG. in Jur. Wochenschr. 1924, S. 1529. Dazu ERNST ISAY: Die mehrfache Staatsangehörigkeit, dortselbst S. 1481.

[2] HAMM: D. Jur. Ztg. 1916, S. 1061. — ERHARD: Mehrfache internationale Staatsangehörigkeit und Erfüllung der Wehrpflicht, Arch. f. Militärrecht, Bd. 16, S. 314. ERHARD erwähnt, daß nach ständiger Verwaltungspraxis von der Einziehung Doppelstaatsangehöriger Ausnahmen gemacht werden, wenn der Betreffende in dem nichtdeutschen Staate der Wehrpflicht genügt hat. Das würde auch darauf hindeuten, daß man den im Ausland lebenden Doppelstaatsangehörigen, der im Krieg der Wehrpflicht gegen Deutschland nachkommen mußte, nicht als Landesverräter im Sinne des § 88 Str. G. B. verfolgte.

[3] Vgl. STAUDINGER: III 4b, c zu Art. 29 EBGB.

[4] Haager Schiedsgericht vom 3. V. 1912, Rev. S. 331.

[5] D. Jur. Ztg. 1915, S. 1121.

[6] Reichsmilitärgesetz vom 2. V. 1874 § 11 in der Fassung vom 22. VII. 1913. Dazu KELLER-TRAUTMANN: Anm. I und II zu § 12. Eine auf dem gleichen Gedanken beruhende Heranziehung der Staatenlosen erfolgte hinsichtlich des Kriegssteuergesetzes vom 21. VI. 1916. Entsch. Bad. Verw.Ger.Hof, Jur. Wochenschr. 1919, S. 263.

deutschen Heer entlassen. Die Nachkommen solcher Dänen nämlich, die nach der Annexion von Schleswig-Holstein zwar für Dänemark optiert, aber nach Schleswig-Holstein zurückgewandert waren, hatten infolge des bis 1898 in Dänemark geltenden ius soli-Grundsatzes weder die deutsche, noch auch die dänische Staatsangehörigkeit. Nach dem sogenannten Optantenkindervertrag zwischen Deutschland und Dänemark von 1907 (KELLER-TRAUTMANN S. 443) hatte Preußen sich verpflichtet, diese Optantenkinder auf Antrag einzubürgern. Soweit sie nun von diesem Recht keinen Gebrauch gemacht hatten, blieben sie staatenlos und wurden von der deutschen Militärbehörde zum Heeresdienst eingezogen. Zugunsten Dänemarks ist jedoch während des Kriegs zwischen Deutschland und Dänemark eine besondere Vereinbarung getroffen worden. Dänemark gewährte durch Gesetz vom 27. XI. 1916 den im Abtretungsgebiet wohnenden Staatenlosen dänischer Abstammung auf deren Antrag die Staatsangehörigkeit und Deutschland entließ alle Staatenlosen dänischer Abkunft aus dem Heeresdienst, falls sie nicht Antrag auf Einbürgerung in Deutschland stellten[1]). Ob Staatenlose feindlicher Abstammung zum Heeresdienst herangezogen oder aber andrerseits hinsichtlich der gegen feindliche Ausländer erlassenen Ausnahmebestimmungen wie feindliche Ausländer behandelt worden sind, ist bisher nicht bekannt geworden. Grundsätze hierfür scheinen weder vom Gesetzgeber noch von den Verwaltungsbehörden ausgegeben worden zu sein.

3. Zum Erwerb der Staatsangehörigkeit ist festzustellen, daß irgendwelche Einschränkungen im Hinblick auf den Krieg nicht erfolgt sind. Die Französin erwarb durch die Eheschließung mit einem Deutschen wie vordem von Gesetzes wegen die deutsche Staatsangehörigkeit[2]) und kein Gesetz verbot die Einbürgerung von feindlichen Ausländern[3]). Welche grundsätzliche Stellung die Bundesstaaten gegenüber Einbürgerungsanträgen, die nach Kriegsausbruch zur Beseitigung einer dem Betroffenen oft unbewußten Ausländereigenschaft gewiß häufig gestellt wurden, welche Stellung sie nach Kriegsende einnehmen, ist noch ganz unbekannt; auch liegt statistisches Material nicht vor. Daß das deutsche Recht die Einbürgerung im Gegensatz zu nahezu sämtlichen größeren Staaten nicht von der Bedingung eines mehrjährigen Wohnsitzes abhängig macht und die bloße Wohnsitznahme genügen läßt, mag Wunder

---

[1]) Erlaß des preußischen Kr. M. vom 18. XII. 1916, vgl. Preuß. Verw. Bl. 1916/17, S. 472. Leitartikel der Frankfurter Zeitung vom 16. X. 1916 Abendbl., Nr. 287, ferner JCl. 1916, S. 1460.

[2]) Vgl. dazu das französische Gesetz vom 18. III. 1917 (oben S. 33).

[3]) Vgl. dazu das englische Gesetz vom 8. VIII. 1918 (oben S. 62), französisches Gesetz vom 7. IV. 1915 Art. 6 (oben S. 21), belgisches Gesetz vom 15. V. 1922 (oben S. 82).

nehmen. Nur ein Einblick in die Verwaltungspraxis könnte Aufschluß darüber geben, welcher Maßstab an die Würdigkeit des Antragstellers gelegt wird. Die Entwicklung geht hier zweifellos in der Richtung einer Verschärfung der Bedingungen. Die französischen Gesetzentwürfe enthalten über die Würdigkeit in nationaler Hinsicht ausgedehnte Bestimmungen (oben S. 42), das neue belgische und ebenso das rumänische Gesetz sieht ein eignes Ermittlungsverfahren vor (oben S. 81 und 131) und auch das neue englische Gesetz verlangt neben mehrjährigem Wohnsitz und dem Untertaneneid nunmehr die Kenntnis der englischen Sprache (oben S. 58). Charakteristisch ist, daß das neue Staatsangehörigkeitsgesetz des Freistaats Danzig (oben S. 136), das eine getreue Nachbildung des deutschen Gesetzes ist, für die Einbürgerung eine 5jährige Wohnsitzbedingung eingeführt hat und die Gesetzgebung der neuen Staaten durchweg ähnlich verfährt.

Die Fälle, in denen ein Anspruch auf Einbürgerung für den Ausländer besteht, nämlich nach den §§ 10, 11, 12 Reichs- und Staatsangehörigkeit, sind gleichfalls unverändert geblieben. Nicht mit Unrecht ist darauf hingewiesen worden, daß die Wirkung der §§ 10 und 11 unerwünscht sein kann, wenn z. B. die Witwe eines feindlichen Ausländers, die ihrerseits gar nicht Deutsche durch Abstammung gewesen zu sein braucht, und namentlich, wenn ein ehemals feindlicher Ausländer, der seine deutsche Staatsangehörigkeit als Kind durch Naturalisation des Vaters verloren hat, eingebürgert werden muß[1]). Auf der andern Seite ist vorgeschlagen worden, auch den Kindern einer Witwe nach § 10 den Wiedereinbürgerungsanspruch zu gewähren[2]). Beim § 12, der einen, wie erwähnt, verwaltungsrechtlich nicht geschützten Anspruch auf Einbürgerung gewährt, ist streitig geworden, ob der Dienst des kriegsfreiwilligen Ausländers oder Staatenlosen „aktiver Dienst" im Sinne des Paragraphen ist. Nur wenn ein Ausländer in Unkenntnis dieser Tatsache der Wehrpflicht genügt, soll § 12 gegeben sein[3]). Diese Ansicht ist irrig. Der Heeresdienst des Ausländers entspricht niemals einer Wehrpflicht und ist insofern kein „aktiver Dienst"[4]). Aber nicht die subjektive Auffassung des Dienstleistenden, sondern die Tatsache der Einordnung in die Wehrgemeinschaft soll nach dem Zweck der Bestimmung zum Erwerb der Staatsangehörigkeit berechtigen. Den Wiedereinbürgerungsanspruch nach § 13 bzw. 33, Nr. 2 behandeln wir im Zusammenhang mit den Ver-

---

1) Wedemeyer: Der Krieg und das Reichs- und Staatsangehörigkeitsgesetz Preuß. Verwaltungsblatt 1916/17. S. 219.

2) Kielmeyer: Niemeyers Zeitschr. für intern. Recht 28, S. 260.

3) So Wedemeyer: a. a. O.; richtig, ohne Erwähnung der Streitfrage Woeber: Reichs- und Staatsangehörigkeitsgesetz, 3. Aufl, 1922, Anm. 1 zu § 12.

4) Anders beim Staatenlosen. Reichsmilitärgesetz vom 2. V. 1874 § 11 in der Fassung des Gesetzes vom 22. VII. 1913.

lustbestimmungen. Erwähnt sei noch, daß die unmittelbare Reichsangehörigkeit mit dem Verlust der deutschen Kolonien im Hauptanwendungsfall des § 33, Nr. 1 nicht mehr verliehen werden kann und mit den §§ 33, Nr. 2, und 34 zu einer bedeutungslosen Einrichtung geworden ist. Die nicht zahlreichen Fälle, in denen eine unmittelbare Reichsangehörigkeit bereits verliehen war, beanspruchen natürlich weitere Geltung.

4. Wer sich den Verlust-Bestimmungen zuwendet, kann die Ausführungen PARTSCHS nicht übergehen, in denen dieser seine eigenen praktischen, im Krieg gewonnenen Erfahrungen über die Bewährung des deutschen Staatsangehörigkeitsrechts niedergelegt hat[1]). Leider haben seine Ergebnisse und die vorsichtig formulierten Forderungen, soweit ich sehe, bei Vertretern der Rechtslehre oder der Verwaltungspraxis nirgends ein Echo gefunden.

Eine Untersuchung des Wirksamwerdens der einzelnen Verlustbestimmungen muß notwendigerweise das Bundes- und Staatsangehörigkeitsgesetz von 1870 mit einbeziehen. Zwei seiner Grundsätze, der § 21, der den Verlust der Staatsangehörigkeit durch 10jährigen Auslandsaufenthalt ausspricht, sowie der durch das Fehlen einer entsprechenden Verlustbestimmung ausgedrückte Beibehalt der Staatsangehörigkeit bei freiwilligem Erwerb einer fremden Staatsangehörigkeit werden noch auf Jahrzehnte in ihren Rechtsfolgen zu spüren sein. Es ist nicht zu bestreiten, daß diese Bestimmungen eine Quelle der Staatenlosigkeit und der Doppelstaatsangehörigkeit geworden sind, die zudem durch deren Abschaffung infolge des neuen Gesetzes von 1913 nicht völlig zum Versiegen gebracht wurde. Wir haben gesehen, wie beide Grundsätze den ausländischen Gerichten und Sequestrationsbehörden eine Handhabe boten, dem gebürtigen Deutschen, auch wenn er nach deutschem Recht zweifellos seine Heimatstaatsangehörigkeit verloren hatte, weiterhin als Deutschen zu betrachten, und zwar auch dann, wenn er die Angehörigkeit seines neuen Wohnsitzstaats gültig erworben hatte[2]). Das Gesetz von 1913, das den Verlust durch 10jährigen Auslandsaufenthalt abschaffte, und den Verlust durch Erwerb einer fremden Staatsangehörigkeit einführte (§ 25), konnte, da es nicht rückwirkte, die einmal eingetretene Staatenlosigkeit ebensowenig wie die bereits vor seinem Inkrafttreten bestehende Doppelstaatsangehörigkeit beseitigen, wenn es auch durch den Wiedereinbürgerungsanspruch der §§ 13

---

[1]) PARTSCH: Kriegserfahrungen mit den Rechtssätzen über den Verlust der Staatsangehörigkeit in der Festschrift der Universität Freiburg zum 80. Geburtstag der Großherzogin Luise v. Baden, Freiburg i. B. 1918.

[2]) S. oben bez. Frankreich S. 49 bez. England S. 74. Vgl. hierzu ferner Schalfejew in Leske-Löwenfeld: Die Beschlagnahme usw. dtsch. Vermögens im Auslande, Berlin 1924, S. 162ff. und Hirschfeld in J. W. 1925, S. 753.

und 31 und die Verlustbestimmungen (für militärpflichtige Deutsche) der §§ 26, Abs. 1 und 32, Abs. 1 einen gewissen Ausgleich anstrebte. Es hat namentlich leider die Verewigung der Doppelstaatsangehörigkeit nicht verhindert, die nach dem alten Gesetz unmöglich war: wer vor Inkrafttreten des neuen Gesetzes im Ausland eine fremde Staatsangehörigkeit erwarb, ohne die deutsche durch die 10 Jahrfrist verloren zu haben, behält die deutsche Staatsangehörigkeit, wenn kein besonderer Verlustgrund gegeben ist, zeitlebens bei und überträgt sie auch auf seine Nachkommen, selbst wenn er jeden Zusammenhang mit seiner deutschen Heimat verloren hat. Mit dem Wegfall der Militärpflicht entfällt sogar noch die in manchen Fällen korrigierende Wirkung des § 26, Abs. 1. Der § 25 des neuen Gesetzes, der den Verlust der deutschen Staatsangehörigkeit durch Erwerb einer fremden eintreten läßt und das deutsche Recht erwünschtermaßen in Übereinstimmung mit nahezu allen fremden Rechten bringt, ist während der kurzen Dauer seiner Geltung bis zum Krieg in seiner Wirksamkeit wohl selten beobachtet worden[1]), hat aber für die Zukunft bei der Beurteilung der Staatsangehörigkeit von deutschen Auswanderern die größte Bedeutung. Im Inland wird seine Anwendung keine Schwierigkeiten machen. Dagegen hat das Ausland an der Fassung dieses Paragraphen bekanntlich den größten Anstoß genommen, daraus Weiterungen für den hinterhältigen Geist des ganzen Gesetzes gezogen und sie zum Vorwand seiner Denaturalisationsgesetzgebung genommen. Noch jüngst hat das neue belgische Gesetz vom 15. V. 1922, indem es offensichtlich auf den § 25, Abs. 2 abstellte, mittelbar die Naturalisation von Deutschen, solange dieser Paragraph in Geltung ist, unmöglich gemacht[2]). Die Angriffe der Gegner lassen sich, wie folgt, zusammenfassen[3]): Das deutsche Staatsangehörigkeitsrecht entbindet von jeher seine Angehörigen nie völlig von ihren Verpflichtungen gegen die alte Heimat. Während es früher aus der Naturalisation im Ausland überhaupt keine Folgerungen für die deutsche

---

1) Partsch: a. a. O. S. 4, jedoch bez. Naturalisationen während des Kriegs Cour de Paris i. S. Kurtze, vom 7. I. 1921, JCl. 1921, S. 197.

2) S. oben S. 82.

3) Von den sehr zahlreichen, allerorten, auch in Gerichtsentscheidungen auftauchenden Ausführungen über das deutsche Gesetz sei folgende Auslese zusammengestellt: X, La loi allemande sur la nationalité etc., Rev. Darras 1913, S. 955, besonders 966ff.; Malnoury: Les dénaturalisations etc., Paris 1915, S. 7ff., 46ff.; X, Des ambiguités de la dénaturalisation allemande, JCl. 1916, S. 69; Weil: La double nationalité en droit allemand avant et après la loi de 22. VII. 1913, Rev. Darras, 1915/16, S. 142; Flournoy: Observations on the new German law of national Amer. Journ. of international law 1914, S. 477; X, the German imperial and state citizenship law, Amer. Journ. of international law 1915, S. 939; Hill: Dual citizenship in the German imperial and state citizenship law, Americ. Journ. of international law 1918, S. 356.

Staatsangehörigkeit des Betreffenden zog, ist in der „loi Delbrück" von 1913 ein abgefeimtes System eingeführt worden, nach dem scheinbar im § 25, Abs. 1 der internationale Grundsatz nunmehr durchgeführt ist, in Wirklichkeit aber laut Abs. 2 die alte Staatsangehörigkeit beibehalten werden kann und im Gegenteil unter dem Deckmantel einer fremden Staatsangehörigkeit die eigene verborgen und von Staats wegen zu Spionage, wirtschaftlicher Durchdringung usw. eingeladen wird. Dieses Ziel trete noch klarer hervor, wenn man im Abs. 1 die Worte „der im Inland weder seinen Wohnsitz noch seinen dauernden Aufenthalt hat" beachte, die auch ohne die Genehmigung des Abs. 2 den verstohlenen Beibehalt der deutschen Staatsangehörigkeit gestatte, da ja nach § 7, Abs. 2 BGB. der Wohnsitz an mehreren Orten, folglich zum Schein auch in Deutschland beibehalten werden könne[1]). Daß das Gesetz von 1913 grundsätzlich die Doppelstaatsangehörigkeit dulde und herbeiführe, gehe ferner aus seinem § 24 hervor, der die Entlassung unwirksam sein lasse, wenn der Betreffende . . . „seinen Wohnsitz usw. im Inland hat", während es im alten § 18, Abs. 2 hieß: „wenn nicht . . . Wohnsitz außerhalb verlegt". Durch Belassung eines Scheinwohnsitzes in Deutschland werde der Zweck also leicht erreicht[2]). Andere wieder können dem Verlust der Staatsangehörigkeit nach § 25, Abs. 1 entgehen, indem sie eine Entlassung erwirken und sich dabei die Staatsangehörigkeit in irgendeinem Bundesstaat nach § 20 vorbehalten[3]). Am allergefährlichsten aber sind die §§ 13 und 33, Nr. 2. Sie ermöglichen die Einbürgerung in Deutschland dem ehemaligen Deutschen, auch wenn er nicht im Inland wohnt, ebenso dem Abkömmling eines ehemaligen Deutschen und zwar gleichgültig, ob der Betreffende eine andere Staatsangehörigkeit damit aufgibt oder nicht. Ohne daß also sein Wohnsitzstaat das Geringste davon merkt, kann der Betreffende heimlich Deutscher werden, aber weiterhin die Rechte seiner frühern Staatsangehörigkeit in Anspruch nehmen[4]).

Es kann nicht unsere Aufgabe sein, diesen Rattenkönig von Mißverständnissen und Übeldeutung zu entwirren. Die Widerlegung der Angriffe ist vom Ausland selbst sehr wirksam durch den eingehenden, auf die Gesetzesmaterialien zurückgreifenden Aufsatz MARSHALS[5]) besorgt worden, der namentlich auch gegenüber dem Pharisäertum des Auslands auf deren eigene die Doppelstaatsangehörigkeit zulassende Bestimmungen hinweist. Was sind denn, kann man heute hinzufügen, die englischen Entscheidungen i. S. CHAMBERLAIN und KRAEMER (siehe

[1]) WEIL: a. a. O. S. 150. Der Verfasser verdankt die intime Kenntnis des abgefeimten deutschen Rechts seiner Tätigkeit als deutscher Landrichter in Metz.

[2]) WEIL: S. 154. [3]) HILL: a. a. O. [4]) WEIL: S. 157.

[5]) MARSHAL: Dual allegiance and sct. 25 of the German National Law, International Law Notes 1918, S. 79.

oben S. 75) anderes als gewalttätige Konstruktionen von Doppelstaatsangehörigkeit? Nur daß diese England aufzwingt, jene Deutschland zuließ. Auf der andern Seite spricht nichts für die Aufrechterhaltung der angegriffenen Bestimmungen, wenn man de lege ferenda unser Gesetz prüft. Ihre Bedeutung ist vom Ausland mit bösem Eifer riesenhaft verzerrt worden. In Wirklichkeit liegt an dem § 25, Abs. 2 gar nichts; er könnte verschwinden, seine Anwendungsfälle werden gewiß kaum ein Dutzend ausmachen. Ohnehin werden alle ausländischen Staaten von einem Deutschen in Kenntnis dieser Gesetzesbestimmung den Nachweis der Entlassung aus dem deutschen Staatsverband verlangen, ehe sie ihn einbürgern. Ein ernstliches Interesse, zwei Staatsangehörigkeiten zu besitzen, darf ein Staat in der Tat nicht anerkennen[1]). Das gleiche gilt von § 13 bzw. 33, Nr. 2. Auch er ist natürlich harmloser gemeint, als er hingestellt wird, und hauptsächlich ein Mittel, um die das Auslandsdeutschtum absägende Wirkung des frühern § 21 wieder zu beseitigen. Vom Standpunkt des internationalen Rechtsverkehrs ist es nicht zu billigen, daß eine Einbürgerung ohne Wohnsitzbedingung, d. h. also mit Geltung für ein staatsfremdes Gebiet, und dazu noch ohne Rücksicht auf die etwaige sonstige Angehörigkeit des Betreffenden erfolgen darf[2]). Mit dem § 25, Abs. 2, 13 und 33, Nr. 2 glaubte das deutsche Staatsangehörigkeitsrecht das nationale Interesse mit dem des Auslandsdeutschen vereinigen zu können. Tatsächlich hat es beiden geschadet, indem es, wie wir schon oben erwähnten, die deutsche Staatsangehörigkeit mit zu geringem Anspruch erfüllte und sie nicht als ein Gut hinstellte, dessen Besitz jede andere Treueverpflichtung ausschließt. Man sollte nicht unempfindlich gegen die Auffassung anderer Staaten sein, die die Bestimmung des § 13 und des § 25 als Geringschätzung ihrer eigenen Staatsangehörigkeit betrachten. Es fehlt unserm Gesetz leider an jedem Fingerspitzengefühl für die Rückwirkung im Ausland. Es heißt für Deutschland vom Ausland sehr viel fordern, wenn es vom Deutschen zu wenig, nämlich nicht die deutsche als einzige Staatsangehörigkeit fordert.

Der Gedanke, dem die Bestimmungen entstammen, die Stärkung des Auslandsdeutschtums, hat eine neue, ernste Bedeutung bekommen, seitdem allerorten deutsches Land Ausland geworden ist. Tausenden von Menschen deutschen Stammes, deutscher Sprache ist eine fremde

---

[1]) Die Begrüßung, die seiner Zeit Ratjen: Reichsangehörigkeit und Wehrpflicht, Zeitschr. für internationales Recht 1913, S. 273, dem im § 25, Abs. 2 verkörperten Gedanken widmete, ist schwer verständlich, desgleichen neuerdings seine Empfehlung für die Nachkriegszeit zur Stärkung des Deutschtums durch Doering: Bayr. Gem. und Verw. Ztg. 1921, S. 460.

[2]) Das gilt z. B. für das italienische Decreto-legge vom 10. IX. 1922 (s. oben S. 91).

Staatsangehörigkeit aufgezwungen worden, der sie sich durch Option nur entziehen könnten, wenn sie ihre Heimat verlassen. Ist der § 13 für sie eine Möglichkeit, die deutsche Staatsangehörigkeit wiederzuerwerben, ohne in Deutschland ihren Wohnsitz zu haben? Würde Deutschland auf diesem Wege die gebotene Verpflichtung erfüllen können, die entrissenen Landeskinder, wenn sie sich in Deutschland aufhalten, als Deutsche zu behandeln? Die Antwort kann nur verneinend lauten. Der Art. 278 Versailler Vertrags, der von Deutschland allgemein die Anerkennung der neuen Staatsangehörigkeit fordert, würde einer rechtmäßigen Einbürgerung der Betreffenden allerdings nicht im Wege stehen, denn dieser verhindert nur Deutschland daran, Anspruch auf seine ehemaligen Angehörigen zu erheben, erlaubt aber den Angehörigen, Anträge auf Einbürgerung, wo immer sie wollen, zu stellen. Aber diese Einbürgerung würde ihren Zweck allemal verfehlen, denn sie führt nach dem Recht aller in Betracht kommenden Wohnsitzstaaten den Verlust der dortigen Staatsangehörigkeit herbei und macht den Betreffenden in seinem neuen Staat schutzlos. Will der Antragsteller diese Folge auf sich nehmen, so steht einer Wiedereinbürgerung ohne Wohnsitzbedingung dennoch das Bedenken entgegen, daß sie sich ohne Kenntnis des Wohnsitzstaats vollzieht und damit einer Verschleierung der Staatsangehörigkeitsverhältnisse Vorschub leistet, mit der keinem Staat gedient ist. Durch die Einführung von Strafvorschriften könnte sich jeder Staat zudem sehr einfach gegen ein solches Verfahren schützen. Wenn aber der Verlust der dortigen Staatsangehörigkeit nicht einträte, wäre die Herbeiführung einer doppelten Staatsangehörigkeit dennoch niemals ein gangbarer Weg zur Lösung der Schwierigkeit. Der schwere menschliche Konflikt kann für den Einzelnen durch die Duldung eines staatsrechtlichen Undings nicht gemildert werden, dessen Geltung überdies vom Einverständnis der beiden beteiligten Staaten abhängig wäre. Für den deutschen Heimatstaat würde es eine falsche Genügsamkeit bedeuten, wenn er einer aus der unglücklichen politischen Lage erwachsenen Aufgabe gerecht werden sollte, indem er seine verlorenen Angehörigen in einen unerträglichen, staatsbürgerlichen Widerstreit bringt. Die Lösung kann nicht in der doppelten Staatsangehörigkeit, sondern muß in einer Anerkennung der Volkszugehörigkeit gesucht werden[1]), eine Anerkennung,

[1]) Über die schwierige Frage der Kriterien der deutschen Volkszugehörigkeit und die völkerrechtliche Vertretung der deutschen Minderheiten vgl. das Referat von LAUN bei der Tagung der Gesellschaft für Völkerrecht in Leipzig 1923, Niemeyers Zeitschr. f. internationales Recht, Bd. 31, S. 252ff., ferner die Aufsätze von BROCKHAUSEN, RUKSER, LOEWENFELD, BRUNS in Jur. Wochenschr. 1924, S. 1294ff. Besonders liegt der Fall im früheren Deutsch-Südwestafrika, für deren deutsche Bewohner die doppelte Staatsangehörigkeit durch Abmachungen zwischen Deutschland und der Südafrikanischen Union vorgesehen ist (oben S. 124). Die Union ist lediglich Mandatar der Kolonie.

die auch für die völkerrechtliche Vertretung der deutschen Minderheiten von größter Wichtigkeit ist.

5. Auch die Entlassung aus dem Staatsverband (§§ 18—24) ist eine Rechtseinrichtung, mit der Deutschland sich in völliger Vereinsamung vor den übrigen Staaten befindet. Es ist bereits vor dem Krieg mehrfach von CAHN auf die Schädlichkeit und Entbehrlichkeit dieses Instituts hingewiesen[1]) und PARTSCH hat neuerdings seine Herkunft von dem friderizianischen Auswanderungskonsens entdeckt, der sich in das preußische Gesetz vom 31. XII. 1842 und von da in unser Reichsrecht vermöge der geschichtlichen Beharrung hinübergerettet hat[2]). Die Aufkündigung des Staatsangehörigkeitsverhältnisses, die der Staat urkundlich bestätigt, ist an sich ein mit der Eigenart dieses Bandes unverträglicher Gedanke, den andere Staaten mit Recht ablehnen. Vom internationalen Gesichtspunkt ist die Entlassung verwerflich, da sie die Staatenlosigkeit herbeiführt, deren Nachteile dem Entlassenen bei Stellung seines Antrags nicht vor Augen stehen; nach den Erfahrungen des Kriegs verfehlt sie ihre Wirkung, da das Ausland den Entlassenen, der eine andere Staatsangehörigkeit nicht erworben hat, nach wie vor als Deutschen ansieht[3]) und Deutschland selbst sich einem ausweisenden Staat gegenüber nach den Niederlassungs- und Übernahmeverträgen auf die Entlassung nicht berufen kann[4]). Endlich ist sie zur Vermeidung einer etwaigen Doppelstaatsangehörigkeit überflüssig, da mit dem auf Antrag erfolgenden Erwerb einer neuen Staatsangehörigkeit ohnehin der Verlust der deutschen nach § 25 eintritt. Mit der Einführung dieses Grundsatzes hatte die Entlassung jeden Sinn verloren. Es liegt dem Einzelnen, der auswandern will und dazu jede Freiheit hat, nicht das geringste an der Entlassung. War er wehrpflichtig, wurde sie ihm ja doch verweigert (§ 22)[5]). Der selbsttätige, also nicht „auf Antrag“ erfolgende Erwerb einer fremden Staatsangehörigkeit, etwa durch langjährigen Wohnsitz, spielt keine Rolle, die die Aufrechterhaltung der Entlassung rechtfertigen würde. Nur der unglückliche Vorbehalt des § 25, Abs. 2 kann ausländische Staaten auf den Gedanken bringen, die Vorlage einer Entlassungsurkunde zu verlangen, um sicher

---

1) CAHN: Zum neuen deutschen Reichs- und Staatsangehörigkeitsgesetz, Jahrbuch des Völkerrechts 2, S. 148, Reichs- und Staatsangehörigkeitsgesetz, 4. Aufl. 1914, Einleitung und zu § 17.

2) a. a. O. S. 3ff.

3) PARTSCH: S. 2, vgl. auch oben S. 49 und 74.

4) Vgl. die Verträge mit den Niederlanden, Schweiz, Belgien, Dänemark, Italien, Norwegen, KELLER-TRAUTMANN: S. 489ff.

5) Zum § 22, Abs. 2 erging im Krieg die Kaiserliche Verordnung vom 3. VIII. 1914 (RGBl. S. 323), nach der die Entlassung von Wehrpflichtigen verboten wurde. § 22 hat nunmehr nur noch Bedeutung für Angehörige des Reichsheers und Beamte (Ziff. 2 und 5).

zu sein, keinen Genehmigungsfall nach § 25, Abs. 2 vor sich zu haben. Das neue Staatsangehörigkeitsgesetz von Danzig fügt zur Vermeidung der Staatenlosigkeit seinen dem deutschen Gesetz nachgebildeten Bestimmungen über die Entlassung die Bedingung hinzu, daß der Betreffende mit der Entlassung eine andere Staatsangehörigkeit erwerbe[1]). Richtiger hätte das Gesetz die Entlassung vollkommen aus seinem Gesetz gestrichen. Denn nach seinem § 16 verliert der Danziger mit dem Erwerb einer fremden Staatsangehörigkeit ja seine Staatsangehörigkeit, ohne daß es einer Entlassung bedarf.

Eine besonders blutleere Bestimmung des deutschen Gesetzes ist die sogenannte kleine Entlassung des § 20, 21. Vernünftigerweise zieht die Entlassung aus einem Land (Bundesstaat) den Verlust der etwa vorhandenen anderen Landesangehörigkeit nach sich. Warum von diesem gesunden Grundsatz die Ausnahme eingeführt wurde, daß sich der Entlassene die Staatsangehörigkeit in einem andern Land wirksam vorbehalten darf, ist schwer zu verstehen. Auf den an sich schon einen gewissen Luxus darstellenden Gedanken, die Entlassung zu beantragen, kommt nur jemand, der auswandern will. Im innerdeutschen Verkehr wird die Entlassung aus der Landesangehörigkeit nie eine Rolle spielen und der ursprüngliche Gedanke des Entwurfs, die mehrfache Landesangehörigkeit zu beseitigen[2]), läßt sich auch dadurch nicht verwirklichen, daß man dem Betreffenden einen verwaltungsrechtlich geschützten Anspruch auf Entlassung aus dem Land gibt, an dessen Verwirklichung ihm wahrlich nichts liegen kann. Der Auswanderer wird aber entweder Deutscher bleiben wollen: dann kann er eine zufällige mehrfache deutsche Landesangehörigkeit genau so gut ertragen wie die einfache. Oder aber er will sich im Ausland naturalisieren lassen: dann würde der nach § 25, Abs. 1 eintretende Verlust die vorbehaltene Bundesstaatsangehörigkeit genau so wegschwemmen wie die nicht vorbehaltene. Gegen die Zulassung einer Genehmigung nach § 25, Abs. 2 sprechen aber die bereits erwähnten Gründe[3]). Das deutsche Staatsangehörigkeitsrecht glaubt zu oft, dringende Bedürfnisse seiner Angehörigen zu wittern: nach doppelter Staatsangehörigkeit, nach Entlassung aus der Reichs- oder irgendeiner Landesangehörigkeit; es bürgert ein, ohne gewisse Garantien zu verlangen, und erreicht mit all diesem Entgegenkommen, dem in Wahrheit vielleicht in ganz entlegenen seltenen Fällen ein berechtigtes Bedürfnis entspricht, daß das Staatsangehörigkeitsverhältnis an innerem Wert verliert.

---

[1]) Gesetz vom 30. V. 1922 § 18, oben S. 136.

[2]) Vgl. Keller-Trautmann I zu § 20.

[3]) In dem Gesetz zur Abänderung des § 38 Reichs- und Staatsangehörigkeitsgesetzes vom 5. XI. 1923 (RGBl. I S. 1077) ist wenigstens die lächerliche Bevorzugung der Entlassung in der Gebührenbehandlung aufgegeben worden.

Wie anders stellt sich England zu seinen Angehörigen, die es subjects zu nennen nie aufgehört hat! Das Verhalten des Briten oder Ausländers, mag dieser die englische Staatsangehörigkeit ersehnen, jener sie verschmähen, wird daran gemessen, ob es sich mit der allegiance, der eigenen oder fremden, verträgt. Staatsangehörigkeit ist Treupflichtgebundenheit: der König, nicht der Untertan kann das Verhältnis lösen. In England regelt sich die Zugehörigkeit nach dem Willen des Staats (nemo potest exuere patriam, andrerseits Denaturalisation), in Deutschland nach dem Willen des Einzelnen (Entlassungs- und Naturalisationsfreiheit), allenfalls nach dem staatlichen Unwillen (Verlust durch Nichterfüllung der Wehr- und Steuerpflicht).

6. Das einzige Gebiet, auf dem das deutsche Recht bislang erhebliche Ansprüche stellte, war das der Wehrpflicht. Allerdings nicht wie z. B. das französische, das den Wehrpflichtigen nicht losläßt[1]), sondern umgekehrt, indem es ihn bei Nichterfüllung mit dem Verlust der Staatsangehörigkeit belegt. Dieser Verlust tritt auch ein, wenn der Staat einem Entlassungsantrag des Betreffenden gegenüber zunächst Miene gemacht hatte, ihm den Verlust der Staatsangehörigkeit zu versagen (§ 22). Die auf der Wehrgemeinschaft beruhenden Bestimmungen durchziehen das ganze Gesetz und sind mit der Aufgabe der Wehrpflicht für die Zukunft hinfällig geworden (§§ 12, 22, 26, 32), wenn auch ihre frühere Geltung noch für lange Zeit Wirkungen haben kann (§§ 12, 26, Abs. 3). Die Anwendung wird oft Schwierigkeiten machen. Der Verlust nach § 26, Abs. 1 trat selbsttätig ein, solange die allgemeine Wehrpflicht bestand. Sie ist mit dem Inkrafttreten des Versailler Vertrags als deutsches Gesetz nach dessen Art. 173 abgeschafft, also am 16. VII. 1919, nicht erst durch § 1 des Gesetzes über die Abschaffung der allgemeinen Wehrpflicht vom 21. VIII. 1920 (RGBl. S. 1608). Das Anwendungsgebiet des § 26, Abs. 1 ist bei der kurzen Zeit seiner Geltung sehr klein. Häufig dagegen wird die Übergangsbestimmung des § 32 Abs. 1 wirksam geworden sein. Am 1. I. 1916 haben Tausende von Auslandsdeutschen ihre Staatsangehörigkeit verloren. Der Verlust ist jeweils auch eingetreten, wenn der Deutsche im Ausland infolge des Kriegs die Entscheidung über seine Dienstverpflichtung nicht hat herbeiführen können. Er hat in diesem Fall einen Einbürgerungsanspruch nach § 32, Abs. 3, § 26, Abs. 3. Fraglich ist, ob als Militärbehörde im Sinne der Vorschrift nunmehr die Wehrkreiskommandos gelten[2]). Der § 26, Abs. 2 ist trotz der im Weltkrieg natürlich häufig vorgekommenen Fahnenflucht nicht oft wirksam geworden, da sie zumeist nicht bekannt ge-

---

[1]) c. c. Art. 17, Ziff. 1, Abs. 2.

[2]) Dafür anscheinend Woeber: Reichs- und Staatsangehörigkeitsgesetz, München 1922, Anm. 13 zu § 26.

macht wurde[1]). Von den Erfahrungen mit Leuten, die vor Kriegsausbruch fahnenflüchtig gegangen waren, sowie den Schwierigkeiten, die mit von Frankreich entlassenen Fremdenlegionären deutscher Herkunft entstanden, berichtet PARTSCH[2]). — Auf Angehörige des Reichsheeres lassen sich die gesamten Bestimmungen nicht durchweg anwenden[3]). — Der Fortfall der allgemeinen Wehrpflicht nimmt dem deutschen Staatsangehörigkeitsgesetz sein eigentliches Gepräge. Der Grundsatz: „ohne Wehrgemeinschaft keine Volksgemeinschaft" machte den wesentlichsten Teil der Treuverpflichtung des Deutschen gegen seinen Staat aus. Die hierauf bezüglichen Bestimmungen lassen sich aus dem rechtlichen Aufbau des Gesetzes mühelos entfernen, dafür ist der sittliche Gehalt der Staatsangehörigkeit federleicht geworden.

7. Eine gewisse Verwandtschaft mit dem § 26 weisen die gleichfalls auf der Verletzung der Treuverpflichtung beruhenden Verlustvorschriften der §§ 27, 28 auf. Hiervon hat der § 27 im Krieg eine gewisse Rolle gespielt. Auf Grund desselben ergingen Aufforderungen zur Rückkehr durch die Kaiserlichen Verordnungen vom 3. VIII. 1914 (RGBl. S. 325) § 2 an die Personen des Beurlaubtenstandes, vom 15. VIII. 1914 (RGBl. S. 385) an alle im Heer, Marine usw. von feindlichen Mächten stehenden Deutschen, vom 26. II. 1917 (RGBl. S. 211) an alle damals und in Zukunft während des Kriegs im Ausland befindlichen Wehrpflichtigen überhaupt, wobei die deutschen ausländischen Vertretungen Befreiung erteilen konnten. Eine Bekanntmachung vom 12. VII. 1917 (RGBl. S. 603) bestimmte über die Art der Bekanntmachung des Beschlusses an den Betroffenen. Ob die Bundesstaaten von der Bestimmung des § 27 starken Gebrauch gemacht haben, ist nicht bekannt geworden. Dagegen ist im Hinblick auf die außer Landes gegangenen Elsaß-Lothringer eine eigene Kaiserliche Verordnung vom 1. II. 1916 (RGBl. S. 83) ergangen, die alle im Ausland befindlichen Deutschen, die am 30. VI. 1914 in Elsaß-Lothringen ihren Wohnsitz oder dauernden Aufenthalt gehabt und nach diesem Zeitpunkt das Inland verlassen hatten, zur Rückkehr aufforderte. Sie bezog sich also nicht nur auf Wehrpflichtige, sondern auf Deutsche jeden Alters und Geschlechts[4]). Auf Grund der Nichtbefolgung dieser Aufforderung sind zahlreiche Ausbürgerungen vorgenommen worden; die Listen der Betroffenen

---

[1]) Vgl. WOEBER: a. a. O. Anm. 10 zu § 26.

[2]) a. a. O. S. 6.

[3]) Vgl. WOEBER: a. a. O., Anm. 1 zu § 12 bezüglich des § 26, ohne ausdrücklich Stellung zu nehmen.

[4]) Vgl. MÜLLER: Ausbürgerungen nach § 27 Reichs- und Staatsangehörigkeitsgesetz. D. Jur. Ztg. 1916, S. 1161. Die Einbeziehung von Frauen unter die Rückkehraufforderung ist nicht etwa durch den Wortlaut des § 27 („ein Deutscher") ausgeschlossen, da der Begriff „Deutscher" nach der Definition des § 1 auch Frauen einschließt.

wurden in Elaß-Lothringen amtlich bekannt gegeben. In Frankreich sind auch von juristischer Seite heftige Angriffe gegen das deutsche Vorgehen laut geworden, ohne daß man dabei der eigenen, vom Gesetz im Frieden nicht vorgesehenen Denaturalisationsgesetze gedachte[1]). Unbeabsichtigte Härten scheinen sich in einigen Fällen ergeben zu haben, in denen Elsaß-Lothringer ausgebürgert wurden, die dem Rückkehrgebot nicht folgen konnten, weil sie von den Franzosen nach Frankreich verschleppt waren). Die Ausbürgerung ist auch bei Nichtverschulden des Betreffenden wirksam. Es muß im Wege der Wiedereinbürgerung geholfen werden, wobei sich der Mangel eines verwaltungsrechtlich geschützten Anspruchs entsprechend § 26, Abs. 3 fühlbar macht.

8. Eine neue Ausbürgerungsbestimmung ist außerhalb des Reichs- und Staatsangehörigkeitsgesetzes in dem Reichsgesetz gegen die Steuerflucht vom 26. VII. 1918 (RGBl. S. 951) eingeführt worden. Man ist versucht zu sagen: an Stelle der Fahnenflucht ist die Steuerflucht, an Stelle der Wehrgemeinschaft die Steuergemeinschaft getreten[2]). Die Bestimmung des § 23 des genannten Gesetzes ist dem § 27 in Verbindung mit § 29 Reichs- und Staatsangehörigkeitsgesetzes nachgebildet worden. Danach können Deutsche, die wegen Steuerflucht rechtskräftig verurteilt sind, der Staatsangehörigkeit auf dem Verwaltungsweg verlustig erklärt werden. Die Wirkung erstreckt sich im Zweifel auf die Ehefrau und minderjährigen Kinder, wobei im Unterschied zu § 29 Reichs- und Staatsangehörigkeitsgesetzes für die letzteren die häusliche Gemeinschaft nicht gefordert wird. Es soll die Wirkung der Maßnahme nicht dadurch abgeschwächt werden, daß der Ausgebürgerte seinen Kindern die Vorteile des Aufenthalts in Deutschland weiter zukommen läßt[3]). Nach § 24 desselben Gesetzes sind die Landespolizeibehörden befugt, derartige ausgebürgerte Personen des Reichs zu verweisen, eine an sich unnötige Bestimmung, die die Wirkung der Ausbürgerung vor Augen führen soll. Steuerflucht begeht, wer als Steuerpflichtiger seinen dauernden Aufenthalt im Inland aufgibt, ohne Anzeige an die Steuerbehörde zu erstatten oder die auferlegte Verpflichtung zur Sicherheitsleistung zu erfüllen (§ 22). Ob von der neuen Ausbürgerung häufig Gebrauch gemacht wor-

[1]) ECCARD: La dénaturalisation des Als.-Lorr. par l'Allemagne, JCl. 1919, S. 63.

[2]) Amtliche Begründung des Gesetzes bei GÜTHE-SCHLEGELBERGER: Kriegsbuch VII, S. 661: „Die Gleichstellung des Steuerflüchtigen und des Fahnenflüchtigen rechtfertigt sich unter dem Gesichtspunkt, daß die Steuerpflicht, die schon im Frieden AD. WAGNER das Korrelat zur Wehrpflicht genannt hat, infolge der durch den Krieg geschaffenen finanziellen Lage jetzt mehr denn je zu den vornehmsten staatsbürgerlichen Pflichten gehört, deren Verletzung unter den gegenwärtigen Verhältnissen eine besonders ehr- und vaterlandslose Gesinnung verrät."

[3]) Amtliche Begründung, a. a. O. S. 665.

den ist, ist nicht bekannt geworden, da eine Veröffentlichung des Ausbürgerungsbeschlusses, wie sie nach dem Zweck der Bestimmung gerechtfertigt wäre, ebensowenig wie bei den Ausbürgerungen nach § 27 und 28 Reichs- und Staatsangehörigkeitsgesetzes vorgesehen ist. Am 31. XII. 1923 — mit dem Schluß des dritten Jahres nach Ablauf desjenigen Jahres, in dem der Krieg mit allen Großmächten beendet ist — ist das Gesetz gegen die Steuerflucht außer Kraft getreten (§ 30).

Wir haben die ausländischen wie die deutschen Ausbürgerungsbestimmungen noch von verschiedenen Gesichtspunkten aus zu betrachten (s. unten S. 191ff.). Allgemein ist gegen Ausbürgerungsbestimmungen — für die Zukunft kommen in Deutschland nach dem Wegfall der Wehrpflicht — und der Steuerfluchtparagraphen noch die §§ 27 und 28 Reichs- und Staatsangehörigkeitsgesetzes in Betracht — vom Standpunkt des internationalen Rechtsverkehrs einzuwenden, daß sich der Staatsangehörigkeitsverlust ohne Wissen des derzeitigen oder zukünftigen Aufenthaltsstaats vollzieht, ohne Schwierigkeit verheimlicht werden kann und somit eine unerwünschte Verschleierung der Staatsangehörigkeitsverhältnisse ermöglicht wird. Diese Tatsache allein wird nicht zur Abschaffung der Zwangsausbürgerung hinreichen. Es liegen in jenen Tatbeständen eben Fälle vor, deren Behandlung durch das Strafrecht nicht möglich ist oder nicht ausreicht. Die internationalrechtlichen Wünsche müssen hier vor den Staatsnotwendigkeiten zurücktreten.

9. Der Erwerb und Verlust der Staatsangehörigkeit durch Eheschließung im deutschen Recht wird im Zusammenhang mit den fremden Rechten noch besprochen werden. Der Berichterstatter muß auch hier noch auf Vorlage des Erfahrungsmaterials, namentlich von seiten der Armenverbände bez. der in Deutschland von Ausländern sitzengelassenen Ehefrauen, die geborene Deutsche waren, warten. Mit Bestimmtheit muß angesichts der neuen Entwicklung zur Vermeidung der Staatenlosigkeit für unsern § 17 Ziff. 5 und 6 die Klausel gefordert werden, daß der Verlust der Staatsangehörigkeit nur eintrete, wenn mit der Legitimation bzw. der Eheschließung eine neue Staatsangehörigkeit erworben wird, wie das im Danziger Staatsangehörigkeitsgesetz bereits ausgesprochen ist (s. oben S. 136).

10. Zum § 36 des Gesetzes muß die Frage aufgeworfen werden, ob die Bancroftverträge zwischen den größeren Bundesstaaten und den Vereinigten Staaten noch in Geltung sind. Sie ist zu verneinen. Die Vereinigten Staaten haben von dem Recht, die Wiederinkraftsetzung der durch den Kriegsausbruch gemäß Art. 289 Versailler Vertrags als aufgehoben geltenden zweiseitigen Verträge zu verlangen, binnen der gemäß Art. II, Ziff. 5, und Art. III des Vertrags zwischen Deutschland und den Vereinigten Staaten vom 25. VIII. 1921 (RGBl. S. 1318) laufen-

den Frist, nämlich bis zum 11. V. 1922, keinen Gebrauch gemacht. Die Verträge gelten daher seit 6. IV. 1917, dem Tage der Kriegserklärung der Vereinigten Staaten, als aufgehoben[1]). Allerdings sind die sechs mit dem Norddeutschen Bund und 5 Einzelstaaten geschlossenen Verträge im strengen Sinn nicht „zwischen Deutschland und einer der alliierten und assoziierten Mächte" geschlossen. Jedoch trat durch den Kriegsausbruch der Abbruch der Beziehungen zu den Einzelstaaten in gleicher Weise ein wie zu dem Reich; folglich müssen auch bei dieser Auslegung nach dem allgemeinen Grundsatz des Völkerrechts die mit den Einzelstaaten bestehenden Verträge als aufgehoben gelten[2]). Die Bedeutung der Verträge war schon mit dem Reichs- und Staatsangehörigkeitsgesetz von 1913 sehr herabgesetzt und mit dem Wegfall der Wehrpflicht ist sie annähernd aufgehoben worden. Eine gewisse Folge dürfte sich aus Art. 4 der Verträge bzw. seiner Aufhebung ergeben: Die Vereinigten Staaten z. B. haben keine Berechtigung, einen ehemaligen Nordamerikaner, der sich in Bayern hat einbürgern lassen, nach seiner Rückwanderung in die Vereinigten Staaten und dortigem 2jährigen Wohnsitz als auf seine bayrische Staatsangehörigkeit Verzicht leistend zu erachten. Für vor dem 6. IV. 1917 eingetretene Rechtsverhältnisse und deren Nachwirkungen werden die Bancroftverträge noch oft heranzuziehen sein.

11. Durch die Veränderung der staatsrechtlichen Verhältnisse ist die Frage des Verhältnisses der Landesangehörigkeiten zur Reichsangehörigkeit lebendig geworden[3]). Das Gesetzgebungsproblem zerlegt sich bei näherer Betrachtung in vier Unterfragen. Entspricht dem derzeitigen Rechtszustand

a) das Bestehen von Landesangehörigkeiten neben der Reichsangehörigkeit?

b) die ausschließliche Vermittlung der Reichsangehörigkeit durch den Besitz einer Landesangehörigkeit?

c) der Erwerb der Landesangehörigkeit nach dem ius sanguinis?

d) die Möglichkeit des Besitzes mehrfacher Landesangehörigkeiten?

Zu a) Die Frage ist für das alte Reich noch nicht aufgetreten. Sein staatsrechtlicher Charakter war derart, daß einmal an der Eigenschaft der einzelnen Bundesstaaten als Staaten nicht gezweifelt werden konnte und ferner z. B. für den Bayern sich andere Rechte und Pflichten ergaben als den Preußen. Das Bestehen einer preußischen, einer bayri-

[1]) Richtig KRATZER: Der B.-Vertrag zwischen Bayern und den Vereinigten Staaten, Bayr. Gem.- u. Verw.-Ztg. 1922, S. 111. Ohne Beantwortung WOEBER: a. a. O. Anm. 1 und 2 zu § 26.

[2]) So auch mit Bezug auf die Bancroftverträge zwischen Deutschland und den Vereinigten Staaten die Entscheidung der Cour de Paris i. S. KURTZE vom 7. I. 1921, JCl. 1921, S. 197.

[3]) Desgleichen erhebt sich die Frage, ob z. B. an die Stelle des Bundesrats nunmehr der Reichsrat getreten ist und ähnl. mehr, vgl. z. B. § 9 des Gesetzes.

schen usw. Staatsangehörigkeit war eine notwendige Folge dieser Rechtslage. Für das neue Reich ist die Staatlichkeit der Länder nicht unbestritten. Nach Art. 110, Abs. 2 RV., der allerdings durch Art. 16, Satz 1 eine gewisse Einschränkung erfährt, hat jeder Deutsche in jedem Land des Reichs die gleichen Rechte und Pflichten wie die Angehörigen des Landes selbst. Die rechtliche Bedeutung der Landesangehörigkeit als solche ist also nahezu geschwunden. Dennoch kann von einer Abschaffung der Landesangehörigkeit zugunsten einer alleinigen Reichsangehörigkeit nicht die Rede sein. Sie würde, wie am Tage liegt, den geschichtlichen und politischen Gegebenheiten nicht gerecht, aber auch aus rechtlichen Erwägungen nicht zu rechtfertigen sein. Die Landesangehörigkeit steht und fällt mit der Staatseigenschaft der Länder. So unterhöhlt und entkräftet diese auch dank der Abtretung großer Stücke ihrer Selbständigkeit dastehen, ein Schimmer von Staatlichkeit ist ihnen dennoch geblieben[1]) und dieser genügt, den Anspruch auf Fortführung einer eigenen, wenn auch wenig ausgeprägten Landesangehörigkeit im Sinne der Zugehörigkeit zu einem Staat aufrecht zu erhalten[2]). Ganz abgesehen davon, daß das Land als Verwaltungseinheit innerhalb seiner Kompetenz die Landesangehörigkeit gegenüber anderen Ländern sehr wohl abgrenzen und ausfüllen kann. Wenn es nur seine Angehörigen als Beamte anstellt, so liegt das freilich mehr auf tatsächlichem Gebiet. Art. 128, Abs. 1 RV. läßt diese Sonderbehandlung nicht zu. Aber Landesangehörige können nach Landesrecht zumeist des Landes nicht verwiesen werden. Art. 110, Abs. 2, 111 RV. steht dem nach herrschender Lehre nicht entgegen[3]). Es wäre ungenau, zu behaupten, daß, staatsrechtlich gesprochen, ein Bayer einem Preußen wie ein Ei dem anderen gleiche. Die Rechtsstellung des Landesangehörigen hat viel verloren, aber zur bloßen Landsmannschaft ist sie nicht herabgesunken.

Zu b) Die Frage bestand schon für das alte Recht. Nicht insofern, als das Reichs- und Staatsangehörigkeitsgesetz von 1913 die unmittelbare Reichsangehörigkeit eingeführt hatte. Diese bedeutete eine Ausnahme von der gewöhnlichen mittelbaren Reichsangehörigkeit, indem sie voraussetzte, daß der Angehörige seinen Wohnsitz nicht im Inland hatte. Mit dem Verlust der Kolonien hat sie ihre Hauptbedeutung zunächst verloren. Für das geltende Recht ist also beinahe ausnahmslos

---

[1]) Die Staatseigenschaft der Länder ist nach herrschender Meinung zu bejahen. Anschütz: Handausgabe der RV., S. 29. — Nawiasky: Grundgedanken der RV., S. 46.

[2]) Laband: Staatsrecht, 5. Aufl., I, S. 158: „Die Einzelstaaten wären keine Staaten mehr, wenn sie keine Staatsbürger hätten. Das Reich wäre kein Bundes staat, sondern ein Einheitsstaat, wenn die Staatsbürgerrechte in den Einzelstaaten in dem Reichsbürgerrecht untergegangen wären."

[3]) Dyroff: Ausweisungsfragen, Bayr. Gem.- u. Verw.-Ztg. 1921, Sp. 265.

mit der durch den Besitz einer Landeszugehörigkeit vermittelten Reichsangehörigkeit zu rechnen. Diese Regelung ist historisch zu verstehen. Bei der Reichsgründung brachten die Bundesstaaten Staatsgebiet und Staatsvolk in das neue Reich ein; die Reichsangehörigkeit mußte notwendig, da sie die spätere war und die Bundesstaatsangehörigkeit nicht fortfiel, als das Sekundäre erscheinen. In den Motiven zur Entwicklung des Bundes- und Staatsangehörigkeitsgesetzes von 1870[1]) heißt es: „Die Bundesangehörigkeit im Norddeutschen Bund ist nicht, wie z. B. das Unionsbürgerrecht in den Vereinigten Staaten ein unmittelbares, selbständiges Rechtsverhältnis. Sie hat, ähnlich wie das schweizerische Bürgerrecht das kantonale Indigenat, die Angehörigkeit in einem Bundesstaat zur Grundlage und Voraussetzung". Auf der anderen Seite hat die Landesangehörigkeit die Reichsangehörigkeit als unausschließbare Folge, sie sind, wie SEYDEL sagt, ein und dieselbe Tatsache[2]). Schon unter der alten Reichsverfassung wurde die primäre Reichsangehörigkeit als angemessen bezeichnet, weil in ihr das bundesstaatliche Verhältnis reiner zum Ausdruck komme[3]); sie wurde auch aus praktischen Gründen gefordert[4]). Die neue Reichsverfassung spricht sich über das Verhältnis der beiden Angehörigkeiten im Art. 110, Abs. 1 aus: „Die Staatsangehörigkeit im Reich und in den Ländern wird nach den Bestimmungen eines Reichsgesetzes erworben. Jeder Angehörige eines Landes ist zugleich Reichsangehöriger." Damit legt sie ihre Auffassung nur soweit fest, daß Landesangehörigkeit, die die Reichsangehörigkeit nicht begründet, nicht zu denken ist. Die Schaffung einer primären Reichsangehörigkeit durch ein neues Reichsgesetz würde dem Wortlaut des Art. 110 nicht widersprechen. Aus dem Charakter des Reichs als Bundesstaat, der er nach herrschender Lehre geblieben ist, läßt sich ebensowenig wie für das alte Reich mit rechtlichen Erwägungen begründen, die primäre Reichsangehörigkeit entspreche dem Bundesstaatscharakter mehr als die primäre Landesangehörigkeit. Ist sowohl Gliedstaat wie Bundesstaat Staat, so ist die Priorität der Angehörigkeit nur genetisch zu verstehen. Politische Erwägungen können über sie entscheiden, ohne den Bundesstaatscharakter nach der einen oder andern Seite zu trüben[5]). Je schwächer

[1]) Stenographischer Bericht des Norddeutschen Reichst. I. Legislaturperiode Bd. 3, S. 155.

[2]) Deutsche Reichs- und Staatsangehörigkeit, Annalen des deutschen Rechts 1876, S. 135.

[3]) ZORN: Artikel „Reichsangehörigkeit" in STENGEL-FLEISCHMANNS Wörterbuch.

[4]) LENEL jun., D. Jur. Ztg. 1912, S. 486.

[5]) Anders ZORN: a. a. O. u. LABAND: D. Jur. Ztg. 1912, S. 361. Meines Erachtens richtig betont dagegen HATSCHEK: Allgem. Staatsrecht III, S. 86, daß aus dem Wesen des Bundesstaats logisch nicht abzuleiten ist, ob die Bundes-

allerdings die staatsrechtliche Stellung der Gliedstaaten, desto mehr entspricht die Priorität der Reichsangehörigkeit der politischen Gewichtverteilung. Für Deutschland ergibt sich, daß die neue Reichsverfassung von dem Gedanken der Volkssouveränität beherrscht wird (Art. 1, Abs. 2), während früher die Souveränität bei der Gesamtheit der Bundesfürsten lag. Bei einem solchen Übergang der Staatsgewalt von einer gliedstaatlich dargestellten Mehrheit auf ein denkbar zentralistisches Organ würde die Priorität der Reichsangehörigkeit in der Tat der rechtlichen und politischen Lage gemäßer erscheinen als der bisherige Zustand. Eine solche Umkehrung des Verhältnisses hätte man sich so vorzustellen, daß „Deutscher ist, wer die Reichsangehörigkeit besitzt. Die Reichsangehörigkeit zieht die Angehörigkeit des Wohnsitzlandes nach sich"[1]. Eine solche Änderung würde, wie man sieht, lediglich theoretischen Wert haben; dem einzelnen Deutschen käme sie kaum zum Bewußtsein. Von Bedeutung würde eine solche primäre Reichsangehörigkeit erst werden, wenn sie verbunden würde mit einer Änderung des Grundsatzes, nachdem die Landesangehörigkeit erworben wird. Das führt

zu c) und d): Das deutsche Staatsangehörigkeitsrecht befolgt als Zuteilungsgrundsatz bekanntlich das ius sanguinis, und zwar prägt sich das, da die Landeszugehörigkeit die primäre ist, in der Weise aus, daß das eheliche Kind des Preußen, Bayern usw. durch Geburt Preuße, Bayer usw. und damit Deutscher ist. An dem Grundsatz des ius sanguinis für die Eigenschaft als Deutscher ist für das deutsche Recht nicht zu rütteln; eine Aufgabe desselben kommt aus historischen und nationalen Gründen in keiner Weise in Betracht. Solange die Reichsangehörigkeit also durch die Landesangehörigkeit vermittelt wird, kommt für die letztere nur das ius sanguinis in Betracht. Anders läßt sich die Regelung denken, wenn die Landesangehörigkeit nicht mehr Mittlerin, sondern Folge einer primären Reichsangehörigkeit ist. Der Gedanke, daß im Verhältnis von Land zu Land das ius soli-Prinzip Platz greifen sollte, hat nichts Erschreckendes. Man würde zunächst Deutscher als Sohn eines Deutschen, dann aber Preuße nicht als Sohn

---

angehörigkeits- oder Gliedstaatsangehörigkeit das primäre Rechtsverhältnis sein muß.

[1] Das würde dem Rechtszustand eines andern Bundesstaats, den Vereinigten Staaten von Nordamerika entsprechen. Nach dem XIV. Amendement von 1868 zur Verfassung „sind alle Personen, die in den Vereinigten Staaten geboren oder naturalisiert und ihrer Jurisdiktion unterworfen sind, Bürger der Vereinigten Staaten und des Staats, in welchem sie ihren Wohnsitz haben." Bei dem ausgeprägt föderalistischen Charakter der Vereinigten Staaten liegt die politische Rechtfertigung für die Priorität der Bundesangehörigkeit in der Tatsache, daß das gesamte Staatsvolk Staatsorgan ist. Das ist auch die Parallele zum deutschen Rechtszustand.

des Preußen sein, sondern weil man in Preußen geboren ist. Der Gebrauch der Freizügigkeit in Deutschland ist nicht so groß, der Gegensatz der Stämme kein so tiefer, als daß eine merkliche Verwischung der Stammeseigenart zu befürchten wäre. Vielmehr würde die selbsttätige Berichtigung des bisherigen verworrenen und den tatsächlichen Verhältnissen nicht gerecht werdenden Rechtszustandes eintreten. Es ist eine bekannte Tatsache, daß sehr viele Deutsche zu Unrecht glauben, daß sie die Angehörigkeit des Wohnsitzlandes, oder gar nicht wissen, daß sie eine bestimmte andere Landesangehörigkeit besitzen. Zur Ergründung der wahren Landesangehörigkeit muß theoretisch durch Generationen hindurch die Angehörigkeit der oft von andern Ländern eingewanderten Väter nach längst nicht mehr geltenden Rechten geprüft werden. Verschlimmert wird diese Lage durch den weiteren Grundsatz des deutschen Staatsangehörigkeitsrechts, der den Besitz einer mehrfachen Landesangehörigkeit zuläßt. Nach dem Erwerb durch Abstammung ist der Erwerb einer andern Landesangehörigkeit durch Aufnahme oder Anstellung denkbar und dieser läßt den Besitz der vorher erworbenen Angehörigkeiten unangetastet[1]). Die so erworbenen mehrfachen Landesangehörigkeiten vererben sich weiterhin durch Generationen und niemals tritt, wie denkbar wäre, eine Korrektur durch die Tatsache langdauernden Wohnsitzes ein. Dieser Zustand ist während der Geltung des Gesetzes von 1870 schon bemängelt worden[2]). Einmal wurde die Einführung des ius soli verlangt, zwar nicht im eigentlichen Sinn als Zuteilungsgrundsatz für den durch Geburt eintretenden Erwerb, sondern insofern, als für den Volljährigen die Begründung des Wohnsitzes den Erwerb der Landesangehörigkeit zur Folge haben sollte[3]). Ferner war eine Bestimmung in den Entwurf des Gesetzes von 1913 aufgenommen worden, die — bei Aufrechterhaltung der mittelbaren Reichsangehörigkeit — die mehrfache Landesangehörigkeit ausschloß. Sie wurde von der Redaktionskommission verworfen und durch den wertlosen § 20 des Gesetzes ersetzt (siehe oben S. 158)[4]).

Ergebnis: Der durch die neue Reichsverfassung gegebenen Sachlage würde eine Reform des Staatsangehörigkeitsrechts entsprechen. Sie könnte, je nachdem die staatsrechtliche Bedeutung der Landesangehörigkeit gewertet wird, folgende Gestalt annehmen:

---

[1]) Eine Ausnahme macht der Erwerb einer Landesangehörigkeit durch Eheschließung und durch Legitimation (§ 17, Ziff. 5 und 6).

[2]) LABAND: D. Jur. Ztg. 1904, S. 10; 1912, S. 361. — LENEL: Ebenda 1912, S. 486.

[3]) Vgl. aus der Vorgeschichte des Gesetzes KELLER-TRAUTMANN: S. 59, für die Verhältnisse der neuen Reichsverfassung: BREDT: Der Vorentwurf eines Gesetzes über das Reichsverwaltungsgericht, Preuß. Verwaltgsbl. 41, S. 201.

[4]) Vgl. KELLER-TRAUTMANN: S. 10ff., 255.

α) Einführung der primären Reichsangehörigkeit, Erwerb der Landesangehörigkeit im reinen ius soli, Unvereinbarkeit mehrerer Landesangehörigkeiten.

Das Kind des Deutschen erwirbt die Reichsangehörigkeit durch Abstammung und die Angehörigkeit des Landes, und nur des Landes, in dem es geboren ist. Der Ausländer wird Reichsdeutscher durch Einbürgerung und erwirbt damit die Landesangehörigkeit des Wohnsitzlandes. Der Deutsche, der im Alter der Volljährigkeit seinen Wohnsitz in einem andern Land begründet, erwirbt dortselbst die Landesangehörigkeit und verliert die bisherige.

β) Aufrechterhaltung der primären Landesangehörigkeit. Einfluß des Wohnsitzes auf die Landesangehörigkeit, Unvereinbarkeit mehrerer Landesangehörigkeiten.

Das Kind des Deutschen erwirbt die Landes- und damit die Reichsangehörigkeit durch Abstammung, der Ausländer durch Einbürgerung. Der Deutsche, der im Alter der Volljährigkeit seinen Wohnsitz in einem andern Land begründet, erwirbt dortselbst die Landesangehörigkeit und verliert die bisherige. Für die Übergangszeit wäre hinzuzufügen: Mit der ein- (oder mehr-)jährigen Dauer des Wohnsitzes in einem Land erlöschen alle übrigen Landesangehörigkeiten.

Zu *α*) und *β*): Der Erwerb und Verlust der Landesangehörigkeit würde sich somit von Land zu Land ohne Mitwirkung der Behörden vollziehen. „Aufnahme" und „Entlassung" fallen fort, desgleichen der Erwerb durch Anstellung, da sie die Wohnsitzbegründung im Anstellungsland regelmäßig voraussetzt. Den Verwaltungsbehörden verbleibt die Einbürgerung und die Feststellung der im Fall a) Reichsangehörigkeit, im Fall b) Landesangehörigkeit, desgleichen den Verwaltungsgerichten der Einbürgerungsanspruch und, soweit der Verwaltungsrechtsweg hierfür eröffnet ist, die Feststellung der Angehörigkeit. Hierzu ist zu bemerken: schon bisher ist der Nachweis der Staatsangehörigkeit, wie überall, wo das ius sanguinis herrscht, schwierig gewesen[1]) und kann nur bei einer gewissen Schlankheit der Behörden zweckmäßig geführt werden. Schon bei der Beratung des Gesetzes von 1913 ist daher der Vorschlag gemacht worden, eine gesetzliche Vermutung aufzustellen, wonach als Deutscher gilt, wer seit einer bestimmten Zeit oder wessen Vorfahren sich bereits seit mehreren Generationen im Inland aufgehalten haben[2])

---

[1]) Hierauf hat schon Lenel jun. a. a. O., ferner Weck wiederholt hingewiesen, Jur. W. 1915, S. 296. Die bayrische Verwaltungspraxis lebt in dieser Hinsicht völlig von den Heimatscheinen des alten bayrischen Heimatgesetzes von 1868.

[2]) Stenographischer Bericht des Reichstags, XIII. Legislaturperiode, 1. Session, S. 5327ff.

Wir haben gesehen, wie Frankreich sich für die Frage des Nachweises der Staatsangehörigkeit interessiert hat und nach einer Lösung durch Eintragung in das Personenstands- oder ein eigenes Register sucht (s. oben S. 40) und Belgien gibt in seinem neuen Gesetz vom 15. V. 1922 ein erstes Beispiel für eine solche gesetzliche Vermutung (s. S. 84). Für Deutschland, wo die Angehörigkeit auf ganz verschiedene partikulare Rechte zurückgeht, ist die Aufstellung einer gesetzlichen Vermutung gleichfalls erwünscht, um so mehr, wenn man zur primären Reichsangehörigkeit übergeht. Auch im Fall a), wenn die Landesangehörigkeit im Weg des ius soli erworben wird, kann die durch Abstammung erworbene Reichsangehörigkeit meist nur festgestellt werden, indem man auf den Besitz irgendeiner Landesangehörigkeit bei einem Vorfahren zurückgeht. Die Verwaltungsbehörden und -gerichte eines Landes müßten sich, da ihre Kompetenz ja nunmehr über die Landesangehörigkeit hinaus die Reichsangehörigkeit umfaßt, mit den Partikularrechten aller Länder abgeben, was bisher nicht der Fall war.

12. Das Verhältnis von Landes- zu Reichsangehörigkeit ist nach dem Krieg durch eine besondere Streitfrage scharf beleuchtet worden. Der Friedensvertrag läßt die Frage entstehen, welche Staatsangehörigkeit diejenigen Deutschen mit elsaß-lothringischer Landesangehörigkeit — gleichgültig, ob sie im Ausland oder Inland ihren Wohnsitz haben — besitzen, die nicht die französische Staatsangehörigkeit gemäß § 1 Anlage h Art. 79 V. V. erwerben. Besaßen die darunter fallenden Personen neben der elsaß-lothringischen noch eine andere deutsche Landesangehörigkeit, so waren sie zweifellos Deutsche geblieben. War das nicht der Fall[1]), so konnte die eigenartige Schlußfolgerung, die Betreffenden hätten die deutsche Staatsangehörigkeit verloren und seien staatenlos geworden, allerdings im Wortlaut des Reichs- und Staatsangehörigkeitsgesetzes eine gewisse Stütze finden. Die Ansicht wurde in der Literatur vertreten[2]) und fand überraschenderweise bei der deutschen Regierung Unterstützung. Nach der vom Reichsministerium des Innern ausgehenden Auffassung haben auch die Länder tatsächlich die Flüchtlinge und Vertriebenen aus Elsaß-Lothringen als Staatenlose angesehen und Einbürgerungsanträge von ihnen nach

[1]) Denkbar ist, daß die durch Abstammung erworbene Bundesstaatsangehörigkeit nicht mehr nachweisbar ist oder daß der Betreffende oder seine Vorfahren nichtfranzösische Ausländer, z. B. Schweizer oder Luxemburger gewesen waren und die deutsche Staatsangehörigkeit lediglich durch Vermittlung der elsaß-lothringischen erworben hatten, oder aber daß eine Altdeutsche einen Altelsässer geheiratet hatte, der nun auf Grund des V. V. für seine Person Franzose geworden ist.

[2]) Block: Bayr. Staatszeitg. vom 11. XI. 1919. — Schwalb: D. Jur. Ztg. 1920, S. 640. — Josef: Jur. Wochenschr. 1923, S. 169.

den Vorschriften des § 8 entgegengenommen[1]). Ließ diese Handhabung angesichts des nationalen Unglücks, das die Lage geschaffen hatte, ein gewisses menschliches und politisches Feingefühl vermissen, so ist die ihr zugrunde liegende Auffassung auch rechtlich nicht zu halten. Die Rechtslehre hat sie denn auch wiederholt bekämpft, am nachdrücklichsten in den Aufsätzen SCHÄTZELS[2]); im Jahre 1922 hat sich auch die Rechtsprechung mit der Frage befaßt und ist zu einer die oben erwähnte Praxis ablehnenden Entscheidung gekommen[3]).

Allerdings ist das gefühlsmäßige Ergebnis, daß jene Elsaß-Lothringer Deutsche geblieben sein müssen, weder aus dem Versailler Vertrag noch aus dem Reichs- und Staatsangehörigkeitsgesetz ohne weiteres abzulesen und seine Begründung daher auch auf verschiedenen Wegen versucht worden[4]). Während SCHÄTZEL sich hauptsächlich auf den Versailler Vertrag stützt, nach dessen Zusammenhang zu vermuten sei, daß der Wille beider Vertragsparteien denen, die nicht Franzosen kraft Vertrags wurden, die deutsche Staatsangehörigkeit belassen will, während er auch fernerhin noch von einer erhalten gebliebenen deutschen elsaß-lothringischen Landesangehörigkeit sprechen zu können glaubt[5]), teilt das Celler Oberlandesgericht den Betroffenen die unmittelbare Staatsangehörigkeit des Reichs- und Staatsangehörigkeitsgesetzes zu, wohingegen WECK[6]) weder diese noch die andere Lösung gelten läßt, aber in dem Fehlen eines der im § 17 aufgezählten Verlustgründe eine hinreichende Stütze für den Beibehalt der deutschen Staatsangehörigkeit sieht.

---

[1]) Für Bayern vgl. Bekanntmachung von dem bayrischen Staatsminister des Innern vom 1. V. 1920 (St. Anz. Nr. 104), abgedruckt bei WOEBER: Reichs- und Staatsangehörigkeitsgesetz, 3. Aufl., S. 106.

[2]) D. Jur. Ztg. 1920, S. 197 und 586; Leipz. Z. 1920, S. 213, Wechsel der Staatsangehörigkeit, Berlin 1921, S. 36ff.

[3]) Beschluß des Oberlandesgerichts Celle, Jur. Wochenschr. 1922, S. 1459.

[4]) Das Nachstehende gibt im wesentlichen Ausführungen wieder, die ich in der bayr. Gem.- u. Verw.-Ztg. 1923, Sp. 513 veröffentlicht habe.

[5]) Wechsel der Staatsangehörigkeit, S. 41, 43. Der Auffassung SCHÄTZELS, daß bei Annahme der von ihm bekämpften Staatenlosigkeit des Elsaß-Lothringers eine gesetzliche Maßnahme den Staatenlosen nicht die deutsche Staatsangehörigkeit verschaffen könne, kann nicht beigepflichtet werden. Auch wir halten ein solches Gesetz für überflüssig, da die Betreffenden noch Deutsche sind. Aber bei der gegenteiligen Auffassung könnte ein Gesetz die Staatenlosen, auch wenn sie im Ausland weilen, wirksam zu Deutschen machen. Es ist nicht richtig, daß zum Staatenlosen im Ausland „keine Brücke führe". Jeder Staat ist ungehindert, als Angehörige zu betrachten, wen er will. Eine andere gesetzgebungspolitische Frage ist es, ob der Staat angesichts der Reibungen, die entstehen könnten, ein solches Verfahren einschlagen soll und ob der Aufenthaltsstaat sich daran kehrt.

[6]) In seiner Besprechung des Beschlusses des OLG. Celle, Jur. Wochenschr. 1922, S. 1459.

Ist dem Ergebnisse dieser Beweisführungen auch zuzustimmen, so halten diese selbst der rechtlichen Prüfung nicht stand. Weder der Versailler Vertrag[1]) noch das Reichs- und Staatsangehörigkeitsgesetz regeln unsern Fall, der Wortlaut des letzteren läßt sich sowohl gegen wie für den Beibehalt der deutschen Staatsangehörigkeit verwenden: „Deutscher ist, wer die Staatsangehörigkeit in einem Bundesstaat ... besitzt" (§ 1), auf der anderen Seite steht die Nichterwähnung eines ähnlichen Verlustgrundes in § 17. Die Annahme einer unmittelbaren Reichsangehörigkeit verbietet sich aber, weil das Reichs- und Staatsangehörigkeitsgesetz das Vorkommen dieser Fälle erschöpfend im § 33 regelt, dabei den Wohnsitz im Ausland voraussetzt und eine Ausdehnung dieser Fälle im Rahmen des Reichs- und Staatsangehörigkeitsgesetzes jedenfalls unzulässig ist.

Die These von dem Nichtverlust der deutschen Staatsangehörigkeit läßt sich nun weder aus dem Versailler Vertrag herleiten noch aus dem Reichs- und Staatsangehörigkeitsgesetz. War die Heranziehung des Vertrags an sich gerechtfertigt, weil in ihm die Regelung immerhin enthalten sein konnte, so durfte man im Reichs- und Staatsangehörigkeitsgesetz die Lösung der Frage von vornherein nicht suchen. Die Vorstellung, daß das Reichs- und Staatsangehörigkeitsgesetz die Erwerbs- und Verlustgründe für die Staatsangehörigkeit erschöpfend regle, erweist sich bei näherer Betrachtung als unzutreffend. Es tritt vielmehr zu den dort genannten ein allgemeiner staatsrechtlicher Erwerbs- und Verlustgrund. Mit dem Entstehen und Vergehen der Staaten selbst wird die Angehörigkeit zu diesen Staaten begründet und verloren, ohne daß der Erlaß eines Staatsangehörigkeitsgesetzes abgewartet zu werden brauchte oder aus einem schon bestehenden Gesetz Aufschluß gesucht werden müßte. Da das Staatsvolk noch immer zu den wesentlichen Elementen des Staats gerechnet werden muß[2]), kann von „Staat" erst gesprochen werden, wenn er Angehörige hat, von „Staatsangehörigen" schon dann, wenn ein Staat vorhanden ist. Wann dieser Zeitpunkt eingetreten ist,

[1]) Mit der einzigen Ausnahme vielleicht des Falls der deutschen Frau eines Altelsässers. Diese hat einen Anspruch auf Erwerb der französischen Staatsangehörigkeit, (§ 2, Ziff. 6 Anl., Art. 79 V. V.). Erwähnt aber der V. V. einen Personenkreis, ohne ihm eine Staatszugehörigkeit zuzuteilen, so hat er, könnte man schließen, ausdrücken wollen, daß derselbe seine bisherige Staatsangehörigkeit behält. Die übrigen in Betracht kommenden Personengruppen erwähnt der V. V. jedoch in bezug auf die Staatsangehörigkeit überhaupt nicht. Die französische Rechtslehre scheint auf dem Standpunkt zu stehen, daß den ursprünglichen Deutschen gegenüber die deutsche Staatsangehörigkeit aufrecht erhalten sei; das sei ein Fundamentalprinzip des V. V. Vgl. Niboyet: Rev. 1922/23, S. 610.

[2]) Jellinek: Allg. Staatslehre, 3. Aufl., S. 144; siehe auch Kelsen: Verfassungsgesetze der Republik Deutsch-Österreich, 1. Teil, 1919, S. 76.

braucht im Einzelfalle nicht offen zu liegen. Der Geburtstag der neuen Staaten Polen, Tschechoslowakei u. a. ist sehr bestritten[1]), daß es aber z. B. tschechoslowakische Staatsangehörige schon vor Erlaß seines Staatsangehörigkeitsgesetzes vom 9. III. 1920 gegeben hat, dürfte außer Zweifel stehen. Einer solchen Begründung der Staatsangehörigkeit entspricht ein von Staatsrechts wegen eintretender Verlust, wenn der Staat als solcher untergeht. Untergang des Staats liegt jedenfalls dann vor, wenn ein Staat völlig in einem andern aufgeht. Ohne daß es in dem notwendigen völkerrechtlichen Vertrag ausgedrückt zu sein brauchte, erlischt in einem solchen Fall die bisherige Staatsangehörigkeit der betroffenen Bevölkerung. Kein Staatsrecht der Welt bestreitet, daß „Staatsangehörigkeit" das Bestehen eines Staats voraussetzt; keinem Staat der Welt fällt es aber ein, diesen ganz zweifellosen Verlustgrund in seinem Staatsangehörigkeitsgesetz zu regeln. Denn Staatsangehörigkeitsgesetze beschäftigen sich überhaupt nur mit den in der Person von Menschen begründeten rechtserheblichen Tatsachen und Veränderungen, nicht aber mit den in der Person des Staats eintretenden. Geburt, Einbürgerung, Eheschließung, rechtserhebliches Verhalten, allenfalls der Tod des einzelnen Menschen sind in den Staatsangehörigkeitsgesetzen von Wichtigkeit, nicht Entstehen und Vergehen, Geburt und Tod des Staats selbst. Auch Angliederung und darauf beruhenden Erwerb erwähnen Staatsangehörigkeitsgesetze nicht, überlassen ihn vielmehr eigener Regelung im völkerrechtlichen Vertrag. Schon, daß in unserm Fall die Abtretung Elsaß-Lothringens für ganze Gruppen von Personen einen Verlust in Betracht kommen ließ, mußte vor der Anwendung des Reichs- und Staatsangehörigkeitsgesetzes warnen, denn dieses regelt nur Rechtsfolgen aus einer konkreten Begebenheit, mit Wirkung höchstens für eine Familie, nicht für eine beliebige Mehrzahl von Personen[2]). Schweigt daher der völkerrechtliche Vertrag über die Frage, so kann die Lösung nicht im Staatsangehörigkeitsrecht, sondern nur im Staatsrecht gefunden werden.

Die Erkenntnis von der Möglichkeit eines außerhalb des Staatsangehörigkeitsgesetzes auf Grund allgemeinen Staatsrechtes eintretenden Staatsangehörigkeitsverlusts ist von besonderer Bedeutung, wenn,

---

[1]) Vgl. z. B. BRÜSTLEIN, im JCl. 1922, S. 40ff.

[2]) Eine einzige Ausnahme macht, soweit ich sehe, die englische Novelle vom 8. VIII. 1918 zum englischen Staatsangehörigkeitsgesetz vom 7. VIII. 1914, die den Erwerb „by reason of any annexation" vorsieht (vgl. Anlage 10). Diese Bestimmung wendet sich jedoch in die Vergangenheit und verdankt ihre Entstehung einer früheren Unterlassung. Nach dem Burenkrieg hatte der englische Gesetzgeber bei der Gründung der Südafrikanischen Union über die englische Staatsangehörigkeit der Bevölkerung nichts gesagt, so daß z. B. der Premier SMUTS und der General BOTHA noch im Kriege nicht als Briten gelten konnten. (Vgl. MCNAIR: Legal Effects of War, 1920, S. 5).

wie es im Verhältnis von Elsaß-Lothringen zum Deutschen Reich der Fall war, ein Bundesstaat einen seiner Gliedstaaten durch Abtretung verliert. Elsaß-Lothringen konnte für das frühere Recht als Staat bezeichnet werden, nicht weil der § 2 des Reichs- und Staatsangehörigkeitsgesetzes es für die Anwendung dieses Gesetzes als Bundesstaat behandelt wissen wollte, sondern weil die alte Reichsverfassung es staatsrechtlich seit dem Reichsgesetz vom 31. V. 1911 durch ihren Art. 6a den Bundesstaaten nahezu gleichstellte. Will man also, wie die herrschende Lehre es mit Recht tut, für die Verhältnisse des Deutschen Reichs eine von der Reichsangehörigkeit gesonderte Gliedstaatsangehörigkeit, für jeden Deutschen also mindestens zwei Angehörigkeiten annehmen[1]) — von der unmittelbaren Reichsangehörigkeit des Reichs- und Staatsangehörigkeitsgesetzes, die erst seit 1914 besteht, kann hier abgesehen werden —, so wird man für deren Erwerb und Verlust dieselben Sätze anerkennen müssen, die, ungeschrieben zwar, dem Staatsrecht jedes Staates innewohnen. Hört einer der Gliedstaaten zu bestehen auf, so verlieren seine bisherigen Staatsbürger ihre Staats- aber auch nur ihre Gliedstaatsangehörigkeit. Mit dem Inkrafttreten des Versailler Vertrages kann von einer elsaß-lothringischen Staatsangehörigkeit nicht mehr die Rede sein. Dieser Tatbestand ist die Folge eines staatsrechtlichen Vorgangs; es fragt sich, welche Wirkungen sich daraus etwa für die Reichsangehörigkeit der Betroffenen ergeben. Für die Antwort braucht und kann das Reichs- und Staatsangehörigkeitsgesetz nicht herangezogen werden. Dieses scheint zwar über das wechselseitige Verhältnis von Reichs- und Gliedstaatsangehörigkeit, indem es allgemein verkündet: „Deutscher ist, wer die Staatsangehörigkeit in einem Bundesstaat ... besitzt", etwas aussagen zu wollen und die Reichsangehörigkeit ohne die Vermittlung einer Bundesstaatsangehörigkeit — von den zwei besonderen Fällen der unmittelbaren Reichsangehörigkeit wiederum abgesehen — auszuschließen. Die ursprüngliche Fassung des Bundes- und Staatsangehörigkeitsgesetzes von 1870, die auch für das neue Gesetz vorgesehen war und nur aus sprachlichen Gründen — man wollte die ausnahmsweise unmittelbare Reichsangehörigkeit gleich im ersten Paragraphen ankündigen — nicht beibehalten wurde, drückte diese Auffassung noch schärfer aus: „Die Reichsangehörigkeit wird durch die Staatsangehörigkeit in einem Bundesstaat erworben und erlischt mit deren Verlust"[2]). Auf sie stützen sich daher die Befürworter der Staatenlosigkeit in unserem Fall in erster Linie[3]). Zu Unrecht. Denn der § 1 sagt trotz seiner sehr allgemeinen Fassung nur soviel, daß von den beiden Angehörigkeiten des Deutschen

[1]) Vgl. z. B. Laband: Staatsrecht des Deutschen Reiches, 5. Aufl., I, S. 158.
[2]) Vgl. v. Keller-Trautmann, S. 48.
[3]) Schwalb und Josef: a. a. O.

die Bundesstaatsangehörigkeit die primäre, daß die Reichsangehörigkeit durch jene erworben wird und mit ihr verloren geht, nicht etwa umgekehrt die Bundesstaatsangehörigkeit die Reichsangehörigkeit voraussetzt. Wohlverstanden regelt es aber dieses Verhältnis überhaupt nur für die Reichsangehörigkeit, soweit sie sich aus einem im Reichs- und Staatsangehörigkeitsgesetz aufgeführten Erwerb oder Verlust der Bundesstaatsangehörigkeit ergibt[1]). Über die nicht in der Person des Menschen, sondern in der des Bundesstaats etwa eintretenden Veränderungen und über deren Einwirkung auf die Reichsangehörigkeit sagt das Reichs- und Staatsangehörigkeitsgesetz ebensowenig etwas wie über den etwaigen Verlust durch den Untergang des ganzen Deutschen Reichs. In Bayern ebensowenig wie in Preußen dürfte man geneigt sein, aus einem staatsrechtlichen Zerfall des Reichs — der hier nur der rechtlichen Beleuchtung halber einmal angenommen werden soll — das Erlöschen der bayrischen oder preußischen Staatsangehörigkeit zu folgern. Zugegeben, daß für deren Erlöschen oder Nichterlöschen das Reichs- und Staatsangehörigkeitsgesetz schon deshalb nichts mehr bestimmen könnte, weil es in jenem Augenblick nicht mehr gelten würde, so beweist doch dieses Beispiel, daß von einem staatsrechtlichen Vorgang rechtliche Wirkungen nur für die Staatsangehörigkeit desjenigen Staats hergeleitet werden können, der von eben diesem Vorgang betroffen wird, daß von Staatsrechts wegen nur die Angehörigkeit des Staats erlischt, der als Staat zu bestehen aufgehört hat. Daraus ergibt sich, daß die oben bezeichneten Elsaß-Lothringer zwar mit dem Untergang des Bundesstaats Elsaß-Lothringen die elsaß-lothringische, keineswegs aber die deutsche Reichsangehörigkeit verloren haben[2]). Denn aus Gründen des Staatsrechts kann ein

[1]) Es wäre ja auch irrig, anzunehmen, daß die Masse der jetzt lebenden Deutschen kraft der deutschen Staatsangehörigkeitsgesetze von 1870 oder 1913 Deutsche geworden seien. Da die hauptsächliche Erwerbsart die Abstammung von einem Deutschen ist, verweist das Gesetz in eine Vergangenheit, die von der 2. oder 3. Generation an schon nicht mehr nach diesen Gesetzen, sondern älteren Landesrechten beurteilt werden muß. Die eigentliche Begründung der deutschen Staatsangehörigkeit muß letzten Endes in der Gründung des Deutschen Reichs, also einem staatsrechtlichen Vorgang, gesucht werden.

[2]) Will man jedoch Elsaß-Lothringen die Staatseigenschaft überhaupt absprechen und die elsaß-lothringische Staatsangehörigkeit nur als einen Behelf des Verwaltungsrechts anerkennen, der lediglich Bedeutung im Innenverhältnis zum Reich hatte, keinesfalls aber nach außen hervortrat, so kann erst recht das Erlöschen dieser schattenhaften Angehörigkeit den Verlust der Reichsangehörigkeit nicht herbeigeführt haben. Denn der Verlust einer Reichsprovinz konnte bei fortdauerndem Bestehen des Reichs keinen staatsrechtlichen Verlust der Reichsangehörigkeit begründen, ebensowenig wie ein Memeler bisher durch die Abtretung seiner Vaterstadt mangels des Erwerbs einer fremden Staatsangehörigkeit die preußische Staatsangehörigkeit verlor, solange Preußen als solches besteht. Hierin ist SCHÄTZEL: a. a. O., S. 38, beizustimmen.

Verlust der Reichsangehörigkeit bei unbestrittenem Weiterbestehen des Reichs nicht gefolgert, aus Gründen des Reichs- und Staatsangehörigkeitsgesetzes einer der dort aufgezählten persönlichen Verlustgründe nicht gefunden werden. Mangels irgendeines Verlustgrundes müssen sie also weiterhin als deutsche Reichsangehörige betrachtet werden.

Man ist somit genötigt, außer den bereits bestehenden Fällen der unmittelbaren Reichsangehörigkeit einen weiteren völlig außerhalb des Reichs- und Staatsangehörigkeitsgesetzes liegenden anzunehmen. Zu diesem Ergebnis ist das Celler Oberlandesgericht in seinem erwähnten Beschluß gleichfalls gekommen. Jedoch sah dieses in dem Bestehen der unmittelbaren Reichsangehörigkeit des Reichs- und Staatsangehörigkeitsgesetzes die Bejahung der Möglichkeit einer solchen Angehörigkeit und damit allein die Rechtfertigung auch in unserm Falle, während es uns wesentlich erscheint, die unmittelbare Reichsangehörigkeit des Reichs- und Staatsangehörigkeitsgesetzes von diesem besondern Fall getrennt zu halten und sie nicht zur Begründung einer Rechtsfolge heranzuziehen, die eintreten müßte, auch wenn das Reichs- und Staatsangehörigkeitsgesetz keine unmittelbare Reichsangehörigkeit kennen würde, der Verlust Elsaß-Lothringens z. B. zur Zeit der Geltung des alten Bundes- und Staatsangehörigkeitsgesetzes eingetreten wäre. Für unsern Fall müßte die unmittelbare Reichsangehörigkeit erfunden werden, wenn es sie nicht schon gäbe.

Die eigenartige Rechtslage festzustellen, war zweifellos Sache des Reichs, als es das Ausführungsgesetz zum Versailler Vertrag erließ. Dort wären auch die verwaltungsmäßigen Folgerungen zu ziehen und für den Vollzug der Landesbehörden dasjenige zu bestimmen gewesen, was bei den ausschließlich für das Reichs- und Staatsangehörigkeitsgesetz zugeschnittenen bisherigen Vorschriften naturgemäß fehlen mußte. Die betroffenen Personen jedoch kurzerhand als Staatenlose zu behandeln und sie dem Zwang einer Einbürgerung (nicht Aufnahme) zu unterwerfen, entsprach und entspricht weiterhin in keiner Weise der Rechtslage.

Sechster Abschnitt.

Rückblick und Ausblick.

I. Charakteristik des Staatsangehörigkeitsrechts in den verschiedenen Staaten.

Unser Rundgang ist beendet. Der gewissenhafte Berichterstatter mußte, sollte die Arbeit ihre Aufgabe erfüllen, beim Einzelnen verweilen und Vollständigkeit anstreben. Er durfte erwarten, daß die geschilderten Erscheinungen sich von selbst dem Leser zu Bildern gestalten, daß die vergleichende Zusammenstellung von Rechtsvorgängen auf einem einzelnen Teilgebiet des staatlichen Lebens geeignet ist, Rechtsgedanken und Staatsauffassung eines jeden Landes mit großer Klarheit wiederzuspiegeln. Auf wenigen Rechtsgebieten allerdings ist dem Juristen ein solch tiefer Blick in das Wesen der Staaten gestattet, wie auf dem unsern. Wie ein Staat sein Angehörigkeitsrecht in Zeiten gewaltiger Kräfteanspannung handhabt, das kennzeichnet ihn selbst und sein Volk, sein Recht und seine Richter, seine Politik und seine Kriegführung. Die Eigenart der Staatspersönlichkeiten, so kann man es auch wenden, ist eine so ausgesprochene, daß sie sich auch in ihrem Staatsangehörigkeitsrecht unverkennbar ausprägt. Wer auf unserm Gebiet von Land zu Land gezogen ist, den Rednern des Parlaments zugehört, dem Urteil des Richters gelauscht, die Meinungen der Gelehrten verfolgt hat, wer die Faust des Kriegsministers wie den Hammer des Liquidators hinter diesen, die Volksleidenschaft und die kühle Berechnung der Neutralen hinter jenen Vorgängen gespürt hat, dem sind immer wieder alte Bekannte erschienen, die Staaten, wie sie in ihrer historischen Gewordenheit, ihrer Rechtsauffassung, ihrem politischen Willen und dem Charakter ihrer Völker längst ausgeprägte Züge feststehender Persönlichkeiten aufweisen. — Will man aus jenen Vorgängen Erkenntnisse schöpfen, so haben wir freilich den Staat zu beobachten, den Gesetzgeber wie den Richter, nicht etwa die Objekte ihrer Tätigkeit, die Staatsangehörigen selbst. Die Volksmeinung spiegelt sich in dem Vorgehen der ersteren genügend; der einzelne Fall, bei dem die Zugehörigkeit zweifelhaft geworden ist, zeigt Menschen zwischen den Staaten, zeigt neben den überzeugten Bürgern eines neugewählten Vaterlandes, neben den unschuldigen Opfern einer maßlosen Naturalisiertenverfolgung und den unbewußten sujets mixtes und Heimatlosen kraft Gesetzeskollision allzuoft Überläufer, Abtrünnige aus Fahnenflucht, Neupatrioten aus Vermögenssucht, Menschen, bei denen die Gesinnung zweifelhafter ist als die Staatsangehörigkeit. Jener Triebsand zwischen den Nationen ist es gewiß nicht, der unser Interesse fordert, nicht die Zwangslage des Einzelnen, sondern die der Staaten, die zu sehr verschiedenen und für deren Recht und Politik charakteristischen Maßnahmen geführt hat.

Bei den kriegführenden Staaten können wir im großen und ganzen die gleiche Lage und die gleichen Bedürfnisse feststellen. Aber selbst wenn die gleichen gesetzgebungspolitischen Folgerungen gezogen werden, geschieht es in hier eiligem, dort gemäßigtem Tempo, tragen Gesetz und Richterspruch in jedem Land verschiedene Gesichte. Vor allen anderen treibt Frankreich seine Gesetzgebung voran. Alle seine Gesetze und Richtersprüche sind getragen vom nationalen Willen.

Ihm ist der Elsässer und Lothringer deutschen Volkstums willkommen als Objekt seiner nationalen Sehnsucht. Die Einführung des ius soli in Tunis ist ein Ausdruck nationalen Ausbreitungswillens. Der völkische Gedanke liegt Frankreich fern. Mit großer Geste verschenkt es sein Bürgerrecht an die farbigen Algerier. Um so heftiger ist der Wunsch nach Bevölkerung. Der Ausländer, der in seinen Reihen kämpfen will, wird gern naturalisiert, der in Frankreich Ansässige wird mit Nachdruck an Option und Heeresdienst herangeführt, andere zur Option erst zugelassen, wenn sie längst französische Soldaten geworden sind. Die Französin, die einen Ausländer heiratet, soll ihn vom Traualtare zum Naturalisationsbüro bringen. Daneben setzt sich allerdings frühzeitig und in zunehmendem Maße nationaler Chauvinismus durch. Die Verfolgung feindlicher Ausländer hebt an, ihre energische Ausgestaltung führt zur Einbeziehung ehemals feindlicher Ausländer und findet folglich Platz im Staatsangehörigkeitsrecht, das um die Erfindung der Denaturalisation bereichert wird. Die Reinhaltung des Volkstums ist dabei weniger leitender Gedanke als die Echtheit der nationalen Gesinnung. Spionenfurcht, Deutschenhaß, Sequesterfreude reichen sich die Hände und mit wildem Eifer beteiligt sich die denunzierfreudige Menge. Der Anteil, den die Juristenwelt an all dem nimmt, macht sich in kritischer Überprüfung voreiliger Gesetzesmaßnahmen, in sorgfältigen Reformen, in ungezählten Anregungen und Entwürfen geltend. Die Ausführung bleibt hinter den anscheinend einstimmigen Forderungen zurück. Der Einfluß der Eheschließung auf die Staatsangehörigkeit wird nicht beseitigt, nur vorübergehend der Erwerb durch Heirat für die Ausländerin erschwert. Nicht die nationale Selbständigkeit der Ehefrau ist das Ziel, sondern Erhaltung der Landestöchter, Gewinn männlicher Ausländer für die Nation, Fernhaltung ausländischer Frauen von der Nation. Nicht das übernationale Frauenrecht, sondern die nationale Pflicht der Frau wird verkündet. Auf halbem Weg bleibt man bei der Denaturalisation stehen, die große Reform des gesamten Staatsangehörigkeitsrechts kommt vollends nicht zum Ziel. Die theoretische Durchdringung des Gebiets wird mit großem Ernst betrieben, Fragen der Kompetenz, der Gewaltentrennung, des Rechtsschutzes mit dem entwickelten Sinn für das Formale untersucht. Freilich müssen künstliche Konstruktionen Lücken der älteren Gesetze mit rückwirkender Kraft ausfüllen und gesetzliche Vermutungen greifen in das der eigenen Macht entzogene fremde Recht hinüber. Die Rechtsprechung ordnet sich mit Entschiedenheit den nationalen Bedürfnissen unter, ist jedoch um juristische Begründung nie verlegen. Im Kampfe gegen Deutsche und deutsches Recht wird die nationale Gesinnung und Betätigung alleiniges Kriterium der Staatsangehörigkeit, mit viel Liebe fürs Detail Privatleben und Beruf in die Beweisführung hineingezogen.

Bereitwillig legalisieren die Gerichte einen Verwaltungsbrauch, der entgegen dem Gesetze die Reintegration von Ausländerinnen kraft Eheschließung während bestehender Ehe ausspricht, und eröffnen die Aussicht auf eine blühende Scheidungspraxis. Im Werben um Rekruten findet der Kriegsminister in der Justiz eine willfährige Stütze; erst das gesicherte Frankreich zeigt den Kassationshof in dieser Frage auf der vollen Höhe der Unparteilichkeit. Nicht immer läßt sich das gleiche von der französischen Praxis zur Ausführung der Friedensverträge sagen. Unbekümmert um ausdrücklich formulierte Grundsätze der Verträge und um geltendes Völkerrecht anerkennt sie weder neu erworbene Staatsangehörigkeit noch Staatenlosigkeit und drängt ehemalige Feinde in die alte Staatsangehörigkeit zurück. Größere Verlegenheit bereiten ihr unbedachtsame Bestimmungen über Elsaß-Lothringen, die, im allgemeinen sorgfältig auf Gesinnungszugehörigkeit abgestellt, Frankreich gegen seinen Willen eine Menge sogenannter reklamationsberechtigter Deutscher bescheren.

Nicht nationale Leidenschaft, sondern staatlicher Wille führt in England dem Gesetzgeber und Richter die Feder. Die erste für das ganze britische Reich bestimmte Regelung des Staatsangehörigkeitsrechts ist ein kluger Ausgleich von Interessen des Mutterlandes mit denen der Dominions, eine interessante Verschmelzung von bundesstaatlicher Selbständigkeit im künstlichen Erwerb mit selbstverständlicher Reichsangehörigkeit kraft Geburt, zugleich im starren Festhalten am ius soli ein Musterstück territorial denkenden Konservativismusses. Territorial empfunden auch der Staatsangehörigkeitswechsel kraft einseitiger Annexion, in Zypern 1914 gehandhabt, in der Novelle von 1918 grundsätzlich ausgesprochen, territorial manches im Denaturalisationsgesetz, zu dem man sich spät, später als in den Dominions entschließt. Der Gedanke an die Reinhaltung des Volkstums liegt dem Weltreich fern; die Denaturalisation ist aus der gleichen ausländerfeindlichen Bewegung hervorgewachsen wie die entsprechenden französischen Bestimmungen. Trotz des schärferen Inhalts, der allgemeineren Fassung ist man in der Anwendung sparsamer gewesen. Die allgemeine Denaturalisation hatte die Volksmeinung stürmisch gefordert. Als — im Staatsinteresse — nur die Entziehung von Fall zu Fall durchgesetzt worden war, empfand man an der individuellen Verfolgung nicht die gleiche Freude. Die rechtliche Konstruktion der Denaturalisation ließ sich leicht der englischen Vorstellung einfügen, die bei der nicht angeborenen Rechtsstellung an das Papier denkt, das sie ihm verleiht; so konnte man den Widerruf der Urkunde mühelos an vorhandene Möglichkeiten anknüpfen und hat sich mit der Fassung weniger gequält als in Frankreich. Daß es in geringerem Maße kritisiert und kommentiert wurde als dort, ist kein Beweis für seine Güte, sondern ein Zeichen mangelnden Interesses. Vor Ausnahmegesetzen schreckt man im übrigen nicht zurück, die Naturalisation von ehemaligen Feinden wird bis 1930 kurzerhand verboten. Für die neueste Wiederbelebung des ius sanguinis im britischen Staatsangehörigkeitsgesetz ist das staatliche Interesse an der Erhaltung der Auslandsbriten maßgebend gewesen. In dem Maße, in dem England den Wehrpflichtgedanken verwirklicht hatte, mußte es sich dem ius sanguinis nähern; Bevölkerungsverlust erscheint heute auch dem britischen Weltreich nicht mehr erträglich. In geschickter Weise hat man den Auslandsbriten die Erhaltung ihrer Briteneigenschaft durch die Generationen hindurch ermöglicht, ohne doch auf der anderen Seite sich zum reinen ius sanguinis zu bekennen. Für die Auffassung Englands vom Staatsangehörigkeitsverhältnis ist am lehrreichsten die Rechtsprechung. In ihr steckt das lebendige Recht, nicht im Gesetz. Zur Feststellung, ob jemand Brite ist oder nicht, zieht man die in den alten Entscheidungen niedergelegten Rechtssätze herbei, zu allerletzt erst das statute law. Was die Kriegsrechtsprechung anlangt, so haben wir das gleiche Bild wie in der Gesetzgebung: im scheinbaren Festhalten an uralter Rechtsüberzeugung verfolgt man in der Sache einzig und allein das Staatsinteresse, unbekümmert um fremdes Recht und die Bedürfnisse internationalen Rechtsverkehrs. „Subject" und „allegiance" sind die Vokabeln des englischen Staatsangehörigkeitsrechts. Es liegt nicht in der Macht des subject, sich der allegiance gegen sein Vaterland zu entkleiden, zumal nicht in Zeiten der Not. Dieser Satz steht zwar in Widerspruch mit der Nationality Act, die in Sekt. 13 ohne Einschränkung den Verlust der britischen Staatsangehörigkeit durch den freiwilligen Erwerb einer fremden ausspricht, geht ihr aber unbedingt vor. Der Wille des Individuums hat sich dem Staatswillen zu beugen. Es ist der alte Grundsatz, „nemo potest exuere patriam", der England schon so wertvoll war, als es noch zur Bemannung seiner Flotte in aller Welt Seeleute zum Dienste preßte. Die perpetual allegiance war damals der Ausgleich für das dem englischen Recht fremde ius sanguinis, das anderswo die Ausgewanderten für den Heeresbedarf festhielt[1]). Und der gleichen Gedankengänge bedient man sich, um Staatenlose und naturalisierte ehemalige Deutsche in ihr altes, angeblich nicht erloschenes Staatsangehörigkeitsverhältnis zurückzustoßen — das Urteil STOECK ist hier eine rühmliche Ausnahme —, die gleiche Haltung argwöhnt man vom geschlagenen Deutschland (Art. 278 V. V.). England, das seine Angehörigen aus dem Staatsverband nicht entläßt, ohne Rücksicht auf ihren durch Erwerb einer fremden Staatsangehörigkeit bekundeten Willen, schafft in aller Bewußtheit Doppelstaatsangehörige. Gegen diese Praxis hat sich also die Empörung

[1]) Auf diesen Zusammenhang macht RANDALL: Law Quarterly Review 1924, S. 25 aufmerksam.

der zivilisierten Welt ebenso pünktlich einzustellen wie gegen das deutsche Staatsangehörigkeitsgesetz. Der Deutsche selbst hat allerdings keinen Anlaß, jener Auffassung Argumente zur Verteidigung seines Gesetzes zu entnehmen. Denn er wird bemerken, daß zwischen der englischen Praxis und der für den § 25, Abs. 2 maßgebenden deutschen Auffassung ein grundlegender Unterschied besteht: Dort hält einen fortstrebenden Untertan der Staat in seinen Pflichten fest, hier beläßt er ihm auf seinen Wunsch die Rechte. Der englische Standpunkt versöhnt immerhin durch die Stärke der Auffassung vom Staate, der deutsche beleidigt durch seine Nachgiebigkeit.

Reformfreudig ist Belgien nach dem Krieg an eine neue Kodifikation seines Staatsangehörigkeitsrechts gegangen und hat die Kriegserfahrungen in einem sorgfältigen Gesetz verwertet. Infolge des Kriegs, der eine Trennung des Staats von seinem Volke bedeutete, liegen sie bei gleichem Rechtszustand wie in Frankreich weniger auf dem Gebiet der Wehrpflicht. Seine Reformen sind daher völlig vom Interesse an der Fernhaltung unerwünschter Eindringlinge, man kann hier wohl sagen, vom völkischen Gedanken getragen, ohne daß aus Bevölkerungsrücksichten Kompromisse geschlossen würden. Der selbsttätige Erwerb durch Option kraft des ius soli fällt weg, die Naturalisation wird nicht materiell, aber im tatsächlichen Ergebnis erschwert, politische Berechtigung den Naturalisierten vorenthalten. Von der Familieneinheit weicht man nicht grundsätzlich ab, gestattet aber der Ausländerfrau zugunsten des Rückerwerbs der belgischen Staatsangehörigkeit eine wichtige Ausnahme. Die Denaturalisation hat man wohl mehr der Volksstimmung zuliebe und nur auf kurze Zeit von den Franzosen übernommen. Das belgische Gesetz ist durchaus auf Verteidigung und Abwehr, weniger auf Angriff und Verfolgung eingestellt. In dem grundsätzlich wichtigen Urteil des Brüsseler Kassationshofs zeigt sich einem Staatenlosen gegenüber insofern bemerkenswerte Objektivität, als man ihn nicht bei seiner vor 36 Jahren verlorenen deutschen Staatsangehörigkeit festnagelt. Die spätere Judikatur weist jedoch die gleichen Züge auf wie die französische Rechtsprechung.

Italien hat den Bedürfnissen des Augenblicks durch eilige Verordnungen gehorcht, die immer wieder durch erneute Dekrete ergänzt werden mußten. Die alsbald nach dem Eintritt in den Krieg beschrittene Abkehr vom ius soli, das den Eintritt volksfremder Elemente gestattete, wird mit Rücksicht auf den militärischen Bevölkerungshunger erst unterbrochen, dann so gut wie aufgehoben. Flüchtig wird eine äußerst strenge, aber offenbar nur beschränkt gemeinte Denaturalisationsmöglichkeit in die Sequestrationsbestimmungen gegen das feindliche Vermögen hineingearbeitet. Im Friedensvertrag sorgt Italien im völkischen Interesse für die Fremdenabwehr. Mit dem Beginn der Faszistenherrschaft zuckt völkischer, die Landesgrenzen überschreitender Nationalismus auch im Staatsangehörigkeitsrecht auf; man verleiht den Italiani non regnicoli das Staatsbürgerrecht und sorgt in einem Nachtragsdekret für die Erstreckung der Heeresdienstpflicht auf die neugewonnenen Untertanen.

In den Vereinigten Staaten bekam von jeher das Staatsangehörigkeitsrecht sein Gepräge durch die Bevölkerungspolitik und Rassenfrage. Seit Generationen einem Strom von Einwanderern ausgesetzt, haben die Staaten stets versucht, an die Eignung der Bewerber einen sehr strengen Maßstab zu legen. Amerikanische Staatsgesinnung und weiße Rasse sind Voraussetzungen, ständige Erfüllung aller aus der allegiance sich ergebenden Pflichten Bedingung für die Erhaltung des einmal gewährten Bürgerrechts. Wer sich innerhalb von 5 Jahren durch erneute Auswanderung dieser Kontrolle entzieht, verliert das Bürgerrecht wieder. Es entsprach also dem Geiste des amerikanischen Staatsangehörigkeitsrechts, wenn man nach dem Eintritt in den Krieg die scharfen Naturalisationsbedingungen zugunsten ausländischer Soldaten im eigenen oder befreundeten Heer milderte. Immer mehr wird die Leistung an den Staat einzige aber strenge Voraussetzung für den Erwerb des Bürgerrechts. Sie findet symbolischen Ausdruck im Treueid. Unvaterländische Gesinnung, sei sie auch nur in Worten geäußert, ist Eidesbruch und macht die frühere Verleihung des Bürgerrechts zum nichtigen Akt. Zur Entziehung der Staatsangehörigkeit bedarf es also keines Denaturalisationsgesetzes. Vor der gelben Rasse schließt man durch höchstrichterliches Urteil endgültig die Schranken. — Allen anderen Ländern voran führt Amerika nach dem Kriege eine sehr weitgehende nationale Emanzipation der Ehefrau durch. Frauenbewegung mehr als Nationalismus ist die treibende Kraft. Die nationale Selbständigkeit ist ein Geschenk an die Wählerinnen und bereitet den amerikanischen Juristen ernste Sorge.

Was die neutralen Länder angeht, so geraten wir gleichfalls in ein Bevölkerungsproblem bei der Untersuchung des schweizerischen Staatsangehörigkeitsrechts. Die Fremdenfrage wird von den Schweizern selbst als eine Lebensfrage bezeichnet. Während man vor dem Kriege die natürliche Aufsaugung der Fremdbevölkerung auf dem Weg des ius soli und die Erleichterung der Naturalisation erstrebte, hat der Krieg den Lauf der Entwicklung gehemmt, indem sich eine starke fremdenfeindliche Strömung geltend machte, die auch für die unerwünschtesten jüngsten Einwanderer die Erschwerung der Einbürgerung erreichte. Gegenüber dieser Sorge um die Einheit der Nation — von Einheit des Volkstums kann bei der schweizerischen Nation nicht wohl die Rede sein — hat sich die immer wieder verlangte Zwangseinbürgerung, also das ius soli bis jetzt nicht durchsetzen können. Der weitere Verlauf der sorgsam und wissenschaftlich vorbereiteten Reform ist infolge der notwendigen Volksabstimmungen unberechenbar geworden.

Was wir nach Kriegsende an gesetzgeberischer Tätigkeit in den durch den Ausgang des Kriegs entscheidend gestalteten Staaten beobachten, trägt zumeist die Züge des völkischen Prinzips, verstärkt, aber auch verwischt durch den Gedanken vom Selbstbestimmungsrecht des Individuums. In den Siegerstaaten wird das letztere nach den völkischen Bedürfnissen von Staats wegen zugelassen oder verwehrt; auch in anderen Bestimmungen zeigt sich entscheidend der staatliche Wille, z. B. in Polen, wo man den im fremden Heer dienenden Angehörigen nicht mit dem Verlust der Staatsangehörigkeit bestraft, sondern ihn nicht losläßt. In Deutsch-Österreich war dagegen der völkische Gedanke in liberalster Weise mit dem Abstimmungsrecht des Einzelnen verquickt worden, bis das Diktat der Entente der österreichischen Republik das Staatsvolk mehr oder weniger zuwies. Am äußersten Ende dieser Stufenleiter steht endlich Rußland, das, schon in seiner ganz frühen Zeit, unter offenbarem Verzicht auf den völkischen Gedanken einerseits den Proletariern der ganzen Welt das Staatsbürgerrecht anbot, wie andrerseits bei nationalen Mischehen den Eltern und Kindern die Bestimmung der Staatsangehörigkeit überläßt.

Deutschland scheint unter den größeren Staaten der einzige zu sein, der durch den Krieg keinen kräftigeren Impuls auf sein Staatsangehörigkeitsrecht verspürt hat. Wir sind dieser Erscheinung bereits in der Einzeluntersuchung nachgegangen und können jetzt zusammenfassend feststellen: Für die deutsche Rechtsauffassung ist die deutsche Staatsangehörigkeit ein formaler Begriff. Ihr Vorhandensein oder Nichtvorhandensein wird aus dem diese Materie erschöpfend und ausschließlich regelnden Reichs- und Staatsangehörigkeitsgesetz von 1913 festgestellt. Er ist ein Anknüpfungsmerkmal für alle möglichen Rechtsverhältnisse, eine objektive Tatsache. Die politische Färbung fehlt dem Wort ebenso wie der Sache; das Staatsangehörigkeitsverhältnis selbst ist vom staatlichen Willen nicht durchglutet. Völkische oder Bevölkerungspolitik im eigentlichen Sinne hat man im deutschen Staatsangehörigkeitsrecht nie getrieben. Das ohne Einschränkung durchgeführte ius sanguinis verbürgte zwar, nachdem man den Verlust durch 10jährige Abwesenheit glücklich beseitigt hatte, die Erhaltung des Auslandsdeutschentums. Die Wehrpflicht schien sogar dank strenger Bestimmungen des Staatsangehörigkeitsgesetzes den Auslandsdeutschen in seiner Freiheit stark einzuschränken und das Staatsangehörigkeitsverhältnis mit starkem staatlichen und sittlichen Anspruch zu erfüllen. Allein im Kriege zerbrach dieses Gebäude unter den harten Tatsachen: das abgeschlossene Deutschland konnte seine Angehörigen wohl zurückrufen, aber die Unmöglichkeit, diesem Gebot zu folgen, verhinderte teils die Anwendung der Ungehorsamsfolgen, teils führte sie, wo man dennoch nicht ohne sie auskam, zu Ungerechtigkeiten, weil der Einzelfall nicht aus dem Inland zu übersehen war. Im übrigen war die Ungehorsamsfolge für die Staatsangehörigkeit des Betreffenden der Verlust; sein Verhalten erregte den Unwillen des Staats, nicht etwa seinen Willen, ihn nicht aus der allegiance zu entlassen. Im deutschen Inland auf der anderen Seite genügte man den Heeresinteressen, indem man nicht die Angehörigkeit zum deutschen, sondern die Nichtangehörigkeit zu einem andern Staat Voraussetzung für die Wehrpflicht sein ließ: Staatenlose haben Heeresdienst zu leisten. Im übrigen hat Deutschland, bevölkerungsstark wie es war, auf Zuwachs durch die Zwangseinbürgerung des ius soli verzichtet, ohne doch in seinen Naturalisationsbedingungen irgendeine Fremdenfeindlichkeit an den Tag zu legen oder positive Anforderungen in nationaler oder völkischer Hinsicht zu stellen. Die deutsche Sozialdemokratie hatte vor dem Krieg sogar einen Einbürgerungsanspruch für alle Welt durchzusetzen versucht. Vergeblich, denn die Einbürgerung blieb dem Ermessen der Verwaltungsbehörden überlassen. Gesetzliche Garantien aber gegen eine zu liberale Einbürgerung fehlen. Der Wille des Einzelnen kann sich unbeschränkt durch zwingende Mindestvoraussetzungen Geltung verschaffen; der Erleuchtung der Verwaltungsbehörden bleibt alles überlassen. Wird aber der staatliche Wille zur Aktivität gereizt, so findet er seinen Ausdruck in der Verstoßung des Treulosen, bei der Fahnenflucht, wie neuestens bei der Steuerflucht. Die Staatsangehörigkeit ist für das deutsche Recht ein immaterielles Gut, wie die Ehre, dessen Entziehung den Angehörigen abschrecken soll; für den Engländer ist sie eine reale Pflicht, deren man sich nicht ohne Erlaubnis des Staats entledigen kann. England straft, indem es seine Angehörigen zu ewigen Untertanen macht, Frankreich, indem es den früheren Schützling des Staatsangehörigkeitsschutzes entkleidet und als Landesfeind verfolgt, das deutsche Recht aber läßt sich an der Vorstellung genügen, welche Strafe darin liege, nicht mehr Deutscher zu sein. Deshalb mutet es auch dem Ausgewanderten, der sich im Ausland einbürgern lassen will, nicht unter allen Umständen zu, das deutsche Staatsbürgerrecht aufzugeben. Es fügt sich — in der Theorie wenigstens, wohl kaum in der Praxis — seinem Antrag auf Beibehalt und grollt dem vermeintlichen Auslandspionier ebensowenig wie dem Entlassung Heischenden. Dagegen ist die offizielle deutsche Auffassung allzubereit, guten Deutschen die Staatsangehörigkeit abzusprechen, wenn rein formale Gründe keine andere Lösung zuzulassen scheinen. Die Behandlung der geflüchteten Elsaß-Lothringer in dieser Hinsicht offenbart erschreckend eine inhalt-, seelen- und willenlose Auffassung vom Staatsangehörigkeitsverhältnis, eine Auffassung, die nach dem verlorenen Krieg sich ebenso fern von jeder natürlichen Vorstellung von Staat und Staatsvolk zeigte, wie sie schon vor und während des Krieges politischen Instinkt allzuoft vermissen ließ. Sie suchte noch kürzlich für die Elsaß-Lothringer Gesetzesparagraphen, wo das tatsächliche staatliche Leben die Antwort längst gegeben hatte und sie erfand im Frieden Gesetzesbestimmungen, die, wie der § 25, Abs. 2, nie ein wirkliches Leben gehabt haben, aber hinreichten, unser Recht vor den Augen der Welt zu verdächtigen, während England die gleiche Konstruktion praktisch handhabt, sich aber wohl hütet, sie in seine geschriebenes Recht aufzunehmen. Gewiß, das deutsche Staatsangehörigkeitsrecht hätte der gegnerischen Verfolgungswut dienen müssen, mochte es lauten, wie es wollte. Aber daß der Vorwurf eines nach den staatlichen und nationalen Bedürfnissen orientierten Staatsangehörigkeitsrechts so völlig unbegründet ist, schmerzt.

II. Gruppierung der Vorgänge in der Staatsangehörigkeitsgesetzgebung. Kritik.

Die Verschiedenheit des Geistes der Gesetzgebung und Rechtsprechung in den einzelnen Ländern hindert nicht, festzustellen, daß sich aus gleichen Bedürfnissen heraus, gleiche Erscheinungen in den verschiedensten Staaten gezeigt haben. Wenn wir sie im folgenden gruppierend nebeneinanderstellen, ergibt sich die Notwendigkeit, auf einzelne neue Vorgänge von bleibender und grundsätzlicher Bedeutung mit einigen kritischen Ausführungen vom Standpunkt der Rechtspolitik und des internationalen Rechtsverkehrs einzugehen.

1. Staatsangehörigkeit und Heeresinteresse der Staaten.

Jeder Staat beginnt den Krieg mit der Mobilisierung seiner Kräfte. Von ihrem restlosen Gelingen, von der raschen Erfassung aller Kräfte hängt das militärische Schicksal des Feldzugs in hohem Maße ab. In bevölkerungsschwachen Ländern oder solchen ohne allgemeine Wehrpflicht, beschränkt sich diese Mobilisierung nicht allein auf die Heranziehung wehrfähiger Angehöriger, es handelt sich von Anfang an um die Erweiterung des Kreises selbst, aus dem Kräfte gezogen werden können, um die Vermehrung der Angehörigenzahl oder vielmehr — denn so spielt sich der Vorgang tatsächlich ab — um die Belohnung kriegsdienstleistender Ausländer mit der Verleihung der Staatsangehörigkeit. Die gesetzgeberische Folge ist die Erleichterung des Erwerbs der Staatsangehörigkeit. Und nicht nur auf den Gewinn neuer Staatsbürger, auf die Erhaltung des Bestands der alten Angehörigen oder doch jener, deren

Angehörigkeit noch keine endgültige geworden war, kommt es an. So lenkt das Heeresinteresse der Staaten die Gesetzgebung in zwei Bahnen, deren eine auf die Erleichterung des Erwerbs, deren andere auf die Erschwerung des Verlusts der Staatsangehörigkeit hinausläuft. Zu jenen haben wir das französische Gesetz vom 5. VIII. 1914, das italienische Dekret vom 30. VI. 1918 und die Gesetze der Vereinigten Staaten vom 5. X. 1917 und 9. V. 1918 zu rechnen, die sämtlich den Kriegsdienst im eigenen Heer mit der Aussicht auf mühelosen Erwerb der Staatsangehörigkeit belohnen. Das französische und italienische Gesetz hatte zweifellos nur Geltung für den Weltkrieg, die nordamerikanischen Bestimmungen haben anscheinend eine generelle Fassung. Auf alle Fälle kann sich noch jetzt der Staatsangehörigkeitserwerb auf Grund dieser Gesetze vollziehen.

Eine besondere Gefahr, wehrfähige Untertanen zu verlieren, liefen die Staaten, die das Optionsrecht in der Form der Ablehnung einer dem einzelnen ohne seinen Willen zugefallenen Staatsangehörigkeit kennen. Das Optionsrecht dieser Art — wohl zu unterscheiden von der Option bei Gebietsabtretungen — bedeutet in der Regel eine Abschwächung des neben dem ius sanguinis gleichzeitig geltenden ius soli und soll auf der einen Seite Reibungen mit dem Staatsangehörigkeitsrecht anderer Staaten vermeiden, auf der anderen eine langsame Einbürgerung der ansässigen Fremden zulassen. In verschiedener Form besitzen es nahezu alle Staaten der Entente, so England, Frankreich, Belgien, Italien und Japan. Es ermöglicht je nach seiner Ausgestaltung für den einzelnen, der ein Mindestalter erreicht hat, den Erwerb oder Verlust der Angehörigkeit zu dem die Option gewährenden Staate. Charakteristisch ist dabei, daß der Staat keine Einwirkung auf seine Ausübung hat. Ohne daß er es hindern könnte, vollzieht sich auf diesem Wege eine Minderung oder Mehrung seiner Angehörigenzahl. Dieser Umstand hat die Vielverbandstaaten in doppelte Verlegenheit gebracht und je nach ihrem größeren Interesse an dem Gewinn oder Abwehr neuer Staatsbürger sind sie zu verschiedenen gesetzgeberischen und anderen Maßnahmen geschritten. Hier interessiert uns der Widerstreit, in den das Heeresinteresse der kriegführenden Länder mit dem Optionsrecht geriet. Am schärfsten ist die Gegenwirkung in Frankreich und Italien zu beobachten, wo das Gesetz vom 3. VII. 1917 bzw. das Dekret vom 14. VII. 1918 verhinderten, daß das Optionsrecht ein Mittel zur Vermeidung oder Hinauszögerung des Heeresdienstes wurde. Ihre Geltung blieb auf die Kriegsdauer beschränkt. England half sich, wie wir sahen, durch eine Rechtsprechung, die sich an den schon vor Jahren entwickelten Satz von der perpetual allegiance anschloß, nach dem die britische Staatsangehörigkeit während Kriegszeiten nicht abgestreift werden könne. In seinem Gesetz vom 4. VIII. 1922, das ein neues Optionsrecht einführt, beachtet es sorgfältig, daß eine Kollision mit etwaiger Heerespflicht nicht eintritt. Abweichend, nämlich zugunsten der ausländischen Staatsangehörigkeit, entschied Japan den Konflikt in seinem Gesetz vom 15. III. 1916, zu einem Zeitpunkt übrigens, in dem sein militärisches Interesse am Weltkrieg nicht mehr sehr lebhaft war.

2. Staatsangehörigkeit und Volkszugehörigkeit.

Der Ausbruch des Kriegs und sein Ende hat den Imperialismus der Staaten wie das Nationalgefühl der Völker allerorten belebt und läßt Strömungen, die von beiden Quellen gespeist werden, in das Staatsangehörigkeitsrecht einfließen. Ausdehnung der Machtsphäre des Staats ist es, wenn Frankreich kurzerhand das ius soli in seinen Protektoraten einführt (Dekrete vom 8. XI. 1921 und Gesetz vom 20. XII. 1923), und wenn es — allerdings um bestimmter vermögensrechtlicher Vorteile willen — die Theorie von der virtuellen Staatsangehörigkeit der Elsaß-Lothringer begründet.

Bedeutend zahlreicher jedoch sind die Maßnahmen, die dahin zielten, Staatsangehörigkeit gleichbedeutend mit Zugehörigkeit zur eigenen Nation oder zum eigenen Volk zu machen. Auch sie gehen stets neben jener anderen auch im Zusammenhang mit den Heeresbedürfnissen zu beobachtenden Tendenz einher, das Staatsangehörigkeitsverhältnis selbst von innen her auszufüllen. Der rein formale Begriff der Staatsangehörigkeit, wie er in Deutschland trotz Wehr- und Steuerpflicht gedankenscharfe Ausprägung gefunden hat, wird in der gesamten übrigen Welt zu der letzten Endes nach subjektiven Merkmalen zu entscheidenden Frage der nationalité, wird zur Gesinnungszugehörigkeit. Erhaltung und Vermehrung des eigenen Volkstums, Fernhaltung und Verfolgung von Ausländern, Erschwerung, aber auch Erleichterung des Verlustes der Staatsangehörigkeit sind die häufigsten Erscheinungen. Dem Gewinn von Volksgenossen für die Staatsangehörigkeit durch Erleichterung des Erwerbs dienen die italienischen Dekrete vom 30. VI. 1918, 10. IX. 1922 und 14. IV. 1923, der Erhaltung des Volkstums das englische Gesetz vom 4. VIII. 1922; vom Gedanken der Volkszugehörigkeit ist zwar nicht die Gebietsverteilung, aber, von wichtigen Ausnahmen abgesehen, die Staatsangehörigkeitsregelung der Friedensverträge mit ihren mannigfachen Optionen getragen. Eine Erschwerung der Naturalisation, um sich gegen das Ausland abzuschließen, nehmen Belgien, Rumänien und die Schweiz, von neutralen Ländern außerdem Spanien vor. Die Abneigung vor der gelben Rasse setzte sich in den Vereinigten Staaten erneut durch. Bei Frankreich überwog der Bevölkerungshunger die Antipathie gegen farbige und weiße Ausländer; dagegen verbot es ebenso wie England — und dieses weit über Kriegsdauer hinaus — auf Zeit die Einbürgerung von

Deutschen und ihren Bundesgenossen. — In die gleiche Linie der Erhaltung des Volkstums gehört die Abschaffung des ius soli in der Form des Optionsrechts. Die Abneigung dieses unkontrollierten Staatsangehörigkeitserwerbs ist — nach dem Kriege — den Heeresbedürfnissen vorangestellt worden von Belgien in den Gesetzen vom 25. X. 1919 und dem neuen das ius soli überhaupt abschaffenden Staatsangehörigkeitsgesetz vom 15. V. 1922, ferner — während des Kriegs aber sehr bald zugunsten der Wehrpflichtigen mit Ausnahmen versehen — von Italien in den Dekreten vom 25. VII. 1915 und 14. VII. 1918 und neuerdings von Rumänien im Gesetz vom 23. II. 1924. Völkischen Erwägungen entstammt ferner das französische Gesetz vom 18. III. 1917, das Ausländerinnen, die Franzosen heiraten, nur mit besonderer Erlaubnis die französische Staatsangehörigkeit erwerben läßt, ferner die Bestimmung im belgischen Gesetz vom 15. V. 1922, nach der die Belgierin, die einen Ausländer geheiratet hat, während bestehender Ehe ihre Heimatstaatsangehörigkeit wieder erwerben kann. Die Veränderung des Einflusses von Eheschließung auf die Staatsangehörigkeit geht jedoch nicht überall auf völkische Erwägungen zurück. Sie erfordert ebenso eine besondere Betrachtung wie die eigenartigste Kriegserscheinung des Staatsangehörigkeitsrechts: die Denaturalisation.

3. Staatsangehörigkeit und Eheschließung.

In die Allgemeinheit des Grundsatzes der Familieneinheit im Staatsangehörigkeitsrecht hat der Krieg eine erste Bresche gelegt, die sich in allerletzter Zeit erheblich zu erweitern scheint. Der Krieg zeigte den Völkern beide Wirkungen des Prinzips in einem neuen Lichte; ganz unmittelbar empfand man, daß der Grundsatz, den man bislang als der Natur des Ehevertrags allein entsprechend, als einen wahren Grundpfeiler der Familie gepriesen hatte[1]), vom nationalen Standpunkt aus eine schmerzliche und anstößige Beeinträchtigung des völkischen Prinzips bedeutete. Der Staat schien ebenso machtlos gegen das Eindringen von Frauen fremden Volkstums in die eigene Nation wie gegen das Abströmen der Landestöchter in die ausländische Staatsangehörigkeit, selbst wenn sie in ihrer Heimat wohnen blieben. Ja, man vermißte ein gesetzliches Mittel, die bereits Eingedrungenen wieder aus der Nation zu entfernen und die Verlorenen zurückzugewinnen. Diese Stimmung mußte, wo sie laut wurde, ein Echo in jener Bewegung finden, die bereits vor dem Krieg und unabhängig von nationalen Gründen das gleiche Ziel erstrebte. Die Frauenemanzipation verlangte eine selbständige Zugehörigkeit der Frau zum Staat, den Beibehalt ihres Heimatstatus trotz der Eheschließung, ein selbständiges Naturalisationsrecht und

[1]) Calvo: II, S. 66.

Unabhängigkeit von der Naturalisation des Gatten, alles in erster Linie um der Gleichberechtigung willen[1]). Mit der Errungenschaft des Frauenwahlrechts gewann die selbständige Staatsangehörigkeit der Frau weitere innerpolitische Bedeutung. In den angelsächsischen Staaten, seiner eigentlichen Heimat, und in Rußland ist vorwiegend der Gedanke der Frauenemanzipation es gewesen, der eine Änderung des Staatsangehörigkeitsrechts durchsetzen konnte (englisches Gesetz vom 7. VIII. 1914 und 8. VIII. 1918, amerikanisches Gesetz vom 20. VI. 1922, russisches Reglement vom 29. X. 1924); in Frankreich, Belgien und Rumänien schwemmte die nationalistische Welle ein Stück der nationalen Familieneinheit fort (französisches Gesetz vom 18. III. 1917, belgisches Gesetz vom 15. V. 1922, rumänisches Gesetz vom 23. II. 1924).

Übersieht man den Zug der Entwicklung während und nach dem Kriege, bestätigen sich ferner Zeitungsnachrichten, die von neuen Gesetzentwürfen gleicher Richtung in Frankreich und England sprechen, so drängt sich der Eindruck auf, daß der Grundsatz der nationalen Familieneinheit vielerorten an Boden verloren hat und daß weitere Einbuße zu erwarten steht, je mehr die Frauenbewegung sich durchsetzt. Außerdem, könnte man meinen, liegt das Prinzip eigentlich schon am Boden, wenn ein oder zwei Großmächte entschieden mit ihm gebrochen haben, denn zum internationalen Grundsatz wurden die Sätze der einzelnen Staaten erst durch ihren korrespondierenden Inhalt. Hiervon ist allerdings die Entwicklung, trotz des amerikanischen Gesetzes, noch weit entfernt. Das Gesetz schafft eine neue Form; wieweit das Leben ihn ausfüllt, steht dahin. Und hält man den Gesetzestext an die Wirklichkeit, so ergibt sich, daß nunmehr zwar die Ausnahmefälle zum Prinzip erhoben sind, nicht, daß sie häufiger geschehen werden. Solange die Rechtsordnung die nationale Familieneinheit überhaupt zuläßt, kann und wird sie, wenn die Lebensbedürfnisse es fordern, der Regelfall bleiben, gleichgültig nach welchem Grundsatz der Gesetzgeber die Gesamtheit der Fälle orientiert. Erst recht wird dies der Fall sein, solange die Rechtsordnung die nationale Familieneinheit begünstigt. Das tut auch jetzt noch das amerikanische Gesetz: In der Mehrzahl der Fälle verliert die amerikanische Frau des Ausländers ihre Staatsangehörigkeit; wo nicht, wird ihr Gatte in die amerikanische Staatsangehörigkeit über kurz oder lang hineingezogen. Und die Zukunft wird erweisen, ob nicht auch meistens die Frau des Amerikaners in Amerika von der erleichterten Naturalisation Gebrauch machen wird. Das Frauenwahlrecht wird hier sogar einen Einfluß auf die Wiederherstellung der Familieneinheit ausüben. Genauere Betrach-

[1]) Vgl. z. B. die Anträge der sozialdemokratischen Partei bei der Beratung des Reichs- und Staatsangehörigkeitsgesetzes von 1913, Stenographischer Bericht XIII. Legislaturperiode, 1. Session, S. 272, 282, 5328, 5775.

tung ergibt denn auch, daß die neue Gesetzgebung nicht das Prinzip der Familieneinheit als solches, sondern seine Losgelöstheit von dem Lande, auf dem sie sich abspielt, treffen will. Das amerikanische Gesetz sagt im Grunde nur dieses[1]). Und in der Tat wird die Einheit der Familie zu einer blassen Abstraktion gegenüber den Tatsachen der Heimat und des Bluts. Warum soll die Schwarzwälderin, die den italienischen Steinarbeiter im Badischen geheiratet hat, nur noch als Italienerin gelten?[2]) Ist es nötig, die Frau des deutschen Farmers in ihrer argentinischen Heimat als Deutsche zu betrachten? Eine gesunde Vorstellung vollzieht den Gedanken der nach dem Ehemann orientierten Familieneinheit erst, wenn die Eheleute in seiner, des Gatten Heimat, leben. Ohne diese Voraussetzung wirkt die Familieneinheit um jeden Preis einfach schädlich, da der Gewinn für die Frau unerreichbar, jenseits der Grenze liegt, der Verlust sich aber unmittelbar in der geminderten sozialen und politischen Rechtsstellung geltend macht. Man denke nur an den Unterstützungswohnsitz und das Wahlrecht.

Fraglicher erscheint dem gegenüber, ob der Beibehalt oder Wiedererwerb der Heimatangehörigkeit einer Frau, die dem Gatten ins Ausland folgt, den Vorzug vor dem Grundsatz der Familieneinheit verdient. In dieser Richtung geht schon jetzt das belgische Gesetz weiter als das amerikanische. So schmerzlich für die Betroffene wie den Staat der Verlust der Heimatstaatangehörigkeit sein mag, so liegt andrerseits in der Regelung, die den Beibehalt zuläßt, eine gewisse Überspannung des völkischen Prinzips. Staaten, die eine solche Bestimmung einführen, müssen sich darüber klar sein, daß sie die rechtliche und moralische Stellung der Landestochter im Ausland noch mehr erschwert als es ohnehin der Fall ist. Vielleicht, daß die Erfahrungen des Kriegs die Möglichkeit eines solchen Beibehalts wünschenswert machen. Solange er aber mangels allgemeiner Regelung nur Doppelstaatsangehörigkeit erzeugt, ändert sich in der Stellung zum Wohnsitzstaat, auf den es ankommt, nichts; zurück bleibt ein wirkungsloser Protest des Heimatstaats gegen eine unerwünschte Abwanderung.

Führt man die neue Erscheinung im Staatsangehörigkeitsrecht auf ihre mutmaßliche tatsächliche Bedeutung zurück und anerkennt man den gesunden und berechtigten Gedanken der Reform, so ist noch ein Wort über die voraussichtliche rechtliche Wirkung vom zwischenstaatlichen Standpunkt aus zu sagen. Selbst wenn die nationale Familieneinheit durch die Tatsachen zumeist immer wieder hergestellt wird,

---

[1]) Das neue rumänische Gesetz achtet hierauf allerdings nicht.

[2]) Partsch: Kriegserfahrungen mit den Rechtssätzen über den Verlust der deutschen Staatsangehörigkeit (Festschrift der Universität Freiburg zum 80. Geburtstage der Großherzoginwitwe Luise v. Baden, Freiburg, 1918, S. 9), weist bereits auf den Umstand hin.

ist damit zu rechnen, daß mehr als bisher Staatenlosigkeit und Doppelstaatsangehörigkeit entsteht. Die erstere kann allerdings ohne Mühe vermieden werden, wenn alle Staaten den schon bisher in Frankreich, Italien und Belgien bewährten Grundsatz in ihre Gesetze einfügen würden, nach dem die Staatsangehörigkeit durch Eheschließung nur verloren geht, wenn die Frau eine Staatsangehörigkeit mit ihr erwirbt[1]). Zwar bekommt dieser Satz, der bisher im wesentlichen nur bei Ehen mit Staatenlosen in Betracht kam, und namentlich berechtigt war, wenn die Ehefrau im Inland verblieb, nun eine andere Bedeutung. Er verpflichtet allgemein den Staat zum Schutze seiner ausgewanderten Töchter, er zwingt ihm einen Grundsatz auf, den er vom Standpunkt der Familieneinheit aus ja gerade vermeiden will. Es sind Fälle durchaus denkbar, in denen es für den Staat erwünscht wäre, zumal während bestehender Ehe, die Rückkehr der Ausländerfrau zu verhindern. Auch die Doppelstaatsangehörigkeit kann unschwer ausgeschaltet werden, wenn die Staaten dem Satz, daß die Ausländerin durch Eheschließung mit einem Angehörigen die Zugehörigkeit erwirbt, die Worte beifügen „sofern die Betreffende ihre Heimatstaatsangehörigkeit durch die Eheschließung verliert". Er findet sich bisher noch nicht in den Gesetzen. Staaten, die an der Familieneinheit festhalten wollen, werden sich auch nie dazu verstehen. Es steht genau so damit wie oben bei der Staatenlosigkeit. Den Staaten der Familieneinheit ist die nationale Eingliederung der Ausländerin in die Familie ihres Staatsbürgers durchaus erwünscht, zumal wenn der Gatte die Fremde in seine Heimat gezogen hat. Beugen sich diese Staaten nun in jener negativen Weise dem neuen Grundsatz der nationalen Selbständigkeit der Frau, so führen sie ihn de facto den Ländern gegenüber, die vorangegangen sind, ein. Ihr eigener Grundsatz wird von der fremden Gesetzgebung beliebig ausgeschaltet; der Vorteil, den jene erstrebt, bietet sich für sie als Ablehnung der eigenen Auswanderer und Vorenthaltung fremder Zuwanderer dar, ohne daß sie nach ihren eigenen Wünschen gefragt werden. So ist jedes Land zur Stellungnahme zu dem neuen Grundsatz genötigt. Die Bewegung muß entweder mitgemacht oder abgelehnt und eine starke Zunahme der Heimatlosen und der sujets mixtes in Kauf genommen werden; ein Drittes gibt es nicht[2]).

[1]) Das fordert für Deutschland schon ENDEMANN: Matrimonium claudicans, Jur. Wochenschr. 1914, S. 119. Die neuen Gesetze von Danzig und Rumänien enthalten ihn.

[2]) Für Deutschland scheint es allerdings ein Drittes zu geben. Die Regierung erklärte am 15. XII. 1922 auf Anfrage der Abgeordneten Frau Dr. LÜDERS ihre Sympathie mit dem Prinzip des amerikanischen und englischen (?) Gesetzes, will sich aber zu einer gesetzlichen Änderung nicht verstehen, da das Beispiel der genannten Staaten noch nicht genüge, um Doppelstaatsangehörige auszuschließen. Dazu ist zu sagen: die Doppelstaatsangehörigkeit wird vermindert,

Wo der Grundsatz der nationalen Selbständigkeit der Ehefrau verkündet oder wo ihm in der oben angedeuteten Weise nachgegeben wird, entsteht eine Lage, die auch bisher nicht undenkbar, aber ungemein selten war: Verschiedenheit des nationalen Status der Ehegatten. Und wo der neue Grundsatz nicht eingeführt wird, tritt in vielen Ländern für die Ehefrau eine Häufung oder das Schwinden der Staatsangehörigkeit, also gleichfalls eine, wenn auch anders zu beurteilende Verschiedenheit des Status der Ehegatten, ein. Das Problem, nach welchem Recht bei Ehegatten verschiedener Staatsangehörigkeit die persönlichen Rechtsbeziehungen, das eheliche Güterrecht und die Scheidung zu beurteilen sind, ist dem internationalen Privatrecht nicht unbekannt. Soweit das deutsche Recht sie positiv geregelt hat, geht es dabei grundsätzlich nur von dem Fall der nachträglich eintretenden Verschiedenheit der Staatsangehörigkeit von Ehegatten aus[1]). Das ergibt sich aus Art. 14, Abs. 2, 17, Abs. 3 EBGB. Auch zwischenstaatliche Vereinbarungen, so das Haager Eheabkommen vom 17. VII. 1905, Art. 1 und 9, Abs. 2, ferner das Haager Scheidungsabkommen vom 12. VI. 1902, Art. 1 und 8 setzen eine einmal vorhandene gemeinsame Staatsangehörigkeit voraus[2]). Für einen von Anfang an bestehenden Auseinanderfall der Staatsangehörigkeit konnte man bislang lediglich Ecuador oder allenfalls andere südamerikanische Staaten — die allerdings die Frage ungeregelt lassen, nicht aber die Selbständigkeit der Frau aussprechen — als Beispiele beibringen. Nunmehr tritt diese anfängliche Verschiedenheit aber in den Bereich der Wirklichkeit und erfordert gesetzliche Regelung.

4. Denaturalisation.

Aus den verschiedensten Quellen fließt die Denaturalisationsbewegung. Frankreich erfand die Sache und das Wort, England und vor ihm einige Dominions, Italien, Belgien, Portugal, Rumänien, vielleicht die Türkei, in der Praxis auch die Vereinigten Staaten nehmen an dem Feldzug teil. Die Entfernung unerwünschter Eindringlinge

---

nicht vermehrt, wenn man das deutsche Gesetz in der oben angegebenen Weise ändert. Dagegen tritt Staatenlosigkeit und Doppelstaatsangehörigkeit ein, wenn man es nicht ändert. Auf den Grundsatz der nationalen Selbständigkeit der Frau scheint die Regierung Wert zu legen, auf die Doppelstaatsangehörigkeit nicht. Durch Nichthandeln hemmt sie, was sie wünscht und fördert, was sie verwünscht. (Zugunsten einer gesetzlichen Änderung auch HACHENBURG: Jurist. Rundschau, Dtsche Juristenztg. 1923, S. 91).

[1]) Nachträglich konnte eine solche Verschiedenheit nach den §§ 16, Abs. 2, 18, 25, Abs. 1, 29 Reichs- und Staatsangehörigkeitsgesetzes von 1913 eintreten.

[2]) STAUDINGER: VII 2 zu Art. 15, IV Abs. 3 zu Art. 17 EBGB. Die Abkommen sind durch den V. V., Art. 282 zwischen Deutschland und den alliierten und assoziierten Mächten außer Kraft gesetzt.

aus der Staatsangehörigkeit läßt sich unter völkischen Gesichtspunkten begreifen. Aber Triebfeder war weniger der Wunsch, den Fremdkörper aus dem Volk zu entfernen, als einen unter dem Schutz des eigenen Rechts stehenden Fremdling oder doch dessen Hab und Gut in die Hand zu bekommen. Nicht um der Reinheit der Nation willen entzieht man ihm die Staatsangehörigkeit, sondern weil man ihn anders nicht verfolgen kann. Der Gedanke der Denaturalisation kommt in einem Staat erst auf, wenn er hinter dem formellen Staatsangehörigkeitsverhältnis die angeborene Nationalität nach Volkstum, Sprache, Gesinnung als das eigentlich Entscheidende erkannt hat. Die Entziehung der Staatsangehörigkeit geschieht nur noch der formellen Ordnung halber.

Die veränderte Auffassung vom eigentlichen Wesen der Staatsangehörigkeit, das Überwiegen einer materiellen Nationalität vor der formellen Staatsangehörigkeit ist eine Tatsache. Über ihre innere Berechtigung kann man sehr verschiedener Meinung sein. Was im besonderen die Denaturalisation angeht, so wäre es vielleicht unbillig, Ausnahmegesetze, die die Kriegsleidenschaft in allen Ländern hervorgebracht hat, nicht auch als solche zu betrachten und, wenn angängig, in das Dunkel der Vergessenheit zurückfallen zu lassen. Aber hier, wo die Absicht verwirklicht ist, die Denaturalisation als dauernde Einrichtung in das Friedensrecht zu übernehmen und damit eine Maßnahme, die die internationale Handhabung des Naturalisationsrechts aufs stärkste berührt, zum allgemein anerkannten Grundsatz der Staatsangehörigkeitspraxis zu machen, ist Aufmerksamkeit und Stellungnahme am Platze. Die gesetzgebungspolitische Bedeutung der Denaturalisation, namentlich vom Standpunkt des internationalen Rechtsverkehrs, hat man nirgendwo zu erfassen gesucht. Noch niemals — fassen wir den einfachen Tatbestand einmal in knappe Worte — hatte bisher ein Staat es unternommen, die in Friedenszeiten naturalisierten Angehörigen im Kriege, während sie in seinen Grenzen wohnen, kurzerhand der ordnungsmäßig erworbenen Rechte und des Schutzes zu entkleiden, auf den sie nach dem geltenden Recht vertrauen durften. Es blieb Frankreich vorbehalten, diese capitis deminutio zu erfinden, demselben Frankreich, dessen erster Sachverständiger auf dem Gebiet des Staatsangehörigkeitsrechts i. J. 1891 vor der Versammlung des Institut de droit international die These verfochten hatte: „la dénationalisation ne peut jamais être imposée à titre de peine“[1]. Zu der neuen Erfindung des Staatsangehörigkeitsrechts hat die Juristenwelt geschwiegen. Von neutraler Seite erhebt sich, so weit ich sehe, ein einziges Mal eine Stimme, die des argentinischen Gelehrten ZEBALLOS

[1] Annuaire de l'Institut de droit internat. XII u. XIII.

dessen Vorschlag für eine zukünftige Naturalisationsreform eine vorsichtige Kritik der Denaturalisationsgesetzgebung enthält: „Chaque pays aura le droit de suspendre les lettres de naturalisations, mais, bien entendu, avec toutes les précautions nécessaires pour ne pas commettre d'injustices, ni porter atteinte aux droits individuels ou de famille. Les naturalisés du pays ennemi dont la lettre de naturalisation aura été suspendue par les autorités, seront, avec ou sans le consentement de ceux-ci, conduits à la frontière de leur propre pays par la police locale et laissés là en liberté avec engagement pris par eux de ne pas revenir dans le pays dont ils abandonnent la naturalisation et où cette dernière leur a été retirée"[1]). Am allerwenigsten haben die Gesetze ein Echo in Deutschland gefunden; vereinzelt hat die juristische Literatur die Tatsache festgestellt[2]). Gewiß hatte Deutschland keinen Anlaß, sich dieser ehemaligen Angehörigen anzunehmen, gewiß ist die zwischenstaatliche Rechtsordnung, nicht etwa nationales Interesse durch die feindliche Gesetzgebung getroffen worden, dennoch hätte gerade Deutschland Grund gehabt, das Wort in dieser Frage zu ergreifen. Denn gegen das deutsche Recht richten die Denaturalisationsgesetze ihre Spitze; seit 12 Jahren ist das deutsche Reichs- und Staatsangehörigkeitsgesetz von 1913 das Ziel der lebhaftesten Angriffe fast der ganzen Welt[3]).

Von dem Standpunkt des formalen Rechts halten freilich die Denaturalisationsgesetze jeder Prüfung stand. Denn sie sind zweifelsfrei alle auf dem von der Rechtsordnung eines jeden Staats vorgeschriebenen Wege ordnungsmäßig Gesetze geworden. Die Veränderung des bisherigen Rechtszustands ist überall in den Formen der Rechtsordnung erfolgt. Die Kritik ist infolgedessen auf die materielle Seite, auf den Inhalt der Gesetze beschränkt. Damit verläßt sie allerdings streng genommen den Boden des Rechts und wird zur ethischen, gesetzgebungspolitischen Betrachtung. Denn der Inhalt dieser Gesetze läßt sich mit einem allgemein gültigen Maß, das dem Recht entnommen wäre, nicht messen. Zweifellos ist jede Rechtsordnung völlig frei, zu bestimmen, unter welchen Voraussetzungen sie den status der Zugehörigkeit zu dem ihr entsprechenden Staat an ihre Rechtssubjekte verleiht oder entzieht und mit welchem Inhalt sie dieses Verhältnis ausstattet. Tatsächlich ist die Staatsangehörigkeit von jeder Rechtsordnung verschieden geregelt und es würde keinem Staate einfallen, seine Regelung als die schlechthin richtige zu bezeichnen. Aber auf der andern Seite hat sich selten so wie auf dem Gebiet des Staatsange-

1) ZEBALLOS: Nationalité et Nationalisation en Argentine, JCl. 1918, S. 538.

2) Deutsche Juristen-Zeitg. 1915, S. 491, der Wirtschaftskrieg Bd. V, BÖHLER-WEHBERG: Amerika, S. 481.

3) Vgl. auch oben S. 153.

hörigkeitsrechts die Notwendigkeit der gegenseitigen Rücksichtnahme von Staat zu Staat gezeigt, haben sich Grundsätze herausgebildet, die als Forderung erhoben, als Gewinn gepriesen wurden. Und neben den Erwägungen, die der internationale Rechtsverkehr eingibt, stehen Forderungen allgemein menschlicher, letzten Endes ethischer Natur, die darum nicht weniger jahrhundertalten Rechtsgedanken der Völker entstammen. So wird eine Untersuchung mehr politischen als rechtlichen Charakters kein „Unrecht" finden, wohl aber Rechtfertigung vermissen; sie wird nicht nach dem Büttel rufen, sondern die Verwirklichung der Ideen des Rechtsstaates fordern.

In der Erkenntnis, daß der Verlust der Staatsangehörigkeit allemal solch weittragende Rechtsfolgen für den Betroffenen nach sich zieht, haben die Staaten von jeher gewisse Grundsätze in der Aufstellung solcher Verlustbestimmungen eingehalten. Diese Grundsätze treten am deutlichsten hervor, wenn man die Einrichtung der Denaturalisation neben bisherige Verlustbestimmungen hält. Dabei ergibt sich folgendes:

1. Bisher kannte das Staatsangehörigkeitsrecht allgemein nur die Entziehung der Staatsangehörigkeit, wenn der Betreffende im Ausland weilte oder im Augenblick der Entziehung eine andere Staatsangehörigkeit erwarb. Die Denaturalisationsgesetze entziehen dem Staatsangehörigen die geschützte Rechtsstellung, auch wenn er im Inland lebt, und auch wenn er keine andere Staatsangehörigkeit besitzt.

2. Bisher trafen die Verlustbestimmungen alle Staatsangehörigen. Die Denaturalisationsgesetze treffen nur die Naturalisierten.

3. Bisher waren Voraussetzungen für Erwerb und Verlust erschöpfend geregelt. Die Denaturalisationsgesetze fügen nicht nur neue Voraussetzungen hinzu, sondern machen bei ihrem Fehlen den seinerzeitigen Erwerb rückgängig. Desgleichen lassen sie den Verlust infolge der Verletzung von Geboten eintreten, die sie erst nach Erwerb der Staatsangehörigkeit erlassen haben.

4. Bisher war die Rückbeziehung des Verlusts der Staatsangehörigkeit auf einen Zeitpunkt vor der Erfüllung des Tatbestands oder vor dem Ausspruch der Behörde unbekannt. Das französische Denaturalisationsgesetz bezieht die Wirkung auf einen Zeitpunkt vor Erlaß des Gesetzes zurück.

Zu 1. Das Verhältnis der Angehörigkeit zu einem Staat ist, verglichen mit der Lage des Fremden, als Vorzugsstellung zu bezeichnen. Das Regelmäßige ist nun, daß jeder Mensch eine solche Vorzugsstellung in irgendeinem Land besitzt. Indem die Staaten den Einzelnen vom Tage der Geburt an ohne Verleihungsakt als ihren Angehörigen betrachten, lehnen sie grundsätzlich die Staatenlosigkeit ab. Nur der Umstand, daß nicht alle Staaten das gleiche Zuteilungsprinzip befolgen, ermöglicht als ungewollte und unerwünschte Folge die Staatenlosigkeit, deren Beseitigung durch zwischenstaatliche Vereinbarung im Einzelfall und allgemein durch die Bemühungen der Völkerrechtslehre stets angestrebt worden ist[1]). In besonderem Maße bedeutet der Verlust der Vorzugsstellung eine Verletzung der wichtigsten Interessen des in die staatliche Gemeinschaft Hineingeborenen, wenn er den von der Völkerrechtsgemeinschaft nicht gebilligten Zustand der Staatenlosigkeit[2]) herbeiführt. Dieser Einsicht entstammt die übliche Handhabung im Staatsangehörigkeitsrecht, die man ein ungeschriebenes Gesetz nennen kann: daß die Zugehörigkeit zu einem Staat erst verloren geht, wenn der Erwerb einer neuen Staatsangehörigkeit vollzogen ist, in Aussicht steht oder doch vermutet werden kann. So ist der Verlust der Staatsangehörigkeit durch Eheschließung mit einem Ausländer zu rechtfertigen, weil mit dieser in aller Regel eine neue Staatsangehörigkeit erworben wird[3]). So wird auch die Deutschland eigentümliche „Entlassung" nur wirksam, wenn der Entlassene binnen bestimmter Frist außer Landes geht. Hier befreit außerdem der freiwillig geäußerte Wunsch auf Lösung des Staatsangehörigkeitsverhältnisses den Staat von seinen Pflichten. Wenn auch noch kein Völkerrechtsabkommen zu dem oft ausgesprochenen Ideal eines die Staatenlosigkeit ausschließenden Ineinandergreifens der innerstaatlichen Gesetze geführt hat, so wurde bislang das zugrundeliegende Prinzip tatsächlich befolgt: erst wenn die aus dem Staatsangehörigkeitsverhältnis für den Staat entspringenden Pflichten sich erübrigen, weil der Staatsangehörige sich des Schutzes im Inland begeben hat und vermutet werden darf, daß für Betätigung des Schutzes im Ausland selbst bei wohlwollender Beurteilung seines Verhaltens kein Bedürfnis gegeben ist, darf ein Staat das Band zwischen sich und seinen Angehörigen zerschneiden, darf er ihm ein Recht entziehen, das keinen Inhalt mehr hat. Konkreter gesprochen: erst wenn der Staatsangehörige sein Heimatland verlassen hat, wenn man annehmen darf, daß er inzwischen das andere Ufer erreicht hat, soll der Staat die Brücken hinter ihm abbrechen.

Das deutsche Staatsangehörigkeitsrecht, dem vom Standpunkt der zwischenstaatlichen Ordnung aus mancher Einwand gemacht werden kann, beachtet in seinen Bestimmungen diese Voraussetzungen der Sache nach, indem es die schützende Hand nur von Angehörigen abzieht, die ihre Heimat verlassen und — aufgegeben haben. Anders die Denaturalisationsgesetze der alliierten Staaten. Hier kann nicht angenommen werden, daß für den Denaturalisierten der Schutz eines

---

[1]) Weiss: Traité théor. et prat. 2. Aufl., Bd. 1, S. 329, Verhandlungen des Institut de droit internat., Annuaire, Bd. V, S. 56; Bd. XV, S. 233.

[2]) S. z. B. Weiss: a. a. O. S. 11.

[3]) Frankreich macht den Verlust der Staatsangehörigkeit in diesem Fall auch von dem Erwerb der Staatsangehörigkeit des Ehemanns abhängig (c. c. art. 19).

anderen Staats oder seiner früheren Heimat in Aussicht steht. Im Gegenteil verhindert die Internierung jede Änderung seines Zustands. Die Denaturalisation erfaßte zwar auch den außer Landes Befindlichen, aber sie setzt diesen Umstand keineswegs voraus. Das Ziel ist ein ganz anderes: Frankreich und England verstoßen nicht nur wie Deutschland den Abtrünnigen, sie verfolgen auch den Eingedrungenen. Die Rechtslage des Denaturalisierten ist nun höchst mißlich; er bleibt der tatsächlichen Gewalt des Staats unterworfen, aber der Rechtsboden wird ihm unter den Füßen weggezogen. Er befindet sich suspended in international mid-air, wie McNair treffend bemerkt[1]).

Die Vorstellung dieses Zustands schon drängt nach der Formulierung eines Rechtsgrundsatzes, der für das innerstaatliche Recht zugunsten der zwischenstaatlichen Ordnung etwa lauten würde: die Zugehörigkeit zum Wohnsitzstaat kann nicht entzogen werden[2]). Das muß auch gelten, wenn das Verhalten des Angehörigen eine grobe Verletzung seiner Staatsangehörigenpflichten bedeutet. Denn wenn auch das Staatsangehörigkeitsverhältnis ein gegenseitiges ist, so will damit nicht gesagt sein, daß der Verstoß des Angehörigen gegen seine Pflichten den Staat ohne weiteres zur Lösung des Verhältnisses berechtigte. Das kann nur geschehen, wenn hinzukommt, daß das Verhältnis tatsächlich jeden Inhalts beraubt, d. h. der Betreffende außer Landes gegangen ist. Selbst wenn dem Betroffenen beim Erwerb der Staatsangehörigkeit die Verlustandrohung bekannt gewesen wäre, behält der obige Grundsatz im Rechtsstaat eine allgemeine Berechtigung. Denn das Staatsangehörigkeitsverhältnis, solange es durch die räumliche Wohnsitzbeziehung seine eigentliche Verwirklichung erhält, hat einen unzerstörbaren Charakter, der eine Bedingung und Befristung nicht verträgt. Solange jemand seinen Wohnsitz im Angehörigkeitsstaat hat, so lange er als Angehöriger die Volksgemeinschaft teilt, ist die Beziehung zu gerade diesem Staat eine Tatsache, die nur durch den Erwerb einer andern Staatsangehörigkeit, z. B. durch Eheschließung, aus der Welt geschafft werden kann, eine Tatsache, auf deren Andauer ein gewisses Anrecht besteht, wenn nicht die Rechtssicherheit für den Einzelnen grundsätzlich gefährdet werden soll. Denn die Entziehung der Staatsangehörigkeit bedeutet Preisgabe, sobald der Staat die Entlassung aus

---

[1]) Legal Effects of War, Cambridge 1920, S. 7.

[2]) v. Martitz: Annalen des deutschen Reichs 1875, S. 800, schreibt unter den damaligen Verhältnissen: „Die Expatriierung erscheint als eine relative, ihre rechtliche Wirkung wird bedingt durch die Aufnahme, die der Expatriierte in einem anderen Staatsverband findet.“ In der Tat haben die Staaten der Expatriierung durch die völkerrechtliche Übernahmepflicht eine tatsächliche Grenze gesetzt. Daraus folgt gleichfalls, daß die Ausbürgerung von Inländern jenen Grundsätzen widerspricht, mit denen die Übernahmepflicht allgemein anerkannt wird.

der Rechtsgemeinschaft durch Festhalten in seiner Gewalt verschärft; sie wird Verfolgung, wenn er im Krieg seinen Angehörigen von gestern als Feind von heute unter seine Ausnahmegebote stellt[1]).

Zu 2. Das Prinzip der Denaturalisation als Naturalisationsverlust unterliegt aber überhaupt Bedenken. Allgemein haben die Staaten neben dem gewissermaßen natürlichen Erwerb der Staatsangehörigkeit den künstlichen, die Naturalisation, zugelassen. Mit der erfolgten Naturalisierung wird der Erwerber vollgültiger Staatsangehöriger; die Beschränkung seiner Rechtsstellung ist, wo sie in einzelnen Rechten vorkommt, so geringfügig, daß der naturalisierte Angehörige vom gebürtigen nicht zu unterscheiden ist[2]). Namentlich ist noch in keinem Staatsangehörigkeitsgesetz der Naturalisierte anderen und weiteren Verlustbestimmungen unterstellt worden als die übrigen Angehörigen. Formell stellen die Denaturalisationsgesetze allerdings keinen neuen Verlustgrund etwa neben die bisherigen des Art. 17 c. c., oder des Art. 13 des englischen Gesetzes und das französische Gesetz vom 7. IV. 1915 wie das englische will das Verfahren als eine Vernichtung des Naturalisationsgeschäfts, sei es als annulation oder revocation wegen Betrugs oder als résolution wegen vertragswidrigen Verhaltens, aufgefaßt wissen[3]), möchte also den Erwerb als nie geschehen betrachten, eine Konstruktion, die das zweite französische Gesetz preisgibt — vgl. in Art. 1, Abs. 1 das „déchu de la naturalisation" mit dem späteren „déchu de la nationalité" —, materiell ist der Vorgang und die Wirkung aber nicht verschieden von den für alle Staatsangehörigen geltenden Verlustbestimmungen. Die einmal vollzogene Naturalisation als eine nicht einwandfreie Art des Staatsangehörigkeitserwerbs zu beurteilen und sie nachträglich zu entkräften, heißt dem eigenen Staatsakte mißtrauen und die verwaltungsmäßig erforderliche und gerechtfertigte Prüfung der Voraussetzungen der Naturalisation zu spät nachholen und dadurch die Rechtssicherheit gefährden. Der Naturalisierte hat die gleichen Lasten zu tragen wie der geborene Staatsangehörige; es ist nicht einzusehen, warum er schlechter behandelt werden darf. Ferner gehört die Naturalisation zu jenen Staatsakten, bei denen dem Willen des Antragstellers eine Mitwirkung zugewiesen wird. Dieser

[1]) Zudem findet der Ausgewiesene keine Heimat in seinem Ursprungsland, wenn er nicht dessen Angehörigkeit wirklich behalten hatte. Nach den bestehenden Übernahmegewohnheiten der Staaten ist der ausweisende Staat verpflichtet, seine ehemaligen Angehörigen zu übernehmen, wenn ein anderer Staat die Übernahme ablehnt. Daher stets die Fiktion, daß die ehemalige Staatsangehörigkeit des Ausgebürgerten wieder auflebe!

[2]) Eine erheblichere Ausnahme macht Belgien, vgl. oben S. 81.

[3]) Vgl. Bericht des Abgeordneten Bernard vom 11. I. 1915 Nr. 526, S. 12. Gegen seine Konstruktion überzeugend Jèze: Revue du droit public, S. 43ff. und Wahl: Rev. trim. de droit civil 1916, S. 612ff.

Wille ist zweifellos auf ein unwiderrufliches Staatsangehörigkeitsrecht gerichtet. Aus dem anfänglich unwiderruflich gewährten wird nun ein entziehbares Recht. In dieser Umgestaltung des Rechtsverhältnisses liegt bereits eine Illoyalität. Das führt uns zu einem weiteren Punkt.

Zu 3. Wie die Denaturalisationsgesetze nicht nur den Inhalt aller, auch der zunächst nicht betroffenen Naturalisationsverhältnisse für die Zukunft verändern, so ergreifen sie im einzelnen Anwendungsfall ein bestehendes Recht und verletzen hierbei allgemein anerkannte Rechtsgrundsätze. Sei die Denaturalisation Strafe oder nicht, damit, daß ihr Eintritt von einem nach sittlichen Normen zu bewertenden Verhalten abhängig gemacht wird, sollte eine ethische und eine rechtliche Erwägung zum mindesten gegeben sein. Die einer Ächtung gleichkommende Wirkung der Denaturalisation dürfte nur von Gesetzesverletzungen ausgelöst werden, die tatsächlich vorwerfbare Handlungen darstellen. An einer solchen fehlt es zunächst beim Beibehalt der deutschen Staatsangehörigkeit, der gegen eine Rechtsnorm der betreffenden Staaten nicht verstößt und als interner Rechtsvorgang außerhalb jeder Einwirkung durch den Angehörigen steht. So wenigstens nach früherm deutschen Recht, das für die überwiegende Mehrzahl der Fälle allein in Betracht kommt. Und auch die Bestimmung des § 25, Abs. 2 des jetzigen deutschen Staatsangehörigkeitsgesetzes begründet weder objektiv noch subjektiv in aller Regel ein vorwerfbares Verhalten. Außerdem kannte die französische Regierung, wie WAHL[1]) richtig bemerkt, diese Bestimmungen ja und gewährte trotzdem die Naturalisation. Überdies war eine Bestimmung, die die Naturalisation unter Beibehalt der frühern Staatsangehörigkeit verbot, mit voller Absicht vom französischen Staatsangehörigkeitsrecht ferngehalten worden[2]). Für das englische Gesetz gilt außerdem noch, daß mehrjähriger Aufenthalt im Ausland keine Norm verletzt. Mögen ferner die „Verurteilung zu Gefängnis- oder Geldstrafen", oder der „schlechte Charakter" teils Normverletzungen, teils vorwerfbar sein, so liegt darin doch kein Verhalten, das gerade die Pflichten als Staatsangehöriger verletzt. Zum mindesten aber fehlt diesen Tatbeständen die Rechtswidrigkeit in dem Zeitpunkt, in dem sie erfüllt wurden. Die Verletzung des alten Rechtsgrundsatzes nulla poena sine lege ist es, die unser Rechtsempfinden namentlich verletzt. Die Gesetze entziehen den Naturalisierten die Staatsangehörigkeit auf Grund von Handlungen, die bereits vor dem Inkrafttreten des Gesetzes begangen waren. Der Verstoß geschah,

[1]) Rev. trim. de droit civ. 1916, S. 613.

[2]) Der französische Gesetzentwurf von 1889 hatte eine solche Bestimmung enthalten. Der damalige Justizminister hatte aber ihre Beseitigung mit der Begründung erreicht, daß das Gesetz die Erleichterung, nicht die Erschwerung der Naturalisation bezwecke. WAHL: a. a. O., S. 604.

bevor die Handlung mit dieser Rechtsfolge bedroht war. Selbst wo ein rechtswidriges und— gegenüber dem Strafgesetz — schuldhaftes Verhalten vorliegt, man denke z. B. an die landesverratähnlichen Tatbestände des französischen und englischen Gesetzes, handelte der Betreffende vielleicht — wenn nämlich gleichzeitig ein strafrechtlicher Tatbestand erfüllt ist — in Kenntnis einer Strafe, jedoch niemals in Kenntnis dieser Strafe.

Zu 4. Endlich tritt nach dem französischen wie dem englischen Gesetz der Verlust der Staatsangehörigkeit nicht nur wegen Handlungen ein, die vor seinem Inkrafttreten liegen, nein, die Wirkung des einzelnen Denaturalisationsausspruchs kann auf einen vor Inkrafttreten des Gesetzes liegenden Zeitpunkt zurückverlegt werden, und zwar in England unbegrenzt, d. h. bis zur seinerzeitigen Naturalisation, in Frankreich bis Kriegsausbruch. Vorwiegend an diesem Punkt hat — mit Bezug auf das damals geltende französische Gesetz vom 7. IV. 1915 — bereits die Kritik des französischen Gelehrten JÈZE in einer scharfsinnigen Studie eingesetzt[1]). Er geht mit dem Denaturalisationsgesetz in allen materiellen und formellen Teilen mit, will auch die Rückwirkung für die Zukunft zulassen, d. h. bei Individuen, die erst nach Inkrafttreten des neuen Gesetzes naturalisiert wurden. Jedoch gegen die Rückwirkung auf die Zeit vor Geltung des Gesetzes zieht er aus Gründen der juristischen Technik zu Felde; sie verletze die Rechtssicherheit, die Achtung vor dem gegebenen Wort, die Unantastbarkeit der einmal geschaffenen ordnungsmäßigen individuellen Rechtsstellung (S. 36 ff.). Nicht nur verweist auch er auf die bürgerlich-rechtlichen Folgen, die auch durch die „Wahrung der Rechte Dritter“ kaum gemildert werden dürften, er wendet sich namentlich gegen die unmögliche juristische Konstruktion. Entweder der Naturalisationsakt sei fehlerhaft gewesen, dann könne er annulliert werden. In diesem Wort liegt bereits die Rückwirkung. Davon könne aber im vorliegenden Fall keine Rede sein. War der Naturalisationsakt aber in Ordnung, so könne zwar zu seiner Streichung eine Staatsbehörde durch Gesetz ermächtigt werden. Aber niemals wirke dieser Ausspruch zurück. Ebensowenig wie der Widerruf der Anstellung eines Beamten. Das liege in erster Linie daran, daß die Staatsangehörigkeit ein statut légal très complexe sei. Ähnlich wie die Ehe könne eine solches in die soziale Ordnung verflochtenes Verhältnis nicht in derselben Weise rückwirkend aufgelöst werden wie ein Kauf oder eine Schenkung, bei der im übrigen auch die Rückwirkung auf den Beschenkten beschränkt werde. „Je refuse . . . une violation aussi caractérisée de l'idée fondamentale qui est à la base du droit public de tout Etat civilisé: le respect des situations juridiques individuelles,

---

[1]) Les lois rétroactives, Journ. du Droit Public 1916, S. 26.

régulièrement créées sur la croyance légitime de l'existence d'un status légal régulièrement acquis"[1]).

Man kann sich dem Urteil aus französischem Munde nur anschließen. Nicht ohne Interesse ist, daß er das englische Gesetz vom 7. VIII. 1914 dem französischen Gesetzgeber als leuchtendes Muster hinstellt, weil die Rückbeziehung des Naturalisationswiderrufs im dortigen Art. 7 dadurch gerechtfertigt sei; daß die durch Betrug usw. erlangte Naturalisation als von Anfang an fehlerhaft betrachtet werde. England wird in seinem späteren eigentlichen Denaturalisationsgesetz vom 8. VIII. 1918 durch dieses Lob ein wenig beschämt. Denn die Rückwirkung wird hier auch auf Tatbestände ausgedehnt, die die Annahme eines fehlerhaften oder erschwindelten Staatsakts nicht im mindesten zulassen[2]).

Mit dem Prinzip der Rückwirkung der Denaturalisation gerät im französischen Gesetz in eigentümlicher Weise der eigentliche Strafzweck des Gesetzes in Widerspruch. Nach Art. 10 des französischen Gesetzes vom 18. VI. 1917 soll die rückwirkende Kraft der Anwendung von Strafgesetzen, unter die der Betreffende vor Ausspruch des Verlusts gefallen wäre, keinen Eintrag tun. Es soll also der Naturalisierte für Straftaten, die er vor der Naturalisation begangen hat, allemal als Franzose gestraft werden. Gewiß, für die Fiktion, die in der Rückwirkung liegt, hat das Strafrecht, das die objektiven und subjektiven Voraussetzungen im Zeitpunkt der Tat prüfen muß, keinen Raum. Dennoch liegt ein unerträglicher Mangel an Folgerichtigkeit, eine Unbilligkeit darin, aus der Anhänglichkeit des Naturalisierten an seine Heimat die Folge der rückwirkenden Nichtigkeit des Erwerbs zu ziehen, ihn einerseits zu behandeln, als ob er stets Angehöriger des Feindstaats geblieben sei, gegen ihn aber gleichzeitig die furchtbare Anklage des Landesverrats zu erheben. Der moralische Vorwurf eines Landesverräters kann den nicht mehr treffen, den eben dieses Land feierlich zum Nichtfranzosen erklärt hat. Das heißt den verkappten Deutschen gleichzeitig als untreuen Franzosen bestrafen.

III. Vereinheitlichung des Staatsangehörigkeitsrechts.

Der Völkerrechtslehrer v. Martitz schrieb 1875[3]): „Gerade dieser Teil (nämlich das Staatsangehörigkeitsrecht) der nationalen Rechtsordnungen befindet sich im Stadium zunehmender Ausgleichung ... In ihren Grundzügen ist die Materie reif für eine Kodifikation". Heute,

[1]) a. a. O., S. 46. [2]) S. oben S. 67.

[3]) Das Recht der Staatsangehörigkeit im internationalen Verkehr, Annalen des deutschen Rechts, 1875, S. 1117.

nach einem halben Jahrhundert, würde Mut dazu gehören, eine gleiche Behauptung zu wiederholen. An eine Vereinheitlichung der Rechtssätze über die Staatsangehörigkeit im Zusammenwirken der Staaten ist nicht zu denken. Das bevölkerungspolitische und das völkische Interesse, das jeder einzelne Staat an seiner besonderen Regelung hat, wird vor den Bedürfnissen des internationalen Rechtsverkehrs nicht zurücktreten. Aber das Wort von der zunehmenden Ausgleichung, also der selbsttätigen Vereinheitlichung hat trotz und durch den Krieg eine gewisse Bestätigung gefunden. Schauen wir noch einmal zurück und sehen wir dabei von allen gesetzlichen Maßnahmen ab, die, durch besondere Bedürfnisse des Kriegs hervorgerufen, nicht in das Friedensrecht übergegangen sind. Was den natürlichen Erwerb der Staatsangehörigkeit (durch Geburt) angeht, so hat kein Land sein Zuteilungsprinzip von Grund aus geändert. Will man eine einheitliche Entwicklung herausspüren, so geht sie nach Aufrechterhaltung des ius sanguinis und Belebung des ius soli, soweit es geeignet ist, eine Vermutung für die Gesinnungszugehörigkeit zu begründen. Das ius sanguinis ist, wo es ausschließlich oder neben dem ius soli galt, nirgends etwa aufgegeben oder eingeschränkt, sondern vielmehr in Ländern, die ihr Recht neu ordneten, eingeführt (Polen, Tschechoslowakei, Danzig, Rußland, Lettland und wahrscheinlich andere Nachfolgestaaten Rußlands), oder neben das ius soli aufgenommen worden (Uruguay). In England wurde es nach anfänglicher Einschränkung wesentlich ausgedehnt. Das ius soli wurde als ausschließlicher Grundsatz, wenn man von der provisorischen Regelung in Ägypten absieht, nirgends eingeführt. In Belgien und Rumänien ist das subsidäre ius soli abgeschafft, in Frankreich sind Entwürfe, die auf eine Einschränkung abzielen, noch nicht Gesetz geworden. Dagegen wird es für die Schweiz mit subsidärer Geltung neu in Aussicht genommen, für das Protektorat Tunis ist es von Frankreich eingeführt worden. Wo aber das ius soli zur Debatte steht, soll das Kind ohne Verbindung mit einem tatsächlichen langjährigen Wohnsitz im Lande seiner Geburt die Staatsangehörigkeit nicht mehr selbsttätig erwerben. Wenn irgendwo das ius sanguinis aus bevölkerungspolitischen Grundsätzen als alleiniger Erwerbsgrund ausreicht, so wird auf die Eignung des durch das ius soli einem Lande bescherten Zuwachses geachtet. Für die Gesinnungszugehörigkeit, mit der man sich an Stelle der Volkszugehörigkeit begnügt, erscheint eine gesetzliche Vermutung begründet, wenn das Kind im Lande aufgewachsen ist. In dem Maße, in dem der Völkerkrieg Soldaten brauchte, ist auf Volkszugehörigkeit wohl verzichtet worden, in dem Maße er jedoch vom nationalen Gedanken genährt wurde, stiegen auch die innern Ansprüche, mit denen das Staatsangehörigkeitsverhältnis erfüllt wurde. Formale Kriterien, wie das reine ius soli eines darstellt, genügen solchen Ansprüchen nicht mehr; materielle Voraussetzungen müssen gegeben sein. Die entsprechende Entwicklung sehen wir beim künstlichen Erwerb der Staatsangehörigkeit durch Naturalisation. Belgien, Rumänien, die Schweiz, Mexiko, erschweren die Einbürgerung, teils durch ein ausgebautes Ermittlungsverfahren, teils durch erweiterte Wohnsitzbedingung; die neuen Staaten Polen, Danzig, Litauen, Lettland, Finnland fordern lange Wohnsitzfristen, Frankreich ist auf dem sichern Wege zu verschärften Bestimmungen. Nur China und in gewissem Sinne Rußland erleichtern die Naturalisation. Auf der anderen Seite kann in England, den Vereinigten Staaten, Frankreich und Rumänien die Naturalisation, falls der Mangel der Gesinnungszugehörigkeit in Handlungen des Eingebürgerten besonders zum Ausdruck kommt, wieder entzogen werden, in Frankreich und Rumänien nur im Fall eines Kriegs. Das nationale Prinzip hat auch auf dem Gebiet der Eheschließung seinen Einzug in das Staatsangehörigkeitsrecht gehalten. Zu ungunsten der Familieneinheit sind die Vereinigten Staaten und Rußland vorangeschritten, Belgien folgt zögernd, Frankreich und England wandeln auf gleichen Wegen. Eine gewisse Korrektur, namentlich bei dem System der Vereinigten Staaten, erfolgt nach Maßgabe des Wohnsitzes; auch hier begründet er eine Vermutung für die gesinnungsmäßige Zugehörigkeit. Zur Vermeidung von Doppelstaatsangehörigkeit und Staatenlosigkeit ist in der Praxis, z. B. der englischen und französischen Rechtsprechung zu den Friedensverträgen nicht alles geschehen, was vom internationalen Standpunkt zu wünschen wäre, obwohl in der Theorie über die zu erstrebende Beseitigung dieser Erscheinungen mehr Einhelligkeit denn je besteht und das dafür wichtigste Prinzip, der Verlust der eigenen Staatsangehörigkeit bei antragsgemäßem Erwerb einer fremden nunmehr als allgemeines Rechtsgut gelten kann. Das ius soli, wie die Schweiz es plant, würde im Verhältnis zu den Nachbarstaaten eine große Zahl Doppelstaatsangehöriger schaffen; die Entziehung der Naturalisation führt bereits jetzt Staatenlosigkeit herbei und das einseitige Vorgehen auf dem Gebiet der Eheschließung ermöglicht beide genannten Rechtsfolgen, wenn nicht alle Staaten sich zur Einführung von Rückversicherungsklauseln entschließen.

Das Ausland hat sich während des Kriegs für die Gewinnung eines einheitlichen Staatsangehörigkeitsrechts interessiert. Erwähnt seien die Arbeiten einer gemischten Kommission der Grotius-Gesellschaft[1]), die sich, auf ein einheitliches Staatsangehörigkeitsrecht verzichtend, mit der Vermeidung der Gesetzeskonflikte befaßt und zu diesem Ende ein nach einheitlichem Muster von jedem Staat zu führendes Register fordert, bzw. die Einführung einer Spalte „Staatsange-

[1]) Transactions of the Grotius Society 1919, S. 2, Bericht Rev. 1919, S. 215, und Bulletin de Soc. de Législ. comp. 1919, S. 163. Vgl. auch Jahrbuch der Grotius Gesellschaft, Bd. III und Bericht Rev. 1918, S. 528.

hörigkeit" in das Geburtsregister[1]). Ergibt sich, daß jemand infolge des Zusammentreffens von ius soli und ius sanguinis bei der Geburt zwei Staatsangehörigkeiten besitzt, soll erstmalig der gesetzliche Vertreter nach der Geburt des Kindes, endgültig das Kind bei Eintritt der Volljährigkeit optieren. Das im Ausland geborene Kind muß vom Vater bei der Konsularbehörde für das Nationalregister angemeldet werden, wenn nach dem Recht des Vaters das ius sanguinis besteht. Das Register hat nur Wirkung gegenüber dem Staat, das es führt. Nehmen alle Staaten ihre Zuflucht zu solchen Registern, so bilden sie, ohne daß es zwischenstaatlicher Abmachungen bedürfe, die Grundlage für eine internationale Lösung der Schwierigkeiten. Die wechselseitige Anerkennung komme tatsächlich auf eine einheitliche Handhabung heraus. Noch dicht vor dem Krieg faßte der Argentinier ZEBALLOS im 1. Band seines großen Werks über die Staatsangehörigkeit[2]) die Leitsätze des öffentlichen und privaten internationalen Rechts in 10 Forderungen zusammen: 1. Die Staatsangehörigkeit ist ein freiwilliges nach Treu und Glauben zu regelndes rechtliches Band. 2. Jeder Mensch muß eine und 3. Niemand darf mehrere Staatsangehörigkeiten besitzen. 4. Jeder Mensch hat Recht auf freien Wechsel der Staatsangehörigkeit, das 5. der Staat nicht beeinträchtigen darf. 6. Der Staat darf niemanden gegen seinen Willen zum Wechsel der Staatsangehörigkeit zwingen. 7. Jeder Mensch erhält das Recht auf Wiedererwerb der Staatsangehörigkeit, die er aufgegeben hat. 8. Der Staat kann den in seinem Gebiet Wohnenden nicht gegen ihren Willen die Staatsangehörigkeit aufzwingen. 9. Die natürliche oder freiwillig erworbene Staatsangehörigkeit ist maßgebend für die Anwendung des öffentlichen und privaten Rechts. 10. Der Staat ist verpflichtet, die Lage der staatenlosen Person hinsichtlich des öffentlichen und privaten Rechts zu regeln.

Es sei ferner auf einen Aufsatz des Niederländers BLES[3]) verwiesen, der ein einheitliches Staatsangehörigkeitsrecht aufbaut, das, in seinen Grundsätzen durchaus nach den Anschauungen der westlichen Demokratien orientiert, den Einfluß des Kriegs und die Forderung der Gesinnungszugehörigkeit symptomatisch wiederspiegelt. Er läßt den Erwerb der Staatsangehörigkeit nur durch Geburt und durch Naturalisation zu, (Art. 1) nicht durch Eheschließung, Legitimation und Anstellung. Der Verlust der Staatsangehörigkeit tritt nur durch Naturalisation in einem andern Staat ein (Art. 2). Durch Geburt erwirbt das

---

[1]) England hat diese Regelung im Gesetz vom 4. VIII. 1922 tatsächlich durchgeführt.

[2]) La nationalité au point de vue de la législ. comp. et du droit privé humain, Bd. 1—5, Paris 1914—1919. Nicht abgeschlossen.

[3]) Un droit uniforme sur la nationalité, Rev. d. droit intern. et de législ. comp., Brüssel 1921, S. 513.

eheliche Kind die Staatsangehörigkeit des Elternteils, der Angehöriger des Wohnsitzstaats ist. Wohnen die Eltern in einem dritten Staat, erwirbt es die Angehörigkeit des Vaters (Art. 3). Das uneheliche Kind folgt der Staatsangehörigkeit der Mutter (Art. 4). Das Findelkind gilt als Kind einer dem Wohnsitzstaat angehörenden Mutter (Art. 5). Die Naturalisation kann nur auf Antrag einer volljährigen geschäftsfähigen Person (Art. 8) und nur nach 5jährigem Wohnsitz in dem betreffenden Staat — mit Erleichterungen für Ehefrau und Abkömmlinge von Inländern — (Art. 7), und nur mit Wirkung für den Antragsteller selbst gewährt werden (Art. 8). Die Naturalisation kann durch Urteil nach gerichtlichem Verfahren widerrufen werden. Mit Rechtskraft des Urteils lebt die durch die Naturalisation erloschene Staatsangehörigkeit wieder auf (Art. 9). Die Naturalisation wie die Denaturalisation ist dem Staat der früheren Angehörigkeit des Betreffenden mitzuteilen (Art. 10). Abweichende Naturalisationsvoraussetzungen für Fälle besonderen öffentlichen Interesses sind zulässig und durch die nationale Gesetzgebung in möglichster Anlehnung an die obigen allgemeinen Grundsätze zu regeln (Art. 11).

Auch hier finden wir den Gedanken, daß die Staatsangehörigkeit nur mit der Gesinnungszugehörigkeit zusammenfallen wird, wenn man dem tatsächlichen Wohnsitz des Kindes während der Zeit seines Aufwachsens eine entscheidende Bedeutung für die Beurteilung seiner Staatsangehörigkeit zuweist. Aus angelsächsischem Munde kommen gleiche Vorschläge[1]). Maßgebend solle das Land des Wohnsitzes bis zum 14. Lebensjahr sein. Dieses Kriterium sei leicht festzustellen und entspreche der Sprachkenntnis und dem mutmaßlichen Wunsche der Betreffenden.

Nachdem die International Law Association zum ersten Male nach dem Krieg in ihrer auch von Deutschland beschickten Tagung in Buenos Aires 1922 das Staatsangehörigkeitsrecht wieder behandelt hatte, führte die nächste Stockholmer Tagung vom September 1924 zur Annahme eines Entwurfs über allgemeine Grundsätze zur einheitlichen Regelung des Staatsangehörigkeitsrechts. Es liegt im Wortlaut noch nicht vor. Nach Berichten wird die Lösung des Problems der mehrfachen Staatsangehörigkeit in der Bevorzugung des ius soli-Grundsatzes gesucht, dabei aber ein Optionsrecht für die durch Abstammung erworbene Heimat eingeräumt. Die selbständige Staatsangehörigkeit der Ehefrau wird grundsätzlich anerkannt: „Die Frau soll niemals gezwungen, aber immer berechtigt sein, die Nationalität ihres Gatten zu

---

[1]) Baty The interconnection of Nationality and Domicile, in Wigmore Celebration Legal Essays, Chicago 1919. Nachgewiesen und zustimmend: Randall: Nationality and Naturalization, Law Quarterly Review 1924, S. 27.

erwerben"[1]). Wir glauben, daß für Deutschland ein Bedürfnis zur Annahme des ius soli-Grundsatzes nicht besteht. Ein Land, das einen starken Überschuß an Bevölkerung jährlich abgibt und auf der andern Seite dem östlichen Zustrom stark ausgesetzt ist, kann auf die Erhaltung des ius sanguinis-Prinzips in seiner Reinheit nicht verzichten. Aber es sollte sich mit einer Entwicklung des Staatsangehörigkeitsrechts im Ausland vertraut machen, die, wie RANDALL mit Recht bemerkt, vom Objektiven und Konkreten zum Subjektiven und Psychologischen führt. Gerade weil das deutsche Staatsangehörigkeitsrecht eher den umgekehrten Weg gegangen ist.

[1]) v. HOFMANNSTHAL: Nationalität und Naturalisation. Jur. Wochenschr. 1924, S. 1476.

Anlagen.

Anlage 1.

Deutschland.

Reichs- und Staatsangehörigkeitsgesetz vom 22. VII. 1913.

I. Abschnitt: Allgemeine Vorschriften.

§ 1. Deutscher ist, wer die Staatsangehörigkeit in einem Bundesstaat (§§ 3—32) oder die unmittelbare Reichsangehörigkeit (§§ 33—35) besitzt.

§ 2. Elsaß-Lothringen gilt im Sinne dieses Gesetzes als Bundesstaat. Die Schutzgebiete gelten im Sinne dieses Gesetzes als Inland.

II. Abschnitt: Staatsangehörigkeit in einem Bundesstaate.

§ 3. Die Staatsangehörigkeit in einem Bundesstaate wird erworben: 1. durch Geburt (§ 4), 2. durch Legitimation (§ 5), 3. durch Eheschließung (§ 6), 4. für einen Deutschen durch Aufnahme (§§ 7, 14, 16), 5. für einen Ausländer durch Einbürgerung (§§ 8—16).

§ 4. Durch die Geburt erwirbt das eheliche Kind eines Deutschen die Staatsangehörigkeit des Vaters, das uneheliche Kind einer Deutschen die Staatsangehörigkeit der Mutter.

Ein Kind, das in dem Gebiet eines Bundesstaats aufgefunden wird (Findelkind), gilt bis zum Beweise des Gegenteils als Kind eines Angehörigen dieses Bundesstaats.

§ 5. Eine nach den deutschen Gesetzen wirksame Legitimation durch einen Deutschen begründet für das Kind die Staatsangehörigkeit des Vaters.

§ 6. Durch die Eheschließung mit einem Deutschen erwirbt die Frau die Staatsangehörigkeit des Mannes.

§ 7. Die Aufnahme muß einem Deutschen von jedem Bundesstaat, in dessen Gebiet er sich niedergelassen hat, auf seinen Antrag erteilt werden, falls kein Grund vorliegt, der nach den §§ 3—5 des Gesetzes über die Freizügigkeit vom 1. XI. 1867 (Bundesgesetzbl. S. 55) die Abweisung eines Neuanziehenden oder die Versagung der Fortsetzung des Aufenthalts rechtfertigt.

Der Antrag einer Ehefrau bedarf der Zustimmung des Mannes; die fehlende Zustimmung kann durch die Vormundschaftsbehörde ersetzt werden. Für eine unter elterlicher Gewalt oder unter Vormundschaft stehende Person wird, wenn sie das 16. Lebensjahr noch nicht vollendet hat, der Antrag von dem gesetzlichen Vertreter gestellt; hat sie das 16. Lebensjahr vollendet, so bedarf ihr Antrag der Zustimmung des gesetzlichen Vertreters.

§ 8. Ein Ausländer, der sich im Inland niedergelassen hat, kann von dem Bundesstaat, in dessen Gebiet die Niederlassung erfolgt ist, auf seinen Antrag eingebürgert werden, wenn er

1. nach den Gesetzen seiner bisherigen Heimat unbeschränkt geschäftsfähig ist oder oder nach den deutschen Gesetzen unbeschränkt geschäftsfähig sein würde oder der Antrag in entsprechender Anwendung des § 7, Abs. 2, Satz 2 von seinem gesetzlichen Vertreter oder mit dessen Zustimmung gestellt wird,

2. einen unbescholtenen Lebenswandel geführt hat,

3. an dem Orte seiner Niederlassung eine eigene Wohnung oder ein Unterkommen gefunden hat und

4. an diesem Orte sich und seine Angehörigen zu ernähren imstande ist.

Vor der Einbürgerung ist über die Erfordernisse unter Nr. 2—4 die Gemeinde des Niederlassungsorts, und sofern diese keinen selbständigen Armenverband bildet, auch der Armenverband zu hören.

§ 9. Die Einbürgerung in einen Bundesstaat darf erst erfolgen, nachdem durch den Reichskanzler festgestellt worden ist, daß keiner der übrigen Bundesstaaten Bedenken dagegen erhoben hat; erhebt ein Bundesstaat Bedenken, so entscheidet der Bundesrat. Die Bedenken können nur auf Tatsachen gestützt werden, welche die Besorgnis rechtfertigen, daß die Einbürgerung des Antragstellers das Wohl des Reichs oder eines Bundesstaats gefährden würde.

Die Vorschriften des Abs. 1 finden keine Anwendung:

1. auf ehemalige Angehörige des Bundesstaats, bei dem der Antrag gestellt wird, auf deren Kinder oder Enkel sowie auf Personen, die von einem Angehörigen des Staats an Kindes Statt angenommen sind, es sei denn, daß der Antragsteller einem ausländischen Staate angehört;

2. auf Ausländer, die im Deutschen Reiche geboren sind, wenn sie sich in dem Bundesstaate, bei dem der Antrag gestellt wird, bis zur Vollendung des 21. Lebensjahres dauernd aufgehalten haben und die Einbürgerung innerhalb zweier Jahre nach diesem Zeitpunkt beantragen.

§ 10. Die Witwe oder geschiedene Frau eines Ausländers, die zur Zeit ihrer Eheschließung eine Deutsche war, muß auf ihren Antrag von dem Bundesstaat, in dessen Gebiet sie sich niedergelassen hat, eingebürgert werden, wenn sie den Erfordernissen des § 8, Abs. 1, Nr. 1, 2 entspricht. Über das Erfordernis unter Nr. 2 ist vor der Einbürgerung die Gemeinde des Niederlassungsorts zu hören.

§ 11. Ein ehemaliger Deutscher, der als Minderjähriger die Reichsangehörigkeit durch Entlassung verloren hat, muß auf seinen Antrag von dem Bundesstaat, in dessen Gebiet er sich niedergelassen hat, eingebürgert werden, wenn er den Erfordernissen des § 8, Abs. 1 entspricht und den Antrag innerhalb zweier Jahre nach der Volljährigkeit stellt. Die Vorschrift des § 8, Abs. 2 findet Anwendung.

§ 12. Ein Ausländer, der mindestens ein Jahr wie ein Deutscher im Heer oder oder in der Marine aktiv gedient hat, muß auf seinen Antrag von dem Bundesstaat, in dessen Gebiet er sich niedergelassen hat, eingebürgert werden, wenn er den Erfordernissen des § 8, Abs. 1 entspricht und die Einbürgerung nicht das Wohl des Reichs oder eines Bundesstaats gefährden würde. Die Vorschriften des § 8, Abs. 2 und des § 9, Abs. 1 finden Anwendung.

§ 13. Ein ehemaliger Deutscher, der sich nicht im Inland niedergelassen hat, kann von dem Bundesstaat, dem er früher angehört hat, auf seinen Antrag eingebürgert werden, wenn er den Erfordernissen des § 8, Abs. 1, Nr. 1, 2 entspricht; dem ehemaligen Deutschen steht gleich, wer von einem solchen abstammt oder an Kindes Statt angenommen ist. Vor der Einbürgerung ist dem Reichskanzler Mitteilung zu machen. Die Einbürgerung unterbleibt, wenn der Reichskanzler Bedenken erhebt.

§ 14. Die von der Regierung oder der Zentral- oder höheren Verwaltungsbehörde eines Bundesstaates vollzogene oder bestätigte Anstellung im unmittelbaren oder mittelbaren Staatsdienst, im Dienste einer Gemeinde oder eines Gemeindeverbandes, im öffentlichen Schuldienst oder im Dienste einer von dem Bundesstaate anerkannten Religionsgesellschaft gilt für einen Deutschen als Aufnahme, für einen Ausländer als Einbürgerung, sofern nicht in der Anstellungs- oder Bestätigungsurkunde ein Vorbehalt gemacht wird.

Diese Vorschrift findet keine Anwendung auf die Anstellung als Offizier oder Beamter des Beurlaubtenstandes.

§ 15. Die im Reichsdienst erfolgte Anstellung eines Ausländers, der seinen dienstlichen Wohnsitz in einem Bundesstaate hat, gilt als Einbürgerung in diesem Bundesstaat, sofern nicht in der Anstellungsurkunde ein Vorbehalt gemacht wird.

Hat der Angestellte seinen dienstlichen Wohnsitz im Ausland und bezieht er ein Diensteinkommen aus der Reichskasse, so muß er von dem Bundesstaate, bei dem er den Antrag stellt, eingebürgert werden; bezieht er kein Diensteinkommen aus der Reichskasse, so kann er mit Zustimmung des Reichskanzlers eingebürgert werden.

§ 16. Die Aufnahme oder Einbürgerung wird wirksam mit der Aushändigung der von der höheren Verwaltungsbehörde hierüber ausgefertigten Urkunde oder der Urkunde über die unter den Voraussetzungen des § 14 oder des § 15, Abs. 1 erfolgten Anstellung.

Die Aufnahme oder Einbürgerung erstreckt sich, insofern nicht in der Urkunde ein Vorbehalt gemacht wird, zugleich auf die Ehefrau und auf diejenigen Kinder, deren gesetzliche Vertretung dem Aufgenommenen oder Eingebürgerten kraft elterlicher Gewalt zusteht. Ausgenommen sind Töchter, die verheiratet sind oder verheiratet gewesen sind.

§ 17. Die Staatsangehörigkeit geht verloren: 1. durch Entlassung (§§ 18—24), 2. durch Erwerb einer ausländischen Staatsangehörigkeit (§ 25), 3. durch Nichterfüllung der Wehrpflicht (§§ 26, 29), 4. durch Ausspruch der Behörde (§§ 27—29), 5. für ein uneheliches Kind durch eine von dem Angehörigen eines anderen Bundesstaates oder von einem Ausländer bewirkte und nach den deutschen Gesetzen wirksame Legitimation; 6. für eine Deutsche durch Eheschließung mit dem Angehörigen eines anderen Bundesstaates oder mit einem Ausländer.

§ 18. Die Entlassung einer Ehefrau kann nur von dem Manne und, sofern dieser ein Deutscher ist, nur zugleich mit seiner Entlassung beantragt werden. Der Antrag bedarf der Zustimmung der Frau.

§ 19. Die Entlassung einer Person, die unter elterlicher Gewalt oder unter Vormundschaft steht, kann nur von dem gesetzlichen Vertreter und nur mit Genehmigung des deutschen Vormundschaftsgerichts beantragt werden. Gegen die Entscheidung des Vormundschaftsgerichts steht auch der Staatsanwaltschaft die Beschwerde zu; gegen den Beschluß des Beschwerdegerichts ist die weitere Beschwerde unbeschränkt zulässig.

Die Genehmigung des Vormundschaftsgerichts ist nicht erforderlich, wenn der Vater oder die Mutter die Entlassung für sich und zugleich kraft elterlicher Gewalt für ein Kind beantragt und dem Antragsteller die Sorge für die Person dieses Kindes zusteht. Erstreckt sich der Wirkungskreis eines der Mutter bestellten Beistandes auf die Sorge für die Person des Kindes, so bedarf die Mutter zu dem Antrag auf Entlassung des Kindes der Genehmigung des Beistandes.

§ 20. Die Entlassung aus der Staatsangehörigkeit in einem Bundesstaate bewirkt gleichzeitig die Entlassung aus der Staatsangehörigkeit in jedem anderen Bundesstaate, soweit sich der Entlassene nicht die Staatsangehörigkeit in einem anderen Bundesstaate durch eine Erklärung gegenüber der zuständigen Behörde des entlassenden Staates vorbehält. Dieser Vorbehalt muß in der Entlassungsurkunde vermerkt werden.

§ 21. Die Entlassung muß jedem Staatsangehörigen auf seinen Antrag erteilt werden, wenn er die Staatsangehörigkeit in einem anderen Bundesstaate besitzt und sich diese gemäß § 20 vorbehält.

§ 22. Fehlt es an den Voraussetzungen des § 21, so wird die Entlassung nicht erteilt

1. Wehrpflichtigen, über deren Dienstverpflichtung noch nicht endgültig entschieden ist, sofern sie nicht ein Zeugnis der Ersatzkommission darüber beibringen, daß nach der Überzeugung der Kommission die Entlassung nicht in der Absicht nachgesucht wird, die Erfüllung der aktiven Dienstpflicht zu umgehen,

2. Mannschaften des aktiven Heeres, der aktiven Marine oder der aktiven Schutztruppe,

3. Mannschaften des Beurlaubtenstandes der im § 56 Nr. 2—4 des Reichsmilitärgesetzes bezeichneten Art, sofern sie nicht die Genehmigung der Militärbehörde erhalten haben,

4. sonstigen Mannschaften des Beurlaubtenstandes, nachdem sie eine Einberufung zum aktiven Dienst erhalten haben,

5. Beamten und Offizieren, mit Einschluß derer des Beurlaubtenstandes, bevor sie aus dem Dienste entlassen sind.

Aus anderen als den in Abs. 1 bezeichneten Gründen darf in Friedenszeiten die Entlassung nicht versagt werden. Für die Zeit eines Krieges oder einer Kriegsgefahr bleibt dem Kaiser der Erlaß besonderer Anordnungen vorbehalten.

§ 23. Die Entlassung wird wirksam mit der Aushändigung einer von der höheren Verwaltungsbehörde des Heimatstaats ausgefertigten Entlassungsurkunde. Die Urkunde wird nicht ausgehändigt an Personen, die verhaftet sind oder deren Verhaftung oder Festnahme von einer Gerichts- oder Polizeibehörde angeordnet ist.

Soll sich die Entlassung zugleich auf die Ehefrau oder die Kinder des Antragstellers beziehen, so müssen auch diese Personen in der Entlassungsurkunde mit Namen aufgeführt werden.

§ 24. Die Entlassung gilt als nicht erfolgt, wenn der Entlassene beim Ablauf eines Jahres nach der Aushändigung der Entlassungsurkunde seinen Wohnsitz oder seinen dauernden Aufenthalt im Inlande hat.

Diese Vorschrift findet keine Anwendung, wenn der Entlassene sich die Staatsangehörigkeit in einem anderen Bundesstaate gemäß § 20 vorbehalten hat.

§ 25. Ein Deutscher, der im Inland weder seinen Wohnsitz noch seinen dauernden Aufenthalt hat, verliert seine Staatsangehörigkeit mit dem Erwerb einer ausländischen Staatsangehörigkeit, wenn dieser Erwerb auf seinen Antrag oder auf den Antrag des Ehemannes oder des gesetzlichen Vertreters erfolgt, die Ehefrau und der Vertretene jedoch nur, wenn die Voraussetzungen vorliegen, unter denen nach den §§ 18, 19 die Entlassung beantragt werden könnte.

Die Staatsangehörigkeit verliert nicht, wer vor dem Erwerbe der ausländischen Staatsangehörigkeit auf seinen Antrag die schriftliche Genehmigung der zuständigen Behörde seines Heimatstaates zur Beibehaltung seiner Staatsangehörigkeit erhalten hat. Vor der Erteilung der Genehmigung ist der deutsche Konsul zu hören.

Unter Zustimmung des Bundesrats kann von dem Reichskanzler angeordnet werden, daß Personen, welche die Staatsangehörigkeit in einem bestimmten ausländischen Staate erwerben wollen, die im Abs. 2 vorgesehene Genehmigung nicht erteilt werden darf.

§ 26. Ein militärpflichtiger Deutscher, der im Inland weder seinen Wohnsitz noch seinen dauernden Aufenthalt hat, verliert seine Staatsangehörigkeit mit der Vollendung des 31. Lebensjahres, sofern er bis zu diesem Zeitpunkt noch keine endgültige Entscheidung über seine Dienstverpflichtung herbeigeführt hat, auch eine Zurückstellung über diesen Zeitpunkt hinaus nicht erfolgt ist.

Ein fahnenflüchtiger Deutscher, der im Inland weder seinen Wohnsitz noch seinen dauernden Aufenthalt hat, verliert seine Staatsangehörigkeit mit dem Ablauf von 2 Jahren nach Bekanntmachung des Beschlusses, durch den er für fahnenflüchtig erklärt worden ist (§ 360 Mil.-Strafgerichtsordnung). Diese Vorschrift findet keine Anwendung auf Mannschaften der Reserve, der Land- und Seewehr und der Ersatzreserve, die für fahnenflüchtig erklärt worden sind, weil sie einer Einberufung zum Dienst keine Folge geleistet haben, es sei denn, daß die Einberufung nach Bekanntmachung der Kriegsbereitschaft oder nach Anordnung der Mobilmachung erfolgt ist.

Wer auf Grund der Vorschriften des Abs. 1 seine Staatsangehörigkeit verloren hat, kann von einem Bundesstaate nur nach Anhörung der Militärbehörde eingebürgert werden. Weist er nach, daß ihm ein Verschulden nicht zur Last fällt, so darf ihm die Einbürgerung von dem Bundesstaate, dem er früher angehörte, nicht versagt werden.

§ 27. Ein Deutscher, der sich im Ausland aufhält, kann seiner Staatsangehörigkeit durch Beschluß der Zentralbehörde seines Heimatstaats verlustig erklärt werden, wenn er im Falle eines Krieges oder einer Kriegsgefahr einer vom Kaiser angeordneten Aufforderung zur Rückkehr keine Folge leistet.

Gehört er mehreren Bundesstaaten an, so verliert er durch den Beschluß die Staatsangehörigkeit in allen Bundesstaaten.

§ 28. Ein Deutscher, der ohne Erlaubnis seiner Regierung in ausländische Staatsdienste getreten ist, kann seiner Staatsangehörigkeit durch Beschluß der Zentralbehörde seines Heimatstaats verlustig erklärt werden, wenn er einer Aufforderung zum Austritt nicht Folge leistet.

Gehört er mehreren Bundesstaaten an, so verliert er durch den Beschluß die Staatsangehörigkeit in allen Bundesstaaten.

§ 29. Der Verlust der Staatsangehörigkeit in den Fällen des § 26, Abs. 1, 2 und der §§ 27, 28 sowie der Wiedererwerb der Staatsangehörigkeit in den Fällen des § 26, Abs. 3, Satz 2, erstreckt sich zugleich auf die Ehefrau und auf diejenigen Kinder, deren gesetzliche Vertretung dem Ausgeschiedenen oder dem Wiedereingebürgerten kraft elterlicher Gewalt zusteht, soweit sich die Ehefrau oder die Kinder mit ihm in häuslicher Gemeinschaft befinden. Ausgenommen sind Töchter, die verheiratet sind oder verheiratet gewesen sind.

§ 30. Ein ehemaliger Deutscher, der vor Inkrafttreten dieses Gesetzes die Reichsangehörigkeit durch Entlassung verloren hat, aber bei Anwendung der Vorschrift des § 24, Abs. 1 als nicht entlassen gelten würde, muß auf seinen Antrag von dem Bundesstaat, in dessen Gebiet er sich niedergelassen hat, eingebürgert werden, wenn er seit dem in § 24, Abs. 1 bezeichneten Zeitpunkt seinen Wohnsitz im Inland behalten hat und den Erfordernissen des § 8, Abs. 1 entspricht, auch den Antrag innerhalb eines Jahres nach dem Inkrafttreten dieses Gesetzes stellt. Die Vorschrift des § 8, Abs. 2 findet Anwendung.

§ 31. Ein ehemaliger Deutscher, der vor dem Inkrafttreten dieses Gesetzes die Reichsangehörigkeit nach § 21 des Gesetzes über die Erwerbung und den Verlust der Bundes- und Staatsangehörigkeit vom 1. VI. 1870 (Bundesgesetzblatt, S. 355) durch zehnjährigen Aufenthalt im Ausland verloren hat, muß von dem Bundesstaat, in dessen Gebiet er sich niedergelassen hat, eingebürgert werden, wenn er keinem Staate angehört.

Das gleiche gilt von dem ehemaligen Angehörigen eines Bundesstaats oder eines in einen solchen einverleibten Staates, der bereits vor dem Inkrafttreten des Gesetzes vom 1. VI. 1870 nach Landesrecht seine Staatsangehörigkeit durch Aufenthalt außerhalb seines Heimatstaats verloren hat.

§ 32. Ein militärpflichtiger Deutscher, der zur Zeit des Inkrafttretens dieses Gesetzes im Inland weder seinen Wohnsitz noch seinen dauernden Aufenthalt hat und vor diesem Zeitpunkt das 29., aber noch nicht das 43. Lebensjahr vollendet hat, verliert seine Staatsangehörigkeit mit dem Ablauf zweier Jahre, sofern er innerhalb dieser Frist keine endgültige Entscheidung über seine Dienstverpflichtung herbeigeführt hat.

Ein fahnenflüchtiger Deutscher der im § 26, Abs. 2 bezeichneten Art, der zur Zeit des Inkrafttretens dieses Gesetzes im Inland weder seinen Wohnsitz noch seinen dauernden Aufenthalt hat und vor diesem Zeitpunkt das 43. Lebensjahr noch nicht vollendet hat, verliert seine Staatsangehörigkeit mit dem Ablauf zweier Jahre, sofern er sich nicht innerhalb dieser Frist vor den Militärbehörden gestellt.

Die Vorschriften des § 26, Abs. 3 und des § 29 finden entsprechende Anwendung.

III. Abschnitt: Unmittelbare Reichsangehörigkeit.

§ 33. Die unmittelbare Reichsangehörigkeit kann verliehen werden:

1. einem Ausländer, der sich in einem Schutzgebiete niedergelassen hat, oder einem Eingeborenen in einem Schutzgebiet;

2. einem ehemaligen Deutschen, der sich nicht im Inland niedergelassen hat; dem ehemaligen Deutschen steht gleich, wer von ihm abstammt oder an Kindes Statt angenommen ist.

§ 34. Einem Ausländer, der im Reichsdienst angestellt ist und seinen dienstlichen Wohnsitz im Ausland hat, muß auf seinen Antrag die unmittelbare Reichsangehörigkeit verliehen werden, wenn er ein Diensteinkommen aus der Reichskasse bezieht; sie kann ihm verliehen werden, wenn er ein solches Einkommen nicht bezieht.

§ 35. Auf die unmittelbare Reichsangehörigkeit finden die Vorschriften dieses Gesetzes über die Staatsangehörigkeit in einem Bundesstaate mit Ausnahme der Vorschriften des § 4, Abs. 2, des § 8, Abs. 2, des § 10, Satz 2, des § 11, Satz 2, des § 12, Satz 2 und der §§ 14, 21 mit der Maßgabe entsprechende Anwendung, daß an die Stelle der Zentralbehörde des Bundesstaats der Reichskanzler und an die Stelle der höheren Verwaltungsbehörde der Reichskanzler oder die von ihm bezeichnete Behörde treten.

IV. Abschnitt: Schlußbestimmungen.

§ 36. Unberührt bleiben die Staatsverträge, die von Bundesstaaten mit ausländischen Staaten vor dem Inkrafttreten dieses Gesetzes geschlossen sind.

§ 37. Soweit in Reichsgesetzen oder in Landesgesetzen auf Vorschriften des Gesetzes über die Erwerbung und den Verlust der Bundes- und Staatsangehörigkeit vom 1. VI. 1870 oder des Gesetzes, betreffend die Naturalisation von Ausländern, welche im Reichsdienst angestellt sind, vom 20. XII. 1875 verwiesen ist, treten an deren Stelle die entsprechenden Vorschriften dieses Gesetzes.

§ 38[1]. In den Fällen des § 7, der §§ 10, 11, 30, 31 und des § 34, erster Halbsatz, werden die Aufnahme- und Einbürgerungsurkunden

---

[1]) Nach dem Gesetz vom 5. XI. 1923 (RGBl. I S. 1077) zur Abänderung des Gesetzes über das Paßwesen usw. § 2 erhält § 38 folgende Fassung:

„Die Reichsregierung erläßt mit Zustimmung des Reichsrats Vorschriften über die Höchstsätze von Gebühren und Abgaben, die in den Fällen des § 7, der §§ 10, 11, 12, des § 15 Abs. 2 erster Halbsatz für die Erteilung von Aufnahme- oder Einbürgerungsurkunden erhoben werden.

Das gleiche gilt für die Erteilung von Entlassungsurkunden."

Nach § 3 des gen. Gesetzes bestimmt die Reichsregierung den Zeitpunkt des Inkrafttretens. Durch VO. v. 27. VI. 1924 (RGBl. I, S. 657) ist hierfür der 1. VII. 1924 festgesetzt worden. Durch VO. vom gleichen Tag (S. 659) sind die Gebühren selbst festgesetzt worden.

kostenfrei erteilt. Das gleiche gilt für die Erteilung von Entlassungsurkunden in den Fällen des § 21.

Für die Erteilung von Entlassungsurkunden in anderen als den im § 21 bezeichneten Fällen dürfen an Stempelabgaben und Ausfertigungsgebühren zusammen nicht mehr als 3 M. erhoben werden.

§ 39. Der Bundesrat erläßt Bestimmungen über die Aufnahme-, Einbürgerungs- und Entlassungsurkunden sowie über die Urkunden, die zur Bescheinigung der Staatsangehörigkeit dienen.

Die Landeszentralbehörden bestimmen, welche Behörden im Sinne dieses Gesetzes als höhere Verwaltungsbehörden und als Militärbehörden anzusehen sind.

§ 40. Gegen die Ablehnung des Antrags auf Aufnahme gemäß § 7, auf Einbürgerung in den Fällen der §§ 10, 11, 15, des § 26, Abs. 3, der §§ 30, 31, des § 32, Abs. 3 oder des Antrags auf Entlassung in den Fällen der §§ 21, 22 ist der Rekurs zulässig.

Die Zuständigkeit der Behörden und das Verfahren bestimmen sich nach den Landesgesetzen und, soweit landesgesetzliche Vorschriften nicht vorhanden sind, nach den §§ 20, 21 der Gewerbeordnung.

§ 41. Dieses Gesetz tritt am 1. I. 1914 gleichzeitig mit einem Gesetze zur Abänderung des Reichsmilitärgesetzes sowie des Gesetzes betreffend Änderungen der Wehrpflicht vom 11. II. 1888 in Kraft.

Frankreich.

Anlage 2.

Die Bestimmungen des Code civil über Staatsangehörigkeit in der Fassung des Gesetzes vom 26. VI. 1889 und vom 22. VII. 1893.

Art. 8. Tout Français jouira des droits civils.

Sont Français:

1. Tout individu né d'un Français en France où à l'étranger. — L'enfant naturel dont la filiation est établie pendant la minorité, par reconnaissance ou par jugement, suit la nationalité de celui des parents à l'égard duquel la preuve a d'abord été faite. Si elle résulte pour le père ou la mère du même acte ou du même jugement, l'enfant suivra la nationalité du père.

2. Tout individu né en France de parents inconnus ou dont la nationalité est incertaine.

3. Tout individu né en France de parents étrangers dont l'un y est lui-même né, sauf la faculté pour lui, si c'est la mère qui est née en France, de décliner, dans l'année qui suivra sa majorité la qualité de Français, en se conformant aux dispositions du paragraphe 4 ci-après.

L'enfant naturel pourra, aux mêmes conditions que l'enfant légitime, décliner la qualité de Français quand le parent qui est né en France n'est pas celui dont il devrait, aux termes du paragraphe 1, deuxième alinéa, suivre la nationalité.

4. Tout individu en France d'un étranger qui, à l'époque de sa majorité, est domicilié en France, à moins que, dans l'année qui suit sa majorité, telle qu'elle est réglée par la loi française, il n'ait décliné la qualité de Français et prouvé qu'il a

conservé la nationalité de ses parents, par une attestation en due forme de son gouvernement, laquelle demeurera annexée à la déclaration, et qu'il n'ait en outre produit, s'il y a lieu, un certificat constatant qu'il a repondu à l'appel sous les drapeaux, conformément à la loi militaire de son pays, sauf les exceptions prévues aux traités.

5. Les étrangers naturalisés.

Peuvent être naturalisés:

1. Les étrangers qui ont obtenu l'autorisation de fixer leur domicile en France, conformément à l'art. 13 cidessous, après trois ans de domicile en France, à dater de l'enregistrement de leur demande au ministère de la justice.

2. Les étrangers qui peuvent justifier d'une résidence non interrompue pendant dix années; est assimilé à la résidence en France le séjour en pays étranger pour l'exercice d'une fonction conférée par le gouvernement français.

3. Les étrangers admis à fixer leur domicile en France, après un an, s'ils ont rendu des services importants à la France, s'ils ont apporté des talents distingués ou s'ils y ont introduit soit une industrie, soit des inventions utiles, ou, s'ils ont créé des établissements industriels ou autres, soit des exploitations agricoles, ou s'ils ont été attachés à un titre quelconque, au service militaire dans les colonies et les protectorats français.

4. L'étranger qui a épousé une Française, aussi après une année de domicile autorisé.

Il est statué par décret sur la demande de naturalisation, après une enquête sur la moralité de l'étranger.

Art. 9. Tout individu né en France d'un étranger et qui n'y a pas domicilié à l'époque de sa majorité pourra jusqu'à l'âge de vingt-deux ans accomplis, faire sa soumission de fixer en France son domicile, et, s'il l'y établit dans l'année à compter de l'acte de soumission, réclamer la qualité de Français par une déclaration qui sera, à peine de nullité, enregistrée au ministère de la justice.

L'enregistrement sera refusé s'il résulte des pièces produites que le déclarant n'est pas dans les conditions requises par la loi, sauf à lui à se pourvoir devant les tribunaux civils, dans la forme prescrite par les articles 855 et suivants du Code de procédure civile.

La notification motivée du refus devra être faite au réclamant dans le délai de deux mois à partir de sa déclaration.

L'enregistrement pourra en outre être refusé, pour cause d'indignité, au déclarant qui réunirait toutes les conditions légales; mais dans ce cas, il devra être statué, le déclaré dûment avisé, par decret rendu sur l'avis conforme du Conseil d'Etat, dans le délai de trois mois à partir de la déclaration, ou, s'il y a eu contestation, du jour où le jugement qui a admis la réclamation est devenu définitif.

Le déclarant aura la faculté de produire devant le Conseil d'Etat des pièces et des mémoires.

A défaut des notifications ci-dessus visées dans les délais susindiqués, et à leur expiration le ministre de la justice remettra au déclarant, sur sa demande, une copie de sa déclaration, revêtue de la mention de l'enregistrement.

La déclaration produira ses effets du jour où elle aura été faite, sauf l'annulation qui pourra résulter du refus d'enregistrement.

Les règles relatives à l'enregistrement prescites par les paragraphes 2 et 3 du présent article sont applicables aux déclarations faites en vue de décliner la nationalité française, conformément à l'article 8, paragraphes 3 et 4, et aux articles 12 et 18.

Les déclarations faites, soit pour réclamer, soit pour décliner la qualité de Français, doivent, après enregistrement, être insérées au bulletin des lois. Néanmoins, l'omission de cette formalité ne pourra préjudicier aux droits des déclarants.

Si l'individu qui réclame la qualité de Français est âgé de moins de vingt et un ans accomplis, la déclaration sera faite en son nom par son père; en cas de décès par sa mère; en cas de décès du père et de la mère ou de leur exclusion dela tutelle, ou dans les cas prévus par les articles 141, 142 et 143 du Code civil, par le tuteur autorisé par déliberation du conseil de famille.

Il devient également Français si, ayant été porté sur le tableau de recensement il prend patr aux opérations de recrutement sans opposer son extranéité.

Art. 10. Tout individu né en France ou à l'etranger de parents dont l'un a perdu la qualité de Français pourra réclamer cette qualité à tout âge, aux conditions fixées par l'art. 9, à moins que domicilié en France et appelé sous les drapeaux, lors de sa majorité, il n'ait revendiqué la qualité d'étranger.

Art. 12. L'étrangère qui aura épousé un Français suivra la condition de son mari.

La femme mariée à un étranger qui se fait naturaliser Français et les enfants majeurs de l'étranger naturalisé pourront, s'ils le demandent, obtenir la qualité de Français, sans condition de stage, soit par le décret qui confère cette qualité au mari ou au père ou à la mère, soit comme conséquence de la déclaration qu'ils feront dans les termes et sous les conditions de l'art. 9.

Deviennent Français les enfants mineurs d'un ou d'une mère survivant qui se font naturaliser Français, à moins que, dans l'année qui suivra leur majorité, ils ne déclinent cette qualité en se conformant aux dispositions de l'art 8, paragraphe 4.

Art. 13. L'étranger qui aura été autorisé par décret à fixer son domicile en France y jouira de tous les droits civils.

L'effet de l'autorisation cessera à l'expiration de cinq années, si l'étranger ne demande pas la naturalisation, ou si la demande est rejetée.

En cas de décès avant la naturalisation, l'autorisation et le temps de stage qui a suivi profiteront à la femme et aux enfants qui étaient mineurs au moment du décret d'autorisation.

Art. 17. Perdent la qualité de Français:

1. Le Français naturalisé à l'étranger ou celui qui acquiert, sur la demande la nationalité étrangère par l'effet de la loi.

S'il est encore soumis aux obligations du service militaire pour l'armée active, la naturalisation à l'étranger ne fera perdre la qualité de Français que si ella a été autorisée par le gouvernement français.

2. Le Français qui a décliné la nationalité française dans les cas prévus au paragraphe 4 de l'art. 8 et aux art. 12 et 18.

3. Le Français qui, ayant accepté des fonctions publiques conférées par un gouvernement étranger, les conserve nonobstant l'injonction du gouvernement français de les résigner dans un délai déterminé.

4. Le Français qui, sans autorisation du gouvernement, prend du service militaire à l'étranger, sans préjudice des lois pénales contre le Français qui se soustrait aux obligations de la loi militaire.

Art. 18. Le Français qui a perdu sa qualité de Français peut la recouvrer pourvu qu'il réside en France, en obtenant sa réintégration par décret. La qualité de Français pourra être accordée par le même décret à la femme et aux enfants majeurs s'ils en font la demande. Les enfants mineurs du père ou de la mère réintégrés deviennent Français, à moins que dans l'année qui suivra leur majorité, ils ne déclinent cette qualité, en se conformant aux dispositions de l'art. 8 paragraphe 4.

Art. 19. La femme française qui épouse un étranger suit la condition de son mari, à moins que son mariage ne lui confère pas la nationalité de son mari, auquel cas elle reste Française.

Si son mariage est dissous par la mort du mari ou le divorce, elle recouvre la qualité de Française avec l'autorisation du gouvernement, pourvu qu'elle réside en France ou qu'elle y rentre, en déclarant qu'elle veut s'y fixer.

Dans le cas où le mariage est dissous par la mort du mari, la qualité de Français peut être accordée par le même décret de réintégration aux enfants mineurs, sur la demande de la mère, ou par un décret ultérieur, si la demande en est faite par le tuteur avec l'approbation du conseil de famille.

Art. 20. Les individus qui acquerront la qualité de Français dans les cas prévus par les art. 9, 10, 18 et 19 ne pourront s'en prévaloir que pour les droits ouverts à leur profit depuis cette époque.

Art. 21. Le Français qui, sans autorisation du gouvernement, prendrait du service militaire à l'étranger, ne pourra rentrer en France qu'en vertu d'une permission accordée par décret, et recouvrer la qualité de Français qu'en remplissant les conditions imposées en France à l'étranger pour obtenir la naturalisation ordinaire.

Anlage 3.

Loi du 5 août 1914 relative à l'admission des Alsaciens-Lorrains dans l'armée française (Journ. off. du 6 août).

Art. 1. Les Alsaciens-Lorrains, qui contractent, pendant le cours de la guerre, un engagement volontaire au titre d'un des régiments étrangers, recouvrent, sur leur demande et après la signature de leur acte d'engagement, la nationalité française.

Ils peuvent, en conséquence, être incorporés, après l'accomplissement de cette formalité, dans un corps quelconque de l'armée, s'ils remplissent les conditions d'aptitude exigées pour l'arme dont ce corps fait partie.

Art. 2. Le bénéfice des dispositions de l'article précédent est également applicable aux Alsaciens-Lorrains, servant dans les régiments étrangers au moment de la déclaration de guerre, qui en feront la demande.

Art. 3. Le gouvernement est autorisé à naturaliser, sans condition de résidence, les étrangers qui contracteront un engagement pour la durée de la guerre.

Anlage 4.

Loi du 7 avril 1915 autorisant le Gouvernement à rapporter les décrets de naturalisation obtenus par d'anciens sujets de puissances en guerre avec la France (Journal officiel du 8 avril p. 1918).

Art. 1. En cas de guerre entre la France et une puissance à laquelle a ressorti un étranger naturalisé, celui-ci pourra être déchu de la naturalisation, lorsqu'il aura conservé la nationalité de son pays d'origine ou du pays dans lequel il a été antérieurement naturalisé.

La déchéance sera obligatoire: si le naturalisé a recouvré une nationalité antérieure ou acquis toute autre nationalité; s'il a, soit porté les armes contre la France, soit quitté le territoire français pour se soustraire à une obligation d'ordre militaire; soit enfin si, directement ou indirectement, il a prêté ou tenté de prêter contre la France, en vue ou à l'occasion de la guerre, une aide quelconque à une puissance ennemie.

La déchéance sera prononcée par décret rendu après avis du conseil d'Etat et sauf recours au contentieux devant cette jurisdiction. Le décret portant retrait de la nationalité française fixe le point de départ de ses effets sans toutefois pouvoir les faire remonter au delà de la déclaration de la guerre.

Art. 2. Seront revisées toutes les naturalisations accordées postérieurement au 1 janvier 1913 à des sujets ou anciens sujets de puissances en guerre avec la France.

Dans un délai de quinzaine à compter de la publication du décret réglant les conditions d'application de la présente loi, un état nominatif de toutes ces naturalisations devra être inséré au „Journal officiel" par les soins du ministre de la justice.

Dans un délai de trois mois à compter de l'expiration de ce premier délai de quinzaine, le ministre de la justice devra, par une publication insérée au „Journal officiel", faire connaître celles de ces naturalisations jugées dignes d'être maintenues, ainsi que les motifs de cette décision. Dans le même délai, toutes les autres naturalisations seront rapportées par décrets, insérés au „Journal officiel".

Le retrait de naturalisation exercé dans cette hypothèse produira de plein droit ses effets à dater de la déclaration de guerre.

Les dispositions du présent article sont sans application aux Alsaciens ou aux Lorrains d'origine nés avant le 20 mai 1871 ou à leurs descendants.

Art. 3. En aucun cas, la rétroactivité du retrait de naturalisation ne pourra préjudicier aux droits des tiers de bonne foi, ni faire échec à l'application des lois pénales sous le coup desquelles le naturalisé serait tombé avant le décret de retrait.

Art. 4. Le retrait de la nationalité française prononcé en vertu des articles précédents est personnel à l'étranger qui l'a encouru. Toutefois, selon les circonstances, il pourra être étendu à la femme et aux enfants, s'il en est ainsi ordonné, soit par le décret concernant le mari ou le père, soit par un décret ultérieur rendu dans les mêmes formes.

Art. 5. La femme pourra décliner la nationalité française dans le délai d'un an à partir de l'insertion au „Journal officiel" du décret portant retrait de la naturalisation à l'égard du mari. Si, lors de cette insertion, elle est mineure, ce délai ne commencera à courir qu'à dater de sa majorité.

La même faculté est reconnue aux enfants dans les mêmes conditions. En outre, le représentant légal des enfants mineurs pourra, dans les conditions prévues par l'article 9 du Code civil, renoncer pour eux au bénéfice de la nationalité française qu'ils tiennent soit du décret de naturalisation du père, soit d'une déclaration antérieure de nationalité.

Art. 6. Aucune naturalisation nouvelle d'un sujet d'une puissance en guerre avec la France ne pourra être accordée avant la signature définitive de la paix.

Art. 7. La présente loi cessera d'être exécutoire deux ans après la signature définitive de la paix.

Art. 8. La présente loi est applicable à l'Algérie et dans les autres possessions françaises.

Art. 9. Un règlement d'administration publique déterminera les conditions d'application de la présente loi.

La présente loi, etc.

Anlage 5.

Loi du 18 octobre 1915 modifiant l'application de l'article 8, § 3 etc.

Article unique. L'article 8 § 3 du Code civil ne s'applique pas à l'enfant né en France pendant la durée de la guerre ou dans l'année qui suivra la cessation des hostilités, de parents belges, pourvu que le représentant légal du mineur, tel qu'il est indiqué dans l'article 9 du Code civil, déclare décliner pour celui-ci la qualité de Français dans les formes prévues par l'article 6 du décret du 13 août 1889.

Cette déclaration devra être souscrite pendant la durée de la guerre ou dans l'année qui suivra la cessation des hostilités.

Les pièces à produire et les exemplaires de la déclaration seront établis sur papier libre.

Anlage 6.

Loi du 18 mars 1917 ayant pour objet de subordonner l'acquisition de la nationalité française, en cas de mariage contracté entre un Français et une femme, appartenant à une nation en hostilité avec la France, à une autorisation préalable du Gouvernement (Journ. off. 21 mars 1917, p. 2256, col. 2).

Article unique. Pendant la durée des hostilités, et par dérogation aux dispositions de l'alinéa premier de l'art. 12 du Code civil, l'étrangère sujette d'une nation ennemie, qui aura épousé un Français n'acquerra la nationalité de son mari que si le mariage a été préalablement autorisé par le garde des sceaux, ministre de la justice.

La présente loi, etc.

Anlage 7.

Loi du 18 Juin 1917, modifiant la loi du 7 avril 1915, autorisant le Gouvernement à rapporter les décrets de naturalisation obtenus par d'anciens sujets de puissances en guerre avec la France (Journ. off. du 20 juin 1917).

Article premier. En cas de guerre entre la France et une puissance à laquelle a ressorti un étranger naturalisé, celui ci pourra être déchu de la nationalité française lorsqu'il aura conservé la nationalité de son pays d'origine ou du pays dans lequel il a été antérieurement naturalisé.

Sera réputé avoir conservé sa nationalité d'origine, à moins que, pendant la durée de la guerre, il ne serve ou n'ait servi dans l'armée française ou qu'il n'ait ou n'ait eu un fils sous les drapeaux français, le naturalisé qui, depuis la naturalisation, aura, dans son pays d'origine, soit fait un ou plusieurs séjours, soit acquis des propriétés, soit participé à des entreprises agricoles, financières, commerciales ou industrielles, soit possédé un domicile ou une résidance durable et à l'egard duquel existeront, en outre, des présomptions précises et concordantes, résultant de manifestations extérieures, de la persistance de son attachement à ce pays.

La déchéance sera obligatoire: si le naturalisé a recouvré une nationalité antérieure ou acquis toute autre nationalité; s'il a, soit porté les armes contre la France, soit quitté le territoire français pour se soustraire à une obligation d'ordre militaire, soit enfin, si directement ou indirectement, il a prêté ou tenté de prêter, contre la France, en vue ou à l'occasion de la guerre, une aide quelconque à une puissance ennemie.

Sera réputé avoir quitté le territoire français pour se soustraire à une obligation d'ordre militaire le naturalisé qui, n'ayant pas répondu à l'ordre de mobilisation, aura été déclaré insoumis et aura disparu de son domicile ou de sa résidence. Si la déclaration d'insoumission est rapportée, la réintégration dans la qualité de Français sera ordonnée sans délai par le tribunal civil sur requête du procureur de la République.

Sera considéré comme ayant prêté ou tenté de prêter une aide quelconque à une puissance ennemie le naturalisé qui aura, soit contrevenu aux dispositions des lois, règlements et prohibitions édictés en vue ou à l'occasion de la guerre, soit mis obstacle ou tenté de mettre obstacle aux mesures ordonnées dans l'intérêt de la défense nationale.

Art. 2. L'action en déchéance est intentée devant la chambre du conseil du tribunal civil du domicile, ou, à défaut de domicile connu, de la dernière résidence du naturalisé.

Lorsque le tribunal du domicile ou de la résidence du naturalisé se trouve en territoire occupé par l'ennemi, l'action de déchéance sera intentée devant un tribunal désigné par le premier président de la cour d'appel.

Art. 3. Le procureur de la République, après avoir recueilli tous renseignements utiles sur faits parvenus à sa connaissance, présente, s'il y a lieu, requête au président du tribunal à fin de désignation d'un juge enquêteur.

L'ordonnance du président nommant le juge enquêteur est signifiée à l'intéressé, dans les conditions fixées par l'article 5 de la présente loi.

Art. 4. Le juge désigné entend les témoins ainsi que le naturalisé, délivre toutes commissions rogatoires, procédé aux confrontations, vérifications, et, d'une façon générale, à toutes opérations utiles à la manifestation de la vérité.

Les témoins sont inventés à se présenter par simple avertissement et, au cas où ils ne déféreraient pas à cette convocation, par citation régulière.

Les témoins défaillants peuvent être condamnés, par ordonnance du juge commis, à une amende qui ne peut excéder la somme de cent francs (100 fr.), ils sont, s'il y a lieu, réassignés à leurs frais.

Les dispositions de l'article 363 du Code pénal sur le faux témoignage en matière civile sont applicables.

Art. 5. Lorsque l'enquête est terminée, le juge enquêteur transmet le dossier au procureur de la République.

Le naturalisé et son conseil peuvent, dès la clôture de l'enquête, prendre communication du dossier et présenter au procureur de la République tout mémoire justificatif.

Si ce magistrat estime qu'il n'y a pas lieu de requérir la déchéance de nationalité, il en donne avis au naturalisé.

Dans le cas contraire, il cite le naturalisé à comparaître devant le chambre du conseil.

La citation est notifiée soit à personne, soit à domicile ou à la résidence actuelle. Si le naturalisé n'a ni domicile ni résidence connus, s'il est domicilié ou réside sur le territoire d'une puissance en guerre avec la France ou en pays envahi, la citation est délivrée conformément aux dispositions de l'article 69, § 8 du Code de procédure civile.

Il y aura au moins un délai de quinze jours entre la citation et la comparution si le naturalisé est domicilié ou réside en France ou dans les colonies et de deux mois s'il réside à l'étranger.

Art. 6. Au jour fixé, la chambre du conseil, sur rapport du juge désigné, procède à l'examen de l'affaire, entend le procureur de la République en ses réquisitions, le naturalisé et son conseil en leurs observations.

Elle peut ordonner soit un complément d'enquête, soit la comparution des témoins dont l'audition paraîtrait utile.

Art. 7. Le jugement est prononcé en audience publique.

En cas de défaut le jugement est signifié à la partie défaillante. Si le naturalisé réside sur le territoire d'une puissance en guerre avec la France ou en pays envahi, la signification est remplacée par l'insertion d'un extrait au Journal officiel.

Le jugement par défaut n'est pas susceptible d'opposition.

Appel de la décision peut être interjeté par le naturalisé et par le ministère public.

L'appel doit être notifié dans les dix jours du prononcé du jugement contradictoire ou, s'il est par défaut à dater soit de la signification à personne ou à domicile, soit de l'insertion au Journal officiel. Ce délai est augmenté de deux mois si l'appelant réside à l'étranger ou en territoire envahi.

La cour statue, sur citation du procureur général, dans le mois qui suit l'appel.

L'arrêt rendu par défaut est, suivant le cas, signifié à la partie défaillante ou inséré en extrait au Journal officiel. Il n'est pas susceptible d'opposition.

Art. 8. Le pourvoi en cassation intenté par le naturalisé ou par le ministère public ne peut être formé que contre l'arrêt statuant au fond.

Le délai pour se pourvoir en cassation est d'un mois à compter du jour de la signification de l'arrêt à personne ou à domicile, ou de l'insertion au Journal officiel.

Il est susceptible d'augmentation à raison des distances, conformément aux dispositions des articles 4 et 5 de la loi du 2 juin 1862.

Le pourvoi a lieu en forme de requête écrite, signée de la partie ou d'un fondé de pouvoir spécial, déposée ou adressée soit au greffe de la cour de cassation, soit au greffe de la cour d'appel. La requête est accompagnée d'une expédition ou de la copie signifiée de l'arrêt. Elle indique les moyens de cassation ou les textes de loi dont le demandeur invoque la violation. Le pourvoi est notifié par exploit d'huissier.

Il est porté directement devant la chambre civile.

Art. 9. Les frais de l'instance sont taxés conformément au tarif du décret du 18 juin 1811.

Ils sont avancés et recouvrés par l'administration de l'enregistrement et les actes auxquels la procédure donne lieu sont visés pour timbre et enregistrés en débet, conformément aux lois des 13 brumaire et 22 frimaire an VII.

Lorsque la déchéance est prononcée, ils sont mis à la charge du naturalisé déchu et le recouvrement en est poursuivi avec privilège et préférence sur ces biens. Ce privilège s'exerce conformément aux règles prescrites par la loi du 5 septembre 1807. Lorsque la déchéance n'est pas prononcée, ils restent à la charge de l'Etat.

Art. 10. La décision portant déchéance de la nationalité française pour des causes non prévues à l'article 17 (1. et 4.) du Code civil, fixe le point de départ de ses effets, sans toute fois pouvoir les faire remonter au delà de la déclaration de guerre. En aucun cas, la rétroactivité de la déchéance de la nationalité française ne peut préjudicier aux droits du tiers de bonne foi, ni faire échec à l'application des lois pénales sous le coup desquelles le naturalisé serait tombé avant le prononcé de la déchéance.

Un extrait de la décision, devenue définitive, est inséré au Journal officiel et au Bulletin des lois par les soins du ministre de la justice. Mention en est faite au décret de naturalisation.

Art. 11. La déchéance de la nationalité française, prononcée en vertu de la présente loi, est personnelle à l'étranger qui l'a encourue. Toutefois, elle peut, selon les circonstances, être étendue à la femme et aux enfants régulièrement mis en cause, soit par la même décision, soit par une décision ultérieure rendue dans les mêmes formes.

Art. 12. La femme pourra décliner la nationalité française, dans le délai d'un an à partir de l'insertion au Journal officiel de la décision définitive portant déchéance de cette nationalité à l'égard du mari. Si, lors de cette insertion, elle est mineure, ce délai ne commencera à courir qu'à dater de sa majorité, La même faculté est reconnue aux enfants dans les mêmes conditions. En outre, le représentant légal des enfants mineurs pourra, dans les conditions prévues par l'article 9 du Code civil, renoncer pour eux au bénéfice de la nationalité qu'ils tiennent soit du décret de naturalisation du père, soit d'une déclaration antérieure de nationalité.

Art. 13. Aucune action de déchéance en vertu de la présente loi ne pourra être engagée après l'expiration de la cinquième année suivant la cessation des hostilités fixée par décret.

Art. 14. La présente loi est applicable à l'Algérie et aux autres possessions françaises.

Art. 15. La loi du 7 avril 1915 est abrogée dans toutes les dispositions contraires à la présente loi.

Anlage 8.

Loi du 3 juillet 1917 concernant la faculté d'option des fils d'étrangers nés en France (Journ. off. 5 juillet 1917, p. 5135).

Art. 1. Le huitième alinéa de l'article 8 du Code civil est remplacé, pour la durée de la guerre, par les dispositions suivantes qui deviennent applicables sous réserve des traités en vigueur:

Devient Français: „Tout individu du sexe masculin né en France d'un étranger et qui à l'époque où il atteint l'âge de dix-huit ans, est domicilié en France, à moins qu'il ne décline la qualité de Français et ne prouve qu'il a conservé la nationalité de ses parents, par une attestation en due forme, de son gouvernement, laquelle demeurera annexée à la déclaration.

Art. 2. La déclaration de répudiation sera faite par l'intéressé lui-même avec l'assistance de ses représentants légaux désignés au dixième alinéa de l'article 9 du Code civil.

Elle sera effectuée dans un délai de trois mois pour les individus ayant la nationalité d'un pays d'Europe autre que la Russie, de six mois pour ceux de nationalité russe et pour ceux possédant la nationalité extra-européenne.

Après l'expiration de ces délais, les intéressés pourront être relevés, par décision du garde des sceaux, ministre de la justice, de la déchéance encourue, s'ils établissent qu'en égard aux circonstances ils n'ont pas été en état d'accomplir les formalités qui, aux termes du huitième alinéa de l'article 8 du Code civil, doivent accompagner la répudiation.

Art. 3. Devient également Français tout individu du sexe masculin né en France d'un étranger ayant dépassé l'âge de dix-huit ans, mais n'ayant pas atteint celui de vingt-deux ans révolus, qui est domicilié en France au jour de la promulgation de la présente loi; pour ces individus, les délais de répudiation courent à compter de ce jour.

Art. 4. A défaut de répudiation de la nationalité française dans les délais susindiqués, les jeunes gens appartenant aux catégories susvisées seront appelés sous les drapeaux.

Art. 5. L'article 11 de la loi sur le recrutement de l'armée du 21 mars 1905 est abrogé.

Art. 6. Les présentes dispositions ne sont pas applicables aux fils de ressortissants de Puissances ennemies, résidant ou retenus en France pour motifs de sécurité publique.

Art. 7. Les dispositions qui précèdent cesseront d'avoir effet dès que les hostilités prendront fin.

Néanmoins, les jeunes gens visés à l'article Ier seront déchus de droit d'opter ultérieurement pour la nationalité française et ne pourront obtenir la faveur de la naturalisation.

Art. 8. Les dispositions de la présente loi sont applicables à l'Algérie, aux colonies de la Martinique, de la Guadeloupe et de la Réunion.

La présente loi, délibérée et adoptée par le Sénat et par la Chambre des députés, sera exécutée comme loi d'Etat.

Anlage 9.

Loi du 20 décembre 1923 sur l'acquisition de la nationalité française dans la régence de Tunis (Journ. off. du 21 décembre 1923).

Art. 1. Est français tout individu né dans la régence de Tunis de parents dont l'un est lui-même né dans la régence, sauf la faculté pour lui de décliner la qualité de Français, dans les formes et sous les conditions prévues par les articles 2, 10 et suivants de la présente loi.

Cette disposition n'est pas applicable aux indigènes, sujets ou protégés français de la Tunisie, de l'Algérie, des colonies françaises ou pays de protectorat français.

L'individu né dans la régence d'un étranger qui, lui-même, s'est prévalu de la disposition du paragraphe 1 n'a pas la faculté de décliner la qualité de Français.

Art. 2. L'individu, Français par application de l'article 1 de la présente loi, peut, dans l'année qui suivra sa majorité, décliner la qualité de Français, à charge par lui de justifier qu'il a conservé la nationalité de celui de ses parents qui, d'après la loi étrangère, détermine la sienne.

Il peut renoncer à l'exercice de ce droit dès l'âge de dix-huit ans, avec l'assistance de celui des parents qui est investi de la puissance paternelle ou du droit de garde; en cas du décès du père et de la mère, ou de déchéance de la puissance paternelle, ou d'exclusion de la tutelle, ou dans les cas prévus par les articles 142 et 143 du Code civil, par son tuteur autorisé par délibération du conseil de famille.

Art. 3. Peuvent être naturalisés après l'âge de vingt et un ans accomplis les étrangers qui justifient de trois années continues de résidence, soit en Tunisie, soit en France, soit en Algérie, soit dans les colonies ou les pays de protectorat français et, en dernier lieu, en Tunisie.

Ce délai est réduit à une année en faveur de ceux qui ont rendu à la France des services exceptionnels.

Art. 4. Peuvent être naturalisés après l'âge de vingt et un ans accomplis et après avoir justifié, s'il y a lieu, qu'ils savent écrire et parler couramment la langue française:

a) Les sujets tunisiens qui ont été admis à contracter et ont accompli un engagement volontaire dans les armées de terre et de mer suivant les conditions prévues par la loi du 13 avril 1910;

b) Les sujets tunisiens qui ont obtenu:

Soit le diplôme de licencié ès lettres, ès sciences ou en droit, de docteur en médecine, de pharmacien de 1re classe, ou le titre d'interne des hôpitaux, nommé au concours dans une ville où il existe une faculté de médecine.

Soit le diplôme délivré par l'école centrale des arts et manufactures, soit le diplôme supérieur délivré aux élèves externes par l'école des ponts et chaussées, l'école supérieure des mines, l'école du génie maritime, les écoles dentaires.

Soit le diplôme supérieur délivré par l'école nationale des eaux et forêts, l'institut national agronomique, l'école des haras du Pin, les écoles nationales d'agriculture de Grignon, Montpellier et Rennes, l'école coloniale, l'école des hautes études commerciales et les écoles supérieures de commerce reconnues par l'Etat, les écoles d'arts et métiers.

Soit un prix ou médaille d'Etat dans les concours annuels de l'école nationale des beaux-arts, du conservatoire de musique et de l'école nationale des arts décoratifs.

Soit le baccalauréat de l'enseignement secondaire, soit le diplôme de fin d'études du collège Sadiki, le diplôme supérieur d'arabe régulier délivré à Tunis, le diplôme de fin d'études de l'école normale de Tunis, le diplôme de fin d'études de l'école professionelle Emile-Loubet, de Tunis;

c) Les sujets tunisiens qui ont épousé soit une Française, soit une étrangère justiciable des tribunaux français du protectorat, en cas d'existence d'enfants issus de ce mariage et pourvu que celui-ci n'ait pas été dissous par la répudiation;

d) Les sujets tunisiens qui ont rendu des services importants aux intérêts de la France.

Art. 5. La femme majeure ou mineure mariée à un étranger ou à un sujet tunisien qui se fait naturaliser Français et les enfants majeurs de l'étranger ou du sujet tunisien naturalisé peuvent, s'ils le demandent, obtenir la qualité de Français, sans autres conditions, par le décret qui confère cette qualité au mari, au père ou à la mère.

La femme qui aura épousé un individu Français, en vertu de l'article Ier de la présente loi, suivra la condition de son mari. Si son mari décline la nationalité française, elle restera Française, à moins qu'elle ne manifeste sa volonté de suivre la nouvelle condition de son mari.

Art. 6. Deviennent Français les enfants mineurs d'un père ou d'une mère survivante étrangers ou tunisiens qui se font naturaliser Français.

Cette disposition n'est pas applicable aux mineurs qui auraient été expulsés ou serviraient ou auraient servi sous les drapeaux de leur pays d'origine.

Art. 7. L'individu qui a perdu la qualité de Français peut s'y faire réintégrer en invoquant sa résidence en Tunisie au même titre qu'une résidence en France.

La qualité de Français peut être accordée par le même décret à la femme et aux enfants majeurs, s'ils en font la demande.

Les enfants mineurs du père ou de la mère réintégrés deviennent Français, sous les réserves prévues au deuxième alinéa de l'article 6.

Art. 8. La femme qui a perdu la qualité de Française par son mariage avec un étranger et qui réside en Tunisie peut, après décès ou disparition de son mari, divorce ou séparation de corps, obtenir sa réintégration par décret.

Dans le cas où le mariage est dissous par la mort du mari, les enfants mineurs deviennent Français, sous les réserves prévues au deuxième alinéa de l'article 6.

Dans le cas de dissolution du mariage d'un sujet tunisien et d'une Française, par la mort du mari, la mère survivante pourra réclamer la qualité de Française au nom de ses enfants mineurs, en souscrivants une déclaration suivant les formes prévues par les articles 10 et suivants de la présente loi.

L'enregistrement de la déclaration pourra être refusé pour cause d'indignité du mineur; dans ce cas, il sera statué conformément aux dispositions de l'article 9 du Code civil, dans le délai de six mois à partir de la déclaration, ou, s'il y a contestation, du jour où le jugement qui a admis la réclamation est devenu définitif.

Art. 9—12 betr. das Verfahren.

Art. 13. Les individus qui sont ou deviennent Français, dans les conditions de la présente loi, sont astreints aux obligatious militaires de leur classe d'âge, sous les réserves suivantes:

1. Les services militaires accomplis dans les troupes indigènes régulières ou auxiliaires de l'armée française sont comptés aux intéressés pour un temps de service égal dans l'armée française;

2. Sous réserve de conserver leur domicile en Tunisie jusqu'à l'âge de trente ans, les individus qui sont Français dans les conditions déterminées par l'article 1er, alinéa 1er, à l'exception de ceux qui sont nés d'un père tunisien et les étrangers naturalisés en vertu de l'article 3 ne pourront, à moins qu'ils n'en fassent la demande au contrôleur civil de leur circonscription, être astreints à aucune obligation légale d'activité, lorsque, soit en déclinant la qualité de Français, soit en conservant leur nationalité d'origine, ils auraient bénéficié, en droit ou en fait, d'une exonération totale ou partielle d'obligations militaires.

Art. 14. Les dispositions de la présente loi sont applicables à tous individus devenus Français en vertu du décret du 8 novembre 1921.

Tous intéressés qui, en raison de leur âge, ne disposeraient d'aucun délai ou ne disposeraient que d'un délai inférieur à trois mois pour décliner la qualité de Français auront néanmoins la faculté d'exercer ce droit dans les trois mois de la promulgation de la présente loi.

L'inscription sur les registres des contrôles civils effectués en vertu du décret du 8 novembre 1921 vaut renonciation à l'exercice du droit de décliner la qualité de Français telle que cette renonciation est prévue à l'article 2 de la présente loi. Les intéressés pourront toutefois, dans le délai de trois mois, obtenir leur radiation des registres des contrôles civils, dans les formes prévues à l'article 10.

Art. 15. Les décrets du 29 juillet 1887, du 28 février 1899, du 3 octobre 1910, du 20 août 1914 et du 8 novembre 1921 sont et demeurent abrogés.

Britisches Reich.

Anlage 10.

British Nationality and Status of Aliens Act, 1914 to 1922[1]).

Part I.

Natural-born British Subjects.

1.—(1) The following persons shall be deemed to be natural-born British subjects, namely:

(a) Any person born within His Majesty's dominions and allegiance; and

(b) Any person born out of His Majesty's dominions whose father was, at the time of that person's birth, a British subject, and who fulfils any of the following conditions, that is to say, if either

(I) his father was born within His Majesty's allegiance; or

(II) his father was a person to whom a certificate of naturalization had been granted; or

(III) his father had become a British subject by reason of any annexation of territory; or

(IV) his father was at the time of that persons birth in the service of the Crown; or

(V) his birth was registered at a British consulate within one year or in special circumstances, with the consent of the Secretary of State, two years after its occurrence, or, in day of January, nineteen hundred and fifteen, who would have been a British subject if born the first day of August, nineteen hundred and twenty-two; and

(c) Any person born on board a British ship whether in foreign territorial waters or not:

Provided that the child of a British subject, whether the child was born before or after the passing of this Act, shall be deemed to have been born within His Majesty's allegiance if born in a place where by treaty, capitulation, grant, usage, sufferance or other lawful means, His Majesty exercises jurisdiction over British subjects.

1) Der obige Text enthält das englische Staatsangehörigkeits- und Fremdengesetz vom 7. VIII. 1914 in der Fassung der Novellen vom 8. VIII. 1918 und vom 4. VIII. 1922.

Provided also that any person whose British nationality is conditional upon registration at a British consulate shall cease to be a British subject unless within one year after he attains the age of twenty-one, or within such extended period as may be authorised in special cases by regulations made under this Act —

(I) he asserts his British nationality by a declaration of retention of British nationality, registered in such manner as may be prescribed by regulations made under this Act; and

(II) if he is a subject or citizen of a foreign country under the law of which he can, at the time of asserting his British nationality, divest himself of the nationality of that foreign country by making a declaration of alienage or otherwise, he divests himself of such nationality accordingly.

(2) A person born on board a foreign ship shall not be deemed to be a British subject by reason only that the ship was in British territorial waters at the time of his birth.

(3) Nothing in this section shall, except as otherwise expressly provided, affect the status of any person born before the commencement of this Act.

(4) The certificate of a Secretary of State that a person was at any date in the service of the Crown shall, for the purposes of this section, be conclusive.

Part II.

Naturalization of Aliens.

2. — (1) The Secretary of State may grant a certificate of naturalization to an alien who makes an application for the purpose, and satisfies the Secretary of State —

(a) that he has either resided in His Majesty's dominions for a period of not less than five years in the manner required by this section, or been in the service of the Crown for not less than five years within the last eight years before the application; and

(b) that he is of good character and has an adequate knowledge of the english language; and

(c) that he intends if his application is granted either to reside in His Majesty's dominions or to enter or continue in the service of the Crown.

(2) The residence required by this section is residence in the United Kingdom for not less than one year immediately preceding the application, and previous residence, either in the United Kingdom or in some other part of His Majesty's dominions, for a period of four years within the last eight years before the application.

(3) The grant of a certificate of naturalization to any such alien shall be in the absolute discretion of the Secretary of State, and he may,

with or without assigning any reason, give or withhold the certificate as he thinks most conducive to the public good, and no appeal shall lie from his decision.

(4) A certificate of naturalization shall not take effect until the applicant has taken the oath of allegiance.

(5) In the case of a woman who was a British subject previously to her marriage to an alien, and whose husband has died or whose marriage has been dissolved, the requirements of this section as to residence shall not apply and the Secretary of State may in any other special case, if he thinks fit, grant a certificate of naturalization, although the four years' residence or five years' service has not been within the last eight years before the application.

(6) For the purpose of this section a period spent in the service of the Crown may, if the Secretary of State thinks fit, be treated as equivalent to a period of residence in the United Kingdom.

3. — (1) A person to whom a certificate of naturalization is granted by a Secretary of State shall, subject to the provisions of this Act, be entitled to all political and other rights powers and privileges, and be subject to all obligations, duties and liabilities, to which a natural-born British subject is entitled or subject, and, as from the date of his naturalization, have to all intents and purposes the status of a natural-born British subject.

(2) Section three of the Act of Settlement (which disqualifies naturalized aliens from holding certain offices) shall have effect as if the words "naturalized or" were omitted therefrom.

4. The Secretary of State may in his absolute discretion, in such cases as he thinks fit, grant a special certificate of naturalization to any person with respect to whose nationality as a British subject a doubt exists, and he may specify in the certificate that the grant thereof is made for the purpose of quieting doubts as to the right of the person to be a British subject, and the grant of such a special certificate shall not be deemed to be any admission that the person to whom it was granted was not previously a British subject.

5. — (1) Where an alien obtains a certificate of naturalization, the Secretary of State may, if he thinks fit, on the application of that alien, include in the certificate the name of any child of the alien born before the date of the certificate and being a minor, and that child shall thereupon, if not already a British subject, become a British subject; but any such child may, within one year after attaining his majority, make a declaration of alienage, and shall thereupon cease to be a British subject.

(2) The Secretary of State may, in his absolute discretion in any special case in which he thinks fit, grant a certificate of naturalization

to any minor, whether or not the conditions required by this Act have not been complied with.

(3) Except as provided by this Act, a certificate of naturalization shall not be granted to any person under disability.

6. An alien who has been naturalized before the passing of this Act may apply to the Secretary of State for a certificate of naturalization under this Act, and the Secretary of State may grant to him a certificate on such terms and conditions as he may think fit.

7. — (1) Where the Secretary of State is satisfied that a certificate of naturalization granted by him has been obtained by false representation or fraud, or by concealment of material circumstances, or that the person to whom the certificate is granted has shown himself by act or speach to be disaffected or disloyal to His Majesty, the Secretary of State shall by order revoke the certificate.

(2) Without prejudice to the foregoing provisions the Secretary of State shall by order revoke a certificate of naturalization granted by him in any case in which he is satisfied that the person to whom the certificate was granted either—

a) has during any war in which His Majesty is engaged unlawfully traded or communicated with the enemy or with the subject of an enemy state, or been engaged in or associated with any business which is to his knowledge carried on in such manner as to assist the enemy in such war; or

b) has within five years of the date of the grant of the certificate been sentenced by any court in His Majesty's dominions to imprisonment for a term of not less than twelve months, or to a term of penal servitude or to a fine of not less than one hundred pounds; or

c) was not of good character at the date of the grant of the certificate; or

d) has since the date of the grant of the certificate been for a period of not less than seven years ordinarily resident out of His Majesty's dominions otherwise than as a representative of a British subject, firm, or company carrying on business, or an institution established, in His Majesty's dominions, or in the service of the Crown, and has not maintained substantial connection with His Majesty's dominions; or

e) remains according to the law of a state at war with His Majesty a subject of that State;

and that (in any case) the continuance of the certificate is not conducive to the public good.

(3) The Secretary of State may, if he thinks fit, before making an order under his section refer the case for such inquiry as is herinafter specified, and in any case to which subsection (1) or § a, c or e of subsection (2) of this section supplies, the Secretary of State shall, by notice

given to or sent to the last-known address of the holder of the certificate, give him an opportunity of claiming that the case be referred of such inquiry, and if the holder so claims in accordance with the notice the Secretary of State shall refer the case for inquiry accordingly.

(4) An inquiry under this section shall be held by a committee constituted for the purpose by the Secretary of State, presided over by a person (appointed by the Secretary of State with the approval of the Lord Chancellor) who holds or has held high judicial office and shall be conducted in such manner as the Secretary of State may direct:

Provided that any such inquiry may, if the Secretary of State thinks fit, instead of being held as afore said be held by the High Court, and the practice and procedure of any inquiry so held shall be regulated by rules of court.

A committee appointed under this section shall have all such powers, rights and privileges as are rested in the High Court or in any judge thereof on the occasion of any action; in respect of the following matters:—

a) the enforcing the attendance of witnesses and examining them on oath, affirmation or otherwise, and the issue of a commission or a request to examine witnesses abroad; and

b) the compelling the production of documents; and

c) the punishing persons guilty of contempt;

and a summons signed by one or more members of the committee may be substituted for and shall be equivalent to any formal process capable of being issued in any action for enforcing the attendance of witnesses and compelling the production of documents.

(5) Where a person to whom a certificate of naturalization is granted in some other part of His Majesty's dominions is resident in the United Kingdom, the certificate may be revoked in accordance with this section by the Secretary of State, with the concurrence of the Government of that part of His Majesty's dominions in which the certificate was granted.

(6) Where the Secretary of State revokes a certificate of naturalization, the revocation shall have effect from such date as the Secretary of State may direct, and there-upon the certificate shall be given up and cancelled, and any person refusing or neglecting to give up the certificate shall be liable on summary conviction to a fine not exceeding one hundred pounds.

7 A. (1) Where a certificate of naturalization is revoked the Secretary of State may by order direct that the wife and minor children (or any of them) of the person whose certificate is revoked shall cease to be British subjects, and any such person shall thereupon become an alien; but except where the Secretary of State directs as afore said, the naturalization of the wife and minor children of the person whose

certificate is revoked shall not be affected by the revokation and they shall remain British subjects.

Provided that—

a) it shall be lawful for the wife of any such person within six months after the date of the order of revocation to make a declaration of alienage, and thereupon she and any minor children of her husband and herself shall cease to be British subjects and shall become aliens; and

b) the Secretary of State shall not make any such order as aforesaid in the case of a wife who was at birth a British subject, unless he is satisfied that if she had held a certificate of naturalization in her own right the certificate could properly have been revoked under this Act, and the provisions of this Act as to referring cases for inquiry shall apply to the making of any such order as they apply to the revocation of a certificate.

(2) The provisions of this section shall, as respects persons affected thereby, have effect in substitution for any other provisions of this Act as to the effect upon the wife and children of any person where the person ceases to be a British subject, and such other provisions shall accordingly not apply in any such case.

(3) Where a certificate of naturalization is revoked the former holder thereof shall be regarded as an alien and as a subject of the state to which he belonged at the time the certificate was granted.

8. The Government of any British possession shall have the same power to grant a certificate of naturalization as the Secretary of State has under this Act, and the provisions of this Act as to the grant and revocation of such a certificate shall apply accordingly, with the substitution of the government of the possession for the Secretary of State, and the possession for the United Kingdom, and of a High Court or superior Court of the possession for the High Court, and with the ommission of any reference to the approval of the Lord Chancellor and also, in a possession where any language is recognised as on an equality with the English language, with the substitution of the English language or that language for the English language.

Provided that, in any British possession other than British India and a dominion specified in the first schedule to this Act, the powers of the government of the possession under this section shall be exercised by the Governor or a person acting under his authority, but shall be subject in each case to the approval of the Secretary of State, and any certificate proposed to be granted, and any proposal to revoke any certificate, shall be submitted to him for his approval.

9.—(1) This part of this Act shall not, nor shall any certificate of naturalization granted thereunder, have effect within any of the Dominions specified in the First Schedule to this Act, unless the Legislature of that Dominion adopts this Part of this Act.

(2) Where the Legislature of any such Dominion has adopted this Part of this Act, the Government of the Dominions shall have the like powers to make regulations with respect to certificates of naturalization and to oaths of allegiance as are conferred by this Act on the Secretary of State.

(3) The Legislature of any such Dominion which adopts this Part of this Act may provide how and by what Department of the Government the powers conferred by this Part of this Act on the Government of a British Possession are to be exercised.

(4) The Legislature of any such Dominion may at any time rescind the adoption of this Part of this Act, provided that no such rescission shall prejudicially affect any legal rights existing at the time of such rescission.

Part III.

General.

National Status of Married Women and Infant Children.

10. The wife of a British subject shall be deemed to be a British subject, and the wife of an alien shall be deemed to be an alien: Provided that where a man ceases during the continuance of his marriage to be a British subject it shall be lawful for his wife to make a declaration that she desires to retain British nationality, and thereupon she shall be deemed to remain a British subject, and provided that where an alien is a subject of a state at war with his Majesty it shall be lawful for his wife if she was at birth a British subject to make a declaration that she desires to resume British nationality and thereupon the Secretary of State if he is satisfied that it is desirable that she be permitted to do so, may grant her a certificate of naturalization.

11. A woman who, having been a British subject, has by, or in consequence of, her marriage become an alien, shall not, by reason only of the death of her husband, or the dissolution of her marriage, cease to be an alien, and a woman who, having been an alien, has by, or in consequence of, her marriage become a British subject, shall not, by reason only of the death of her husband or the dissolution of her marriage, cease to be a British subject.

12.—(1) Where a person being a British subject ceases to be a British subject, whether by declaration of alienage or otherwise, every child of that person, being a minor, shall thereupon cease to be a British subject, unless such child, on that person ceasing to be a British subject, does not become by the law of any other country naturalized in that country:

Provided that, where a widow who is a British subject marries an alien, any child of hers by her former husband shall not, by reason only of her marriage, cease to be a British subject, whether he is residing outside His Majesty's dominions or not.

(2) Any child who has so ceased to be a British subject may, within one year after attaining his majority, make a declaration that he wishes to resume British nationality, and shall thereupon again become a British subject.

Loss of British Nationality.

13. A British subject who, when in any foreign state and not under disability, by obtaining a certificate of naturalization, or by any other voluntary and formal act, becomes naturalized therein, shall thenceforth be deemed to have ceased to be a British subject.

14.—(1) Any person who by reason of his having been born within His Majesty's dominions and allegiance or on board a British ship is a natural-born British subject, but who at his birth or during his minority became under the law of any foreign state a subject also of that state, and is still such a subject, may, if of full age and not under disability, make a declaration of alienage, and on making the declaration shall cease to be a British subject.

(2) Any person who though born out of His Majesty's dominions is a natural-born British subject may, if of full age and not under disability, make a declaration of alienage, and on making the declaration shall cease to be a British subject.

15. Where His Majesty has entered into a convention with any foreign state to the effect that the subjects or citizens of that state to whom certificates of naturalization have been granted may divest themselves of their status as such subjects, it shall be lawful for His Majesty, by Order in Council, to declare that the convention has been entered into by His Majesty; and from and after the date of the Order any person having been originally a subject or citizen of the state therein referred to, who has been naturalized as a British subject, may, within the limit of time provided in the convention, make a declaration of alienage, and on his making the declaration he shall be regarded as an alien and as a subject of the state to which he originally belonged as aforesaid.

16. Where any British subject ceases to be a British subject, he shall not thereby be discharged from any obligation, duty or liability in respect of any act done before he ceased to be a British subject.

Die folgenden Sektionen 17—24 behandeln Fremdenrecht, Verfahren und Beweiskraft und enthalten Strafvorschriften.

Supplemental.

25. Nothing in this Act shall affect the grant of letters of denization by His Majesty.

26.—(1) Nothing in this Act shall take away or abridge any power vested in, or exercisable by, the Legislature or Government of any British Possession, or affect the operation of any law at present in force which has been passed in exercise of such a power, or prevent any such Legislature or Government from treating differently different classes of British subjects.

(2) All laws statutes and ordinances made by the Legislature of a British Possession for imparting to any person any of the privileges of naturalization to be enjoyed by him within the limits, have the authority of law.

(3) Where any parts of His Majesty's Dominions are under both a central and a local legislature, the expression „British Possession" shall, for the purposes of this section, include both all parts under the central legislature and each part under a local legislature: Provided that nothing in this provision shall be construed as validating any law, statute or ordinance with respect to naturalization made by any such local legislature in any case where the central legislature possesses exclusive legislative authority with respect to naturalization.

27.—(1) In this Act, unless the context otherwise requires,—

The expression "British subject" means a person who is a natural-born British subject, or a person to whom a certificate of naturalization has been granted:

The expression "alien" means a person who is not a British subject:

The expression "certificate of naturalization" means a certificate of naturalization granted under this Act or under any Act repealed by this or any other Act:

The expression "disability" means the status of being a married woman, or a minor, lunatic, or idiot:

The expression "territorial waters" includes any port, harbour or dock.

The expression "British Consulate" means the office of any British consular officer where a register of births is kept, and includes, in the case of any territory where there is no British Consulate and there is a British resident or other representative of His Majesty, the office of such resident or representative.

(2) Where in pursuance of this Act the name of a child is included in a certificate of naturalization granted to his parent, such child shall,

for the purposes of this Act, be deemed to be a person to whom a certificate of naturalization has been granted.

28.—(1) The enactments mentioned in the Third Schedule to this Act are hereby repealed to the extent specified in the third column of that Schedule.

(2) This Act may be cited as the British Nationality and Status of Aliens Act, 1914 [to 1922].

(3) This Act shall come into operation on the first day of january nineteen hundred and fifteen.

Schedules.

First Schedule.

List of Dominions.

The Dominion of Canada. The Commonwealth of Australia (including for the purposes of this Act the territory of Papua and Norfolk Island). The Dominion of New Zealand. The Union of South Afrika. Newfoundland.

Die zweite Schedule enthält den Wortlaut des Untertaneneids, die dritte die Angabe der durch die Act abgeschafften Gesetze. Darunter befinden sich sämtliche bisher maßgeblichen, bei v. KELLER-TRAUTMANN S. 677 abgedruckten Gesetze.

Anlage 11.

8 and 9 George 5, c. 38. An Act to amend the British nationality and Status of Aliens Act 1914 (vom 8. August 1918).

1 und 2 enthalten die Abänderung des Gesetzes von 1914.

3.—(1) Where a certificate of naturalization has been granted in the United Kingdom during the present war to a person who at, or at any time before, the grant of the certificate was the subject of a country which at the date of the grant was at war with His Majesty, the Secretary of State shall refer for such inquiry as is provided for in case of revocation of certificates the question whether it is desirable that the certificate should be revoked, and if such question shall be answered in the affirmative shall revoke the certificate, but this provision shall not apply to a person who at birth was a British subject.

(2) No certificate of naturalization shall, before the expiration of a period of ten years after the termination of the present war, be granted in the United Kingdom to any subject of a country which at the time of the passing of this Act was at war with His Majesty, but this provision shall not apply to a person who—

a) has served in His Majesty's forces or in the forces of any of His Majesty's Allies or of any country acting in naval or military co-operation with His Majesty; or

b) is a member of a race or community known to be opposed to the enemy governments; or

c) was at birth a British subject.

4. betrifft die Bezeichnung des Gesetzes usw.

Belgien.

Anlage 12.

Loi du 25 octobre 1919. Sur les options de patrie (Mon. belge, nr. 2, 3, 4 novembre 1919).

Article premier. — Sont exclus depuis le Ier août 1914 jusqu'à l'expiration de l'année qui suivra l'entrée en vigueur de la présente loi[1]), du bénéfice des articles 7, 8, 9 et 13 alinéa 1, de la loi du 8 juin 1909 et de l'article 4 de la loi du 6 août 1881:

1. Les ressortissants de Puissances ayant été, depuis cette date, en état de guerre avec la Belgique ou ayant été associées, pendant les hostilités, à l'une de ces Puissances.

2. Les ex-ressortissants des mêmes Puissances, à l'exception de ceux qui ont acquis une autre nationalité et de ceux qui appartiennent, par leur origine, à la population de territoires actuellement détachés de ces Puissances.

Les déclarations de nationalité que les individues frappés de l'exclusion auraient souscrites depuis le 1er août 1914 sur pied de l'un des articles visés cidessus, seront rayées des registres et il ne pourra en être délivré ni expédition ni extrait.

Art. 2. — L'article précédent ne pourra jamais être invoqué pour échapper à l'empire des lois répressives belges.

Art. 3. — Le gouvernement peut autoriser les individus qui auraient souscrits ou qui auraient pu souscrire l'une des déclarations inopérantes visées à l'article 1er, alinéa final, à acquérir la qualité de Belge, en faisant cette déclaration dans un délai de trois ans à partir de l'entrée en vigueur de la présente loi.

Cette faveur ne peut toutefois être accordée qu'aux individus des catégories suivantes:

1. Ceux qui ont servi avec honneur dans l'armée belge ou une armée alliée, entre le 1er août 1914 et le 11 novembre 1918.

2. Ceux qui ont donné des gages irrécusables d'attachement à la nation belge.

L'arrêté royal autorisant, dans les conditions qui précèdent, l'acquisitions de la nationalité belge, est délibéré en Conseil des ministres.

Il spécifie la cause qui justifie la faveur.

Art. 4. — Sans préjudice aux dispositions des articles 36 et 37 du Traité de Versailles, dès que le transfert de la souveraineté belge sur les territoires comprenant l'ensemble des cercles d'Eupen et de Malmédy sera définitif, la nationalité belge sera en outre acquise de plein droit:

1. Aux individus nés sur les dits territoires:

2. Aux descendants d'individus nés sur ces territoires, à la condition, pour les uns et les autres, qu'ils résident en Belgique à cette époque depuis une date antérieure au 1er août 1914.

---

[1]) Aux termes de la loi du 7 août 1920 (Mon. belge des 9/10 août. — Art. unique. Le délai prévu à l'article 1er de la loi du 25 octobre 1919 sur les options de patrie est prorogé jusqu'à l'entrée en vigueur d'une nouvelle loi sur l'acquisition et la perte de la nationalité.

Toutefois, ceux d'entre eux qui sont agés de 18 ans accomplis seront admis, dans le délai de deux ans à dater du transfert définitif de la souveraineté, à décliner la nationalité belge, en déclarant, dans les formes requises par la loi du 8 juin 1909, leur intention de recouvrer ou de conserver la nationalité étrangère.

Les individus nés sur les territoires d'Eupen et de Malmédy, ainsi que les descendants d'individus nés sur ces territoires qui se sont établis en Belgique postérieurement au 1er août 1914 et qui continuent d'y résider, seront admis dans le délai de deux ans à dater du transfert définitif de la souveraineté, à réclamer la qualité de Belge, moyennant l'autorisation du Roi et l'accomplissement des formalités prévues aux articles 8, 14 et 15 de la loi du 8 juin 1909.

Dans les cas visés aux alinéas 2 et 3 du présent article, l'option du mari entrainera celle de la femme et l'option des parents entrainera celle de leurs enfants âgés de moins de 18 ans.

Art. 5. — Les individus, autres que ceux visés à l'article 1er, qui auraient omis de faire soit la déclaration prévue par l'article 9 de la loi du 8 juin 1909, soit la déclaration prévue par l'article 4 de la loi du 6 août 1881, pourront, dans un délai de trois ans à partir de l'entrée en vigueur de la présente loi, acquérir la qualité de Belge, moyennant l'accomplissement des formalités prescrites par l'article 8 de la loi du 8 juin 1909.

Art. 6. — Les individus ayant la nationalité belge, faute d'avoir décliné celle-ci conformément aux articles 6, 7 et 17 de la loi du 8 juin 1909 et à celle du 26 mai 1914, pourront, dans un délai d'un an à partir de l'entrée en vigueur de la présente loi, renoncer à la nationalité belge, en déclarant leur intention de recouvrer la nationalité étrangère.

Anlage 13.

Loi sur l'acquisition et la perte de la nationalité du 15 mai 1922 (Moniteur Belge S. 3934).

Art. 1. Sont Belges:

1. L'enfant légitime né, même en pays étranger, d'un père ayant la qualité de Belge au jour de la naissance; l'enfant né en Belgique de parents légalement inconnus. L'enfant trouvé en Belgique est présumé jusqu'à preuve contraire, être né sur le sol belge.

Art. 2. L'enfant naturel dont la filiation maternelle est légalement constatée pendant sa minorité et avant son émancipation, suit la condition de sa mère au jour de l'acte de reconnaissance ou du jugement déclaratif de filiation. Si ce jugement n'est rendu qu'après la mort de la mère, l'enfant suit la condition que celle-ci avait au jour de son décès.

Il suit la condition de son père, si la reconnaissance volontaire ou judiciaire de sa filiation paternelle est antérieure ou concomitante à celle de sa filiation maternelle.

Art. 3. L'enfant naturel légitimé pendant sa minorité et avant son émancipation, suit la condition de son père, si celui-ci est Belge ou sujet d'une nation dont la loi confère aux enfants légitimés la nationalité de son père.

Art. 4. L'étrangère qui épouse un Belge ou dont le mari devient Belge par option suit la condition de son mari.

Art. 5. Deviennent Belges les enfants mineurs non émancipés lorsque celui de leurs auteurs qui exerce sur eux le droit de garde acquiert volontairement ou recouvre la qualité de Belge.

Ils peuvent toutefois, jusqu'à ce qu'ils aient accompli leur vingt-deuxième année, renoncer à la nationalité belge par une déclaration faite dans les formes établies par l'article 22.

Art. 6. Peuvent acquérir la qualité de Belge par option, sous les conditions et suivant les formes ci-après établies:

1. L'enfant né en Belgique;

2. L'enfant né à l'étranger de parents dont l'un avait eu la qualité de Belge.

Art. 7. L'option n'est point recevable lorsque la loi nationale de l'intéressé lui permet de se faire autoriser à conserver sa nationalité dans le cas où il en acquerrait une nouvelle.

Art. 8. La recevabilité de l'option est soumise à ces deux conditions:

1. L'intéressé doit avoir eu sa résidence habituelle en Belgique durant l'année antérieure à la déclaration d'option. En outre, il doit avoir résidé habituellement en Belgique soit depuis l'âge de quatorze ans jusqu'à l'âge de dix-huit ans, soit pendant au moins neuf ans;

2. La déclaration d'option doit être faite avant que l'intéressé ait accompli sa vingt-deuxième année.

Est assimilée à la résidence en Belgique, durant la minorité la résidence en pays étranger, aussi longtemps que le père y exerçait une fonction conférée par le Gouvernement belge.

La condition de résidence imposée par le 1. ci-dessus est limitée à l'année antérieure à l'option en ce qui concerne l'enfant né de parents étrangers dont l'un avait eu la qualité de Belge.

Art. 9. L'intéressé qui justifie avoir été empêché de faire sa déclaration d'option depuis il a atteint l'âge de vingt-et-un ans peut être relevé de la déchéance par le tribunal qui statue sur l'agréation de l'option.

Art. 10. La déclaration d'option est faite au Parquet de tribunal de première instance du lieu où le déclarant a sa résidence habituelle. Il en est dressé acte par le procureur du Roi. Le procureur du Roi en assure immédiatement la publicité par affiches à la porte de la maison communale et à celle de la demeure du déclarant, ainsi que par insertion dans un journal de la province. La publication mentionne le délai pendant lequel ce magistrat procède à une enquête sur l'idonéité du déclarant. Le juge de paix est toujours appelé à donner son avis.

Le tribunal de première instance prononce sur l'agréation de l'option après avis du procureur du Roi, l'intéressé entendu ou appelé. La décision est motivée; elle est notifiée au déclarant par les soins du procureur du Roi.

Dans les quinze jours de la notification, le déclarant et le procureur du Roi peuvent se pourvoir contre la décision du tribunal, par requête adressée à la Cour d'appel. Celle-ci statue en dernier ressort, après avis du procureur général, l'intéressé entendu ou appelé.

Les citations et notifications se font par la voie administrative.

La décision définitive d'agréation est transcrite à la diligence du ministère public, sur le registre mentionné à l'article 22. L'option n'a d'effet qu'à compter de la transcription.

Art. 11. La naturalisation confère la qualité de Belge.

Toutefois la naturalisation ordinaire ne confère pas les droits politiques pour lesquels la Constitution ou les lois exigent la grande naturalisation.

Art. 12. Pour pouvoir obtenir la grande naturalisation, il faut:

1. Etre âgé de vingt-cinq ans accomplis;

2. Avoir sa résidence habituelle en Belgique ou dans la Colonie depuis dix ans au moins. Toutefois ce délai est réduit à cinq ans pour l'étranger marié avec une femme d'origine belge ou veuf ou divorcé d'une femme d'origine belge dont il a un ou plusieurs descendants et pour la femme d'origine étrangère qui a épousé un Belge.

La grande naturalisation peut être accordée, sans autre condition, pour services éminents rendus à l'Etat ou à la Colonie.

Art. 13. Pour pouvoir obtenir la naturalisation ordinaire il faut:

1. Etre âgé de vingt-deux ans accomplis;

2. Avoir sa résidence habituelle en Belgique ou dans la Colonie depuis cinq ans au moins. Toutefois ce délai est réduit à deux ans pour l'étranger marié avec une femme d'origine belge ou veuf ou divorcé d'une femme d'origine belge dont il a un ou plusieurs descendants.

Art. 14. La demande de naturalisation n'est pas recevable lorsque la loi nationale de l'intéressé lui permet de se faire autoriser à conserver sa nationalité, dans le cas ou il en acquerrait une nouvelle.

Art. 15. La femme qui demande la naturalisation conjointement avec son mari est dispensée des conditions fixées par les articles 12 et 13.

Il en est de même des fils majeurs ou émancipés et des filles majeures ou émancipées, non mariées, qui demandent la grande naturalisation conjointement avec leur auteur.

Art. 16. Toute demande de naturalisation est signée par celui qui la forme ou par son fondé de procuration spéciale et authentique. Elle est adressée au Ministre de la Justice. Celui-ci la communique au Parquet du tribunal de première instance du lieu ou l'intéressé a sa résidence habituelle. Le Procureur du Roi en assure la publicité et procède à une enquête sur l'idonéité de l'intéressé, conformément à l'art. 10.

L'enquête terminée, la demande et toutes les pièces de l'instruction sont transmises aux Chambres législatives.

Lorsque l'intéressé réside dans la Colonie, la publicité de sa demande et l'enquête sont organisées par le Ministre des Colonies.

Art. 17. L'acte de naturalisation voté par les Chambres et sanctionné par le Roi est notifié à l'intéressé par les soins du Ministre de la Justice. Dans les deux mois de la notification, l'intéressé ou son fondé de procuration spéciale et authentique doit en requérir la transcription sur le registre mentionné à l'article 22. Cet acte n'a d'effet qu'à compter de la transcription.

Il est publié au Moniteur belge avec la mention de la transcription.

Art. 18. Perdent la qualité de Belge:

1. Celui qui acquiert volontairement une nationalité étrangère. Est réputé acquérir volontairement une nationalité étrangère, celui qui, l'ayant acquise de plein droit, renonce à la nationalité belge par une déclaration faite dans les formes de l'article 22;

2. La femme qui épouse un étranger d'une nationalité déterminée, si la nationalité de son mari lui est acquise en vertu de la loi étrangère;

3. La femme dont le mari acquiert volontairement une nationalité étrangère, si la nationalité de son mari lui est acquise en vertu de la loi étrangère.

Toutefois, la femme peut dans ces deux cas conserver la qualité de Belge, si elle est Belge d'origine par une déclaration faite dans les formes de l'article 22, durant les six mois à partir du jour du mariage ou du jour où le mari a cessé d'être Belge;

4. Les enfants mineurs non émancipés d'un Belge devenu étranger par application du présent article et exerçant sur eux le droit de garde, s'ils ont acquis la nationalité étrangère en même temps que leur auteur.

Art. 19. La femme qui a perdu la qualité de Belge par application de l'article 18, 2 et 3, peut, si elle est Belge d'origine, la recouvrer après la dissolution du mariage par une déclaration d'option faite après une année de résidence habituelle en Belgique.

L'enfant qui a perdu la qualité de Belge par application de l'article 18, 4, peut la recouvrer entre l'âge de dix-huit ans et l'âge de vingt-deux ans accomplis, par une déclaration d'option faite après une année de résidence habituelle en Belgique. La disposition de l'article 9 lui est applicable.

Les déclarations d'option faites en vertu du présent article sont soumises à l'agréation de l'autorité judiciaire et la décision d'agréation est transcrite conformément à l'article 10.

Art. 20. L'acquisition, la perte ou le recouvrement de la qualité de Belge, de quelque cause qu'ils procèdent, ne produisent d'effet que pour l'avenir.

Art. 21. Les enfants mineurs sont habiles à faire, dès l'âge de seize ans accomplis, la déclaration prévue aux articles 5, 10, 18, et 19, avec l'assistance des personnes dont le consentement leur est nécessaire pour la validité du mariage selon les conditions prescrites au chapitre 1. du titre V du livre 1 du Code civil.

Le consentement est donné soit dans l'acte même de la déclaration, soit par un acte séparé reçu par un officier de l'état civil; cet acte séparé doit être annexé à l'acte de la déclaration.

Art. 22. Les déclarations prévues aux articles 5 et 18 sont faites soit devant l'officier de l'état civil du lieu de résidence en Belgique, soit devant les agents diplomatiques ou consulaires de la Belgique à l'étranger; elles sont inscrites soit dans le registre aux actes de naissance, soit dans un registre spécial tenu en double. L'officier de l'état civil instrumente sans l'assistance de témoins. Ces déclarations sont mentionnées en marge de l'acte de naissance.

Il en est de même des agréations d'option et des transcriptions de naturalisation.

Art. 23. La qualité de Belge de naissance est suffisamment établie par la preuve de la possession d'état de Belge en la personne de celui des auteurs du réclamant, dont la nationalité forme la condition de la sienne.

La possession d'état de Belge s'acquiert par l'exercice des droits que cette qualité confère.

La preuve contraire est de droit.

Art. 24. Les articles 1 à 11 de la loi du 6 août 1881 sur la naturalisation, les articles 1 à 15 de la loi du 8 juin 1909 sur l'acquisition et la perte de la nationalité, la loi du 1 juin 1911 et l'arrêté-loi du 11 mai 1918, relatifs aux descendants des habitants des parties cédées du royaume, et les articles 3 et 5 de la loi du 25 octobre 1919 sur les options de patrie, sont abrogés.

Dispositions transitoires.

I—IV...

V. Pendant les six mois suivant l'entrée en vigueur de la présente loi, les femmes Belges d'origine qui ont perdu la qualité de Belge par suite de leur mariage avec un étranger ou par suite de l'acquisition d'une nationalité étrangère par leur mari, sont admises à recouvrer la nationalité belge par une déclaration faite dans les formes de l'article 22.

VI. 1. Sur la poursuite du Ministère public, est déclaré déchu de la qualité de Belge, la Belge par option ou par naturalisation qui a manqué gravement à ses devoirs envers la Belgique ou ses alliés pendant la guerre.

2. L'article 2 de la loi du 12 février 1897 sur les étrangers n'est pas applicable à ceux qui ont été frappés de déchéance.

3. L'action en déchéance se poursuit devant le tribunal civil de première instance au domicile du défendeur ou, à défaut de domicile connu, de sa dernière résidence. A défaut de domicile et de résidence connus en Belgique, le tribunal de première instance de Bruxelles est compétent.

Le jugement est susceptible d'appel.

Si le jugement ou l'arrêt est rendu par défaut, il ordonne que, après sa signification, il sera publié dans deux journeaux de la province et au Moniteur Belge; l'opposition ne sera plus recevable après l'expiration de la huitaine à compter de cette publication, ce délai étant augmenté, s'il y a lieu, conformément à l'article 1033 du Code de procédure civile.

4. L'action en déchéance ne pourra être introduite plus de trois ans après la mise en vigueur de la présente loi.

5. Tout jugement de déchéance qui a acquis force de chose jugée est transcrit dans le registre indiqué à l'article 22. Il en est fait mention en marge de l'acte naissance, de l'acte d'option ou de l'acte de naturalisation.

La déchéance n'a d'effet que du jour de la transcription.

Celle-ci est publiée par extrait au Moniteur belge.

6. La femme du Belge déchu peut décliner la nationalité belge dans le délai d'un an à partir du jour de la transcription de la déchéance; si elle est mineure, le délai ne commence à courir qu'à partir de sa majorité.

La même faculté est reconnue aux enfants dans le même délai. Les enfants mineurs sont admis à décliner la nationalité belge dès l'âge de dix-huit ans accomplis, dans les conditions déterminées par l'article 21 de la présente loi.

Les renonciations de nationalité sont faites dans les formes déterminées par l'article 22 de la présente loi.

Italien.

Anlage 14.

Regio decreto-legge, 21 agosto 1921, n. 1188, contenente disposizioni transitorie per consentire agli stranieri la dichiarazione di elezione della cittadinanza italiana, sospesa durante la guerra (Gazz. uff. 1921, n. 215, p. I).

Art. 1. Gli stranieri che, travandosi nelle condizioni prevedute dall' art. 3, n. 2 della legge 13 giugno 1912, n. 555, non poterono, per effetto dell' art. 1 della legge 25 luglio 1915, n. 1144, dicchiarare di eleggere la cittadinanza italiana, possono fare tale dicchiarazione nel termine perentorio di un anno dalla data della entrata in vigore del presente decreto.

Gli stranieri che, trovandosi nelle condizioni previste dall' art. 3, n. 3 della legge 13 giugno 1912, n. 555, non hanno acquistata, per effetto della medesima disposizione, la cittadinanza italiana, sono ammessi a dicchiarare di elleggere tale cittadinanza nel termine stabilito nel comma precedente.

La dicchiarazione di elleggere la cittadinanza italiana fa acquistare la medesima dopo 90 giorni dalla sua data, a meno che il Governo non inibisca tale acquisto.

Art. 2. Non possono dicchiarare di elleggere la cittadinanza italiana a norma dell' articolo precedente gli stranieri che avrebbero potuto acquistarla nei termini stabiliti dal decreto Luogotenenziale 14 luglio 1918, n. 1029.

Art. 3. L'ufficiale di stato civile, che abbia ricevuto la dicchiarazione di elezione della cittadinanza italiana ai sensi dell' art. 1, deve immediatamente spedirne copia, con lettera raccommandata, al prefetto della Provincia, che la trasmette al Ministero dell' interno con le occorenti informazioni.

Le contravvenzioni alle disposizioni contenute in questo articolo sono punite a norma dell' art. 404 Codice civile.

Art. 4. Quando la dicchiarazione di elezione di cittadinanza agli effetti dell' art. 1 sia fatta all' estero dinanzi ai RR. agenti diplomatici e consolari, questi devono trasmetterne copia, oltre che all' ufficiale di Stato civile a sensi dell' art. 5 del R. decreto 28 dicembre 1915, numero 2560, anche al Ministero dell' interno.

In tali casi, è raddoppiato il termine stabilito dal 2. capoverso dell' art. 1 per l'esercizio da parte del Governo della facoltà di inibizione.

Art. 5. La facoltà concessa al Governo dal 2. capoverso dell' art. 1 è esercitata dal ministro dell' interno con suo decreto, non soggetto ad impugnazione nè in via amministrativa nè in sede giurisdizionale, che è pubblicato nalla Gazzetta ufficiale del Regno ed annotato in margine alla dicchiarazione di elezione della cittadinanza italiana fatto dallo interessato.

Art. 6. Il presente decreto avrà vigore dal giorno della sua pubblicazione nella Gazzetta ufficiale e sarà presentato al Parlamento per la conversione in legge.

Anlage 15.

Regio decreto-legge 10 settembre 1922, n. 1387, che reca disposizioni per la concessione della cittadinanza italiana a talune categorie di persone (Gazz. uff. nr. 259).

Art. 1. La cittadinanza italiana può essere concessa per decreto Reale, su proposta del ministro degli affari esteri, senza l' osservanza delle condizioni stabilite dall' art. 4 della legge 13 giugno 1912, n. 555, ai maggiorenni od emancipati celibi, monogami o vedovi, anche non residenti nel Regno, che si trovino in uno dei seguenti casi:

1. appartengano a famiglia di origine italiana, le quali abbiano perduto la cittadinanza originari a;

2. godano la protezione italiana, o l'abbiano goduta anteriormente e non sono attualmente protetti da alcun altro Stato;

3. abbiano dato prova non dubbia di sentimenti di italianità ed offrano varie garanzie di contribuire al mantenimento del buon nome e del prestigio italiano.

Art. 2. La persona alla quale la cittadinanza è concessa dovrà prestare giuramento nei modi e nelle forme di cui all' art. 5 della legge 13 giugno 1912, n. 555.

La consegna del decreto di cittadinanza dovrà risultare da apposito verbale redatto dall' autorità italiana all' uopo incaricata, e dalla data di tale verbale decorerà il termine di sei mesi per prestare giuramento.

Art. 3. La cittadinanza ottenuta a norma dell' art. 1 non comprende il godimento dei diritti politici, nè l' obbligo del servizio militare.

Art. 4. La domanda d' acquisto della cittadinanza da parte delle persone di cui all' art. 1, n. 2 deve esser fatta entro 4 mesi dalla pubblicazione della legge.

Coloro che non avranno chiesto la cittadinanza entro tale termine e la di cui domanda sarà stata respinta, perderanno ogni titolo alla protezione italiana.

Art. 5. Il presente decreto entrera in vigore dal giorno della sua pubblicazione nella Gazzetta ufficiale del Regno e sarà presentato al Parlamento per la sua conversione in legge.

Anlage 16.

Modificazioni al Reale decreto-legge 10 settembre 1922, nr. 1387. R. d.-l. 14 giugno 1923, nr. 1418 (Gazz. uff. 9 giuglio, nr. 160).

Art. 1. A modificazione dell' art. 1 R. d.-l. 10 settembre 1922, nr. 1387, la cittadinanza ai sensi e alle condizioni di cui nel decreto-legge medesimo pui essere conferita per decreto reale su proposta del ministro dell' interno, di concerto col ministro degli affari esteri.

Art. 2. La cittadinanza concessa ai sensi del succitato decreto si estende alla moglie e ai figli minorenni non emancipati e loro discendenti, del concessionario.

I figli anzidetti e i loro discendenti hanno l' obbligo del servizio militare seconde le disposizioni vigenti in materia, e con l'adempiere a tale obbligo acquistano anche i diritti politici.

Art. 3. La domanda per l' acquisto della cittadinanza ai sensi dell'art. 1 (num. 1, 2, e 3) del r. d.-l. 10 settembre 1922, nr. 1387, deve essere presentate al ministro dell' interno, direttamente, o per il tramite delle regie rappresentanze diplomatiche e consolari e del ministro degli affari esteri nel termine di un mese dalle publicazione del presente decreto.

Art. 4 betrifft den Eintrag ins Staatsangehörigkeitsregister, Art. 5 die Aufrechterhaltung des Dekrets vom 10. IX. 1922 und des Gesetzes von 1912, Art. 6 das Inkrafttreten mit dem Tage der Veröffentlichung.

Vereinigte Staaten.

Anlage 17.

Act of June 20, 1922 Relative to the naturalization and citizenship of married women (67th Congress, 2d Session, Calendar Nr. 887, H. R. 12022).

Be it enacted by the Senate and House of Representatives of the United States of America in Congress assembled, That the right of any woman to become a naturalized citizen of the United States shall not be denied or abridged because of her sex or because she is a married woman.

Sec. 2. That any woman who marries a citizen of the United States after the passage of this Act, or any woman whose husband is naturalized after the passage of this Act, shall not become a citizen of the United States by reason of such marriage or naturalization; but, if eligible to citizenship, she may be naturalized upon full and complete compliance with all requirements of the naturalization laws, with the following exceptions:

(a) No declaration of intention shall be required;

(b) In lieu of the five-year period of residence within the United States and the one-year period of residence within the State or Territory where the naturalization court is held, she shall have resided continuously in the United States, Havaii, Alaska, or Porto Rico for at least one year immediately preceding the filing of the petition.

Sec. 3. That a woman citizen of the United States shall not cease to be a citizen of the United States by reason of her marriage after the passage of this Act, unless she makes a formal renunciation of her citizenship before a court having jurisdiction over naturalization of aliens: Provided, that any woman citizen who marries an alien ineligible to citizenship shall cease to be a citizen of the United States. If at the termination of the marital status she is a citizen of the United States she shall retain her citizenship regardless of her residence. If during the continuance of the marital status she resides continuously for two years in a foreign State of which her husband is a citizen or subject, or for five years continuously outside the United States, she shall thereafter be subject to the same presumption as is a naturalized citizen of the United States under the second paragraph of section 2 of the Act entitled „An Act in reference to the expatriation of citizens and their protection abroad", approved March 2, 1907. Nothing herein shall be construed to repeal or amend the provisions of Revised Statutes 1999 or of section 2 of the Expatriation Act of 1907 with reference to expatriation.

Sec. 4. That a woman who, before the passage of this Act, has lost her United States citizenship by reason of her mariage to an alien eligible for citizenship, may be naturalized as provided by section 2 of this Act: Provided, that no certificate of arrival shall be required to be filed with her petition if during the continuance of the marital status she shall have resided within the United States. After her naturalization she shall have the same citizenship status as if her marriage had taken place after the passage of this Act.

Sec. 5. That no woman whose husband is not eligible to citizenship shall be naturalized during the continuance of the marital status.

Sec. 6. That section 1994 of the Revised Statutes and section 4 of the Expatriation Act of 1907 are repealed. Such repeal shall not terminate citizenship acquired or retained under either of such sections nor restore citizenship lost under section 4 of the Expatriation Act of 1907.

Sec. 7. That section 3 of the Expatriation Act of 1907 is repealed. Such repeal shall not restore citizenship lost under such section nor terminate citizenship resumed under such section. A woman who has resumed under such section citizenship lost by marriage shall, upon the passage of this Act, have for all purposes the same citizenship status as immediately preceding her marriage.

Portugal.

Anlage 18.

Décret Nr. 2355 du 23 avril 1916.

Article premier. Sont bannis du territoire portugais, aux termes des articles 1 et 5 du décret du 20 avril 1916, nr. 2350, les sujets des pays alliés de l'Allemagne, des deux sexes et de tout âge.

Art. 2. Ne jouissent pas de la qualité de citoyen portugais à dater de la déclaration de guerre, l'individu né au Portugal, de père allemand, sauf décision du Gouvernement, publiée dans le Diario do Governo.

Art. 3. Sont annulées les naturalisations accordées à des sujets de l'Allemagne ou des pays alliées à elle, avant la date de la déclaration de guerre.

Art. 4. Le Gouvernement est autorisé à expulser du territoire portugais les individus visés aux deux articles précédents et même ceux qui descendent d'Allemands, bien qu'ayant juridiquement une autre nationalité, y compris la nationalité portugaise, lorsque leur résidence au Portugal paraîtra présenter des inconvénients.

Art. 5. Ne seront pas considérés comme allemands les nationaux d'Alsace-Lorraine recommandés par le gouvernement français à la protection du gouvernement portugais.

(Auszug aus der französischen Übersetzung aus Rev. 1916, p. 387.)

Japan.

Anlage 19.

Gesetz Nr. 27 vom 15. III. 1916.

Das Gesetz über die Staatsangehörigkeit wird wie folgt abgeändert:

Art. 18. Die Japanerin verliert ihre Heimatstaatsangehörigkeit, wenn sie mit einem Ausländer die Ehe eingeht und die Staatsangehörigkeit ihres Mannes erwirbt.

Art. 20a. Ein Japaner, der durch Geburt Staatsangehöriger eines fremden Landes ist und in diesem Lande seinen Wohnsitz hat, kann mit Genehmigung des Ministers des Innern auf die japanische Staatsangehörigkeit verzichten.

Ist der Verzichtende unter 15 Jahre alt, so muß der Antrag auf Genehmigung von seinem gesetzlichen Vertreter gestellt werden.

Der „Keifou" (Ehemann der Mutter des Kindes) und die „Keibo" (Ehefrau des Vaters des Kindes) können nur mit Zustimmung des Familienrats den Antrag stellen bzw. die Genehmigung erteilen.

Wer auf die Staatsangehörigkeit verzichtet, verliert die japanische Staatsangehörigkeit.

Art. 24. Die Worte „5 vorhergehende Artikel" werden durch die Worte „7 vorhergehende Artikel" ersetzt.

Art. 26. Nach „Art. 20" wird hinzugefügt „Art. 20a".

Dem Art. wird folgender Absatz hinzugefügt:

Hat derjenige, der die japanische Staatsangehörigkeit auf Grund Art. 20a verloren hat, das 15. Lebensjahr noch nicht vollendet, so muß der im vorhergehenden Absatz erwähnte Genehmigungsantrag vom Vater, der das Haupt der Familie ist, der der Betreffende am Tage seines Staatsangehörigkeitsverzichts angehört, von der Mutter, wenn nicht der Vater, vom Großvater, wenn nicht die Mutter, von der Großmutter, wenn nicht der Großvater den Antrag stellen kann.

Zusatzartikel. Der Tag des Inkrafttretens dieses Gesetzes wird durch Dekret festgesetzt.

(Nach der französischen Übersetzung im JCl. 1917, S. 792.)

China.

Anlage 20.

Gesetz über die Staatsangehörigkeit vom 8. XI 1912 in der Fassung des Präsidentendekrets vom 30. XII 1914.

Kapitel I. Natürlicher Besitz der chinesischen Staatsangehörigkeit.

Art. 1. Die chinesische Staatsangehörigkeit besitzt:

1. Das Kind eines Vaters, der die chinesische Staatsangehörigkeit zur Zeit der Geburt desselben besitzt.

2. Das nachgeborene Kind eines Vaters, der die chinesische Staatsangehörigkeit bei seinem Tode besessen hat.

3. Das Kind einer chinesischen Mutter oder eines unbekannten oder eines Vaters, der keine Staatsangehörigkeit besitzt.

4. Das in China geborene Kind unbekannter oder solcher Eltern, die keine Staatsangehörigkeit besitzen.

Kapitel II. Erwerb der chinesischen Staatsangehörigkeit.

Art. 2. Die chinesische Staatsangehörigkeit erwerben Ausländer, die eine der folgenden Bedingungen erfüllen:

1. Die rechtmäßige Ehefrau eines chinesischen Staatsangehörigen.

2. Das von einem chinesischen Vater stammende und von ihm anerkannte Kind.

3. Das Kind eines unbekannten Vaters oder das vom Vater nicht anerkannte Kind einer chinesischen Mutter, die es anerkennt.

4. Wer wie ein Sohn von einem Chinesen aufgezogen worden ist.

5. Die Naturalisierten.

Art. 3. Der Erwerb der chinesischen Staatsangehörigkeit durch Anerkennung der Eltern findet nur Anwendung auf:

1. Personen, die nach dem Recht ihres Heimatstaats noch nicht volljährig sind.

2. Frauen, die nicht mit Ausländern verheiratet sind.

Art. 4. Ausländer oder Staatenlose können vom Ministerium des Innern naturalisiert werden. Die Naturalisation wird vom Ministerium des Innern nur unter folgenden Bedingungen zugelassen:

1. Ununterbrochener Wohnsitz von mindestens 5 Jahren in China.

2. Geschäftsfähigkeit nach chinesischem Recht und Recht des Heimatstaats, mindestens ein Alter von 20 Jahren.

3. Guter Leumund.

4. Vermögen oder entsprechende Unterhaltsmittel.

5. Staatenlose oder Personen, die die chinesische Staatsangehörigkeit erhalten, verzichten auf ihre ursprüngliche Staatsangehörigkeit.

Wer im Zeitpunkt der Naturalisation staatenlos ist, wird in bezug auf die Bedingungen des Art. 2 nur nach dem chinesischen Recht beurteilt.

Art. 5. Die mit einem Ausländer verheiratete Frau kann nicht unabhängig von ihrem Gatten naturalisiert werden.

Art. 6. Nach den folgenden Ziffern können auch Ausländer, die ihren Wohnsitz in China haben, naturalisiert werden, obwohl sie die Bedingungen des Art. 4, Ziff. 1 nicht erfüllen:

1. wenn der Vater oder die Mutter chinesische Staatsangehörige waren,
2. wenn die Ehefrau chinesische Staatsangehörige war,
3. wenn sie in China geboren sind,
4. wenn sie seit mindestens 10 aufeinanderfolgenden Jahren in China wohnen.

Die in Ziff. 1—3 Genannten können nur naturalisiert werden, wenn sie sich ununterbrochen 3 Jahre in China aufhalten. Ausgenommen die Personen der Ziff. 3, deren Vater oder Mutter in China geboren ist.

Art. 7. Die zur Zeit in China wohnenden Ausländer, deren Vater oder Mutter chinesische Staatsangehörige sind, können auch naturalisiert werden, wenn sie die Bedingungen des Art. 4, Ziff. 1, 2 und 4 nicht erfüllen.

Art. 8. Gleichfalls kann, ohne den in Art. 4 geforderten Bedingungen zu genügen, naturalisiert werden, wer China außergewöhnliche Dienste geleistet hat.

Für solche Personen muß der Minister des Innern den Naturalisationsantrag dem Präsidenten der Republik zur Genehmigung vorlegen.

Art. 9. Die Naturalisation muß im Amtsblatt der Regierung veröffentlicht werden. Andernfalls kann sie dem gutgläubigen Dritten nicht entgegengehalten werden.

Art. 10. Die Ehefrau des Naturalisierten und seine nach dem Recht seiner Heimat minderjährigen Kinder müssen mit ihm die chinesische Staatsangehörigkeit erwerben, wenn nicht das Recht des Heimatstaats der Frau oder minderjährigen Kinder hiermit unvereinbare Bestimmungen enthält.

Mit dem Vorstehenden ist lediglich bestimmt, daß die Ehefrau des Naturalisierten, der gesetzliche Bestimmungen den Erwerb der chinesischen Staatsangehörigkeit an der Seite ihres Mannes nicht gestatten, naturalisiert werden kann, auch wenn sie die Bedingungen des Art. 4 nicht erfüllt.

Art. 11. Ein Naturalisierter und seine mit ihm naturalisierten Kinder können folgende Ämter nicht bekleiden:

1. Präsident oder Vizepräsident der Republik.
2. Staatssekretär oder Minister.
3. Mitglied des Parlaments oder der Provinzvertretungen.
4. Hohe Richterämter.

5. Präsident des Staatsrats.
6. Präsident des Rechnungshofs.
7. Botschafter oder bevollmächtigter Gesandter.
8. Generale des Landheers oder der Marine.
9. Zivilgouverneur einer Provinz.

Auf Vorschlag des Ministers des Innern können mit Genehmigung des Präsidenten der Republik die in Art. 8 genannten Personen in einer Frist von 5 Jahren, die übrigen in einer Frist von 10 Jahren, gerechnet vom Tage der Naturalisation ab, von den genannten Untauglichkeitsgründen, abgesehen von dem der Ziff. 1, Befreiung erlangen.

Kapitel III. Verlust der chinesischen Staatsangehörigkeit.

Art. 12. Der chinesischen Staatsangehörigkeit geht verlustig:

1. Die Frau durch Eheschließung mit einem Ausländer, wenn sie die Staatsangehörigkeit ihres Ehemannes erwirbt.
2. Das Kind eines Ausländers durch dessen Anerkennung.
3. Das Kind eines unbekannten Vaters oder eines Vaters, der es nicht anerkannt hat, und einer ausländischen Mutter durch deren Anerkennung.
4. Durch die auf Antrag erfolgte Naturalisation im Ausland.
5. Durch Annahme eines öffentlichen zivilen oder militärischen Amts im Ausland ohne Genehmigung der Regierung, wenn der Betreffende trotz Befehls der Regierung seine Entlassung nicht nimmt.

Die Ziffern 2 und 3 dieses Artikels finden nur Anwendung auf die nach chinesischem Recht minderjährigen Kinder, sowie nicht auf Frauen, die mit chinesischen Staatsangehörigen verheiratet sind.

Die Ziff. 4 dieses Artikels findet nur Anwendung auf Personen, die mindestens 20 Jahre alt sind, nach chinesischem Recht geschäftsfähig sind und die die Genehmigung des Ministeriums des Innern haben.

Art. 13. Die Ziff. 4 des vorigen Artikels findet nicht Anwendung auf Personen, von denen das Ministerium feststellt, daß folgende Bedingungen bei ihnen zutreffen:

1. Wehrpflichtige.
2. Personen, die ihre Militärdienstzeit ableisten.
3. Personen, die zur fraglichen Zeit Zivilbeamte oder Offiziere, Abgeordnete oder Beamte der lokalen Selbstverwaltung sind.

Art. 14. Die chinesische Staatsangehörigkeit verlieren gleichfalls nicht die in den Ziffern des Art. 12 aufgeführten Personen sowie diejenigen, bei denen zwar nicht die im vorigen Artikel genannten Bedingungen, aber eine der folgenden zutreffen:

1. Im Strafverfahren Angeschuldigte oder Angeklagte.
2. Personen, die eine Kriminalstrafe noch nicht völlig verbüßt haben.

3. Beklagte, in einem bürgerlichen Rechtsstreit.

4. Personen, gegen die die Zwangsvollstreckung eingeleitet ist.

5. Gemeinschuldner, die ihre Verfügungsfreiheit noch nicht wieder erlangt haben.

6. Personen, die ihre Steuern noch nicht vollständig bezahlt oder eine Buße wegen rückständiger Steuern zu bezahlen haben.

Art. 15. Die Frau und die minderjährigen Kinder verlieren die chinesische Staatsangehörigkeit, wenn sie die Staatsangehörigkeit des Naturalisierten gleichzeitig erwerben.

Art. 16. Die Chinesen, die ihre Staatsangehörigkeit verloren haben, genießen die den chinesischen Staatsangehörigen vorbehaltenen Rechte und Vorteile nicht mehr.

Wer vor dem Verlust seiner Staatsangehörigkeit Güter besaß, die sich von den genannten (den Chinesen vorbehaltenen) Rechten und Vorteilen herleiten, hat sie dem Staatsschatz zurückzugeben, wenn er sie nicht binnen eines Jahres gebürtigen Landsleuten abgetreten hat.

Kapitel IV. Wiedererwerb der chinesischen Staatsangehörigkeit.

Art. 17. Eine Frau, die die chinesische Staatsangehörigkeit durch Eheschließung verloren hat, kann mit Genehmigung des Ministeriums des Innern nach Auflösung des ehelichen Bandes die chinesische Staatsangehörigkeit wiedererwerben, wenn sie ihren Wohnsitz in China hat und die Bedingungen des Art. 4, Ziff. 5 erfüllt.

Dieser Artikel findet Anwendung auf den Fall, in dem die Frau nach Maßgabe des Art. 15 ihre Staatsangehörigkeit verloren hat.

Art. 18. Personen, die die chinesische Staatsangehörigkeit gemäß Art. 12, Ziff. 4 verloren haben, können auf Antrag beim Ministerium des Innern die Wiedereinbürgerung in die chinesische Staatsangehörigkeit erhalten, wenn sie in China ihren Wohnsitz haben und die Bedingungen des Art. 4, Ziff. 3 bis 5 erfüllen.

Jedoch findet dieser Artikel keine Anwendung auf einen Naturalisierten und dessen Kinder, die der Staatsangehörigkeit ihres Vaters gefolgt waren und sie wieder verloren haben.

Dieser Artikel findet Anwendung auf das Kind, das nach Art. 15 seine Staatsangehörigkeit verloren hat und die Bedingungen des Art. 4, Ziff. 2 erfüllt.

Art. 20. Die Wiedereingebürgerten können die in Art. 11 aufgezählten Ämter nicht vor dem Ablauf einer Frist von 3 Jahren vom Tage des Wiedererwerbs an ausüben.

Von dieser Beschränkung kann vom Ministerium des Innern mit Genehmigung des Präsidenten der Republik Befreiung erteilt werden.

Kapitel V. Zusatzbestimmungen.

Art. 21. Die Ausführungsbestimmungen zu diesem Gesetz werden durch Dekret erlassen.

Art. 22. Das Gesetz tritt mit dem Tage seiner Vollziehung in Kraft.

(Nach der französischen Übersetzung im JCl. 1917, S. 767.)

Uruguay.

Anlage 21.

Constitution du 15 octobre 1917. Diario oficial, Montevideo, 16 janvier 1918.

Section II.

De la citoyenneté et de ses droits, manières de la suspendre et de la perdre.

Chapitre I. Art. 6. Les citoyens de la République orientale de l'Uruguay le sont de naissance, ou par la loi.

Art. 7. Sont citoyens de naissance, tous les individus nés en un lieu quelconque du territoire de la République. Sont également citoyens de naissance les enfants de père ou de mère uruguayens quel que soit le lieu de leur naissance par le fait de fixer leur résidence dans le pays et de se faire inscrire au registre civil.

Art. 8. Ont droit à la citoyenneté par la loi: les étrangers qui, professant une science quelconque, un art ou exerçant une industrie, ou possédant dans le pays un capital quelconque en lettres de change ou en propriété, ont trois années de résidence dans la République; les étrangers non mariés qui, ne remplissant aucune desdites conditions, ont quatre années de résidence dans le pays; ceux qui obtiennent de l'assemblée une faveur spéciale pour services considérables ou mérites signalés.

Chapitre IV.

Art. 13. La citoyenneté se perd par naturalisation en un autre pays; pour la recouvrer, il suffit d'élire domicile dans la République et d'être inscrit au registre civil.

(Auszug aus der französischen Übersetzung im J. Cl. 1918, S. 905.)

Schweiz.

Anlage 22.

Bundesgesetz vom 26. VI. 1920 (Eidgen. Gesetzessammlung S. 639).

Art. 1. Der Art. 2 des Bundesgesetzes vom 25. VI. 1903 betr. die Erwerbung des Schweizerbürgerrechts und den Verzicht auf dasselbe erhält folgende Fassung:

Die Bewilligung wird nur an solche Bewerber erteilt, die in den letzten 12 Jahren vor Einreichung des Gesuches während mindestens

6 Jahren auf Grund einer von der zuständigen Behörde erteilten Aufenthalts- oder Niederlassungsbewilligung tatsächlich in der Schweiz gewohnt haben.

In der Schweiz geborene Ausländer, die bis zum erfüllten 20. Lebensjahr mindestens 10 Jahre in der Schweiz zugebracht haben, können die Bewilligung erhalten, wenn sie in den letzten 5 Jahren vor Einreichung des Gesuches mindestens 3 Jahre in der Schweiz tatsächlich gewohnt haben.

In jedem Falle muß der Gesuchsteller die letzten 2 Jahre vor Einreichung des Gesuches fortdauernd in der Schweiz gewohnt haben.

Der Bundesrat prüft auch die Beziehungen des Bewerbers zu dem bisherigen Heimatstaate, sowie dessen sonstige und Familienverhältnisse. Er kann die Bewilligung verweigern, wenn diese Beziehungen oder diese Verhältnisse so beschaffen sind, daß aus der Einbürgerung des Gesuchstellers der Eidgenossenschaft Nachteile erwachsen würden.

Art. 2. Das Gesetz findet auch Anwendung auf die im Zeitpunkt seines Inkrafttretens bereits anhängigen Einbürgerungsgesuche, sofern nicht besondere Gründe eine Ausnahme rechtfertigen.

Art. 3. Der Bundesrat ist mit der Vollziehung dieses Gesetzes beauftragt; er wird den Beginn der Wirksamkeit festsetzen[1]).

Spanien.

Anlage 23.

Kgl. Dekret vom 6. XI. 1916 über den Erwerb des Ortsbürgerrechts (vecindad) in Spanien (Gac. de Madrid, 14. XI. 1916).

Art. 1. Der Nachweis des in Spanien erworbenen Ortsbürgerrechts stellt gemäß Art. 1, § 4 der Staatsverfassung und Art. 17, Ziff. 4 des Bürgerlichen Gesetzbuches eines der Mittel zum Erwerb der spanischen Staatsangehörigkeit dar; er wird in Zukunft den durch das gegenwärtige Dekret festgesetzten Regeln und Bedingungen unterworfen.

Art. 2. Um das Ortsbürgerrecht zu erwerben, ist ein ununterbrochener Aufenthalt von 10 Jahren auf spanischem Boden nachzuweisen; er muß den Charakter eines gesetzlichen Wohnsitzes tragen. Vom Tage des Erlasses dieses Dekrets läuft diese Frist vom Tage der Eintragung des Wohnsitzes des Ausländers in das Nationalitätsregister und der Eintragung des bürgerlichen Wohnsitzes in das Register des zuständigen Munizipalgerichts; die Eintragung muß in den in Art. 110 des Gesetzes vom 17. VI. 1870 vorgeschriebenen Formen und in dem von den Zivilbehörden nach Art. 9 des Kgl. Dekrets vom 17. XI. 1832 ge-

---

1) In Kraft getreten am 15. X. 1920 laut Bundesratsbeschluß vom 9. X. 1920 (Gesetzsammlung S. 640).

führten Ausländerregister geschehen. Der Aufenthalt vor Erlaß dieses Dekrets kann mittels eines Zeugnisses, das die Eintragung des Aufenthalts in einem der obenerwähnten Register nachweist, aushilfsweise mittels aller beglaubigten Urkunden, die diese Eintragung bestätigen, angerechnet werden.

Art. 3. In gleicher Weise werden als im Besitz des Ortsbürgerrechts betrachtet die Ausländer, die einen Aufenthalt von 5 Jahren in Spanien unter den im vorstehenden Artikel erwähnten Bedingungen nachweisen und einer der folgenden Bedingungen genügen: wenn sie

1. mit einer Spanierin die Ehe geschlossen,

2. in Spanien eine vorher noch nicht bestehende Industrie eingeführt oder eine wichtige Erfindung gemacht haben,

3. Eigentümer oder Leiter eines landwirtschaftlichen Betriebs oder einer industriellen oder Handelsunternehmung sind,

4. der Nation bedeutende Dienste geleistet haben.

Art. 4. Keinesfalls kann das Ortsbürgerrecht oder die spanische Staatsangehörigkeit erwerben ein Ausländer, der nach dem Recht seines Heimatstaats nicht voll geschäftsfähig oder militärischen Verpflichtungen unterworfen oder in seinem Heimat- oder einem anderen Staat wegen eines Vergehens verfolgt wird, das Gegenstand einer Auslieferung sein kann, oder wer in Spanien zu einer Leibes- oder Zuchthausstrafe wegen eines den öffentlichen Verruf nach sich ziehenden Vergehens verurteilt worden wäre, oder endlich bei dem die Nachprüfung gewichtige Gründe ergeben würde, aus denen die Erklärung zum Ortsbürger zum Zweck der Einbürgerung versagt werden müßte. Keinesfalls können das Ortsbürgerrecht beantragen oder erhalten Angeschuldigte, als rückfällig oder in contumaciam Verurteilte und mit Freiheitsstrafe Vorbestrafte.

Art. 5. Der Ausländer, der, um die spanische Staatsangehörigkeit zu erhalten, den Erwerb des Ortsbürgerrechts nachzuweisen wünscht, muß die Einleitung des notwendigen Verfahrens bei dem Munizipalgericht seines Aufenthaltsorts beantragen, worauf er vom Staatsanwalt gemäß Art. 102 des Gesetzes über das Zivilregister vorgeladen wird. Zu diesem Zwecke reicht er beim Tribunal ein von ihm oder seinem mit Spezialvollmacht versehenen Beauftragten unterzeichnetes Gesuch ein. Dem Gesuch ist beizufügen der Nachweis seiner Eintragung als Wohnsitzhabender in dem Zivilregister und dem Register der Provinzbehörde, oder statt dessen die Auskunft über ihn enthaltenden, sowie ferner folgende Urkunden:

1. eine Ausfertigung des Geburtsscheins des Antragstellers oder eine nach dem Recht seines Heimatstaats gleichwertige Urkunde,

2. den Nachweis seiner Volljährigkeit und bei Frauen außerdem ihres Familienstandes,

3. bei Ehemännern eine Ausfertigung des Taufscheins und Geburtsscheins der Ehefrau und gegebenenfalls bei jedem Antragsteller ohne Unterschied des Geschlechts Ausfertigungen der Geburtsscheine der Kinder, die unter seiner elterlichen Gewalt stehen,

4. den Nachweis des Konsuls seines Heimatstaats in seinem Wohnort, der die volle Geschäftsfähigkeit des Antragstellers und seiner Eintragung im Konsulatsregister bestätigt,

5. bei männlichen Antragstellern den Nachweis erfüllter Militärdienstpflicht, oder der Befreiung hiervon oder aber den Nachweis, daß eine solche Pflicht in dem Staat, dessen Untertan er ist, nicht besteht,

6. den Nachweis, daß Antragsteller in seinem Heimatstaat nicht wegen eines Vergehens verfolgt wird, wegen dessen Auslieferung stattfinden kann. Im Fall der Verfolgung wegen politischer Vergehen hat der Nachweis die Tatbestände, die die Verfolgung veranlaßt haben und die Strafe, mit der sie bedroht werden, aufzuführen,

7. einen Strafregisterauszug,

8. ein Leumundszeugnis der zuständigen Ortsbehörde.

Wird die Erklärung zum Ortsbürger von einem Antragsteller erstrebt, der sich in einem der in Art. 4 aufgeführten Fälle befindet, sind die diese Fälle bestätigenden Urkunden gleichfalls beizulegen. Die Zeugnisse der ausländischen Behörden oder Konsulate müssen beglaubigt und in Übersetzungen des Übersetzungsbüros des Staatsministeriums oder der betreffenden Konsuln eingereicht werden. Der Nachweis der verschiedenen Bedingungen, die die Zeugnisse bestätigen sollen, kann durch ein einziges Zeugnis, das alle Bedingungen umfaßt, ersetzt werden. Dieses Zeugnis muß von dem Generalkonsul in Spanien des Landes, dem der Ausländer angehört, ausgestellt sein.

Art. 6. Der Munizipalrichter bildet aus den Urkunden einen Akt und legt ihn gleichzeitig mit seinem Bericht der „Generaldirektion der Register und des Notariats" vor, der die Kenntnis solcher Angelegenheiten zukommt.

Art. 7. Ist der Akt zur Generaldirektion gelangt, so übermittelt ihn der Justizminister dem Staatsministerium und dem Innenministerium zur Stellungnahme. Der Justizminister kann außerdem die Vervollständigung des Akts durch ihm notwendig erscheinende Akten und Berichte anordnen und, wenn er es für zweckmäßig hält, vor der Beschlußfassung den Dauerausschuß des Staatsrats hören.

Art. 8. Nach Beendigung des in den vorangehenden Artikeln angegebenen Verfahrens faßt der Justizminister rechtmäßigen Beschluß.

Art. 9. Sobald der Akt samt dem Kgl. Erlaß, der das Verfahren mit Rechtskraft ausstattet und den Erwerb des Ortsbürgerrechts erklärt, an das Munizipalgericht zurückgegangen ist, stellt der Richter dem Gesuchsteller eine Ausfertigung des Erlasses aus, nimmt den Verzicht desselben auf seine frühere Staatsangehörigkeit und seinen Schwur gemäß Art. 25 des Bürgerlichen Gesetzbuches entgegen und vollzieht den Eintrag in das Zivilregister des Gerichts.

Art. 10. Der Eintrag enthält außer den nach Art. 100 des Gesetzes vom 17. VI. 1870 über den Personenstand und Art. 66 der Vollzugsverordnung hierzu geforderten Angaben die Umstände, die sich aus den in den beigegebenen Anlagen erwähnten Urkunden sich ergeben und die Gewährung der spanischen Staatsangehörigkeit gerechtfertigt haben.

Art. 11. Nach Vollzug des Eintrags stellen die betreffenden Munizipalrichter unverzüglich beglaubigte Abschriften der „Generaldirektion des Zivilregisters und des Notariats" zu. Diese fügt sie dem Aktenauszug bei, der bei der Generaldirektion aufbewahrt werden muß. Alle 6 Monate veröffentlicht die erwähnte Direktion in der „Gaceta de Madrid" eine Liste derartiger in den Zivilregistern vorgenommenen Eintragungen des letzten Halbjahres. Die Liste enthält die Bedingungen, unter denen die Eintragungen vorgenommen worden sind.

Art. 12. Die Bestimmungen des Art. 12 des Munizipalgesetzes und Art. 15 des Bürgerlichen Gesetzbuchs über den Erwerb der Bürgereigenschaft in einer Stadt für Spanien sind auf Ausländer nicht zur Erlangung der spanischne Staatsangehörigkeit anwendbar.

Art. 13. Alle diesem Dekret entgegenstehenden Bestimmungen werden aufgehoben.

(Nach der französischen Übersetzung in Rev. 1917, S. 401.)

Österreich.

Anlage 24.

Gesetz vom 5. XII. 1918 über das deutschösterreichische Staatsbürgerrecht. StGBl. Nr. 91.

Die Provisorische Nationalversammlung des Staates Deutschösterreich hat beschlossen:

§ 1 (1) Deutschösterreichische Staatsbürger sind alle Personen, die zur Zeit der Kundmachung dieses Gesetzes in einer Gemeinde der Deutschösterreichischen Republik heimatberechtigt sind.

(2) Sie hören auf, es zu sein, wenn sie sich bis zum 30. Juni 1919 zu einem anderen Staate bekennen, zu welchem Gebietsteile der ehemaligen österreichisch-ungarischen Monarchie gehören.

§ 2. Durch die Erklärung, der Deutschösterreichischen Republik als getreuer Staatsbürger angehören zu wollen, erwerben die deutschösterreichische Staatsbürgerschaft:

1. Personen, die mindestens seit 1. VIII. 1914 im Gebiete der Republik Deutschösterreich ihren ordentlichen Wohnsitz haben;

2. Personen, die ihren ordentlichen Wohnsitz erst nach 1. VIII. 1914 nach Deutschösterreich verlegt haben oder bis zur Wirksamkeit eines neuen, das Staats-

bürgerrecht endgültig regelnden Gesetzes verlegen, sofern sie in einer außerhalb der Republik Deutschösterreich gelegenen Gemeinde des bisherigen Österreich mit Ausnahme Dalmatiens, Istriens und Galiziens heimatberechtigt sind.

(2) Der ordentliche Wohnsitz im Sinne dieses Gesetzes wird durch eine lediglich infolge Heranziehung zur militärischen Dienstleistung auf Grund des Kriegsleistungsgesetzes bedingte Anwesenheit nicht unterbrochen.

§ 3. Das im § 1 vorgesehene Bekenntnis und die im § 2 vorgesehene Erklärung sind schriftlich oder mündlich bei der politischen Bezirksbehörde des ordentlichen Wohnsitzes abzugeben. Ob die im § 2 festgesetzten Bedingungen zutreffen, ist von Amts wegen festzustellen. Über die abgegebene Erklärung ist der Partei eine Bescheinigung auszustellen.

§ 4. Die in § 2 genannten Personen sind vom Zeitpunkte ihrer Erklärung an deutschösterreichische Staatsbürger. Stellt sich jedoch bei einer Person nach abgegebener Erklärung heraus, daß die Bedingungen des § 2 nicht zutreffen, so hat die politische Landesbehörde ihr die deutschösterreichische Staatsbürgerschaft abzuerkennen.

§ 5. Die zur Geltendmachung des Anspruches auf Erlangung der Staatsbürgerschaft dienenden Eingaben, Erklärungen und deren Beilagen sind, und zwar die Beilagen bedingt, stempel- und gebührenfrei.

§ 6. Die bestehenden Bestimmungen über die Staatsbürgerschaft und das Heimatsrecht bleiben in Kraft, soweit sie nicht durch dieses Gesetz abgeändert werden.

§ 7. Dieses Gesetz tritt mit dem Tage der Kundmachung in Wirksamkeit.

§ 8. Mit dem Vollzug dieses Gesetzes ist der Staatssekretär des Innern betraut.

Anlage 25.

Vollzugsanweisung des Staatsamtes des Innern vom 30. XII. 1918, betreffend das deutschösterreichische Staatsbürgerrecht. StGBl. Nr. 1, ex 1919.

Auf Grund des Gesetzes vom 5. XII. 1918, StGBl. Nr. 91, über das deutschösterreichische Staatsbürgerrecht wird verordnet, wie folgt:

§ 1. Das in § 1 des Gesetzes vom 5. XII. 1918, StGBl. Nr. 91, vorgesehene Bekenntnis und die in § 2 dieses Gesetzes vorgesehene Erklärung kann von Personen, welche vor dem 1. I. 1899 geboren und nicht entmündigt sind, sowie von jüngeren, eigenberechtigten Personen ohne Unterschied des Geschlechtes und des Familienstandes abgegeben werden.

§ 2. (1) Das Bekenntnis und die Erklärung eines Ehegatten oder eines Vaters oder einer unehelichen Mutter gilt für die Gattin und die Kinder, soweit diese nach den Bestimmungen der §§ 11 und 12 des Gesetzes vom 3. XII. 1863, RGBl. Nr. 105, dem Ehegatten, bzw.

dem Vater oder der unehelichen Mutter im Heimatrechte folgen und sofern sie nicht selbständig ein Bekenntnis oder eine Erklärung gemäß § 1 abgeben.

(2) In allen anderen Fällen gilt das Bekenntnis und die Erklärung nur für die eigene Person.

§ 3. Diese Vollzugsanweisung tritt mit dem Tage der Kundmachung in Wirksamkeit.

Anlage 26.

Gesetz vom 17. X. 1919 über die Abänderung des Gesetzes über das deutschösterreichische Staatsbürgerrecht und über die zeitweise Unzulässigkeit von Aufnahmen in den Heimatverband. StGBl. Nr. 481.

Die Nationalversammlung hat beschlossen:

§ 1. Durch die in § 2 des Gesetzes vom 5. XII. 1918, StGBl. Nr. 91, über das deutschösterreichische Staatsbürgerrecht vorgesehene Erklärung wird die deutschösterreichische Staatsbürgerschaft in Hinkunft nicht mehr erworben.

§ 2. (1) Das Heimatrecht in einer Gemeinde der Deutschösterreichischen Republik kann bis auf weiteres durch ausdrückliche Aufnahme in den Heimatverband nur in den Fällen der §§ 2—5 des Gesetzes vom 5. XII. 1896, RGBl. Nr. 222, erworben werden.

(2) Im Widerspruche mit dieser Bestimmung stehende Aufnahmen in den Heimatverband sind nichtig.

(3) Die Staatsregierung wird ermächtigt, das im ersten Absatze ausgesprochene Verbot mit Vollzugsanweisung im geeigneten Zeitpunkte außer Kraft zu setzen.

§ 3. (1) Dieses Gesetz tritt an dem Tage der Kundmachung in Kraft.

(2) Mit seinem Vollzuge ist der Staatssekretär für Inneres betraut.

Anlage 27.

Vollzugsanweisung der Staatsregierung vom 4. V. 1920, womit Ausnahmen von dem im § 2 des Gesetzes vom 17. X. 1919, StGBl. Nr. 481, ausgesprochenen Verbote weiterer Aufnahmen in den Heimatverband österreichischer Gemeinden zugelassen werden. StGBl. Nr. 208.

Auf Grund der im § 2, dritter Absatz, des Gesetzes vom 17. X. 1919, StGBl. Nr. 481, der Staatsregierung erteilten Ermächtigung wird angeordnet:

§ 1. Personen, welche nachweisen, daß sie infolge Kriegsgefangenschaft oder aus anderen durch den Krieg bewirkten Ursachen vor dem Inkrafttreten des Gesetzes vom 17. X. 1919, StGBl. Nr. 481, nicht in der Lage waren, um die Aufnahme in den Heimatverband einer Gemeinde der Republik Österreich anzusuchen, dann Personen, deren Ansuchen schon vor dem Inkrafttreten des erwähnten Gesetzes der Gemeinde vorgelegen ist, jedoch noch nicht erledigt war, kann die Aufnahme in den Heimatverband bei Vorliegen besonders berücksichtigungswürdiger Umstände auch in anderen Fällen als jenen der §§ 2—5 des Gesetzes vom 5. XII. 1896, RGBl. Nr. 222, bewilligt werden, wenn die Landesregierung, in deren Gebiete die Gemeinde liegt, der Verleihung des Heimatrechtes zustimmt.

§ 2. Ferner kann Angestellten des auswärtigen Dienstes, die das Heimatrecht in einer Gemeinde der Republik vermöge ihres Amtssitzes nicht besitzen, die Aufnahme in den Heimatverband einer österreichischen Gemeinde bewilligt werden.

§ 3. Diese Vollzugsanweisung tritt am Tage der Kundmachung in Kraft.

Anlage 28.

Aus der österreichischen Verfassung vom 1. X. 1920.

Art. 6. Für jedes Land besteht eine Landesbürgerschaft. Voraussetzung der Landesbürgerschaft ist das Heimatrecht in einer Gemeinde des Landes. Die Bedingungen für Erwerb und Verlust der Landesbürgerschaft sind in jedem Lande gleich.

Mit der Landesbürgerschaft wird die Bundesbürgerschaft erworben.

Jeder Bundesbürger hat in jedem Land die gleichen Rechte und Pflichten wie die Bürger des Landes selbst.

Anlage 29.

Auszug aus dem österreichischen Verfassungsgesetz vom 1. X. 1920 betreffend den Übergang zur bundesstaatlichen Verfassung (StGBl. 1920 S. 1810).

§ 14. Jeder Staatsbürger der Republik ist Landesbürger des Landes, zu dem seine Heimatbehörde gehört, und zugleich Bundesbürger.

Personen, die österreichische Staatsbürger sind, ohne in einer Gemeinde der Republik heimatberechtigt zu sein, werden Bundesbürger. In welcher Gemeinde sie das Heimatrecht und damit die Voraussetzung für eine Landesbürgerschaft erlangen, wird durch Bundesgesetz geregelt; bezüglich der Personen, die auf Grund des Staatsvertrages von St. Germain durch Option oder auf Grund einer bloßen Erklärung gemäß § 2 des Gesetzes vom 5. XII. 1918 über das Staatsbürgerrecht die Staatsbürgerschaft ohne Erlangung eines Heimatrechts erworben haben, steht auch die Vollziehung dem Bunde zu.

Rumänien.

Anlage 30.

Gesetz über Erwerb und Verlust der rumänischen Staatsangehörigkeit vom 23. II. 1924.

Übersetzung von Rechtsanwalt Dr. ADOLF ASCH, Berlin.

Titel I.

Allgemeine Vorschriften und Mittel, durch welche die rumänische Staatsangehörigkeit erworben wird.

Kapitel I.

Art. 1. Die rumänische Staatsangehörigkeit wird nach den Bedingungen dieses Gesetzes erworben.

1. Durch Abstammung.
2. Die Tatsache der Geburt auf dem Gebiete Rumäniens, wie sie in Art. 3 des Gesetzes vorgesehen ist.
3. Eheschließung und
4. Naturalisation.

Art. 2. Rumänen sind durch Abstammung:

a) Kinder, die in einer rumänischen Ehe geboren sind, ohne Rücksicht auf den Ort ihrer Geburt.

b) Natürliche Kinder einer Rumänin, auch wenn sie im Auslande geboren sind.

Kinder, die von einem Rumänen legitimiert sind, werden behandelt, als ob sie stets Rumänen gewesen wären.

Die Adoption hat keine Wirkung auf die Staatsangehörigkeit.

Art. 3. Als Rumänen werden Kinder angesehen, die auf rumänischem Gebiet gefunden worden sind, ohne daß ihr Vater und ihre Mutter bekannt sind.

Art. 4. Eine Ausländerin, die sich mit einem Rumänen verehelicht, wird Rumänin.

Art. 5. Ausländer, welche ihre Naturalisation erwirkt haben, werden Rumänen.

Art. 6. Ausländer erfreuen sich allgemein in Rumänien der bürgerlichen Rechte in gleicher Weise, wie die Rumänen selbst, abgesehen von Fällen, wo das Gesetz etwas anderes bestimmen sollte. Sie können die rumänische Staatsangehörigkeit und die mit dieser verbundenen politischen Rechte nur durch eins der hier vorgesehenen Mittel erwerben.

Kapitel II.

Die Naturalisation.

§ 1. Die Bedingungen der Naturalisation.

Art. 7. Die Naturalisation ist persönlich, und ein Ausländer kann sie nur erwirken, wenn er folgende Bedingungen erfüllt:

1. Er muß das 21. Lebensjahr vollendet haben.

2. Er muß den Willen, Rumäne zu werden, öffentlich erklären und muß auf die ausländische Staatsangehörigkeit in den in Art. 21 vorgesehenen Formen verzichten.

3. Er muß nach dieser Willensverlautbarung ununterbrochen zehn Jahre auf rumänischem Gebiete gewohnt haben.

4. Seine Führung muß gut gewesen sein.

5. Er muß hinreichende Mittel besitzen, um sich und seine Familie zu ernähren, oder die Möglichkeit haben, die Mittel zu erwerben.

6. Er muß die ausländische Staatsangehörigkeit verloren haben, oder sie nach dem Gesetze seines Landes verlieren, oder sie durch die Tatsache des Erwerbes der rumänischen Staatsangehörigkeit nach den Gesetzen seines Landes verlieren.

Art. 8. Die Behörde, die die Bedingungen der Naturalisation festzustellen hat, kann die Frist verkürzen, oder ganz von ihr absehen,

1. für Ausländer, welche beweisen, daß sie nützliche rumänische Bürger sind,

2. für Ausländer, welche mit einer Rumänin verheiratet sind.

Art. 9. Von der Frist dispensiert sind:

a) Ausländer, die in Rumänien geboren und dort bis zum 21. Lebensjahre gelebt haben, wenn sie die Naturalisation im Laufe eines Jahres seit Vollendung dieses Alters beantragen.

b) Kinder, welche über 21 Jahre waren, zur Zeit als ihr Vater die Naturalisation erworben hat.

Art. 10. Rumänen, welche ursprünglich Staatsangehörige eines ausländischen Staates waren, können, gleichgültig, wo sie geboren sind, dadurch daß sie auf die fremde Staatsangehörigkeit verzichten, die rumänische Staatsangehörigkeit erwerben, ohne die Bedingungen zu erfüllen, die in Nr. 3, 5 und 6 des Art. 7 vorgesehen sind.

In diesem Falle muß die in Art. 7 Nr. 2 und Art. 21 vorgesehene Willensverlautbarung ausdrücklich den Verzicht auf die fremde Staatsangehörigkeit enthalten.

§ 2. Die Organe und das Verfahren der Naturalisation.

Art. 11. Die Naturalisation wird von dem Ministerrat auf Grund der Feststellungen der Kommission gewährt, die sich aus dem Präsidenten und dem Vorsitzenden der Senate des Berufungsgerichtes in der Hauptstadt zusammensetzt, die Feststellungen haben dahin zu gehen, daß der ausländische Antragsteller die in Art. 7 des Gesetzes angegebenen Bedingungen erfüllt.

Art. 12. Die Kommission für die Feststellungen der Naturalisationsbedingungen tritt neben dem Justizministerium in Wirksamkeit und wird von dem Präsidenten des Appellationsgerichts der Hauptstadt geleitet. Beim Fehlen desselben wird sein Amt von dem ältesten Senatspräsidenten, der der Kommisssion angehört, versehen. Der Leiter der Abteilung für Gerichtsangelegenheiten im Justizministerium hat das Amt eines Sekretärs der Kommission.

Art. 13. Für den Fall, daß der Posten des Präsidenten, oder eines Senatspräsidenten nicht besetzt ist, ergänzt sich die Kommission durch den Senatspräsidenten oder die Person des Beamten, welcher nach dem Gerichtsverfassungsgesetz rechtmäßig die Amtsaufgaben des Präsidenten oder Senatspräsidenten versieht. Diese Bestimmungen finden auch für den Fall Anwendung, wenn der Präsident oder einer seiner Mitglieder verhindert ist, an ihren Arbeiten teilzunehmen.

Art. 14. Die Kommission wird von ihrem Präsidenten zusammenberufen. Sie kann nur in Tätigkeit treten und Entscheidungen treffen mit absoluter Mehrheit ihrer Mitgliederzahl. Bei Stimmengleichheit fällt die Entscheidung zugunsten des Antrages.

Art. 15. Die Beschlüsse der Kommission werden stets schriftlich und mit Begründung gefaßt.

Art. 16. Der Beschluß der Kommission, welcher feststellt, daß der Ausländer die Bedingungen erfüllt, die für die Naturalisation gesetzt sind, wird zusammen mit den Akten dem Ministerrat durch Vermittlung des Justizministeriums vorgelegt.

Art. 17. Der Ministerrat bewilligt oder weist die Naturalisation zurück. Im Falle des Art. 8 erfolgt auch der Beschluß über Verkürzung oder gänzlichen Erlaß der Frist.

Die Anträge auf Verkürzung oder auf Fristerlaß, können, wenn sie zurückgewiesen sind, nicht mehr wiederholt werden, abgesehen von dem Fall, daß die Antragsteller beweisen können, daß sie dem Lande besondere Dienste nach der Zurückweisung geleistet haben.

Art. 18. Die Entscheidung des Ministerrats, durch welche die Naturalisation zurückgewiesen wird, ist nicht zu begründen. Der Beschluß auf Zulassung der Naturalisation wird im Staatsanzeiger veröffentlicht.

Art. 19. Anträge auf Naturalisation, von denen durch die Kommission festgestellt ist, daß sie nicht die gesetzlichen Bedingungen erfüllen, werden dem Ministerrat nicht erst vorgelegt.

Art. 20. Das Gesuch auf Naturalisation muß unter Beifügung der in Art. 7 Nr. 2 vorgesehenen Erklärung und aller Urkunden, die sich auf die Naturalisation beziehen, an den Präsidenten der im Art. 11 erwähnten Kommission gerichtet werden und wird im Sekretariat dieser Kommission registriert. Die in Art. 7 Nr. 3 bestimmte Frist beginnt von dem Tage der Registrierung des Naturalisationsgesuches zu laufen.

Art. 21. Die Verlautbarung des Naturalisationswillens und des Verzichts auf das ausländische Staatsbürgerrecht muß in beglaubigter

Form erfolgen. In gleicher Weise muß auch die Erklärung auf Option bezüglich des Staatsbürgerrechtes erfolgen.

Art. 22. Sofort nach Registrierung des Naturalisationsgesuches wird der Präsident der Kommission auf Antrag und auf Rechnung des Gesuchsstellers seine Veröffentlichung im Staatsanzeiger verfügen, und zwar in einem periodisch erscheinenden verbreiteten Publikationsorgan des Landes, und wenn tunlich, in einer am Wohnsitz des Gesuchstellers erscheinenden Zeitung.

Der Präsident wird der Kommission das Naturalisationsgesuch nur unterbreiten, wenn der Gesuchsteller die Nummer des Staatsanzeigers und der Zeitung, in welchen die Veröffentlichung erfolgt ist, vorgelegt und festgestellt ist, daß seit dem Tage der letzten Publikation 30 Tage verstrichen sind.

Die Gesuche von Antragstellern rumänischer Abstammung werden nur im Staatsanzeiger veröffentlicht, und zwar von Amts wegen und unentgeltlich; das gleiche gilt von dem Beschluß des Ministerrates auf Gewährung der Naturalisation.

Art. 23. Während der im Art. 22 vorgesehenen Frist kann das Ministerium, die Verwaltungsbehörden und zwar sowohl die zentralen, wie die lokalen, wie auch jede Privatperson zum Nachweis, daß der Antragsteller auf sich nicht die gesetzlichen Erfordernisse vereinigt, die in ihrem Besitz befindlichen schriftlichen Vorgänge der Kommission übermitteln. Sie können auch dem Ministerrat übermittelt werden, bis zu dessen Entscheidung über die Naturalisation.

Art. 24. Die Kommission kann verfügen:

a) Daß der Gesuchsteller die Urkunden vervollständige oder mündliche oder schriftliche Erklärungen gebe.

b) Daß durch eines seiner Mitglieder oder mittels Ersuchens der Staatsanwaltschaft oder der Verwaltungsbehörden Nachrichten eingezogen oder Untersuchungen angestellt werden.

c) Irgendeine andere Person vorzuladen, von der man annimmt, daß sie nützliche Informationen geben kann.

Art. 25. Die Naturalisationsgesuche, die von der Kommission wegen Nichtvollendung des vorgeschriebenen Alters oder wegen Nichteinhaltung der vorgesehenen Frist zurückgewiesen sind, können nach vollendetem 21. Lebensjahr oder nach Ablauf der Frist wieder eingereicht werden, ohne daß eine neue Verlautbarung der Willenserklärung erforderlich ist.

Die Gesuche, die wegen Nichterfüllung der in Art. 7 Nr. 4 vorgesehenen Bedingungen zurückgewiesen sind, können nicht mehr erneuert werden.

Ein Gesuch, das wegen Nichterfüllung der Bedingungen des Artikels 7 Nr. 5 zurückgewiesen ist, kann erneuert werden, wenn durch neue Urkunden bewiesen werden kann, daß der Antragsteller auch diese Bedingung zweifellos erfüllt.

Art. 26. Der Beschluß des Ministerrats auf Gewährung der Naturalisation wird dem Justizministerium mitgeteilt, welches es im Staatsanzeiger auf Kosten des Naturalisierten veröffentlicht, nachdem dieser den Treueid geleistet hat.

Art. 27. Bei Gefahr des Verlustes des Rechtes auf Naturalisation ist der Antragsteller verpflichtet, innerhalb von 30 Tagen seit der Aufforderung des Justizministeriums und nach Zahlung der gesetzlichen Gebühren, vor dem Vertreter des Justizministeriums den Treueid in folgender Form zu leisten:

„Auf Ehre und Gewissen schwöre ich Treue S. M., dem König von Rumänien und dem Königshause, der Verfassung und den Gesetzen des Landes, den Rechten und den nationalen Interessen des rumänischen Volkes."

Art. 28. Die Naturalisation wird durch den im Staatsanzeiger veröffentlichten Beschluß auf Naturalisation und durch das Diplom auf Einbürgerung, welches ihm rechtsgemäß vom Justizministerium ausgehändigt wird, festgestellt.

Art. 29. Abgesehen von den Bedingungen, die in Art. 7 festgelegt sind, kann die rumänische Staatsangehörigkeit, unter dem Titel des Ehrenbürgerrechtes, für besondere Verdienste um das Land und die Nation auf Vorschlag der Regierung oder eines Initiativantrages des Parlamentes von den gesetzgebenden Körperschaften mit einer Majorität von zwei Drittel der abgegebenen Stimmen gewährt werden.

Art. 30. Die politischen Rechte dürfen auf Grund des Ehrenbürgerrechtes nur mit Zustimmung des Ministerrates ausgeübt werden, und zwar wenn der Berechtigte nachweist, daß er nicht mehr im Auslande ein öffentliches Amt bekleidet, und daß er auf das Staatsbürgerrecht des Staates verzichtet hat, dessen Staatsbürger er war.

Art. 31. Das Ehrenbürgerrecht, das Ausländern seitens der Kreise oder der Kommunalbehörden verliehen wird, hat keinen Einfluß auf das Staatsbürgerrecht. In jedem Falle kann es nur unter den Bedingungen verliehen werden, die in den Verwaltungsgesetzen festgelegt sind, und zwar für außergewöhnliche Dienste, die den Kreisen oder Gemeinden geleistet sind.

§ 3. Die Wirkungen der Naturalisation.

Art. 32. Die Naturalisation hat keine rückwirkende Kraft. Ihre Wirkung beginnt erst vom Tage der Veröffentlichung im Staatsanzeiger.

Art. 33. Die Naturalisation stellt den Ausländer dem Rumänen sowohl im bürgerlichen Recht, wie auch in den politischen Rechten gleich.

Art. 34. Die Naturalisation wirkt auch zugunsten der Ehefrau, es sei denn, daß sie durch eine beglaubigte Erklärung auf die rumänische Staatsangehörigkeit verzichtet, um sich das Staatsbürgerrecht zu erhalten, das sie durch die Ehe erlangt hatte, oder daß sie diese sich bei Eingehung der Ehe vorbehalten hatte; die Form des Verzichtes richtet sich nach Art. 40. Gleichfalls gilt die Naturalisation auch zugunsten der Kinder unter 21 Jahre.

Art. 35. Die Kinder, die Rumänen nach den Bestimmungen des Art. 34 geworden sind, können innerhalb eines Jahres, seit Vollendung des 21. Lebensjahres auf das rumänische Staatsbürgerrecht durch eine Erklärung verzichten, die in beglaubigter Form zu erfolgen hat und an den Justizminister des Landes, im Auslande aber an die rumänische Gesandtschaft oder das rumänische Konsulat zu richten ist.

Titel II.

Über den Verlust und die Wiedererlangung des rumänischen Staatsbürgerrechtes.

Art. 36. Das rumänische Staatsbürgerrecht wird verloren:

a) Durch Erwerb des Staatsbürgerrechtes im Auslande.

b) Durch Legitimation eines unehelichen Kindes rumänischer Nationalität, seitens eines Ausländers.

c) Durch Eheschluß im Falle des Art. 38.

d) Durch Annahme irgendeines öffentlichen Amtes in einer ausländischen Regierung ohne Zustimmung der rumänischen Regierung.

e) Durch Unterwerfung unter ausländischen Schutz, möge es dies auch noch so kurze Zeit sein und gleichviel aus welchem Grunde dies geschehen ist.

f) Durch Entziehung der Naturalisation in den Fällen des Artikel 41 und 42.

g) Im Falle des Art. 37.

Art. 37. Ein Rumäne, der ohne Erlaubnis der Regierung in ausländische Kriegsdienste tritt, oder sich einer ausländischen militärischen Körperschaft anschließt, verliert das rumänische Staatsbürgerrecht.

Er kann Rumäne nur wieder gemäß Art. 7 werden. Durch diese Vorschriften werden die Strafbestimmungen des Strafgesetzbuches nicht berührt, die sich gegen Rumänen richten, die Waffen gegen ihr eigenes Vaterland getragen haben, oder dies später tun sollten.

Art. 38. Die Rumänin wird Ausländerin durch Eheschließung mit einem Ausländer, mit Ausnahme des Falles, daß sie nach dem Gesetze des Ehegatten nicht dessen Staatsbürgerrecht erwirbt, oder wenn sie sich durch Ehevertrag das rumänische Staatsbürgerrecht vorbehalten hat, oder in Ermanglung desselben durch eine ausdrückliche Erklärung, die sie in beglaubigter Form entweder vor oder anläßlich des Eheschlusses abgibt.

Art. 39. Die Rumänin, die durch Eheschluß Ausländerin geworden ist, wird wieder Rumänin durch Auflösung der Ehe, durch Scheidung oder Tod des Ehegatten, wenn sie den dahin gehenden Wunsch durch eine beglaubigte Erklärung verlautbart und diese im Inlande an den Justizminister, im Auslande aber an die rumänischen Gesandtschaften oder Konsulate richtet.

Ein gleiches Recht hat die Frau auch im Fall der Trennung von Tisch und Bett.

Art. 40. Die Ausländerin, welche Rumänin durch Ehe geworden ist, bleibt dies auch nach Auflösung der Ehe durch Scheidung oder Trennung von Tisch und Bett oder durch Tod des Ehegatten, sofern sie nicht den entgegengesetzten Willen durch eine Erklärung verlautbart hat, die in beglaubigter Form und im Inlande an den Justizminister, im Auslande aber an die rumänischen Gesandtschaften oder Konsulate gerichtet sein muß.

Art. 41. Das rumänische Staatsbürgerrecht kann einem jedem naturalisierten Rumänen, der ursprünglich einem Staate angehört hat, mit dem Rumänien sich im Kriegszustande befinden sollte, entzogen werden:

a) wenn festgestellt werden sollte, daß er Handlungen gegen die Staatsordnung und die innere oder äußere Sicherheit des rumänischen Staates ausgeführt hat;

b) wenn festgestellt werden sollte, daß er das Land verlassen hat, um sich dem Militärdienste oder einer anderen öffentlichen Dienst· pflicht, die für Rumänien besteht, zu entziehen.

c) wenn festgestellt werden sollte, daß er im Dienste seines Ursprungslandes, oder eines anderen Landes, Spionageakte, entweder selbst vollführt, oder Bestrebungen unterstützt hat, die sich gegen die Rechte und nationalen Interessen des Staates und des rumänischen Volkes richtet.

In allen diesen Fällen wird die Entziehung der Naturalisation durch ein im Staatsanzeiger zu veröffentlichendes Dekret erfolgen, und zwar auf Vorschlag des Justizministeriums und auf Grundlage eines Beschlusses des Ministerrates.

Unter keinen Umständen wird dieser mehr das rumänische Staatsbürgerrecht wiedererlangen können.

Art. 42. Die Entziehung der Naturalisation hat Wirkung nur für die Person. Sie erstreckt sich nicht auf Frau und Kinder des Naturalisierten, sofern dies nicht ausdrücklich im Entziehungsdekret bestimmt ist.

Art. 43. Die Entziehung der Naturalisation berührt nicht Strafandrohungen, die im Militärstrafgesetzbuch oder anderen Strafgesetzen vorgesehen sind, und die Bestrafung wegen Verbrechen und Vergehen, die der Naturalisierte sich hat zuschulden kommen lassen.

Art. 44. Der Rumäne, welcher das rumänische Staatsbürgerrecht verloren hat, kann in den Fällen, die unter a) und b) des Art. 36 vorgesehen sind, es nur durch Naturalisation wieder erlangen.

Art. 45. Der Rumäne, welcher das Staatsbürgerrecht durch Annahme eines öffentlichen Amtes im Auslande oder durch zeitweilige Unterwerfung unter ausländischen Schutz verloren hat, kann es wiedererlangen, wenn er unter formalem Verzicht auf Amt oder Schutz, die Erlaubnis des Ministerrats, seinen Wohnsitz in Rumänien zu nehmen, erlangt hat.

Art. 46. Ein Kind eines Rumänen, welcher das rumänische Staatsbürgerrecht verloren hat, wird es stets wiedergewinnen, wenn es die im Art. 45 bestimmten Vorschriften erfüllt.

Titel III.

Über Option und Verzicht auf das Staatsbürgerrecht.

Art. 47. Erklärungen auf Option oder auf Verzicht des Staatsbürgerrechts in den Fällen und in den Fristen, wie sie in Gesetzen oder Konventionen, die seitens der gesetzgebenden Körperschaften gratifiziert sind, vorgesehen sind, erfolgen seit Verkündung dieses Gesetzes in der Form des Art. 21 und vor den Behörden des Art. 48, es sei denn, daß diese Gesetze und Konventionen andere Formen und andere Behörden festsetzen.

Art. 48. Erklärungen auf Option oder Verzicht auf das Staatsbürgerrecht erfolgen auf rumänischem Staatsgebiet in jeder ländlichen oder städtischen Gemeinde vor den Behörden, die nach dem Gesetz ermächtigt sind, die Zustimmung festzustellen und den Akt zu beglaubigen.

Die Erklärung wird in sechs Exemplaren ausgefertigt, von denen nur drei den Erklärenden ausgehändigt werden.

Bei Vermeidung der Strafbestimmung des Art. 53 ist sowohl die Behörde, welche die Erklärung beglaubigt hat, wie die Person, welche die Option oder den Verzicht erklärt hat, verpflichtet, je ein beglaubigtes Exemplar dem Gemeindevorstand am Wohnsitze des Erklärenden und der Präfektur des zuständigen Kreises zu übersenden. Im Ausland wird die Erklärung auf Option des rumänischen Staatsbürgerrechtes oder des Verzichtes auf das Staatsbürgerrecht in beglaubigter Form vor den rumänischen Gesandtschaften oder Konsulaten abgegeben.

Art. 49. Die Behörde, welche die Erklärung auf Option oder auf Verzicht entgegennimmt, wird die Identität des Erklärenden bescheinigen, indem sie auf der Erklärung die zum Nachweis der Identität eingereichten Urkunden erwähnt.

Art. 50. Die Option oder der Verzicht des Ehemannes zieht die seiner Ehefrau nach sich, der Verzicht der Eltern den der Kinder unter 21 Jahren.

Die Option und der Verzicht, der nur bezüglich des Minderjährigen und nicht von den Eltern ausgesprochen wird, wird seitens des Vormundes erklärt.

Art. 51. Die Erklärung auf Option oder Verzicht ist definitiv. Sie kann nicht mehr zurückgezogen werden.

Die Option oder der Verzicht zugunsten der Personen, die in Art. 50 benannt sind, werden durch diese Bestimmung nicht getroffen, sofern die Personen nach dem Gesetz oder den Konventionen das Recht haben, in ihrem eigenen Namen zu optieren oder zu verzichten.

Art. 52. Die Präfekturen der Kreise sind verpflichtet, dem Minister des Innern alle Option- oder Verzichtserklärungen mitzuteilen, welcher unter Anfertigungen zweckentsprechender Listen, sie durch den Minister des Auswärtigen den Regierungen des Staates übermittelt, zugunsten dessen optiert worden ist.

Art. 53. Beamte und die die Erklärung abgebenden Personen, die sich nicht an die Formvorschriften der Art. 48 und 49 halten, sind mit einer Strafe von 5000—20000 Lei zu belegen.

Titel IV.

Schluß- und Übergangsbestimmungen.

Art. 54. Aufgehoben werden die Bestimmungen Art. 6—20 einschließlich des Buches I, Titel I, Kapitel I und II des rumänischen Codul civil; die §§ 18—38 einschließlich des in der Bukowina in Kraft befindlichen bürgerlichen Gesetzbuches: Art. 50 der Gesetzessammlung von 1879, die in Transsilvanien, dem Banat, in Crischana, in Sălmar und Maramures gilt; Art. 819, 820, 824, 825, 826, 827, 836—37 einschließlich des Bandes IX, Buch I, Teil VI, Kapitel III, aus dem Jahre 1899 mit den späteren Veränderungen, die in Beßarabien in Geltung sind, wie auch alle anderen Bestimmungen, die sich auf das Rechtsgebiet beziehen und in Gesetzen, Vorschriften, Anordnungen, Dekreten und Entscheidungen enthalten und zur Zeit der Verfügung dieses Gesetzes in den verschiedenen Teilen des rumänischen Staates in Kraft sind.

Art. 55. Die Naturalisationsgesuche wie Gesuche auf Anerkennungen der Staatsangehörigkeit, die an den Justizminister oder die gesetzgebenden Körperschaften vor Verkündung des Gesetzes gerichtet sind, sind mit allen auf diese bezüglichen Vorarbeiten der Kommission des Art. 11 auszuantworten, welche sie darauf zu prüfen hat, ob die Bedingungen des Gesetzes erfüllt sind, ohne daß für sie eine Verlautbarung der Willenserklärung gemäß Art. 7 Nr. 2 vorliegen muß.

In diesen Fällen wird der Beginn der Frist auf den Tag der Einreichung des Naturalisationsgesuches verlegt.

Der Ministerrat erläßt seine Entscheidung auf Grund des Beschlusses der Kommission nach den Bedingungen des Kapitels II § 2 dieses Gesetzes.

Die Gesuche auf Naturalisation oder Anerkennung des Staatsbürgerrechtes werden, wenn sie von einer gesetzgebenden Körperschaft vor der Verkündung dieses Gesetzes votiert worden sind, mit allen auf sie bezüglichen Vorgängen direkt dem Ministerrat übersandt, welcher über sie zu entscheiden hat, ohne daß die Feststellung der im Art. 11 erwähnten Kommission erforderlich ist.

Art. 56. Rumänische Staatsbürger verbleiben auch, ohne zur Erfüllung irgendeiner Formalität genötigt zu sein, die im folgenden benannten Einwohner, welche bis zur Verkündung dieses Gesetzes nicht für eine andere Nationalität optiert haben:

1. Alle Einwohner der Bukowina, Transsilvanien, des Banates, Crischana, Sălmar und Maramures, welche das Heimatrecht am $\frac{\text{18. XI.}}{\text{1. XII.}}$ 1918 besaßen;

2. die Einwohner von Beßarabien, welche am Tage des $\frac{\text{27. III.}}{\text{8. IV.}}$ 1918 den administrativen Wohnsitz nach den in Kraft befindlichen Gesetzen in Beßarabien hatten;

3. die Einwohner des alten Königreiches, welche das rumänische Staatsbürgerrecht nach den Bedingungen der Gesetzesdekrete, die durch Art. 133 der Verfassung ratifiziert worden sind, erworben haben;

4. die Einwohner der Kreise Caliacra und Durostor, deren rumänische Staatsangehörigkeit durch rechtskräftige Entscheidungen der in Art 6 des Gesetzes vom 1. IV. 1914 und in Art. 10 folgende des Gesetzes vom 26. VI. 1921 für die Organisation der neuen Dobrutscha vorgesehen sind;

5. die aus der Bukowina, Transsilvanien, Banat, Sălmar, Crischana und Maramures stammenden Personen, die am Tage der Vereinigung im alten Königreich domiziliert waren, soweit sie das Heimatrecht (Staatszugehörigkeit oder Zuständigkeit) in einer Gemeinde der erwähnten Gebiete besaßen;

6. die Personen, welche am Tage der Vereinigung, obwohl sie nicht in einer Gemeinde der Bukowina, Beßarabien, Transsilvanien, des Banats, von Crischana, von Sălmar und Maramures, domiziliert waren, doch in jenen Gemeinden von dort domizilierten Eltern geboren waren,

7. die Rumänen, die aus Gebieten des früheren russischen Reiches stammen und aus ihnen dem serbisch-kroatisch-slowenischen Staat, der Tschechoslowakei, Polen, Italien, Österreich und Ungarn zugeteilt worden sind und für die rumänische Staatsangehörigkeit vor den lokalen Behörden dieser Staaten, oder irgendeiner rumänischen Behörde optiert haben;

8. die Einwohner der Gemeinden, welche bei Festsetzung oder bei der Berichtigung der Grenzen aus der Souveränität eines anderen Staates unter die Souveränität des rumänischen Staates gelangen, soweit sie

die Bedingungen erfüllen, die für die Kategorien der Einwohner unter Nr. 1 und 2 gesetzt sind.

Art. 57. Der Erwerb der rumänischen Staatsangehörigkeit, der nach den obigen Bedingungen seitens eines Ehegatten oder seitens Eltern erfolgt ist, zieht die Erlangung dieses Staatsbürgerrechtes für die Ehefrau und Kinder, die sich unter elterlicher Gewalt befinden, nach sich.

Art. 58. Von der Frist nach den Bestimmungen des Art. 7 und 8 können volljährige Ausländer, die in Rumänien geboren, aufgewachsen und domiziliert sind, sofern sie keinem ausländischen Schutz unterworfen sind, dispensiert werden, wenn sie die Naturalisation im Laufe eines Jahres seit Verkündung dieses Gesetzes nachsuchen.

Art. 59. Kinder, die in Beßarabien, der Bukowina, Transsilvanien, dem Banat, Salmar, Crischana und Maramures geboren sind, und die am Tage der Vereinigung nicht unter eine andere Staatsangehörigkeit fallen, erwerben die rumänische Staatsangehörigkeit.

Art. 60. Als der rumänischen Staatsangehörigkeit verlustig werden Personen der Kategorien des Art. 56 angesehen, welche nach den Feststellungen vor Verkündung dieses Gesetzes für eine andere Nationalität optiert haben.

Der Minister des Inneren, wie die Verwaltungs- und politischen Behörden sind berechtigt, die erforderlichen Maßregeln gegenüber den Personen zu ergreifen, die trotz Option für eine andere Nationalität das Land nicht innerhalb der ihnen vom Tage der Option zugestandenen 12 Monaten verlassen haben.

Diese Personen können ihr bewegliches Habe aller Art mit sich nehmen, ohne dafür einer Ausfuhrgebühr unterworfen zu werden.

Vom Tage der Beglaubigung der Erklärung sind sie verpflichtet, während der ganzen Zeit, in der sie noch im Lande weilen, sich nach den Gesetzen und Vorschriften, die für Ausländer gelten, zu richten.

Art. 61. Optionen und Verzichtserklärungen, die vor der Verkündung dieses Gesetzes getätigt sind, mögen sie in einer beglaubigten Erklärung, mögen sie in einer privatschriftlichen Erklärung enthalten sein, oder mag auch nur der zweifelsfreie Willensentschluß zu optieren, aus den gegebenen Tatsachen zu folgern sein, sind und bleiben gültig und haben die Wirkung des Verlustes des rumänischen Bürgerrechtes.

Art. 62. Die Behörden, welche bis zur Verkündung dieses Gesetzes Optionserklärungen für eine ausländische Nationalität, wie auch den Verzicht auf das rumänische Staatsbürgerrecht entgegengenommen haben, sind, soweit es sich um im rumänischen Staatsgebiet geborene Personen handelt, verpflichtet, dies den Vorstehern der Gemeinden mitzuteilen, in denen die Personen geboren sind.

Art. 63. Die Einwohner der Gemeinden, welche bei Festsetzung oder Berichtigung der Grenzen unter die Souveränität eines anderen Staates kommen, verlieren die rumänische Staatsangehörigkeit im Augenblick der Grenzverlegung, es sei denn, daß sie tatsächlich ihren Wohnsitz auf das rumänische Staatsgebiet verlegen oder für die rumänische Staatsangehörigkeit optieren.

Art. 64. Die Staatsangehörigkeit aller Personen, die unter Nr. 1, 2, 4, 5, 6 und 7 des Art. 56 und Art. 57, 59, 60, 61 und 63 aufgeführt sind, wird von Amts wegen von den Verwaltungsbehörden festgestellt, die in der Verordnung für Feststellung der Nationalität vorgesehen sind, aber mit dem Recht der Berufung zugunsten der Interessierten an die Kommissionen, welche mit dieser Aufgabe an jedem Berufungsgericht eingesetzt sind.

Jede Berufungskommission setzt sich zusammen:

a) aus einem Richter des betreffenden Appellationsgerichtes, der von dem Justizminister mit Billigung des Ministerrates ernannt ist, mit dem Titel eines Präsidenten der Kommission.

b) aus zwei Delegierten, die vom Minister des Innern ernannt sind, ebenfalls mit Billigung des Ministerrates.

Die Berufung ist bei dem örtlichen Gemeindevorstand in einer Frist von 40 Tagen seit Anschlag der im Art. 64 vorgesehenen Listen einzulegen; das Urteil ergeht ohne Einspruchsrecht.

Das gleiche Recht steht dem Minister des Innern, wie auch dem Minister für öffentliche Angelegenheiten zu.

Art. 65. Die Verwaltungsbehörden, die mit der Aufgabe der Feststellung betraut sind, sind verpflichtet, Gemeindelisten, das Staatsbürgerrecht betreffend, aufzustellen, in die alle die aufzunehmen sind, welche sich in irgendeiner der in Art. 56 erwähnten Kategorien befinden.

Diese Listen werden nach Beendigung der Arbeiten in einer jeden Gemeinde bei den lokalen Gemeindebehörden angeschlagen.

Die Urkunden erhalten Rechtskraft gegenüber allen denjenigen, welche innerhalb der im Art. 64 vorgeschriebenen Zeit nicht Berufung eingelegt haben.

Die Revision gegen die Entscheidung der Berufungskommission wird bei dem Gerichtsschreiber dieser Kommission innerhalb von 20 Tagen seit der Verkündung eingelegt.

Der Kassationshof wird diese Revisionen dringlich durch Urteil erledigen, und zwar in der Beratungskammer nach schriftlichen Eingaben, ohne Anhörung der Partei.

Art. 66. Es wird hierfür allein eine Frist von 3 Monaten seit der Verkündung des Gesetzes den Bewohnern der Kreise Durostor und Caliacra gewährt, welche die Erklärungen nicht in den in Art. 10 und folgenden des Gesetzes vom 26. VII. 1921 für die Organisation der neuen Dobrudscha bezeichneten Gemeinden abgegeben haben, oder deren Gesuche auf Anerkennung des rumänischen Bürgerrechtes mit der Begründung zurückgewiesen worden sind, daß die Erklärungen nach dem Ablauf der in Art. 13 jenes Gesetzes vorgesehenen Frist abgegeben worden sind.

In eben jener Frist haben ihr rumänisches Staatsbürgerrecht auch die Einwohner zur Feststellung zu bringen, welche den Beweis des Bürgerrechtes nicht durch rechtskräftige Entscheidungen der Einbürgerungskommissionen des Gesetzes vom 1. IV. 1914 führen können. Die Einbürgerungsdiplome, die in Gemäßheit jenes Gesetzes ausgehändigt sind, behalten ihre Wirksamkeit.

Zu diesem Zwecke verlängert sich die Dauer der Amtstätigkeit der in Art. 10 des zitierten Gesetzes erwähnten Kommission.

Diese Kommissionen werden ihre Arbeiten höchstens in 3 Monaten seit Ablauf des obigen Termines beendigen.

Art. 67. Alle Einwohner, die nicht in diesen Listen enthalten sind, oder nicht eine richterliche Entscheidung gemäß Art. 64 erwirkt haben, können von Inkrafttreten dieses Gesetzes an, die rumänische Staatsangehörigkeit nur auf dem in Art. 7 ff. angegebenen Wege erlangen.

Eine Ausnahme machen: die von ihrem Wohnsitz abwesenden Einwohner, welche rechtsmäßig die rumänische Staatsangehörigkeit in Gemäßheit des Art. 56 erworben haben; diese können jederzeit von der zuständigen Kommunalbehörde eine Bescheinigung ihrer Nationalität verlangen, mit dem Rechte der Berufung an das Tribunal und dem Rekurse (Revision) an den Kassationshof, in den im Art. 64 und 65 vorgesehenen Fristen.

Art. 68. Auf Grund der Listen und rechtskräftigen Entscheidungen in Gemäßheit der Art. 65 und 66 hat der Minister des Innern den Berechtigten durch die Gemeindevorsteher Bescheinigungen ihrer Nationalität aushändigen zu lassen.

Alle anderen Urkunden und Bescheinigungen über die Nationalität sind ungültig.

Die Gesetzesdekrete über die persönliche Naturalisation, die richterlichen Entscheidungen oder die Bescheinigungen des Gerichtsschreibers der Gerichte, welche die Erklärungen entsprechend den durch Art. 133 der Verfassung ratifizierten Gesetzesdekreten feststellen, bringen Beweis des Staatsbürgerrechtes für die Juden des alten Königreiches.

Art. 69. Eine aus Beßarabien oder der Bukowina stammende Rumänin, welche durch Eheschluß vor der Vereinigung dieser Provinzen Ausländerin geworden ist, kann die Anwendung der Vorschriften des gegenwärtigen Gesetzes auf ihre Person in Anspruch nehmen, wenn die Ehe aufgelöst ist.

Art. 70. Eine besondere Verordnung wegen Feststellung der Nationalität werden die Ausführungsbestimmungen für die Vorschriften der Artikel 56 ff. dieses Gesetzes bringen.

Polen.

Anlage 31.

Staatsangehörigkeitsgesetz vom 20. I. 1920.

Art. 1. Der polnische Staatsangehörige darf nicht gleichzeitig Angehöriger eines anderen Staates sein.

Art. 2. Mit dem Tage der Bekanntmachung dieses Gesetzes wird jede Person ohne Unterschied des Geschlechts, Alters, Konfession und Nationalität polnischer Staatsangehöriger, welche:

1. im polnischen Gebiete ansässig ist, insofern ihr die Angehörigkeit eines anderen Staates nicht zusteht. Als im polnischen Reiche ansässig im Sinne dieses Gesetzes ist zu betrachten, wer:

a) eingetragen ist oder das Recht besitzt, in die Bücher der ständigen Bewohner des früheren Königreichs Polen eingetragen zu werden,

b) Heimatsrecht in einer der Gemeinden des polnischen Gebiets hat, das früher Bestandteil Österreichs und Ungarns war,

c) schon vor dem 1. Januar 1908 als deutscher Staatsangehöriger den ständigen Wohnsitz in den polnischen Gebieten hatte, die früher Bestandteil des preußischen Staates waren,

d) eingetragen in eine Dorf- und Stadtgemeinde oder in eine Standesorganisation in den Teilen des ehemals russischen Reiches ist, welche jetzt Bestandteile des polnischen Reiches sind;

2. innerhalb der polnischen Staatsgebiete geboren ist, soweit ihr nicht die Staatsangehörigkeit eines anderen Staates zukommt;

3. außerdem, wenn ihr auf Grund von internationalen Verträgen die polnische Staatsangehörigkeit zukommt.

Art. 3. Andere Staatsangehörige polnischer Herkunft wie auch ihre Nachkommen werden als polnische Staatsangehörige anerkannt, sobald sie gleich nach ihrer Rückkehr nach Polen bei der Verwaltungsbehörde ihres Wohnsitzes die Beweise ihrer polnischen Herkunft mit der Erklärung, daß sie polnische Staatsangehörige sein wollen und auf eine andere Staatsangehörigkeit verzichten, abgeben.

Art. 4. Die polnische Staatsangehörigkeit wird erworben:

1. durch Geburt,
2. durch Legitimation, Anerkennung, Annahme an Kindes Statt,
3. durch Heirat,
4. durch Verleihung,
5. durch Annahme eines öffentlichen Amtes oder Aufnahme in den polnischen Militärdienst, soweit nicht das Gegenteil vorbehalten ist.

Art. 5. Durch die Geburt erwerben die ehelichen Kinder die Staatsangehörigkeit des Vaters, die unehelichen Kinder die Staatsangehörigkeit der Mutter. Kinder unbekannter Eltern, die in dem Gebiete des polnischen Staates geboren oder aufgefunden sind, gelten als polnische

Staatsangehörige, sofern sich nicht eine andere Staatsangehörigkeit erweist.

Art. 6. Legitimation, Anerkennung und Annahme an Kindes Statt begründet für ein Kind unter 18 Jahren die Staatsangehörigkeit des Vaters oder der Mutter bzw. des Erklärenden oder des Annehmenden.

Art. 7. Durch die Eheschließung mit einem polnischen Staatsangehörigen erwirbt die Ausländerin polnische Staatsangehörigkeit.

Art. 8. Die Verleihung der Staatsangehörigkeit kann auf Antrag der Person, welche die Staatsangehörigkeit erwerben will, erfolgen, wenn sie nachweist:

1. daß sie einen unbescholtenen Lebenswandel geführt hat;

2. daß sie wenigstens ständig 10 Jahre innerhalb der Grenzen des polnischen Staates gewohnt hat;

3. daß sie Mittel zum Unterhalt oder zum Erwerb für sich und ihre Angehörigen besitzt;

4. daß sie der polnischen Sprache mächtig ist.

Für Minderjährige oder andere Personen mit beschränkter Geschäftsfähigkeit werden Anträge auf Verleihung der polnischen Staatsangehörigkeit von ihren gesetzlichen Vertretern gestellt.

Art. 9. In Ausnahmefällen, welche besondere Berücksichtigung verdienen, kann die polnische Staatsangehörigkeit auch an Personen erteilt werden, welche den einzelnen im Art. 8 angeführten Bedingungen nicht entsprechen, insbesondere in dem Gebiete des ehemaligen russischen Reiches, welches Bestandteil des polnischen Staates ist. Keinesfalls kann aber die Staatsangehörigkeit an Personen erteilt werden, die durch polnische Gerichte bestraft sind wegen Delikte, die die Einschränkung der bürgerlichen Ehrenrechte zur Folge haben, solange die Einschränkung dauert, sowie an Personen, die in Konkurs verfallen.

Art. 10. Die polnische Staatsangehörige, die durch Heirat eines Ausländers die polnische Staatsangehörigkeit verloren hat, erlangt diese wieder, wenn sie nach Aufhören dieser Ehe und Ansiedlung in Polen die entsprechende Erklärung bei der Verwaltungsbehörde ihres Wohnortes abgibt.

Art. 11. Die polnische Staatsangehörigkeit geht verloren:

1. durch den Erwerb einer ausländischen Staatsangehörigkeit;

2. durch Annahme eines öffentlichen Amtes oder Eintritt in den Militärdienst eines fremden Staates ohne Einwilligung der polnischen Regierung.

Wehrpflichtige können eine andere Staatsangehörigkeit nicht anders erlangen, als nach Erwirkung einer Genehmigung des Kriegsministers, widrigenfalls sie dem polnischen Staate gegenüber nicht aufhören, als polnische Staatsangehörige zu gelten.

Art. 12. Über die Verleihung und den Verlust der polnischen Staatsangehörigkeit entscheidet der Minister für innere Angelegenheiten nach Einholung eines Gutachtens der Gemeinde des Wohnsitzes der betreffenden Person und der zuständigen Verwaltungsbehörde.

Der Minister für innere Angelegenheiten kann die auf Grund dieses Artikels ihm zustehenden Rechte auf die Verwaltungsbehörde zweiter Instanz übertragen.

Art. 13. Die Verleihung und der Verlust der Staatsangehörigkeit erstrecken sich, soweit durch die Bestimmung des Ministers für innere Angelegenheiten kein Vorbehalt gemacht wird, zugleich auf die Ehefrau des die polnische Staatsangehörigkeit Erwerbenden oder Verlierenden, ferner auf seine Kinder unter 18 Jahren.

Art. 14. Das Gesetz tritt mit dem Tage der Bekanntmachung in Kraft.

Art. 15. Mit der Durchführung dieses Gesetzes wird der Minister für innere Angelegenheiten beauftragt.

(Aus SCHÄTZEL: Wechsel der Staatsangehörigkeit. Berlin 1921, S. 162.)

Danzig.

Anlage 32.

Staatsangehörigkeitsgesetz vom 30. V. 1922 (Ges.Bl. S. 129).

§ 1. Ein eheliches Kind eines Danziger Staatsangehörigen erwirbt durch die Geburt die Staatsangehörigkeit des Vaters, ein uneheliches Kind einer Danzigerin die Staatsangehörigkeit der Mutter.

Ein im Gebiet der Freien Stadt Danzig aufgefundenes Kind (Findelkind) gilt bis zum Beweise des Gegenteils als Kind eines Danziger Staatsangehörigen.

§ 2. Ein im Gebiet der Freien Stadt Danzig geborenes Kind, dessen ehelicher Vater bzw. dessen uneheliche Mutter staatenlos ist und sich 5 Jahre lang im Gebiet der Freien Stadt Danzig aufgehalten hat, erwirbt mit der Geburt die Danziger Staatsangehörigkeit.

§ 3. Ein uneheliches Kind und seine Abkömmlinge erwerben durch eine nach den Gesetzen der Freien Stadt Danzig wirksame Legitimation durch einen Danziger Staatsangehörigen die Staatsangehörigkeit des Vaters.

§ 4. Durch eine gültige Eheschließung mit einem Danziger Staatsangehörigen erwirbt eine Ausländerin die Staatsangehörigkeit ihres Mannes.

Die minderjährigen Kinder einer Ausländerin erwerben durch die gültige Eheschließung ihrer Mutter mit einem Danziger Staatsangehörigen die Danziger Staatsaugehörigkeit, wenn sie mit der Mutter ihren dauernden Wohnsitz in dem Gebiet der Freien Stadt nehmen.

§ 5. 1. Durch die Anstellung als Beamter in unmittelbarem oder mittelbarem Staatsdienst der Freien Stadt Danzig erwirbt ein Ausländer die Danziger Staatsangehörigkeit, sofern nicht in der Anstellungs- oder Bestätigungsurkunde ein Vorbehalt gemacht wird.

2. Als Beamter gilt derjenige, der nur im Wege des Disziplinarverfahrens aus dem Amt entfernt werden kann oder planmäßig angestellt ist.

3. Der Bewerber um eine Beamtenstelle hat vor der Anstellung nachzuweisen, daß er durch den Erwerb der Danziger Staatsangehörigkeit die bisherige Staatsangehörigkeit kraft Gesetzes verliert, oder daß er aus der bisherigen Staatsangehörigkeit entlassen wird.

Der Erwerb der Staatsangehörigkeit tritt mit der Aushändigung der Anstellungs- oder Bestätigungsurkunde ein.

5. Die vorstehenden Bestimmungen gelten auch für die vor dem Inkrafttreten dieses Gesetzes angestellten Beamten.

§ 6. Der Anstellung als Beamter wird gleichgestellt die Anstellung als Geistlicher oder Seelsorger im Dienste einer staatlich anerkannten Religionsgesellschaft.

§ 7. Der auf Grund von § 5 und § 6 erfolgte Erwerb der Staatsangehörigkeit erstreckt sich auch auf die Ehefrau und die minderjährigen unverheirateten Kinder.

§ 8. Einem Ausländer kann auf seinen Antrag vom Senat die Danziger Staatsangehörigkeit verliehen werden, wenn er

1. nach den Gesetzen seiner bisherigen Heimat unbeschränkt geschäftsfähig ist oder es nach den in Danzig geltenden Gesetzen sein würde, oder wenn der Antrag von seinem gesetzlichen Vertreter oder mit dessen Zustimmung gestellt wird;

2. im Gebiet der Freien Stadt Danzig während fünf aufeinanderfolgenden auf seinen Antrag unmittelbar vorausgegangenen Jahren Aufenthalt oder Wohnsitz gehabt hat. Diese Frist beginnt frühestens mit dem 11. I. 1920;

3. einen unbescholtenen Lebenswandel geführt hat;

4. die Absicht hat, seinen dauernden Wohnsitz im Gebiete der Freien Stadt Danzig zu haben;

5. an dem Ort seiner Niederlassung eine Wohnung oder eine Unterkunft hat;

6. sich und seine Angehörigen zu ernähren imstande ist;

7. nachweist, daß er aus seiner bisherigen Staatsangehörigkeit entlassen ist oder durch den Erwerb der Danziger Staatsangehörigkeit entlassen wird.

Von polnischen Staatsangehörigen ist ferner eine Bescheinigung der zuständigen Behörde beizubringen, daß der Aufgabe der polnischen Staatsangehörigkeit Bedenken nicht entgegenstehen. Dies gilt nicht für die polnischen Staatsangehörigen, die spätestens bis einschließlich den 31. XII. 1922 nach dem Gebiet der Freien Stadt Danzig übersiedeln und dort spätestens bis zum 1. IV. 1928 den Antrag auf Einbürgerung stellen, es sei denn, daß es sich um Personen handelt, welche die Republik Polen der Freien Stadt Danzig als Deserteure oder als Personen bezeichnet, die sonst die Wehrpflicht verletzt haben.

§ 9. Von dem Erfordernis des fünfjährigen Aufenthaltes kann abgesehen werden:

a) bei den Personen, die eine Danziger Staatsangehörige geheiratet haben, ferner

b) bei den Personen, deren Vater oder Mutter am 10. I. 1920 Danziger Staatsangehörige geworden sind und die infolge der Beteiligung am Weltkriege keinen Wohnsitz hatten oder zu ihrer beruflichen Ausbildung sich außerhalb des Wohnsitzes der Eltern aufgehalten haben und außerdem am 10. I. 1920 noch nicht 30 Jahre alt waren. Der Antrag in diesen Fällen muß spätestens am 10. I. 1924 gestellt werden und hat zur Voraussetzung, daß der Vater und die Mutter, oder bei deren Ableben sonstige Verwandte in gerader Linie oder Geschwister zur Zeit des Antrags sich noch im Gebiet der Freien Stadt Danzig aufgehalten haben.

§ 10. Wenn die Voraussetzungen des § 8, Ziff. 1, 3—7 vorliegen, muß die Danziger Staatsangehörigkeit auf Antrag verliehen werden:

a) der Witwe oder geschiedenen Frau eines Ausländers, die zur Zeit ihrer Eheschließung die Danziger Staatsangehörigkeit besessen hat;

b) einem Ausländer, der als Minderjähriger die Danziger Staatsangehörigkeit verloren hatte und den Antrag auf Verleihung innerhalb zweier Jahre nach der Volljährigkeit stellt.

§ 11. Die Verleihung der Danziger Staatsangehörigkeit erstreckt sich auf Antrag zugleich auf die Ehefrau und diejenigen Kinder des Antragstellers, deren gesetzliche Vertretung ihm kraft elterlicher Gewalt zusteht, sofern auch hinsichtlich dieser Personen der Voraussetzung des § 8, Ziff. 7 genügt ist.

Diese Vorschrift findet keine Anwendung auf Töchter, die verheiratet sind oder gewesen sind.

§ 12. Die Verleihung der Staatsangehörigkeit wird wirksam mit der Aushändigung der Verleihungsurkunde.

§ 13. Ein uneheliches Kind und seine Abkömmlinge verlieren die Danziger Staatsangehörigkeit durch eine von einem Ausländer bewirkte und nach den in der Freien Stadt Danzig geltenden Gesetzen wirksame Legitimation, es sei denn, daß durch die Legitimation eine andere Staatsangehörigkeit nicht erworben wird.

§ 14. Eine Frau verliert die Danziger Staatsangehörigkeit durch Eheschließung mit einem Ausländer, es sei denn, daß sie durch die Eheschließung eine andere Staatsangehörigkeit nicht erwirbt.

Durch die Eheschließung der Mutter mit einem Ausländer verlieren zugleich ihre minderjährigen Kinder die Danziger Staatsangehörigkeit, wenn sie die neue Staatsangehörigkeit der Mutter erwerben.

§ 15. Wer in ausländische Staatsdienste getreten ist, kann durch Beschluß des Senats seiner Staatsangehörigkeit für verlustig erklärt werden, wenn er einer Aufforderung des Senats zum Austritt aus dem ausländischen Staatsdienst nicht Folge leistet.

§ 16. Mit dem auf Antrag erfolgten Erwerb einer ausländischen Staatsangehörigkeit geht die Danziger Staatsangehörigkeit verloren.

§ 17. Der Verlust der Danziger Staatsangehörigkeit gemäß § 16 erstreckt sich zugleich auf die Ehefrau und diejenigen Kinder, deren gesetzliche Vertretung dem Ausgeschiedenen kraft elterlicher Gewalt zusteht. Ausgenommen sind Töchter, die verheiratet sind oder gewesen sind.

§ 18. Ein Danziger Staatsangehöriger verliert die Staatsangehörigkeit durch die auf seinen beim Senat zu stellenden Antrag erfolgte Entlassung.

Die Entlassung muß und darf nur erteilt werden, wenn der Nachweis erbracht wird, daß der Antragsteller mit der Entlassung eine andere Staatsangehörigkeit erwirbt und seinen Wohnsitz in einem anderen Staate nimmt.

§ 19. Die Entlassung einer Ehefrau kann nur von ihrem Ehemann und, sofern dieser die Danziger Staatsangehörigkeit besitzt, nur zugleich mit seiner Entlassung beantragt werden. Der Antrag bedarf der Zustimmung der Ehefrau.

§ 20. Die Entlassung einer unter elterlicher Gewalt oder unter Vormundschaft stehenden Person kann nur von dem gesetzlichen Vertreter mit Genehmigung des Vormundschaftsgerichts beantragt werden.

Gegen die Entscheidung des Vormundschaftsgerichts steht auch der Staatsanwaltschaft die Beschwerde zu; gegen den Beschluß des Beschwerdegerichts ist die weitere Beschwerde unbeschränkt zulässig.

Die Genehmigung des Vormundschaftsgerichts ist nicht erforderlich, wenn der Vater oder die Mutter die Entlassung für sich und zugleich kraft elterlicher Gewalt für ein Kind beantragt und dem Antragsteller die Sorge für die Person des Kindes zusteht. Erstreckt sich der Wirkungskreis eines der Mutter bestellten Beistandes auf die Sorge für die Person des Kindes, so bedarf die Mutter zu dem Antrag auf Entlassung des Kindes der Genehmigung des Beistandes.

§ 21. Die Entlassung wird wirksam mit dem Beginn des Tages der Aushändigung der vom Senat auszustellenden Entlassungsurkunde.

Die Urkunde darf nicht ausgehändigt werden an Personen, die verhaftet sind oder deren Verhaftung oder Festnahme von einem Gericht oder einer Polizeibehörde angeordnet ist.

§ 22. Ist die Entlassung gemäß § 19 zugleich für die Ehefrau oder gemäß § 20 zugleich für die Kinder des Antragstellers beantragt, so sind auch diese Personen in der Entlassungsurkunde mit Namen aufzuführen.

§ 23. Gegen den Bescheid des Senats, durch den

a) die Voraussetzungen für den Erwerb der Staatsangehörigkeit in den Fällen der §§ 1—7 oder die Voraussetzungen für die Einbürgerung in den Fällen der §§ 8, 9 und 11 oder die Voraussetzungen für den Verlust der Staatsangehörigkeit in den Fällen der §§ 13 und 14 verneint werden, oder

b) die Anträge auf Einbürgerung im Falle des § 10 oder auf Entlassung in den Fällen der §§ 18 und 20 abgelehnt werden, findet innerhalb von 4 Wochen nach Zustellung die Klage bei dem Obergericht der Freien Stadt Danzig statt.

§ 24. Abgesehen von den Fällen der §§ 10 und 11 hat der Senat durch Verordnung die für die Verleihung der Staatsangehörigkeit zu zahlenden Gebühren festzusetzen. Für die Entlassung auf Grund von § 18 dürfen nur die gewöhnlichen Urkunden-, Stempel- und Ausfertigungsgebühren erhoben werden. Die Entlassung der Ehefrau und der minderjährigen Kinder einer auf Antrag nach § 18 entlassenen Person erfolgt gebührenfrei.

§ 25. Der § 155 des Gesetzes über die Zuständigkeit der Verwaltungs- und Verwaltungsgerichtsbehörden vom 1. VIII. 1883 (GS. S. 237) und das deutsche Reichs- und Staatsangehörigkeitsgesetz vom 22. VII. 1913 (RGBl. S. 583 ff.) werden aufgehoben.

Soweit in den geltenden Gesetzen auf die Vorschriften des Deutschen Reichs- und Staatsangehörigkeitsgesetzes vom 22. VII. 1913 (RGBl. S. 583 ff.) verwiesen ist, treten an deren Stelle die Vorschriften dieses Gesetzes.

§ 26. Der Senat der Freien Stadt Danzig erläßt die erforderlichen Ausführungsverordnungen.

Litauen.

Übersetzungen von Advokat Robinson, Kowno,

Anlage 33.

Aus der litauischen Verfassung vom 1. VIII. 1922.

(Reichsanzeiger Nr. 100 v. 6. VIII. 1922.)

§ 8. Der Erwerb und der Verlust der Bürgerschaft wird durch ein besonderes Bürgerschaftsgesetz geregelt.

Ein Ausländer kann litauischer Staatsbürger werden, wenn er in Litauen nicht weniger als 10 Jahre gewohnt hat.

§ 9. Die litauische Staatsbürgerschaft ist mit der Zugehörigkeit zu einer anderen Staatsbürgerschaft unvereinbar.

Anlage 34.

Vorläufiges Gesetz über die litauische Bürgerschaft.

(Reichsanzeiger v. 16. I. 1919 Nr. 2/3.)

(Die Anmerkungen zu §§ 3 und 4 sind am 2. IV. 1920 in Nr. 26, der § 6 am 22. VI. 1922 in Nr. 94, die Anm. zu § 6 am 22. XII. 1923 in Nr. 146 des Reichsanzeigers veröffentlicht.)

§ 1. Als litauische Bürger gelten: 1. Personen, deren Eltern und Großeltern seit altersher in Litauen gewohnt haben, wenn sie selbst in Litauen ihren Wohnsitz haben; 2. Kinder der Personen zu 1, die zwar nicht dauernd in Litauen gewohnt haben, die aber nach Litauen zurückgekehrt sind, um sich dort niederzulassen; 3. Personen, die vor 1914 nicht weniger als 10 Jahre in Litauen gewohnt haben und a) unbewegliche Güter besaßen oder b) eine dauernde Beschäftigung hatten; 4. die Kinder eines litauischen Bürgers; 5. seine Frau bzw. Witwe; 6. Kinder einer unverheirateten litauischen Bürgerin, falls sie nicht von einem Ausländer adoptiert worden sind, und 7. Ausländer, die sich neuerdings in Litauen naturalisieren ließen.

Anmerkung. Ziffer 3—3b bezieht sich nicht auf Personen, die im russischen Staatsdienste standen.

§ 2. Ein Ausländer kann sich in Litauen naturalisieren lassen: 1. wenn er ohne Unterbrechung nicht weniger als die letzten fünf Jahre in Litauen gewohnt hat[1]; 2. wenn er eine dauernde Beschäftigung hat, durch die er sich und seine Familie unterhält; und 3. wenn er nicht für verbrecherische Handlungen zu Gefängnis oder schweren Strafen verurteilt worden ist.

§ 3. Ein Ausländer, der litauischer Bürger werden will und den Anforderungen des § 2 entspricht, hat ein Gesuch an den Minister des Innern einzureichen; nach Rücksprache mit dem Justizminister genehmigt dieser das Gesuch oder lehnt es ab.

Anmerkung: In Ausnahmefällen kann auf Grund des Beschlusses des Ministerkabinetts ein Ausländer die litauische Staatsbürgerschaft erwerben, auch wenn er nicht 5 Jahre in Litauen wohnhaft gewesen war[2].

§ 4. (Bezieht sich auf den Erwerb von Grundstücken durch Ausländer.)

§ 5. (Bezieht sich auf die in Litauen angesiedelten russischen Bauern.)

---

[1]) Anmerkung des Übersetzers: Durch § 9 der Verfassung ist diese Bestimmung hinfällig geworden.

[2]) Amerkung des Übersetzers: Es ist strittig, ob das Ministerkabinett auch nach Erlaß der Verfassung dieses Recht behält.

§ 6. Personen, die auf Grund des § 1 und Anm. dieses Gesetzes oder auf Grund des ersten Absatzes des § 6 des litauisch-russischen Friedensvertrags als litauische Bürger gelten und im Auslande leben, sich aber dort nicht naturalisieren ließen, sind verpflichtet, innerhalb 6 Monaten vom Tage der Veröffentlichung dieses Gesetzes sich bei den diplomatischen bzw. konsularischen Vertretern Litauens zu melden und, unter Zustellung der Bürgerschaftsnachweise, sich litauische Pässe ausstellen zu lassen. In denjenigen Staaten, in welchen bislang noch keine diplomatischen bzw. konsularischen Vertretungen Litauens vorhanden sind, wird die festgesetzte Frist von 6 Monaten vom Tage der Errichtung einer litauischen Vertretung gerechnet.

Diese Vorschrift bezieht sich nicht auf die in Rußland wohnenden litauischen Bürger, welche gemäß § 6 des litauisch-russischen Friedensvertrags für die litauische Bürgerschaft optieren. Die im Auslande wohnenden Personen, die den Bedingungen des § 1 und Anm. dieses Gesetzes oder des ersten Absatzes des § 6 des litauisch-russischen Friedensvertrages entsprechen, die aber innerhalb der in diesem Paragraphen festgesetzten Frist sich bei den litauischen Vertretern bzw. Konsuln nicht gemeldet haben und sich keine litauischen Pässe ausstellen ließen, können die litauische Bürgerschaft nur auf dem in den §§ 3 und 4 nebst Anmerkungen dieses Gesetzes angegebenen Wege und unter den daselbst festgesetzten Bedingungen wiedererlangen.

Anmerkung: In denjenigen Staaten, in welchen es keine Paßvorschriften gibt, genügt zur Erhaltung der Bürgerschaft die Anmeldung bei dem litauischen Vertreter bzw. Konsul.

Anlage 35.

Aus dem litauisch-russischen Friedensvertrage vom 12. VII. 1920

(ratifiziert am 14. X. 1920, veröffentlicht im litauischen Reichsanzeiger Nr. 53 am 30. XI. 1920).

§ 6. Personen, die am Tage der Ratifikation dieses Vertrages in Litauen wohnhaft sind und die selbst bzw. ihre Eltern dauernd in Litauen wohnhaft waren oder in die Listen der Dorf-, Stadt- bzw. Ständegemeinden im Gebiete des litauischen Staates eingetragen waren, wie auch Personen, die vor 1914 nicht weniger als 10 Jahre in Litauen wohnhaft waren und dort eine dauernde Beschäftigung hatten, mit Ausnahme der ehemaligen zivilen und Kriegsbeamten nichtlitauischer Herkunft nebst ihren Familienangehörigen, werden eo ipso als litauische Staatsbürger anerkannt.

Personen derselben Kategorie, die zur Zeit der Ratifikation dieses Vertrages im Staatsgebiet eines dritten Staates wohnen, die sich aber dort nicht naturalisieren ließen, werden ebenfalls als litauische Bürger anerkannt.

Allerdings sind alle Personen, die das 18. Lebensjahr vollendet haben und im Staatsgebiet Litauens wohnen, berechtigt, innerhalb eines Jahres vom Tage der Ratifikation dieses Vertrages, eine Erklärung abzugeben über ihren Wunsch, die russische Bürgerschaft beizubehalten, wobei ihrer Bürgerschaft die Kinder unter 18 Jahren und die Frau folgen, falls zwischen den Ehegatten keine entgegengesetzte Vereinbarung getroffen worden war.

Ebenso können Personen, die im Staatsgebiet Rußlands wohnhaft sind und den Bedingungen des ersten Absatzes dieses Paragraphen entsprechen, innerhalb derselben Frist und unter denselben Bedingungen für die litauische Bürgerschaft optieren.

Die Personen, welche eine Optionserklärung abgegeben haben, wie auch diejenigen, auf die sich die Option erstreckt, behalten ihre Rechte auf bewegliche und unbewegliche Güter im Rahmen der Gesetze, die in demjenigen Lande gelten, wo sie wohnen; aber sie sind verpflichtet, innerhalb eines Jahres vom Tage der Abgabe der Erklärung, das Staatsgebiet zu verlassen, wobei sie berechtigt sind, das gesamte Vermögen zu liquidieren bzw. mit sich mitzunehmen.

Anmerkung 1. Für Personen, die im Kaukasus und im Asiatischen Rußland wohnhaft sind, werden die in diesem Paragraphen festgesetzten Fristen, für die Abgabe der Erklärungen, wie auch für das Verlassen des Staatsgebietes um ein Jahr verlängert.

Anmerkung 2: Die in diesem Paragraphen angegebenen Rechte der Optanten genießen auch diejenigen Bürger, welche vor und während des Weltkrieges im Staatsgebiet der einen Partei wohnten, und zur Zeit der Ratifizierung dieses Vertrages im Staatsgebiet der anderen Partei wohnen.

Bezüglich ihres Vermögens, das die Flüchtlinge auf Grund des Vertrages über die Reevakuation der Flüchtlinge vom 30. VI. 1920 nicht ausführen konnten, genießen sie die gleichen Rechte, welche in diesem Paragraphen für die Optanten vorausgesehen sind, aber nur insofern sie nachweisen, daß dieses Vermögen ihnen gehört und zur Zeit der Reevakuation sich in ihrem tatsächlichen Besitze befand.

Anlage 36.

Aus dem zwischen Litauen und den alliierten und assoziierten Hauptmächten abgeschlossenen Memelabkommen vom 8. V. 1924.

(ratifiziert vom Seim am 30. VII. 1924, veröffentlicht im litauischen Reichsanzeiger Nr. 169).

Art. 8. Die ehemaligen deutschen Staatsangehörigen, die zur Zeit der Ratifikation dieses Abkommens durch Litauen das 18. Lebensjahr vollendet haben und tatsächlich im Memelgebiet mindestens vom 10. I.

1920 ab ihren Wohnsitz haben, erwerben ipso facto die litauische Staatsbürgerschaft.

Innerhalb 6 Monaten nach der Ratifikation dieses Abkommens durch Litauen können folgende Personen für die litauische Staatsbürgerschaft optieren, vorausgesetzt, daß sie auf jede andere Staatsangehörigkeit verzichten:

a) alle Personen, die im Memelgebiet geboren sind und daselbst mehr als 10 Jahre ihren Wohnsitz gehabt haben und zur Zeit der Ratifikation dieses Abkommens durch Litauen das 18. Lebensjahr vollendet haben;

b) alle Personen, die zur Zeit der Ratifikation dieses Abkommens durch Litauen das 18. Lebensjahr vollendet haben und denen die interalliierte Administration das Recht zum dauernden Aufenthalt gewährt hat, falls diese Personen sich im Memelgebiet nicht später als am 1. I. 1922 niedergelassen haben;

Personen, die auf Grund dieses Paragraphen die litauische Staatsbürgerschaft erworben haben, erwerben ipso facto die Eigenschaft eines Bürgers von Memel.

Art. 9. Die im Absatz 1 des § 8 erwähnten Personen können — innerhalb 18 Monaten nach der Ratifikation dieses Abkommens durch Litauen — für die deutsche Staatsangehörigkeit optieren.

Diese Frist wird aber bis zu 6 Monaten für diejenigen Personen abgekürzt, welche sich im Memelgebiet nur in ihrer Eigenschaft als Staatsbeamte niedergelassen hatten und die litauische Bürgerschaft auf Grund dieser Niederlassung erwerben.

Als Staatsbeamte werden — im Sinne des vorstehenden Absatzes — diejenigen Beamten betrachtet, welche als solche von den deutschen Gesetzen bezeichnet werden und die im unmittelbaren Dienst der litauischen Regierung oder des im Anhang I vorgesehenen Memeler Direktoriums stehen.

Personen, die von diesem Recht auf Option Gebrauch machen, müssen innerhalb der zwei darauffolgenden Jahre nach Deutschland übersiedeln.

Sie werden ohne Einschränkung ihre unbeweglichen Güter, die sie im Memelgebiet besitzen, behalten können, und jegliche beweglichen Güter ausführen können. In dieser Beziehung werden sie von Ausfuhr- oder andern Abgaben befreit.

Art. 10. Verheiratete Frauen folgen der Bürgerschaft ihrer Ehegatten; Kinder unter 18 Jahren folgen ihren Eltern in allem, was sich auf die Anwendung der in §§ 8 und 9 erwähnten Bestimmungen bezieht.

Art. 13. Personen, die auf Grund der §§ 8 und 10 die Eigenschaft eines Bürgers von Memel erwerben, werden vom Militärdienst bis zum 1. I. 1930 befreit.

Art. 14. Kein Memelbürger kann behelligt oder verfolgt werden wegen seiner politischen Überzeugungen für die Zeit vom 28. VII. 1914 bis zum Zeitpunkt der Ratifikation dieses Abkommens durch Litauen.

Anhang 1: Das Memelstatut.

Art. 8. Als Bürger des Memelgebietes werden zunächst diejenigen Personen betrachtet, welche diese Eigenschaft auf Grund der §§ 8 und 10 des Abkommens erwerben.

Unter Vorbehalt der Bestimmungen über den Erwerb der litauischen Staatsbürgerschaft wird ein Gesetz des Memelgebietes diejenigen Bedingungen festsetzen, unter welchen die Eigenschaft eines Memelbürgers wird erworben werden können.

Für die litauischen Staatsbürger, die nicht Bürger des Memelgebietes sind, werden die zum Erwerb dieser Eigenschaft geforderten Bedingungen dieselben sein, wie die, welche in Litauen zur Ausübung aller Art öffentlicher und politischer Rechte bestehen.

Art. 9. Die Bürger des Memelgebietes werden im gesamten Staatsgebiete Litauens sämtliche bürgerlichen Rechte genießen, die den übrigen litauischen Staatsbürgern zustehen.

Die litauischen Staatsbürger, die nicht Memelbürger sind, werden sämtliche bürgerlichen Rechte genießen, die den Memelbürgern zustehen.

Art. 34. Pässe werden den Memelbürgern durch das Landesdirektorium im Namen der litauischen Republik und gemäß den durch die litauische Regierung festgesetzten Bestimmungen ausgestellt. Die Pässe werden die litauische Staatsbürgerschaft und die Eigenschaft des Memelbürgers erwähnen.

Lettland.

Anlage 37.

Staatsangehörigkeitsgesetz vom 23. VIII. 1919 (Reggs.-Anzeiger N. 127) [1].

§ 1. Lettländischer Staatsangehöriger ist jeder frühere Staatsangehörige Rußlands ohne Unterschied der Nationalität und Religion, der in Lettland lebt, aus den zu Lettland gehörenden Gouvernements stammt, oder nach russischem Recht diesen Gouvernements vor dem 1. VIII. 1914 angehört hat und bis zur Bekanntmachung dieses Gesetzes keine fremde Staatsangehörigkeit angenommen hat.

§ 1a [2]). Gleichfalls gilt als lettländischer Bürger jeder frühere russische Staatsangehörige, ohne Unterschied der Nationalität und Religion, der in den Grenzen Lettlands wohnt, bis zur Publikation dieses Gesetzes zu keiner andern Untertanenschaft übergetreten ist und a) dessen ständiger Wohnsitz die letzten zwanzig Jahre vor dem 1. I. 1914 in den

---

[1]) Nach SCHÄTZEL: Wechsel der Staatsangehörigkeit, Nachtrag S. 186, berichtigt nach dem Text in Rev. 1921, S. 145. Siehe auch Anm. 2.

[2]) Eingefügt durch Gesetz v. 7. X. 1921 (Reggsanz. Nr. 217). Ich verdanke Hinweis und Übersetzung Herrn Staatsrat LAWRENTJEW in Riga.

Grenzen Lettlands gewesen ist oder b) dessen ständiger Wohnsitz bis zum Jahre 1881 in den Grenzen Lettlands gewesen ist oder c) der ein Nachkomme der unter a) und b) genannten Personen ist.

Die in diesem Artikel aufgeführten Rechte genießen nicht Personen, die sich der Dienstpflicht in der nationalen lettländischen Armee entzogen haben.

§ 2. Bürger, die sich vorläufig außerhalb Lettlands Grenzen aufhalten, sonst aber die Bestimmungen des § 1 erfüllen, gehen nicht des Rechts auf lettländische Staatsangehörigkeit verlustig, wenn sie innerhalb eines Jahres, gerechnet vom Tage der Bekanntmachung dieses Gesetzes, nach Lettland zurückkehren, oder sich bei irgendeiner diplomatischen Vertretung Lettlands als lettländische Staatsangehörige registrieren lassen, oder ihren Wunsch, lettländische Staatsangehörige zu bleiben, dem Ministerium des Innern mitteilen.

(Anm. In Staaten, mit denen Lettland keine diplomatischen Verbindungen hat, wird die Jahresfrist vom Tage der Aufnahme einer solchen Verbindung gerechnet.)

§ 3.[1]) Staatsangehörige des ehemaligen Rußlands, deren ständiger Wohnsitz außerhalb Lettlands ist, die jedoch aus den zu Lettland gehörenden Gebieten stammen, sowie die Nachkommen solcher Personen, ebenso Personen, die in Lettland keinen ständigen Wohnsitz haben, die Bestimmungen des § 1 jedoch nicht erfüllen, wenn sie die Rechte lettländischer Staatsangehöriger erwerben wollen, reichen dem Minister des Innern Gesuche über Naturalisation ein, welcher diese Gesuche nebst seiner Begutachtung dem Ministerrat zur Entscheidung unterbreitet. Diejenigen, die in Lettland leben, reichen die Gesuche innerhalb sechs Monaten, gerechnet vom Tage der Bekanntmachung dieses Gesetzes, ein.

(Anm. In denjenigen Gegenden Lettlands, wo es noch keine Zivilbehörden gibt, wird die Frist von 6 Monaten vom Tage der Einführung solcher Behörden gerechnet.)

§ 4. Angehörigen anderer Staaten kann die Staatsangehörigkeit verliehen werden, wenn sie nicht weniger als 5 Jahre ununterbrochen in Lettland verbracht haben. Gesuche sind dem Minister des Innern einzureichen und vom Ministerrat durchzuberaten[2]).

(Anm.[3]). Ausländer, die in der lettländischen nationalen Armee dienen oder gedient haben, können, indem sie Gesuche an den Minister des Innern einreichen, auf Grund einer Verfügung des Ministerrats das Staats-

---

[1]) Vgl. zum lettisch-russischen Friedensvertrag v. 11. VIII. 1920, Art. VIII, Journ. off. de la Soc. des Nat. 1922, S. 480.

[2]) Dazu Bekanntmachung vom 17. IX. 1919: die Zeit vom 1. VIII 1914 bis 1. VIII. 1919 zählt nicht mit.

[3]) Siehe S. 285, Anm. 2.

bürgerrecht erwerben, selbst wenn sie nicht 5 Jahre in Lettland verbracht haben.

§ 5. Die im § 4 erwähnten Angehörigen fremder Staaten können wegen besonderer Verdienste im Interesse des lettländischen Staates nach Einreichung eines Gesuches dem Minister des Innern die lettländische Staatsangehörigkeit auf Grund eines Beschlusses des lettländischen Volksrats erlangen, ohne 5 Jahre in Lettland verbracht zu haben.

§ 6. Beschlüsse über Gewährung von Staatsbürgerrecht werden veröffentlicht, nachdem der neue Bürger den bestimmten Eid abgelegt oder ein feierliches Versprechen gegeben hat. Mit Ablegung des erwähnten Eides oder Abgabe des feierlichen Versprechens gilt das Bürgerrecht als erworben.

§ 7. Die Staatsangehörigkeit Minderjähriger, sowie Adoptierter und Legitimierter wird bis zu ihrer Volljährigkeit durch die Staatsangehörigkeit der Eltern bestimmt. Frauen erlangen durch Eheschließung die Staatsangehörigkeit ihrer Ehemänner. Weibliche lettländische Staatsangehörige, die mit einem Ausländer verheiratet sind, können nach Auflösung der Ehe die lettländische Staatsangehörigkeit nach den Bestimmungen des § 3 ohne irgendwelche Zeitbegrenzung erlangen.

§ 8. Niemand darf gleichzeitig die Staatsangehörigkeit Lettlands und eines anderen Staates besitzen. Widrigenfalls verliert er die Bürgerrechte Lettlands.

§ 9. Bürger Lettlands, die die lettländische Staatsangehörigkeit aufgeben wollen, reichen dem Minister des Innern ein Gesuch ein.

In dem Gesuche ist anzugeben, welche Staatsangehörigkeit der Bittende anzunehmen wünscht und eine Bescheinigung des betreffenden Staates beizufügen, daß er bereit ist, dem Bittenden die Staatsangehörigkeit zu verleihen.

Estland.

Anlage 38.

Dekret über den Erwerb der Staatsangehörigkeit vom 28. November 1918.

§ 1. Alle Personen genießen ohne Unterscheidung nach Volkszugehörigkeit und Religion die Rechte eines Bürgers der estnischen demokratischen Republik, wenn folgende drei Voraussetzungen für sie zutreffen:

a) wenn sie ihren Wohnsitz im Gebiet der estn. demokr. Republik haben;

b) wenn sie bis zum 24. Februar 1918 Untertanen des alten russischen Kaiserreichs waren;

c) wenn sie in einem Teil der estn. demokr. Republik geboren sind oder auf den Einwohnerlisten eingeschrieben waren, die die Einrichtungen des alten russischen Kaiserreichs für Estland oder im besonderen für diesen Gebietsteil vorsahen (russ. BGB., Teil IX, Gesetz über die Klassen, Ausgabe 1889, § 858).

Ein kurzer Aufenthalt außerhalb des Gebiets der estn. demokr. Republik, dessen Dauer, vom Tage der Verkündung dieses Dekrets an gerechnet, von der provisorischen Regierung festgesetzt wird, hebt das Anrecht auf die estnische Staatsangehörigkeit nicht auf.

§ 2. Die Personen, die Interessen auf dem Gebiet der estn. demokr. Republik und dort ihren Wohnsitz haben, können, wenn sie der Bestimmung c) des § 1 nicht genügen, aber Untertanen des alten russischen Kaiserreichs waren, innerhalb Jahresfrist vom Tage der Verkündung dieses Dekrets an bei der lokalen, kantonalen oder munizipalen Verwaltung unter Beifügung der notwendigen Bescheinigungen Antrag auf Verleihung des Bürgerrechts der estn. demokr. Republik stellen.

Die Anträge werden von den lokalen Behörden an das Ministerium des Innern weitergeleitet. Dieses prüft sie, faßt Beschluß und veröffentlicht ihn. Der Veröffentlichung geht ein von den betreffenden Personen zu leistender Eid oder die Abgabe einer entsprechenden Versicherung voraus. Der Erwerb der Staatsangehörigkeit tritt mit dem Tage der Veröffentlichung ein.

§ 3. Niemand kann gleichzeitig Bürger der estn. demokr. Republik und eines andern Staates sein.

§ 4. Die den Bedingungen des § 1 entsprechenden Personen können, wenn sie die estnische Staatsangehörigkeit aufgeben wollen, eine Erklärung bei der kantonalen oder munizipalen Verwaltung abgeben. Sie müssen in dieser Erklärung erwähnen, welche Staatsangehörigkeit sie anzunehmen wünschen, und eine Bescheinigung des andern Staats über ihre Zulassung beibringen. Die kantonale oder munizipale Verwaltung übersendet diese Erklärung durch das Ministerium des Innern an die provisorische Regierung mit dem Vermerk, daß dem Verzicht auf das estnische Bürgerrecht keine gesetzlichen Hindernisse entgegenstehen.

§ 5. Die Staatsangehörigkeit der Minderjährigen unter 18 Jahren bestimmt sich nach der der Eltern, die der Ehefrauen nach der ihrer Gatten. Die Staatsangehörigkeit der unter Tutel stehenden Personen, auf die die Voraussetzungen des § 2 zutreffen, wird von ihren gesetzlichen Vormündern bestimmt. Sie haben jedoch das Recht, innerhalb eines Jahres nach Aufhebung der Tutel oder nach Vollendung des 18. Lebensjahres über ihre Staatsangehörigkeit zu bestimmen.

§ 6. Ausländer, abgesehen von den im § 2 genannten Personen, können gemäß den Bedingungen des § 2 die estnische Staatsangehörigkeit erwerben, wenn sie seit mindestens 5 Jahren ihren festen Wohnsitz im Gebiet der estn. demokr. Republik haben[1]).

(Nach der franz. Übersetzung im Journal Officiel de la Société des Nations, 1922, S. 484.)

Rußland.

Übersetzung von Rechtsanwalt Dr. Heinrich Freund, Berlin.

Anlage 39.

Reglement über die Bundesstaatsangehörigkeit vom 29. Oktober 1924.

1. Für die Bürger der Sozialistischen Sowjetrepubliken besteht eine einheitliche Bundesstaatsangehörigkeit (Verfassung des Bundes der Sozialistischen Sowjetrepubliken Art. 7). Der Bürger einer der Bundesrepubliken, die zum Bestande des Bundes der Sozialistischen Sowjetrepubliken gehört, ist damit zugleich Bürger des Bundes der Sozialistischen Sowjetrepubliken und genießt alle Rechte und trägt alle Pflichten, die für die Bürger sowohl durch die Verfassung und Gesetzgebung des Bundes der Sozialistischen Sowjetrepubliken, als auch durch die Verfassung und die Gesetzgebung der Bundesrepubliken, auf deren Gebiet er lebt, bestehen.

2. Ausländische Bürger, die auf dem Gebiete des Bundes der Sozialistischen Sowjetrepubliken zu Arbeitszwecken leben und die zur Arbeiterklasse gehören, oder zu derjenigen Bauerschaft, die sich fremder Arbeitskräfte nicht bedient, genießen alle politischen Rechte der Bürger des Bundes der Sozialistischen Sowjetrepubliken.

3. Jede Person, die sich auf dem Gebiete des Bundes der Sozialistischen Sowjetrepubliken befindet, wird als Bundesstaatsangehöriger angesehen, sofern sie nicht nachweist, daß sie ausländischer Staatsangehöriger ist.

4. Es werden als Bürger der Bundesrepubliken und damit zugleich des Bundes der Sozialistischen Sowjetrepubliken diejenigen Personen angesehen, deren beide Eltern Bürger des Bundes der Sozialistischen Sowjetrepubliken sind, wo diese Personen auch immer geboren sein mögen.

Als Bürger der Bundesrepubliken und damit zugleich des Bundes der Sozialistischen Sowjetrepubliken werden Personen angesehen, von denen ein Elternteil im Zeitpunkte ihrer Geburt Staatsangehöriger des

[1]) Nach einem Gesetz v. 27. VIII. 1920 hat die Regierung das Recht, die 5 Jahrfrist abzukürzen oder ganz von ihr abzusehen. Der estnisch-russische Friedensvertrag von Tartu vom 2. II. 1920, das estnisch-lettische Abkommen von 1920 und das estnisch-ukrainische Abkommen von 1921 enthalten für Personen estnischer Abstammnng in diesen Ländern Optionsbestimmungen zugunsten der estnischen Staatsangehörigkeit. Journ. off. de la Soc. des Nat. 1922, S. 485.

Bundes der Sozialistischen Sowjetrepubliken gewesen ist, unter der Bedingung, daß wenigstens auch nur einer von ihnen in diesem Zeitpunkte auf dem Gebiete des Bundes der Sozialistischen Sowjetrepubliken gelebt hat.

Die Staatsangehörigkeit einer Person, von der ein Elternteil Bürger des Bundes der Sozialistischen Sowjetrepubliken im Zeitpunkte seiner Geburt gewesen ist, während beide Eltern in diesem Zeitpunkte außerhalb des Bundes der Sozialistischen Sowjetrepubliken gelebt haben, bestimmt sich durch Übereinkommen der Eltern. Mit Erreichung der Volljährigkeit kann diese Person in jedem Falle die Staatsangehörigkeit des Bundes der Sozialistischen Sowjetrepubliken im vereinfachten Verfahren erwerben.

5. Bei der Eheschließung zwischen einer Person, die die Bundesstaatsangehörigkeit besitzt, und einer Person, die eine ausländische Staatsangehörigkeit besitzt, behält jeder der Eheschließenden seine Staatsangehörigkeit. Die Veränderung der Staatsangehörigkeit dieser Personen kann im vereinfachten Verfahren, das durch Bundesgesetz festzusetzen ist, erfolgen.

6. Der Wechsel der Staatsangehörigkeit eines der Ehegatten, die Staatsangehörige des Bundes der Sozialistischen Sowjetrepubliken sind, und auf dem Gebiete des Bundes der Sozialistischen Sowjetrepubliken wohnen, hat keinen Einfluß auf die Staatsangehörigkeit ihrer Kinder.

Die Frage der Staatsangehörigkeit der Kinder wird in dem Falle, in dem einer der Eltern die Staatsangehörigkeit des Bundes der Sozialistischen Sowjetrepubliken besessen hat, aber außerhalb des Bundes gelebt hat und aus der Staatsangehörigkeit des Bundes der Sozialistischen Sowjetrepubliken ausscheidet, durch Übereinkommen der Eltern bestimmt.

Anmerkung 1. Bei einem solchen Wechsel der Staatsangehörigkeit der Eltern, zufolge dessen beide Eltern Staatsangehörige des Bundes der Sozialistischen Sowjetrepubliken werden, oder umgekehrt, beide Eltern aufhören, Staatsangehörige des Bundes der Sozialistischen Sowjetrepubliken zu sein, ändert sich die Staatsangehörigkeit der noch nicht 14 Jahre alt gewordenen Kinder dementsprechend. Die Staatsangehörigkeit von Kindern, die 14 Jahre alt geworden sind, ändert sich nicht bei Änderung der Staatsangehörigkeit der Eltern.

Anmerkung 2. Personen, die infolge des Ausscheidens ihrer Eltern aufgehört haben, Bürger des Bundes der Sozialistischen Sowjetrepubliken zu sein, haben das Recht, die Staatsangehörigkeit des Bundes der Sozialistischen Sowjetrepubliken durch Einreichung eines Antrages bei dem Gouvernements-, Gebiets- oder einem dem Gouvernementsexekutivkomitee entsprechenden Exekutivkomitee zu erwerben, und in den autonomen Republiken, in denen die Einteilung in Gouvernements nicht besteht, bei dem Zentralexekutivkomitee dieser Republiken.

7. Die Aufnahme von Ausländern, die auf dem Gebiete einer beliebigen Bundesrepublik leben, in die Bundesstaatsangehörigkeit erfolgt durch die Zentralexekutivkomitees der Bundesrepubliken.

Anmerkung. Die Aufnahme von ausländischen Staatsangehörigen, die zu Arbeitszwecken (auf dem Gebiet des Bundes der Sozialistischen Sowjetrepubliken — Zus. d. Übers.) leben und zur Arbeiterklasse oder zu derjenigen Bauernschaft gehören, die sich fremder Arbeitskräfte nicht bedient, auch solcher, die wegen einer Tätigkeit in der Öffentlichkeit ein Asyl suchen, erfolgt durch die Gouvernements-, Gebiets- oder die dem Gouvernementsexekutivkomitee entsprechenden anderen Exekutivkomitees, und in den autonomen Republiken, in denen die Einteilung in Gouvernements nicht besteht, durch die Zentralexekutivkomitees dieser Republiken.

8. Das Verfahren der Gewährung der Staatsangehörigkeit des Bundes der Sozialistischen Sowjetrepubliken an Personen, die sich auf dem Gebiete des Bundes der Sozialistischen Sowjetrepubliken als landwirtschaftliche und industrielle Einwanderer anzusiedeln wünschen, sowie das Verfahren der Aufnahme der Repatrianten, Reemigranten und derjenigen Personen des Bundes, die auf Grund von Verträgen mit ausländischen Staaten in das Gebiet der Sozialistischen Sowjetrepubliken zurückkehren, wird durch die besondere Gesetzgebung des Bundes der Sozialistischen Sowjetrepubliken festgestellt, die in dieser Frage die Souveränität der Bundesrepubliken zu respektieren hat.

9. Die Aufnahme von Ausländern, die im Auslande leben, aber nicht unter Art. 8 dieses Reglements fallen, erfolgt durch Vermittlung der diplomatischen und konsularischen Behörden oder durch diejenigen Behörden des Bundes der Sozialistischen Sowjetrepubliken im Auslande, die deren Funktionen erfüllen, durch Beschlüsse der Zentralexekutivkomitees der Bundesrepubliken auf Antrag des Bevollmächtigten des Volkskommissars für Auswärtiges beim Rat der Volkskommissare der betreffenden Bundesrepublik und beim Zentralexekutivkomitee des Bundes der Sozialistischen Sowjetrepubliken auf Vorschlag des Volkskommissariats für Auswärtiges.

10. Die Wiederherstellung in der Staatsangehörigkeit von Personen, die diese verloren haben, kann durch Beschluß des Zentralexekutivkomitees des Bundes der Sozialistischen Sowjetrepubliken oder der Zentralexekutivkomitees der Bundesrepubliken in dem in Art. 9 bezeichneten Verfahren erfolgen.

11. Ausländische Staatsangehörige, die in die Staatsangehörigkeit des Bundes der Sozialistischen Sowjetrepubliken aufgenommen sind, genießen nicht die Rechte und haben nicht die Pflichten, die mit der Zugehörigkeit zur Staatsangehörigkeit anderer Staaten verbunden sind.

12. Es wird anerkannt, daß folgende Personen die Staatsange-

hörigkeit des Bundes der Sozialistischen Sowjetrepubliken verloren haben:

a) die Personen, denen auf Grund von Gesetzen der Bundesrepubliken, die vor dem 6. Juli 1923 erlassen sind, die Staatsangehörigkeit entzogen ist, oder die sie verlieren auf Grund der Gesetzgebung des Bundes der Sozialistischen Sowjetrepubliken;

b) Personen, die mit oder auch ohne Erlaubnis der Behörden des Bundes der Sozialistischen Sowjetrepubliken oder der Bundesrepubliken aus dem Gebiete des Bundes der Sozialistischen Sowjetrepubliken ausgereist und nicht zurückgekehrt sind, oder auf Aufforderung der zuständigen Regierungsorgane nicht zurückkehren;

c) die Personen, die aus der Staatsangehörigkeit des Bundes der Sozialistischen Sowjetrepubliken in dem gesetzlich vorgeschriebenen Verfahren ausgeschieden sind:

d) die Personen, die ihre Staatsangehörigkeit durch Gerichtsurteil verloren haben;

e) die Personen, die für die ausländische Staatsangehörigkeit auf Grund von Verträgen mit ausländischen Staaten optiert haben;

13. Der Austritt aus der Bundesstaatsangehörigkeit ist zulässig mit Erlaubnis der Zentralexekutivkomitees der Bundesrepubliken oder Zentralexekutivkomitees des Bundes der Sozialistischen Sowjetrepubliken.

Der Vorsitzende des Bundes der Sozialistischen Sowjetrepubliken:

M. Kalinin.

Der Sekretär des Bundes der Sozialistischen Sowjetrepubliken:

A. Jenukidse.

Sachverzeichnis.

Abstammungsprinzip 120, 122, 144
Adoption 7, 134
Ägypten 121, 138, 201
Algier 36
allegiance 93, 146, 159, 179
— s. auch Britisches Reich
Argentinien 44, 48
Ausbürgerung im deutschen Recht 161ff., 195
— s. auch Denaturalisation
Ausgleichsverfahren 75
Auslandsdeutschtum, Erhaltung der StA. 155, 182
Australien 55ff., 69, 74
Ausweisung aus Frankreich 24, 31

Bancroftverträge 97, 162
bayr. Verwaltungspraxis 168, 170
Belgien 77ff., 186, 190, 191, 197, 201, 202; Charakteristik des StA.rechts 180; StA.-Ges. v. 1922: 79ff., 132, Texte 237ff., Verträge mit Frankreich 11ff., 18, 77; Wechsel durch Gebietszuwachs 121, 125
— s. auch Eheschließung, ius soli, Optionsrecht, Wehrpflicht
Bevölkerungspolitik 201, in Deutschland 146, in England 179, in Frankreich 41, 43, 177, in der Schweiz 107ff., 181
Brasilien 44, 50
Brit. Indien 55ff., 59
Britisches Reich 36, 47, 86, 185, 186, 191, 197, 198, 199, 200, 201, 202; Charakteristik des StA.rechts 178ff., 183; Doppelstaatsangeh. 75, 154, 179; Ges. v. 7. August 1914 56ff.; historische Entwicklung 53ff., 59, 70; Maßregeln gegen Deutsche 62, 147; Naturalisation u. Denaturalisation 61; Rechtsprechung 72, 179; StA. im Reich u. den Kolonien 54ff., 69; Texte 227ff.; Verlust der StA. 61
— s. auch Cypern, Eheschließung, Schutzhaft
Bulgarien 26, 121ff., 125

Canada 55ff., 70
Chile 34, 44
China 105, 202; Text 249
Curzon, Brief von 37
Cypern 63; Abtretung an England 121

Dänemark Wechsel durch Gebietszuwachs 121, 125
— s. auch Optantenkindervertrag
Danzig 80, 121, 135ff., 151, 158, 162, 190, 201, 202; Danzig-polnische Verträge 135, 137; Text 276
déchéance s. Denaturalisation
Denationalisation s. Denaturalisation
Denaturalisation 119, 191ff., 202, 204; in Belgien 78, 84ff.; in England 61, 63, 64ff., 69, 178; in Frankreich 6, 17, 18ff., 34, 53, 177; in Italien 89; in Portugal 103; in Rumänien 132; in den Ver. Staaten 95
— s. auch Ausbürgerung
Deutsche im Ausland 6, 19, 24, 31ff., 46ff., 72ff., 77, 152; in Nordamerika 87; in Portugal 103
Deutschland 130, 145ff., 193, 195, 205; Auffassung 145, 155, 158; Ausbürgerung 160ff.; Charakteristik 182ff.; Denaturalisation 146; Entlassung 155, 157ff., 195; Erwerb der StA. 150ff.; ius soli 146; Maßregeln gegen Ausländer 149; Rechtsprechung 148; Reichs- und Landesangehörigkeit 163ff.; RuStAG. v. 1870 24, 27, 49ff., 75, 86, 87, 152, 173; RuStAG. v. 1913 18, 23ff., 31, 33, 52, 60, 61, 64, 75, 80, 82, 84, 97, 118, 135; § 25 desselben 147, 153, 184, 191, 193, 198; Kritik des Auslands am RuStA.-Ges. v. 1913 153ff.; Text 206ff.; StA. der deutschen Elsaß-Lothringer 169ff., 183; StAswechsel durch Gebietsabtretung 121; unmittelbare Reichsangehörigkeit 152, 164; Verlust durch Auslandsaufenthalt 49, 86, 87; Verlust der StA. 24, 75, 152; Verwaltungspraxis 148, 150; Wiedererwerb 50
— s. auch Auslandsdeutschtum, Doppelstaatsangehörigkeit, Eheschließung, Elsaß-Lothringen, Kolonien, Staatenlosigkeit, Wehrpflicht
Deutschsüdwestafrika 124, 156
Deutschtum, Kampf gegen 18ff., 62, 69
Dominions 191
— s. auch Britisches Reich
Doppelstaatsangehörigkeit 24, 43ff., 50, 75, 90, 92, 190, 202, 204; China 106; Danzig 135; Deutschland 19, 24, 50, 75, 148ff., 152, 154; Japan 104; originäre 50; Rußland 141; Schweiz 111; Ver. St. 101
— s. auch Eheschließung

Ecuador 191
Eheschließung und StA. 187ff., 202, 203, 204; Belgien 83, 188, 189, 190;

Danzig 136, 162, 190; Deutschland 33, 60, 150, 162, 190; Ecuador 191; England 59, 63, 76, 188; Estland 144; Frankreich 20, 33ff., 43, 60, 177, 188, 190; Italien 34, 44, 92, 190; Japan 105; Polen 134; Rumänien 132, 188, 189, 190; Rußland 139ff., 188; Türkei 33, 44; Uruguay 107; Ver. Staaten 98, 181, 188, 189, 190
Einbürgerung s. Naturalisation
Elsaß-Lothringer 3ff., 11, 13, 21, 30, 35, 49, 78, 103, 160, 169ff., 178, 183; Wechsel durch Abtretung 122, 123ff. 169ff.
Emigranten, russische 141
Empfängnis, Zeitpunkt von Bedeutung für StA. 80
England s. Britisches Reich
Entlassung 136, 155, 157ff., 195
Estland 144, Text 287
estnisch-russischer Friedensvertrag 289
Eupen 77, 237

Fahnenflucht s. Wehrpflicht
Familieneinheit s. Eheschließung
Finnland 144, 202
Frankreich 1ff., 151, 145, 185, 186, 190, 191, 197, 198, 199, 201, 202; Charakteristik des StA.rechts 16, 176ff., 183, 186; Denaturalisation 18ff.; internationales Privatrecht 16, 46; Kriegsschädengesetz 32; Maßregeln gegen Ausländer 23, 31ff., 45, 46ff., 177; Naturalisation 3ff.; ius sanguinis 1, 41; ius soli und Option 1, 7ff., 41; Rechtsprechung 46ff., 31ff., 177; Reform des StA.rechts 38ff.; Texte 214ff.; Verlust der StA. 8, 42, 46; Wechsel durch Gebietszuwachs 122, 123ff., 125; Wiedererwerb 44, Zuständigkeit 2ff., 22, 28ff., 38ff., 45
— s. auch Algier, Denaturalistaion, Eheschließung, Elsaß-Lothringer, Fremdenlegion, Fremdenrecht, Gewaltentrennung, Liquidation, Marokko, Militärkonventionen, Tunis, Wehrpflicht
franz.-brit. Konflikt über Tunis 36
Frauenbewegung 99, 181
— s. auch Eheschließung
Fremdenfrage in der Schweiz 107ff.
Fremdenlegion 3ff., 160
Fremdenrecht 46
Friedensverträge 114ff., 186
— s. auch Versailles usw.

Geburtsortsprinzip 120, 122
Gesinnungszugehörigkeit 50, 72, 87, 151, 186, 201, 203, 204
Gewaltentrennung 2ff., 16, 28, 39, 45
Griechenland 121

Haager Ehe- und Scheidungsabkommen 191
— Schiedsgericht 50, 112, 149
— Ständiges intern. Schiedsgericht 36
Handelsverbot, franz. 24
Heeresinteresse u. StA. 184
— s. auch Wehrpflicht
Heimatrecht, österr. u. ungarisches 121, 127, 138
holländische StA. e 50

Japan 98, 104, 186; Text 248
Inder in d. Ver. St. 98
internationales Privatrecht 2, 16, 191
Internierung 24, 32, 45, 104
s. auch Schutzhaft
Italien 88ff., 110, 185, 186, 190, 191; Charakteristik 180; Naturalisation 91; Texte 243ff.; Wechsel durch Gebietszuwachs 121ff., 125
— s. auch Denaturalisation, Eheschließung, Optionsrecht, Scheidung, Wehrpflicht
Juden in Rumänien 131
ius sanguinis 123, 201, 203, 204; Belgien 80, 84; Danzig 135; Deutschland 147, 166; England 54, 58, 70, 179; Estland 144; Frankreich 1; Japan 104; Lettland 147; Polen 133; Rumänien 131; Rußland 140; Schweiz 110; Tschechoslowakei 138; Türkei 130; Uruguay 106
— soli 123, 201, 203, 204; Belgien 77, 80; China 106; Dänemark 150; Deutschland 166; England 54, 179; Frankreich 7, 36, 41, 186; Italien 88; Mexiko 113; Schweiz 109ff., 181; Uruguay 106

Kolonien, deutsche 124, 152, 156, 164; französische 36
— s. auch Algier, Britisches Reich, Dominions, Marokko, Tunis

Landes- und Reichsangehörigkeit 163ff.
Lausanne, Friedensvertrag von 63, 116, 121
Legitimation 80, 136
letters of denization 59
lettisch-russischer Friedensvertrag 143
Lettland 143, 201, 202; Text 285
Liquidation dtsch. Vermögens 47, 48, 52, 74, 86
Litauen 121, 142, 202; Texte 280ff.
loi Delbrück s. dtsch. RuStAg. v. 1913

Marokko 36
Memelgebiet 121, 142
— s. auch Litauen

Mexiko 113, 202
Militärkonventionen der Alliierten 47, 94, 146
Minderheiten 154ff.
Minderheitenschutzverträge 123, 131
Minderjährigkeit, Einfluß auf Optionserklärung in Frankreich 16ff., 37
mittelbare Reichsangehörigkeit s. Landesangehörigkeit
Moratorium, franz. Dekret v. 18. August 1914 14

Nachweis der StA. 168; Belgien 84, 169; England 203; Frankreich 40, 169
nationale Gesinnung u. StA. 35, 177
Nationalitätenprinzip 120
Naturalisation 204; Belgien 80ff., 151, 153, 186; China 105; Danzig 136, 151; Deutschland 150ff.; England 54ff., 61, 151, 186; Estland 144; Finnland 144; Frankreich 3ff., 21, 30, 36, 41, 151; Lettland 144; Mexiko 114; Polen 134; Rumänien 131, 151; Schweiz 109, 186; Spanien 112; Ver. St. 101; Wirkung auf bisherige StA. 24ff.; Wirkung für Ehefrau 82, 83, 101
— s. auch Denaturalisation
Neutrale Staaten 107ff.
Neutrale StA. während des Krieges 46
Neufundland 57
Neuilly, Vertrag von 116, 121
Neuseeland 56, 69

Österreich 126ff., 182; Wechsel durch Gebietsabtretung 121; Texte 257ff.
Österreicher im Ausland 6, 19, 25, 27, 31, 49, 77
Optantenkindervertrag mit Dänemark 149
Optionsrecht, bei Doppelstaatsangehörigkeit durch Geburt 1, 7ff., 15ff., 41, 54, 71, 73, 77ff., 80ff., 88, 148, 185, 203
Optionsrecht bei Gebietsabtretungen 121ff., 127, 143

Peru 53
Polen 33, 78, 133ff., 182, 201, 202; Wechsel durch Gebietszuwachs 121ff.; Text 274
Portugal 103, 191; Text 247

Rassenfrage in d. Ver. St. 97, 102, 181, 186
Reichsverfassung, deutsche 163ff.
Rekrutierungsgesetze s. Wehrpflicht
religiöse Kindererziehung 18
ressortissant allemand 49, 87, 118
Riga, Friedensvertrag von 133
Rom, Konferenz der Sukzessionsstaaten 128
Rückwirkung im StAR., Frankreich 23, 29, 199; England 67, 199
Rumänien 125, 131ff., 151, 186, 187, 190, 191, 201, 202; Wechsel durch Gebietszuwachs 132; Text 261
Rußland 19, 139ff., 182, 188, 201, 202; Text 289
— s. auch Estland, Lettland, Ukraine

Saareinwohner 123
St. Germain, Vertrag von 91, 116, 121, 128
Scheidung 44ff.
Schutzhaft 147
Schweiz 107ff., 181, 186, 201, 202; franz.-schweiz. Vertrag 11, 13ff.; Text 253
Sequestrierung 23, 32, 45, 48, 52, 87, 89, 104
Sèvres, Vertrag von 116, 121, 138
Spanien 48, 112, 186; franz.-span. Vertrag 11; Text 254
Staatenlosigkeit 190, 194, 202; Belgien 80; China 106; Danzig 135; Deutschland 23, 33, 49, 75, 148ff., 152, 169; Frankreich 51, Rußland 140; Ver. Staaten 101, 102
— s. auch Eheschließung
Staatsrat, franz. 2, 20ff.
StA.recht, Entwicklung 175ff., 184ff., 200ff.
Steuerflucht 161
Steuergesetze, deutsche 119
Strafrecht und Denaturalisation 198, 200
Südafrika 55ff., 124, 156
Südamerika 19, 33
Südslawien, Wechsel durch Gebietszuwachs 121ff., 125
sujet mixte s. Doppelstaatsangehörigkeit

Tartu, Vertrag von 289
Trianon, Vertrag von 116, 121
Tschechoslowakei 78, 137ff., 201; Wechsel durch Gebietszuwachs 121ff.
Türkei 116, 125, 130, 191; Türken im Ausland 6, 11, 25; Wechsel durch Gebietsabtretung 121ff.
— s. auch Cypern; Eheschließung
Tunis 36, 201

ukrainisch-russisch-polnischer Friedensvertrag 133
Ungarn 125; ungar. StA. e im Ausland 25, 31, 33, 95; Wechsel durch Gebietsabtretung 121

unmittelbare Reichsangehörigkeit 152
Unterstützungswohnsitz 189
Uruguay 106, 201; Text 253

vecindad s. Spanien
Vereinheitlichung des StA.rechts 200ff.
Vereinigte Staaten 58, 83, 162, 185, 186, 191, 202; amerik. StA. in Frankreich 52; Charakteristik 181; Naturalisation 92ff., 97ff., 101; Text 246
Vereinigte Staaten, s. aucha Denaturlisation, Eheschließung, Wehrpflicht
Versailles, Vertrag von 159, 162, 191; Art. 278 31, 52, 87, 116ff., 156, 179, Art. 297 75; Belgien 78; Elsaß-Lothringen 30, 169, 171; Liquidation 48, 52, 75, 86; StA.swechsel durch Gebietsveränderung 119ff.
Vertragstheorie in Frankreich 15, 43
Verwaltungsakte, Nachprüfung von 2ff., 28, 42, 45
Virtuelle Staatsangehörigkeit 3ff., 35, 124, 186
Volkszugehörigkeit u. StA. 123, 126, 155ff., 186, 191, 201

Wehrpflicht 146, 151; Belgien 86; Deutschland 157, 159ff., 182; England 72ff., 185; Frankreich 3ff., 8ff., 20, 22, 25, 43, 46, 159, 177, 185; Japan 104, 186; Italien 88, 91, 185; Polen 134; Ver. St. 92ff., 185
Wiener Abkommen, deutsch-polnisches 133
Wohnsitzprinzip 120, 144

Zuständigkeit, gerichtliche in Frankreich 2ff., 22, 28ff., 38ff., 45
Zwangseinbürgerung s. Schweiz.

Verzeichnis der Entscheidungen nach dem Namen der Partei.

Andriessen 78
Herzog v. Arenberg 87
Aronsohn 49
Astmann 33

Banza 14
Beckmann 86, 87
Beier 50
Belke 49
Bhagat Singh Thind 98
Boesch 47
Bonnet 42
Brand 11, 13
Brenu 86

Carlebach 55, 74
Chamberlain 75, 154
Cohn 101
Colom 14, 15, 39
Contarel 40, 47
Conteville 10
Prinz Croy 47, 49

Delesalle 47
Dremel 83
Dreyfus 23, 33

Fasbender 76
de Ferrari 46
Fischer-Lockwitz 81, 84
Freyberger 73

Graffenried 34, 45
Gschwind 73
Guary 101

Prinzessin Handjéry 33
Haupert 87
Heim 75
Hoff 86

Inglis 45
Jonasson 94

Kopelowitz 74
Kornfeld 49
Kraamer 97
Kraemer 76, 154
Krause 78
Kreuter 94
Kroll 14, 15, 39
Kunz 87
Kurtze 52, 153, 163

Levi 23, 33
Liebmann 74
Loewengard 49
Lorentz 86
Lynch 72, 76
Mackenzie-Hare 99
Magnère 34
Dlle Maezen 49
Mayer 94
Mentuy 40
Metzdorff 51
Meuli 73
Meyer 47
Meyer 87
Miele 51
Mohamed Chérif 36

Nationalbank v. Ägypten 139
N. D. 95

de Olinda 14
Oustalet 48
Ozawa 97

Ramon de Corbera 48
Rée 50
Rohling 32
Rothschild 52

Sanchez Toledo 16, 17
Sawyer-Kopp 73
Schneider 86
Schurmann 50
Simon v. Philipp 74
Speyer, Sir Edgar 68
Spitzer 33
Frh. v. Springer 52
Stoeck 75, 179
Strauss 51

Teysan 47
Valz 16
Vecht 73
Volpe 3, 45
Voorter 48

Waetjen 49
Weber 74
Werner 49
Wusterbarth 97
Zadig 417.

Druck von Oscar Brandstetter in Leipzig.

(Siehe auch umstehend.)

Enzyklopädie der Rechts- und Staatswissenschaften

(siehe auch umstehend.)

Öffentliches Recht.

23. **Allgemeine Staatslehre.** Von Prof. Dr. Hans Kelsen, Wien.
24. **Deutsches Staatsrecht (Reichs- und Landesstaatsrecht).** Von Prof. Dr. Erwin Jacobi, Leipzig.
25. **Verwaltungsrecht.** Von Prof. Dr. Walter Jellinek, Kiel.

*26. **Österreichisches Verfassungsrecht.** Von Minist.-Rat Prof. Dr. Leo Wittmayer, Wien. 1.60 Goldmark

*27. **Ausländisches Staatsrecht.** Von Prof. Dr. Hans Gmelin, Gießen, und Prof. Dr. Otto Koellreutter, Jena. 3 Goldmark

*28. **Steuerrecht.** Von Prof. Dr. Albert Hensel, Bonn a. Rh. 9.60 Goldmark

29. **Kirchenrecht.** Von Geh. Justizrat Prof. Dr. Erwin Ruck, Basel.
30. **Völkerrecht.** Von Prof. Dr. Heinrich Pohl, Tübingen.

Arbeits- und Wirtschaftsrecht.

*31. **Arbeitsrecht.** Von Prof. Dr. Walter Kaskel, Berlin. 15 Goldmark

31a. **Soziales Versicherungsrecht.** Von Prof. Dr. Walter Kaskel, Berlin.

31b. **Fürsorgerecht.** Von Stadtrat Dr. H. Muthesius, Berlin.

32. **Wirtschaftsrecht.** Von Prof. Dr. Walter Kaskel, Berlin und Professor Dr. Hans Carl Nipperdey, Jena.

Allgemeine Volkswirtschaftslehre.

33. **Allgemeine Volkswirtschaftslehre.** Von Geh. Hofrat Prof. Dr. Otto von Zwiedineck-Südenhorst, München.

*34. **Geschichte der Volkswirtschaftslehre.** Von Prof. Dr. Edgar Salin, Heidelberg. 1.80 Goldmark

*35. **Die Ordnung des Wirtschaftslebens.** Von Geh. Reg.-Rat Prof. Dr. Werner Sombart, Berlin. 3.60 Goldmark

36. **Geld und Währung.** Von Prof. Dr. Arthur Spiethoff, Bonn a. Rh.
37. **Kredit und Banken (Kapital und Geldmarkt).** Von Prof. Dr. Arthur Spiethoff, Bonn a. Rh.

Besondere Volkswirtschaftslehre.

38. **Landwirtschaft (Landwirtschaftl. Betrieb und Agrarpolitik).** Von Prof. Dr. Otto Auhagen, Berlin.
39. **Gewerbepolitik.** Von Geh. Leg.-Rat Prof. Dr. Wiedenfeld, Leipzig.
40. **Handel (innerer u. äußerer).** Von Prof. Dr. Erwin von Beckerath, Köln a. Rh.
41. **Verkehr.** Von Prof Dr. Erwin von Beckerath, Köln a. Rh.
42. **Versicherungswesen.** Von Prof. Dr. Hanns Dorn, München.
43. **Sozialpolitik.** Von Prof. Dr. Gerhard Kessler, Jena.
44. **Wohlfahrtspflege und Armenwesen.** Von Prof. Dr. Gerhard Kessler, Jena.

Finanzwissenschaft.

45. **Finanzwissenschaft.** Von Prof. Dr. Hans Teschemacher, Königsberg i. Pr.

Nachbargebiete der Volkswirtschaftslehre.

46. **Statistik.** Von Präsident Prof. Dr. Friedrich Zahn, München.
47. **Wirtschaftsgeschichte.** Von Prof. Dr. Hermann Aubin, Bonn a. Rh.
48. **Gesellschaftslehre.** Von Prof. Dr. Karl Brinkmann, Heidelberg.
49. **Wirtschaftsgeographie.** Von Prof. Dr. Otto Quelle, Bonn a. Rh.
50. **Betriebswirtschaftslehre.** Von Prof. Dr. Walter Mahlberg, Göteborg.

*51a. **Chemische Technologie.** Von Prof. Dr. Arthur Binz, Berlin. 3.90 Goldmark

51b. **Physikalische Technologie.** Von Prof. Dr. F. F. Martens, Berlin.

Die mit * bezeichneten Bände liegen fertig vor, die übrigen befinden sich in Arbeit.
Subskribenten auf sämtliche Lieferungen erhalten die einzelnen Lieferungen je nach Erscheinen zu einem gegenüber dem Ladenpreis um 10% ermäßigten Vorzugspreise.

Allgemeine Staatslehre. Von Prof. Dr. **Georg Jellinek †,** Heidelberg. Dritte Auflage unter Verwertung des handschriftlichen Nachlasses durchgesehen und ergänzt von Prof. Dr. Walter Jellinek, Kiel. Vierter, um ein durchgesehenes Verzeichnis der Neuerscheinungen vermehrter, unveränderter Neudruck der Ausgabe von 1914. (879 S) 1922.
20 Goldmark; gebunden 23 Goldmark

Das Völkerrecht. Systematisch dargestellt. Von **Franz von Liszt.** Zwölfte Auflage bearbeitet von Prof. Dr. **Max Fleischmann,** ord. Professor der Rechte an der Universität Halle. Erscheint im Sommer 1925.

System der rechtsgeschäftlichen Staatsakte. Verwaltungs- und prozeßrechtliche Untersuchungen zum allgemeinen Teil des öffentlichen Rechts. Von Dr. **Karl Kormann.** (453 S.) 1910. Unveränderter Neudruck. 1925. 24 Goldmark

---

Die staatsrechtliche Stellung der Reichsregierung sowie des Reichskanzlers und des Reichsfinanzministers in der Reichsregierung. Von Dr. sc. pol. et jur. **Friedrich Glum,** Privatdozent an der Universität Berlin. (61 S.) 1925. 3 Goldmark

---

Die Reichsaufsicht. Untersuchungen zum Staatsrecht des Deutschen Reiches. Von Geh. Justizrat Dr. **Heinrich Triepel,** o. ö. Professor der Rechte an der Universität Berlin. (754 S.) 1917. 24 Goldmark

---

Der Friedensvertrag und Deutschlands Stellung in der Weltwirtschaft. Beiträge von **Moritz Julius Bonn**-Berlin, **Hans Bredow**-Berlin, **Heinrich Dade**-Berlin, **August Euler**-Frankfurt a. M., **Franz Eulenburg**-Kiel, **Ernst Francke**-Diessen, **Emil Guggenheimer**-Berlin, **Walther Jung**-Berlin, **Herbert Kraus**-Königsberg, **Alfred Lansburgh**-Berlin, **Franz Lusensky**-Berlin, **Albrecht Macco**-Köln, **Carl Scholz**-Berlin, **Peter Stubmann**-Hamburg, **George de Thierry**-Berlin, **Walther Vogel**-Berlin. Mit einer Übersichtskarte. Herausgegeben von der Deutschen Weltwirtschaftlichen Gesellschaft, E.V. (238 S.) 1921. 6 Goldmark

GPSR Compliance

The European Union's (EU) General Product Safety Regulation (GPSR) is a set of rules that requires consumer products to be safe and our obligations to ensure this.

If you have any concerns about our products, you can contact us on ProductSafety@springernature.com

In case Publisher is established outside the EU, the EU authorized representative is:

Springer Nature Customer Service Center GmbH
Europaplatz 3
69115 Heidelberg, Germany

Batch number: 10844827

Printed by Printforce, the Netherlands